GOUZHU HUXIN TUIJIN HEZUO

——Zhong-Ri-Han Anquan Hezuo Guoji Yantaohui Lunwenji

构筑互信 推进合作

——中日韩安全合作国际研讨会论文集

虞少华◎主编

人民出版社

图书在版编目(CIP)数据

构筑互信 推进合作:中日韩安全合作国际研讨会论文集 / 虞少华主编. —北京:人民出版社,2015.9

ISBN 978-7-01-015237-0

I.①构… Ⅱ.①虞… Ⅲ.①国家安全-国际合作-中国、日本、韩国-国际学术会议-文集 Ⅳ.①D815.53-53

中国版本图书馆 CIP 数据核字(2015)第 218484 号

构筑互信 推进合作——中日韩安全合作国际研讨会论文集
GOUZHU HUXIN TUIJIN HEZUO——ZHONG-RI-HAN ANQUAN HEZUO
GUOJI YANTAOHUI LUNWENJI

虞少华 主编

责任编辑:曹 利
封面设计:张 煜
出版发行:人民出版社
地　　址:北京市东城区隆福寺街 99 号
邮　　编:100706
邮购电话:(010)65250042/65289539
印　　刷:环球印刷(北京)有限公司
经　　销:新华书店
版　　次:2015 年 9 月第 1 版　2015 年 9 月北京第 1 次印刷
开　　本:787 毫米×1092 毫米　1/16
印　　张:28
字　　数:530 千字
书　　号:ISBN 978-7-01-015237-0
定　　价:56.00 元

编　委　会

序

构建不以对方为假想敌的中日韩安全合作新模式

尽管冷战已经结束二十多年，但东北亚安全形势依然复杂。该地区冷战阴影挥之不去，大国利益交汇，各种历史和现实问题相互叠加。作为该地区的三个主要国家，中日韩在经济合作和社会人文交流方面取得了很大进展，但安全合作相对滞后。日韩都是美国的盟友，通过与美国结盟实现国家安全；中国则奉行"共同、综合、合作、可持续"的亚洲安全观；日韩之间的安全关切也并非一致。可见，三国在安全理念和对地区安全秩序的理解方面存在差异。另外，因各种历史和现实问题的影响，三国间安全合作的动力不足，政治互信有待提高。这种"经济"和"安全"不相匹配的现实已经对三国合作造成负面影响，也给地区稳定带来威胁。随着三国经济、社会合作的不断深化，安全合作停滞不前的现状理应得到纠正。

令人欣喜的是，2015年3月，中日韩三国外长会在时隔三年后成功举行，标志着三国合作重新迈向正常轨道。在这一背景下，中国国际问题研究院主办"中日韩安全合作国际研讨会"，邀请三国安全领域的数十位专家、学者参会，旨在增进对话与沟通。中国外交部亚洲司司长孔铉佑出席会议并做主旨发言，中日韩三国合作秘书处秘书长岩谷滋雄先生也代表三国合作秘书处做了发言。与会专家就东北亚安全形势、中日韩三国的安全政策以及三国安全合作的困难与机遇等问题进行了研讨，大家本着"开诚布公、求同存异"的原则，不回避矛盾和分歧，开展理性对话，进行思想碰撞。整个讨论热烈而真诚，具有建设性，经过深入讨论，达成了广泛共识。中日韩三方与会者均表示希望这样的对话会继续办下去。

首先，大家一致认为三国开展安全合作是非常必要的。安全议题虽敏感复杂，却无法回避、搁置。当前三国面临不少安全风险，至少应在避免冲突、不以对方为假想敌等问题上达成共识，并进而达成机制性的对话安排。

其次，大家原则上同意以"共同、综合、合作、可持续"的亚洲安全观为指导原则开展安全合作。尽管三方学者的安全理念不尽相同，对安全合作的表述也有差异，但都认为"不以对方安全为前提的安全不是真正的安全"。日韩学者普遍认为，三国应该并且能够寻找到与美日同盟和美韩同盟兼容的合作之道。中方学者认为，在东北亚地区，美国的存在是一个客观现实，亚洲安全观的精神是开放、包容的，不会也不可能排除美国，但希望美国发挥建设性作用，不应妨碍三国安全合作。

最后，大家都认为应本着"先易后难、循序渐进"的精神，同时开展在传统安全领域和非传统安全领域的合作。非传统安全领域的合作敏感度低，易于推进，当合作积累到一定程度时可以启动传统安全合作。与会专家并不否认这点，认为三国在反恐、打击跨国犯罪、救灾减灾、核安全、海上安全、网络安全等领域的合作空间非常广阔，应该积极推动。但同时也认为，传统安全领域的合作不应消极等待，至少在建立危机管控机制、开展安全对话等方面大有可为，甚至具有一定的紧迫性，应尽快启动。

当然，在其他问题上，与会专家也提出了很多有建设性的看法，在此无法一一尽述。为如实呈现他们丰富的思想和深刻的见解，我们特将他们向会议提交的论文编辑成册并以中日韩三种语言呈现，以便于三国读者阅读。各位作者在文中所表达的观点仅代表其个人看法，并不代表其国家和机构的立场，也不代表编者的立场，这一点请各位读者予以理解。

我们希望，该论文集的出版会为那些关注三国安全合作的读者提供新的知识养分，为学术研究者提供新的观察视角，为决策部门提供新的决策依据。中国国际问题研究院将秉承一贯立场，继续开展学术研究和"二轨对话"，为中日韩合作和中国外交作出更多贡献。

2015 年是第二次世界大战结束 70 周年，中日韩三国应以此为契机，以史为鉴，开创未来，构建不以对方为假想敌的安全合作新模式。

在此要感谢各位作者以及人民出版社的大力协助，也要感谢中国国际问题研究院亚太研究所虞少华所长为论文集的出版所做的大量协调工作，正是他们的努力才使论文集能够如期面世。不足之处，敬请读者批评指正。

中国国际问题研究院常务副院长　阮宗泽

2015 年 7 月 27 日

前書き

相手を仮想敵としない中日韓安保協力パターンを構築しよう

　冷戦が終わってから 20 余年が立ったが、北東アジアの安全情勢が依然として複雑である。本地域において冷戦の影響がまだ残っており、大国の利益が交錯している中、様々な歴史や現実の問題も互いに重なっている。地域の三大国として中日韓は経済協力と社会人文交流の面では大きな発展を遂げたが、安保協力の面はで比較的に遅れている。日韓はアメリカの同盟国であり、アメリカとの同盟関係を通じて国家安全を実現させようとしているが、中国は「共同、総合、協力、持続可能」というアジア安保観を奉じている。その上に、日韓の安保観も必ずしも一致していないので、三国の安保理念や地域の安全秩序への理解に隔たりが感じ取れる。また、様々な歴史や現実の問題の影響で、三国間の相互信頼の度合いが割と低く、安保協力の原動力が足りないと言える。そういう「経済」と「安保」との釣り合わない現実は既に三国協力にマイナスの影響を与えており、地域の安定にも脅威をもたらしている。三国の経済や社会協力の深化に伴って、安保協力の停滞の現状は修正されるべきである。

　嬉しいことに、今年 3 月に 3 年振りの中日韓三国の外務相会議が成功的に開催されて、三国協力が再び正常の軌道に戻ったことを示した。そういう背景のもとで、三国間の対話と交流の促進を旨に、中国国際問題研究院は今度の「中日韓安全保障協力国際シンポジウム」を開催して、三国の安保領域の専門家達を数十名招待した。その際に、中国外交部アジア司司長孔鉉佑様が出席して基調講演を行ったが、また中日韓三国協力事務局局長岩谷滋雄様も事務局を代表して発言した。そして、出席の専門家達が北東アジア安保情勢、中日韓国別の安保政策及び三国協力の困難と機会などについて討論を行った。皆さんは「胸襟を開き、相違点を残して共通点を求

める」という原則に従って、意見の相違や紛争を避けずに理性的に対話を展開させ、思想のぶつかり合いを行って、熱烈で誠実で建設的な討論会をやった。そのため、中日韓三国の参会者達は皆こういう対話会がこれからも続いていくことを望んでいるという意を表した。そのように深く検討することによって、広く共通認識が形成された。

　まず、皆さんは三国の安保協力の展開が非常に必要であると意見が一致した。安全の議題は敏感で複雑であるが、避けては通れない問題である。目下、三国は多くの安全リスクに直面しているので、少なくとも「衝突を避ける、相手を仮想敵としない」等の問題において共通認識に達して、制度的な対話の場を作るべきである。

　次に、皆さんは原則的に「共同、総合、協力、持続可能」というアジア安保観を指導原則として安保協力を行うことに一致した。三国の学者は安保理念に差異があり、安保協力への言葉表現も違うけれども、少なくとも「相手の安全を前提としない安全は本当の安全ではない」という共通認識に達した。日韓の学者は、三国が日米同盟や韓米同盟と両立できるような協力の道を探ることをやるべき又やれると広く考えている。そして、中国側の学者は、北東アジア地域におけるアメリカの存在が客観的な事実であり、しかもアジア安保観の精神は開放的かつ包容的なもので、アメリカを排除することをしないかつできないと考え、ただアメリカに三国の安保協力を邪魔せずに建設的な役割を果たしてくれることを望んでいる。

　また、皆さんは「簡単な事を先に困難な事を後にして徐々に進めていく」との精神に従い、同時に伝統的な安保領域と非伝統的な安保領域での協力を展開すべきだと考えている。非伝統的な安保領域での協力はそれほど敏感ではなく進めやすいので、一定の協力経験を積んだら伝統的な安保協力がスタートできるようになる。参会の専門家はそれを認め、「反テロ、国際犯罪への打撃、災害の救援や軽減、核安全、海上安全、サイバーセキュリティ」等の領域で三国の協力スペースが非常に広いので積極的に推し進めていくべきだと認識している。しかしながら、伝統的な安保領域での協力も消極的にそのまま待ってはならず、少なくとも危機管理メカニズムの構築や安保対話の展開等の面における課題が多く、むしろ一刻も早く始めなければならないと迫られている。

　無論、参会の専門家達はまた他の問題についても多くの建設的な意見を表したが、ここでは詳しく述べ尽くせない。故に、学者達の豊かな思想や奥深い見方を如実に伝えるために、我々は会議に提出された論文を本に纏めた上に中日韓三国の言葉に翻訳し、三国の読者に読んでいただければと存じている。但し、論文の中に示

された見方は執筆者個人のみの意見で、作者の国家や所属機構の立場、また編集者の立場を代表したものではないということをご了承ください。

この論文集の出版は三国の安保協力に興味を持つ読者に新たな知識を、学術研究者に新たな視角を、政策決定部門に新たな根拠を提供できればと我々は願っている。中日韓協力や中国外交のためにより多く貢献できるように、中国国際問題研究院は従来の立場を貫いて、学術研究とトラックⅡ外交を引き続き展開していこうと思っている。

今年は第二次世界大戦終結 70 周年であり、中日韓三国はそれを契機として歴史を鏡にしながら将来を切り開き、相手を仮想敵としない新たな安保協力パターンを構築すべきである。

これを以て序言とする。

ここで、大いにご協力くださった執筆者の皆様及び人民出版社の方々に、また論文集出版のために沢山の仕事をなさった中国国際問題研究院アジア太平洋研究所所長虞少華先生にお礼を申し上げる。皆様のご努力があったからこそこの論文集が期日通りに出版できたわけである。そして、不備なところは読者の皆様にご叱正を乞う次第である。

中国国際問題研究院常務副院長　阮宗沢

2015 年 7 月 27 日

서 문

서로가 '가상의 적' 이 아닌
중일한 안보협력의 새로운 패러다임을 구축하자

　　냉전이 종식된지 이미 20여년이 지났음에도 동북아의 안보정세는 여전히 복잡하기만 하다. 냉전의 여운이 남아있는 이 지역에는 대국들의 이익이 서로 교차되고 역사와 현실 문제들이 서로 얽혀있다. 동북아지역의 3개 주요국으로서 중국, 일본, 한국은 경제협력과 사회인문교류에서 큰 성과를 거두어왔지만 안보협력은 침체되어있다. 일본과 한국은 모두 미국의 동맹국으로서 미국과의 동맹을 통하여 국가안전을 수호하려 하고 중국은 '공동, 종합, 협력, 지속가능'의 아시아안보관을 주장한다. 일본과 한국도 안보문제에서의 관심사가 일치하지는 않다. 이처럼 3국은 안보이념과 지역안보질서에 대한 이해에서도 차이가 존재한다고 할 수 있다. 이외에 각종 역사와 현실 문제의 영향으로 3국간의 정치적인 상호신뢰가 결여하고 안보협력을 위한 동력이 부족하다. 이러한 '경제'와 '안보' 관계가 서로 어울리지 않는 현실은 이미 3국의 협력에 부정적인 영향을 미치고 있으며 지역안정에도 위협을 주고 있다. 3국의 경제사회협력이 지속적으로 심화되는 반면 안보협력이 그다지 추진되지 못하는 현황은 마땅히 바로잡아야 한다.

　　기쁜 소식이라면 올해 3월 중일한 외교장관회의가 3년만에 성공적으로 개최되었는데 이는 3국협력이 다시 정상적인 궤도에 들어서고 있음을 의미한다. 이러한 배경하에 중국국제문제연구원에서는 3국 안보영역의 전문가와 학자들을 초청하여 '중·일·한 안보협력 국제회의'를 주최하였는데 그 취지는 3국의 대화와 소통을 증진하자는 것이다. 중국외교부 아주사 쿵쉬안요우 사장이 회의에서 기조연설을 하였고 중일한 3국협력사무국 이와타니 시게오 사무총장이 3국협력사무국을 대표하여 연설을 하였다.

회의에 참가한 전문가들은 동북아 안보정세, 중일한 3국의 안보정책 및 3국안보협력의 문제점과 기회 등을 주제로 발표와 토론을 진행하였다. '허심탄회, 구동존이'의 원칙에 따라 전문가들은 모순을 회피하지 않았고 이성적인 대화를 통해 견해를 서로 교류하였다. 전반 토론은 열렬하면서도 진솔하게 진행되었으며 건설적이었다. 중일한 3국의 회의참가자들은 모두 이러한 대화가 계속 이어져 나가기를 희망하였다. 이번 국제회의에서 3국의 참가자들은 심층 토론을 통하여 폭넓은 공감대를 형성하였다.

첫째, 3국의 안보협력이 매우 필요하다는데 전문가들의 의견이 일치하였다. 안보에 대한 의제는 민감하고 복잡한 문제이긴 하지만 그렇다고 회피하고 방치해둘 수는 없는 문제이다. 현재 3국은 적지 않은 안보위험에 직면하여 있지만 최소한 충돌을 피면하고 상대를 "가상의 적"으로 설정하지 말아야 한다는 등 문제에서 공감대가 형성되었으며 나아가 정기 대화메커니즘을 점차 구축하여야 한다는데 의견을 모았다.

둘째, 전문가들은 '공동, 종합, 협력, 지속가능'의 아시안안보관을 지도원칙으로 하여 안보협력을 전개하는데 대해 원칙적으로 동의를 표하였다. 3국의 학자들이 안보이념에 대한 생각이 같지 않고 안보협력에 대한 주장에 차이가 있지만 '상대방의 안전을 전제로 하지 않는 안전은 진정한 안전이 아니다'라는데는 의견 일치를 모았다. 일본과 한국의 학자들은 3국은 마땅히 미일동맹과 미한동맹을 수용할 수 있는 협력의 방법을 모색해야 한다고 표시하였다. 중국학자들은 동북아지역에서 미국의 존재는 하나의 객관적인 현실이고 중국이 주장하는 아시아안보관이 열린 포괄적인 안보관이기에 미국을 배제하지도 배제하여서도 안되는 것이며 단지 미국이 건설적인 역할을 발휘하여 3국의 안보협력을 방해하지 않음이 마땅하다고 하였다.

셋째, 전문가들은 '쉬운것부터 점진적으로 풀어나가자'는 정신에 따라 전통안보영역과 비전통안보영역에서 동시에 협력을 진행해야 한다고 주장하였다. 비전통안보영역의 협력은 민감도가 낮기에 쉽게 추진할수 있으며 이 협력이 어느 정도 이루어지면 전통안보협력을 시작할 수 있다. 회의에 참가한 전문가들은 이러한 관점을 부정하지 않았고 '반테러, 다국적범죄단속, 재난대응, 핵안전, 해상안전, 인터넷안전' 등 다양한 분야에서 협력을 적극적으로 추진해야 한다고 하였다. 동시에 전통안보영역의 협력 또한 소극적인 태도로 마냥 기다리기만 해서는 안된다고 지적하였는바 적어도 위기관리메커니즘을 구축하고 안보대화를 진행해야 한다고 주장하였다. 심지어

전통안보영역의 협력이 어느 정도 시급성을 띠고있어 되도록 빨리 시작하여야 한다고 주장하기도 하였다.

물론, 기타 문제에 있어서도 회의참가자들이 많은 건설적인 견해를 제기하였는데 여기에서 일일이 다 서술할 수는 없다. 회의에 참가한 전문가들의 생각과 핵심적인 견해들을 사실대로 알리고자 우리는 전문가들이 회의에 제출했던 논문들을 특별히 모아 3국의 독자들이 열독하는데 편리하도록 중일한 3개국 언어로 번역하여 책으로 펴낸다. 논문에서 여러 학자들이 주장한 관점은 개인의 생각을 대표할 뿐 그 어떤 국가나 기구, 그리고 편집자의 입장을 대표하는 것이 아닌 점에 대해 독자들의 이해를 구하는 바이다.

우리는 이 논문집의 출판이 3국 안보협력을 주목하는 독자들에게 새로운 지식자양분이 되고 학술연구자들에게 새로운 관찰시각이 되고 정책결정부문에게 의사결정을 내리는 새로운 의거가 되기를 바란다. 중국국제문제연구원에서는 일관된 입장으로 계속하여 학술연구와 '투 트랙(Two-track) 대화'를 전개할 것이며 중일한 협력과 중국외교에 더 많은 기여를 하기 위해 노력할 것이다.

올해는 제2차 세계대전 종식 70주년이 되는 해이다. 중일한 3국은 이를 계기로 역사를 거울로 삼아 미래를 열고 서로를 '가상의 적'으로 설정하지 않는 중일한 안보협력의 새로운 패러다임을 구축하여야 한다. 이상 내용으로 서문을 대신한다.

이 기회를 빌어 논문을 제출한 여러 학자들과 인민출판사의 적극적인 협조에 감사를 표하며 논문집의 출판을 위하여 노고를 아끼지 않으신 중국국제문제연구원 아태연구소 위샤오화 소장에게도 감사를 드린다. 바로 이분들의 노력이 있었기에 논문집이 예정대로 출간될 수 있었다. 부족점에 대한 독자들의 조언을 바라는 바이다.

중국국제문제연구원 상무부원장 루안중저

2015년 7월 27일

目　录

1

第三章　中日韩安全合作的困境与挑战

第四章　深化中日韩安全合作的思路与建议

目　次

한국어 목록

목 록

동북아안보정세평가 : 현상과 추세

제 2 장 중일한 안보 이념과 정책

제 3 장 중일한 안보협력의 곤경과 도전

제 4 장 중일한 안보협력의 심화를 탐색하기 위한 사고방식과 건의

致　辞

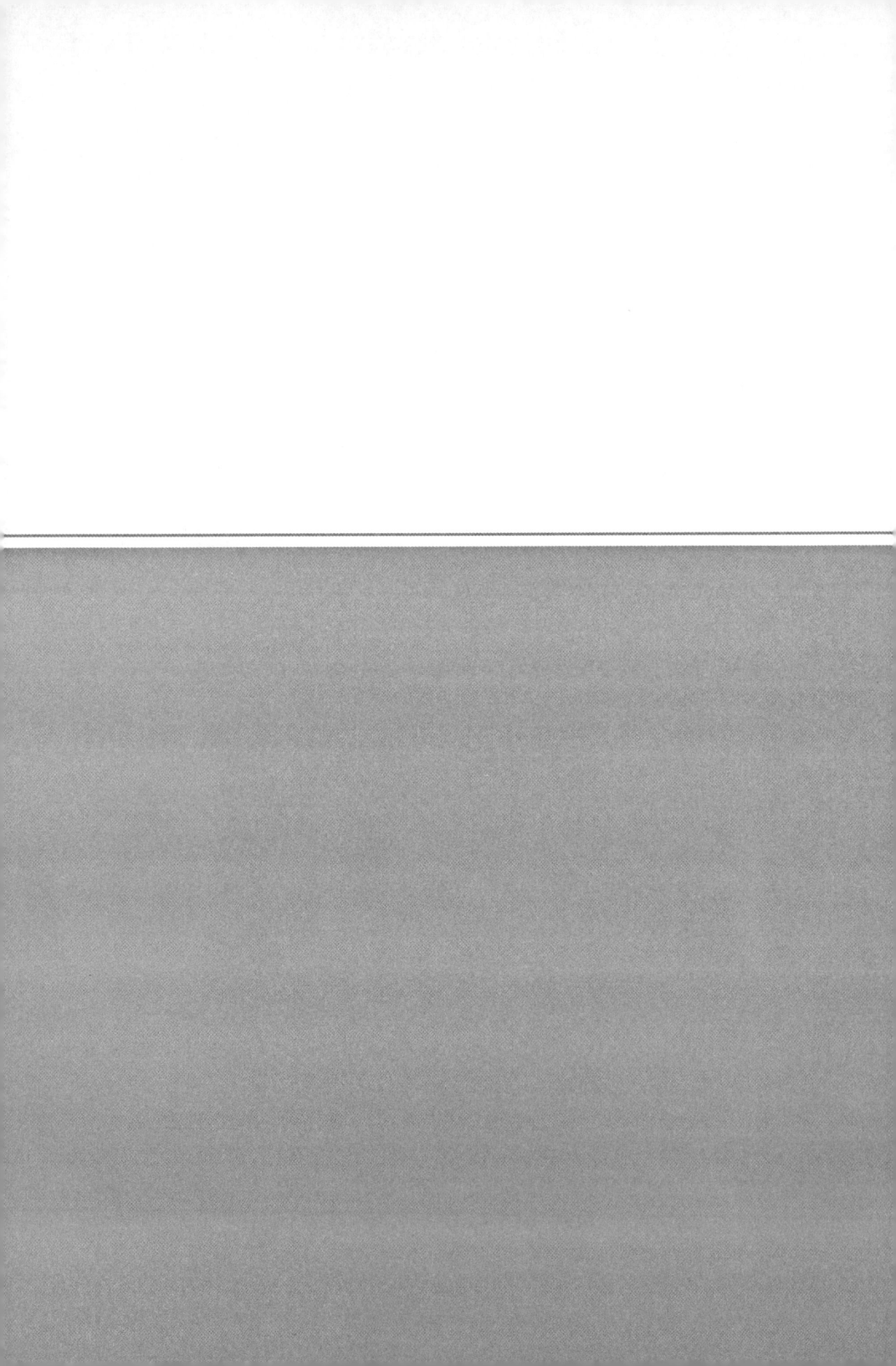

在中日韩安全合作国际研讨会开幕式上的致辞

孔铉佑 [*]

尊敬的日本前驻华大使宫本雄二阁下，

尊敬的韩国前东北亚大使丁相基阁下，

尊敬的中日韩合作秘书处秘书长岩谷滋雄阁下，

尊敬的中国国际问题研究院副院长阮宗泽先生，

女士们，先生们，朋友们：

大家上午好！很高兴出席中日韩安全合作国际研讨会。我谨代表中国外交部对研讨会的召开表示热烈祝贺，对各位来京参会表示热烈欢迎。同时，感谢中国国际问题研究院为筹备此次研讨会所做的大量工作。

今天的东亚，已经成为全球经济增长的重要引擎，在世界政治、经济格局中的地位和作用日益上升。中国、日本和韩国同为东亚重要国家，三国经济总量占东亚的90%、亚洲的70%、世界的20%。三国加强合作，利在三国，惠及亚洲，也具有重要的世界意义。

近年来，中日韩各领域交流合作不断推进，已建立外交、经贸、环保、文化等19个部长级会议机制，成立了中日韩合作秘书处。三国投资协定正式生效，自贸区谈判稳步推进。2014年，三国贸易额近七千亿美元，人员往来突破两千万。2015年3月，中日韩外长会时隔三年再次举行，标志三国合作逐步重回正轨，三国合作面临新的发展机遇。

但是，同时也要看到，东北亚安全形势依然复杂、敏感，有关国家间互信不足，对历史问题缺乏共同的正确认知，领土争议问题不时发酵，朝鲜半岛仍处在冷战残余

---

[*]　孔铉佑：中华人民共和国外交部亚洲司司长。

的阴影之下，一些域外国家不断强化在本地区的军事存在。中日韩合作也因此受到干扰。

安全是发展的重要前提和保障。面对复杂多变的地区形势，中日韩三国应立足于增进相互理解、信任，着眼于促进地区持续繁荣、稳定，积极探讨推进安全对话合作。今天，中日韩三国知名人士和专家学者齐聚北京，就三国合作交换意见，就是一种积极和有益的尝试。我也想借此机会，谈谈对促进三国和东北亚安全的几点看法。

一是树立新型安全理念。21 世纪的今天，各国安危与共，不再是零和博弈、你输我赢的关系，也不可能再有建立在其他国家不安全基础上的安全。我们应该摒弃冷战思维，以开放、包容的精神加强团结合作，以新的理念、新的方式探索安全合作的新路径。

2014 年，在上海举行的亚信峰会上，习近平主席提出应树立共同、综合、合作、可持续的亚洲安全观。共同，就是要尊重和保障各个国家的安全。综合，就是统筹维护传统和非传统领域安全。合作，就是通过对话合作促进各国和本地区安全。可持续，就是要发展和安全并重以实现持久安全。这一安全观顺应时代潮流，是对地区安全合作理念的发展和创新，为地区安全合作指明了新的方向。中方愿同日韩一起，以新型安全理念为指引，努力走出一条共建、共享、共赢的安全之路。

二是妥善处理热点、敏感问题。东北亚地区存在的一些热点、敏感问题有着复杂的历史背景和现实利益纠葛，解决起来十分棘手。当前形势下，各方应通过对话合作不断增进互信，管控矛盾分歧，共同维护地区稳定。这是妥善处理有关问题的唯一现实可行的途径。

作为朝鲜半岛的友好近邻，中方一贯主张实现半岛无核化，维护半岛和平稳定，通过对话协商和平解决有关问题。中方一直秉持公道立场，以自己的方式坚持不懈做有关方的工作，也希望有关方采取灵活态度，降低门槛，推动早日重启六方会谈。从长远来看，有关国家应积极进行接触对话，不断改善关系，实现半岛及东北亚的长治久安。

领土和海洋权益争议涉及各国根本利益和国民感情，最有效的方法是由直接相关方通过协商谈判和平解决。争议解决前，应加强对话合作，管控分歧。2015 年，中日举办了第三轮海洋事务高级别磋商，中韩将于年内启动海域划界谈判，为妥善处理相关问题作出了积极努力。

历史问题是困扰中日韩三国有关双边关系及三国合作的突出问题。2015 年是世界反法西斯战争胜利 70 周年，也是中国人民抗日战争胜利 70 周年和朝鲜半岛光复 70 周年，历史问题备受关注。能否妥善处理历史问题，对有关国家而言，既是考验，

也是机遇。三国外长不久前就本着正视历史、面向未来的精神妥善处理有关问题达成重要共识，希望有关方严格遵循这一共识，避免给有关方的双边关系及三国合作制造新的障碍。

三是共同应对非传统安全挑战。非传统安全问题日益复杂多元，成为人类社会面临的共同挑战。中日韩三国应从加强非传统安全合作入手，为本地区提供更多公共安全产品。

恐怖主义是人类社会的公敌。一段时间以来，恐怖主义、极端主义势力呈现向东亚蔓延的趋势，包括中日韩在内的地区国家都不同程度受到了影响。中方反对一切形式的恐怖主义，愿继续推进国际和地区合作，共同有效应对恐怖主义威胁。中日韩外交部门已建立起司局级磋商机制，2015 年 5 月 15 日将在华举办第三次反恐政策磋商。希望三国能充分利用这一平台加强对话合作。

东亚是自然灾害重灾区，救灾合作已成为地区多边机制的重点领域。2011 年日本大地震发生后，中日韩三国领导人携手赴灾区慰问的场面至今为许多日本朋友所铭记。三国灾害管理部门自 2009 年起定期举办负责人会议，共享信息，开展人员培训。2015 年，第四次中日韩灾害管理部门负责人会议将在日本举行。明天，中国民政部和中日韩合作秘书处将在北京共同举办第三次中日韩灾害管理桌面演练。在东亚地区，中日韩三国防灾救灾能力相对较强，我们应共同为东亚防灾救灾合作作出更大贡献。

网络安全威胁呈现多样化趋势。中日韩三国同为网络大国，面临日益严峻的网络恐怖主义、网络犯罪、网络攻击等威胁。经中方倡议，2014 年以来，三国已举办了两次网络事务政策对话，逐步加强了在打击网络犯罪、互联网应急反应等方面的合作。

中日韩三国环海而居，加强海洋合作、共同维护海上安全意义重大。中方提议2015 年适时在青岛举办首次中日韩海洋合作研讨会，加强三国在海洋与气候变化、防灾减灾、海洋生态环境以及发展蓝色经济等低敏感度领域的对话与合作，欢迎日韩专家学者积极与会。

四是完善地区安全机制建设。促进东北亚繁荣稳定，需要符合地区实际的安全机制作保障。受历史和现实多方面因素影响，东北亚安全机制建设明显滞后，与区域合作深入发展的局面很不协调。

六方会谈目前陷入停滞，但它仍是增进各方理解互信、缓和半岛局势的重要机制，各方应推动这一机制在维护东北亚和平稳定方面发挥更大作用。随着中日韩三国在经济、人文等领域交流合作不断深入发展，推动三国安全对话合作的重要性和紧迫

性日益上升。三国应高度重视这项工作，尽快补上这块短板。

长期以来，美国主导的双边安全同盟体系在亚太地区安全事务中发挥了重要作用，这其中包括东北亚的美日、美韩同盟体系。双边军事同盟体系是冷战时期的产物，源于零和博弈的思维。战后70年来，国际和地区形势已发生根本性变化，双边军事同盟体系的存在与演变关系地区安全合作与经济一体化如何协调推进。我们认为，强化针对第三方的军事同盟不利于地区共同安全，希望军事同盟体系能与时俱进，更新理念，增强同多边安全对话合作机制的兼容性，减少排斥性，更要避免对抗性，共同为推动构建符合各方需求的地区安全架构发挥建设性作用。

女士们，先生们，朋友们！中日韩三国安全对话合作仍处于起步阶段，需要各方集思广益、群策群力，三国智库和学者应发挥思想引领作用，积极建言献策，为三国安全对话合作贡献智慧和力量。

2015年，中日韩思想库网络正式成立，中国外交学院、韩国国立外交研究院和日本国际关系论坛被指定为各国牵头机构。我们欢迎中国国际问题研究院、日本国际问题研究所、韩国东北亚历史财团三国研究机构积极加入智库网络，为推动三国合作提供强有力的智力支撑。中日韩合作秘书处是专门服务三国合作的机构，希望秘书处今后与三国研究机构加强联系，共同举办有关活动，为三国研究安全合作的学者交往提供更多平台、更多机会。

最后，衷心祝愿本次研讨会取得圆满成功！

谢谢大家！

中日韓安全協力国際シンポジウムの開幕式における孔鉉佑外交部アジア司司長の挨拶

孔鉉佑 *

尊敬する日本の宮本雄二元中国駐在大使閣下、

尊敬する韓国の丁相基元外務省北東アジア協力大使閣下、

尊敬する中日韓三国協力事務局の岩谷滋雄事務局長閣下、

尊敬する中国国際問題研究院の阮宗沢副院長、

ご列席の皆様、

　おはようございます。この度中日韓安全保障協力国際会議にご出席できて大変嬉しく存じます。今度の会議の開催に際して、わたくしは中国外交部を代表して熱烈なお祝いの意を表したいと存じますが、また北京にいらっしゃってご参加いただいた皆様を心より歓迎しています。そして、会議のためにご尽力いただいた中国国際問題研究院の皆様にも感謝したいと存じます。

　今日の東アジアは既に世界経済発展の重要なエンジンになっており、世界政治経済の枠組みにおける地位と能力も日々に上昇しています。中国、日本と韓国は東アジアの重要な国家で、三国の経済総額は東アジア全体の 90％、アジア全体の 70％、世界全体の 20％を占めています。ゆえに、三国の協力強化は三国自身のためだけでなく、アジアないし全世界にも重要な意義があります。

　近年以来、中日韓は各領域で協力と交流を推し進め続け、外交、経済貿易、環境保護、文化等の面で閣僚級の会合を 19 も組み立てて、ついに中日韓協力事務局を成立させたました。三国投資協定も正式に有効になりまして、自由貿易区の交渉も順調に進んでいます。2014 年に三国の貿易総額は 7000 億近くにも達して、人員

＊　中国外交部アジア司司長。

往来も 2000 万人を超えました。今年 3 月に中日韓外務相会議が 3 年ぶりに再開されました。それは三国の協力が徐々に正常な軌道に戻りつつあり、協力が新たな発展のチャンスを迎えていることが示されました。

それと同時に、北東アジアの安保情勢は依然として複雑で敏感なものだと認識しておかなければなりません。例えば、関係国家間の相互信頼が乏しい、歴史問題について共同の正しい理解を持っていない、領土をめぐる紛争が時々激化したりする、朝鮮半島が未だに冷戦後の影に置かれている、また域外の国家が絶えずに本地域での軍事存在を強化し続ける等とたくさんの問題があります。そのため、中日韓の協力がなかなか捗らないわけです。

安全は発展の重要な前提であり、保障です。複雑でめまぐるしく変化する地域情勢に対し、中日韓三国は相互理解と信頼を増加させようという立場に立ち、地域の持続的な繁栄と安定の強化に着眼し、安全保障対話と協力の推進を積極的に模索すべきです。今日、中日韓三国の著名な有識者と専門家が北京で一堂に会して、三国協力について意見を交換するということは、大変積極的で有意義な試しです。わたくしもこの場をお借りして、三国と東北アジアの安全問題について少し意見を述べさせていただきたいです。

第一に、新しいタイプの安全保障理念を樹立すること。21 世紀において、各国は安全も危険も一緒に抱える関係になっており、既にゼロサムな関係でなくなり、他の国が安全ではないことに基づく安全もなくなります。我々は冷戦思考を捨て、包容的でオープンな精神で協力関係を強め、新たな理念と方式で安保協力の新しい道を探していくべきだと存じます。

去年、上海で行われたアジア協力と相互信頼醸成措置会議で、習近平主席は共同的で、総合的で、協力的で、かつ持続可能なアジア安保観を立てるべきだと提言しました。具体的にいえば、「共同的」とは、各国の安全を尊敬し保障することであり、「総合的」とは、伝統的と非伝統的な領域の安全を計画案配し維持することであり、「協力的」とは、対話と協力を通して各国の本地域の安全を強化することであり、そして「持続可能」とは、発展と安全を同じく重視して恒久な安全を実現させることであります。そういう安全観は時代の流れと一致し、地域安保協力理念を新しく発展させるものであり、地域安保協力のための新しい方向を標示しました。中国は日本、韓国と共に、新たな安保理念を方向としながら、一緒に作り、一緒に楽しみ、一緒に利益を獲得するという安全の道を頑張って歩んでいきたいです。

第二に、ホットな問題、敏感な問題を適切に処理すること。北東アジア地域にあ

る一部のホットで敏感な問題には複雑な歴史背景や現実利益の絡まりがあるので、解決には困難が多いです。現在の情勢の下で、各国は対話や協力で相互信頼を強化しつつ、紛争や相違点を管理して地域の安定を共同で保護することこそ、関係問題を妥当に対処するのに唯一で実現可能な道なのです。

　朝鮮半島の友好な隣国として、中国側は半島を無核化させ、半島の平和と安定を維持し、対話で平和に関係問題を解決することを一貫して主張しています。そして、中国はいつまでも公正な立場に立ち、自分なりの方式でそれに関わっている課題を怠らずに処理してきていますが、また六者会合がなるべく早く再開できるように他の関係者にも柔軟な態度や方式を持っていただきたく存じます。長期的に見れば、半島ないし北東アジアの永久の平和のために関係国家が積極的に対話を行って相互関係を改善させ続けなければなりません。

　領土と海上権益の紛争は各国の根本利益と国民の感情に関わる問題ですが、それに対して最も有効な方法は関係者が直接に交渉して平和に解決することです。その前に、対話と協力を強化して意見などの相違点をコントロールしておくべきです。今年、中日高級事務レベル海洋協議第 3 回全体会議が開催されましたが、中韓の間にも年内に海域の境界線についての交渉が行われる予定です。それらもみな関係問題の解決に大きく寄与することになっています。

　歴史問題は中日韓三国の二国間関係や三国協力に深く絡んでいる大きな問題です。今年は世界反ファシズム戦争勝利 70 周年ですが、中国人民抗日戦争勝利 70 周年と朝鮮半島復帰 70 周年でもあるので、歴史問題はさらに大きく注目されています。歴史問題を妥当に対処できるかどうかの問題は、関係国家にとって試練であると共に、機会でもあります。この前に三国の外務大臣は、歴史を直視しながら未来へ向かうという精神で関係問題の対処について重要な共通認識に達しているが、二国間関係や三国協力のために新たな妨害を作らないように関係国家がその共通認識に厳しく従っていくべきです。

　第三に、安全保障に対する非伝統的挑戦に対応すること。非伝統的な安全問題が日々に複雑で多元的になっており、全人類社会が面する共同の挑戦になっております。中日韓三国は非伝統的な安保分野での協力から着手し、本地域により多くの国際公共財を提供すべきです。

　まず、テロリズムは人類社会の共通の敵です。一時期、テロリズムや極端主義勢力が東アジアに蔓延してくる傾向があり、中日韓を含める地域全体の国家が違う程度で影響されていました。中国側は全ての形のテロリズムに反対し、国際と地域の

協力を推し進めて、共同で有効的にテロリズムの脅威を対処することを望んでいます。中日韓の外務省は局長級の会談システムを建てましたが、今年5月上旬に第3回テロ対策協議が中国で開催される予定になっています。三国がこの場を十分に利用して対話協力を強化させてほしいと存じます。

それから、東アジアは自然災害の頻発の地域で、災害救援の協力が地域多角システムの重点領域になっています。2011年東日本大震災の発生後、中日韓三国の指導者が一緒に震災地へ慰問したのは今でも多くの日本の方々に覚えられています。三国災害管理部門は2009年から定期に部門リーダーが会合する場を作り、情報交換や人材育成を行うことになっています。今年、第4回中日韓災害管理交流会議が日本で開催されますが、明日中国民政部と中日韓協力事務局は北京で第3回中日韓災害管理の机上演習を行います。東アジアで中日韓の防災や救災の能力が比較的に強いので、我々は東アジアの防災や救災のために大きく貢献をしなければなりません。

そして、インターネットの安全問題も多様化の趨勢が現れています。中日韓三国はインターネットの大国として、日々に深刻化のインターネットテロリズム、インターネット犯罪、インターネット攻撃等の問題に直面しています。2014年以来、中国側の提唱によって三国はすでにインターネット事務政策の対話を二回行い、インターネット犯罪の対処やインターネットの非常事態の反応等の面で徐々に協力を推し進めてきています。

また、中日韓三国は海に囲まれている国家なので、海洋協力の強化と海上安全の共同保護が大変重要な意義があります。海洋事務、気候変動、防災救災、海洋生態環境及び海洋経済などそれほど敏感ではない方面において三国の対話と協力を促進するために、中国側は今年青島で初めての中日韓海洋協力会議の開催を提案しましたが、日本や韓国の専門家が積極的にご参加くださることをお願いします。

第四に、地域安全保障の仕組みを整備すること。北東アジアの繁栄と安定を促進するには、その保障として地域の実際状況に合う安保システムが必要です。歴史や現実の多くの要素に影響されて、北東アジアの安保システムの建設が明らかに遅れており、地域協力の深化や発展と共同歩調がとれていません。

六者会合は現在停滞しているけれども、依然として各方面の相互理解や信頼を深め、半島情勢を緩和させる重要な方式です。従って、我々は六者会合を利用して北東アジアの平和と安定のためより大きく働かせるべきです。特に、中日韓三国が経済や人文などの領域で交流や協力を発展させているのに伴って、安保を巡る三国対

話の重要性と緊迫の度が日々に増加しているので、三国はその作業を高度に重視し、一刻も早くその不足なところを補わなければなりません。

　長期間以来、米日同盟や米韓同盟を含めて、アメリカ主導の双務的な安保同盟システムがアジア太平洋の安保事務で重要な役割を果たしてきました。双務的な軍事同盟は冷戦期の産物で、ゼロサムの考え方に源を持っています。戦後70年来、国際と地域の情勢が根本的な変化が発生してきましたが、双務軍事同盟の存在と変遷は、地域の安保協力と経済一体化の進み方と関わっています。第三者に敵対する軍事同盟が地域の共同安全に不利なので、既存の軍事同盟は時代の流れに従って理念を更新し、多国と安保対話協力する包容性を強化し、排他性を減少し、対抗性をさらに避けることによって、各国の需要に合致する地域安保枠組みの構築のために一同に建設的な役割を果たしていこうと我々は望んでいます。

　皆様、中日韓三国の安保対話はまだスタートしたばかりの段階にあるので、各方面の共同の知恵と努力が必要でなければなりません。三国のシンクタンクや学者方は思想面でリーダーの役割を働き積極的に提案をして、三国安保対話のために知恵や力を貢献すべきです。

　今年、中日韓研究所連合が正式に成立し、中国外交学院、韓国国立外交研究院と日本国際フォーラムが各国それぞれのリード機関として指定されています。我々は中国国際問題研究院、日本国際問題研究所、韓国北東アジア歴史財団など三国の研究組織が積極的に研究所連合に参加して、三国協力のため強力な知的支援を提供することを大いに歓迎しております。中日韓協力事務局は三国協力を専門的なサービスを提供する機関であり、これから三国の研究機関と連絡を強化して共同で関係の活動を行い、また三国の安保協力の関係学者により多くの場と機会を提供できるように望んでいます。

　最後に、今回のシンポジウムが円満に成功するよう心からお祈りいたします。

　ご清聴どうもありがとうございました。

（劉麗嬌　訳）

중일한 안보협력 국제세미나 개막식 연설

孔鉉佑 *

존경하는 전 일본 주중 대사 미야모토 유지 각하

존경하는 한국 전 동북아 대사 정상기 각하

존경하는 중일한 협력사무국 사무총장 이와타니 시게오 각하

존경하는 중국국제문제 연구원 루안중저 부원장

식사 숙녀 여러분 :

여러분 안녕하십니까 ! 오늘 중일한 안보협력 국제세미나에 참석하게 되어 영광입니다 . 저는 중국 외교부를 대표하여 세미나의 소집에 대해 축하의 인사를 올립니다 . 참석자 여러분께서 베이징에 오신 것을 환영합니다 . 또한 이번 세미나의 개최를 위해 노력한 중국국제문제연구원 관계자 여려분께 감사의 인사를 올립니다 .

오늘날 동아시아는 이미 세계 경제 성장의 중요한 엔진으로 부상하여 세계 정치 , 경제체제에서의 지위와 역할도 날로 상승하고 있습니다 . 중국 , 일본과 한국은 모두 동아시아의 주요국으로 3국의 경제 총량은 동아시아의 90%, 아시아의 70%, 세계의 20%를 차지합니다 . 3국의 협력 강화는 3국에 유리할 뿐만 아니라 국제적으로도 매우 큰 영향력을 미치게 될 것입니다 .

최근 중일한은 각 분야에서 협력을 강화하고 외교 , 경제무역 , 환경보호 , 문화 등 19개의 장관급 회의기제를 구축하였으며 중일한 협력사무국을 설립했습니다 . 3국 투자협정도 정식으로 발효되었고 자유무역구 협상도 안정적으로 추진되고 있습니다 . 2014년 3국의 교역액은 7천억 달러에 달하고

---

* 중국 외교부 아시아사 사장 .

인적교류는 2천 만명을 돌파하였습니다. 금년 3월, 중일한 외무 장관회의가 3년만에 재개되었는데 이는 3국 협력이 정상적인 궤도에 진입했고 3국간의 협력에 새로운 발전 계기가 마련되었음을 의미합니다.

　　이와 동시에 우리는 동북아 지역의 안보 정세는 여전히 복잡하고 민감하고 관련국 간의 신뢰와 역사 문제에 대한 정확한 인식이 부족하며 영토 분쟁이 종종 발생하고 조선반도 냉전의 그늘밑에서 일부 기타 지역 국가들이 동 지역에서 군사력을 강화하는 것을 볼 수 있습니다. 이로 하여 중일한 협력도 영향을 받고 있습니다.

　　안보는 경제사회 발전의 전제이자 보장입니다. 복잡하고 급속히 변화하는 지역 정세에 비추어 중일한 3국은 상호 신뢰 강화에 입각하여 지역의 지속적인 번영과 안정에 착안점을 두고 안보 분야의 교류와 협력을 적극 추진해야 합니다. 이번에 중일한 3국의 유명 인사와 전문가들이 베이징에 모여 3국 협력에 관해 의견을 나누는데 이것은 적극적이고 유익한 시도입니다. 저는 이 기회를 빌어 중일한 3국의 동북아 안보 분야 협력 추진과 관련하여 다음과 같은 견해를 발표하고자 합니다.

　　첫째, 신규 안보 이념을 수립해야 할 것입니다. 21세기 각국의 관계는 더이상 제로섬관계가 되지 말아야 할 것이며 각국은 안정과 발전을 함께 해나가야 할 것입니다. 어느 국가의 안보도 타국의 불안전위에 이루어질 수 없습니다. 우리는 냉전적사고를 버리고 포용하는 마음으로 단결과 협력을 강화하고, 신규 이념과 방식으로 안보 협력의 새로운 길을 개척해야 할 것입니다.

　　지난해 상하이에서 개최된 아시아교류신뢰구축회의에서 시진핑주석은 공동, 종합, 협력의 지속가능한 아시아 안보관을 수립할 것을 제기하였습니다. 공동은 각 국의 안보를 존중하고 보장하는 것을 뜻합니다. 종합은 전통과 비전통 분야의 안보를 모두 수호하는 것을 뜻합니다. 협력은 교류와 협력을 통해 각 국과 해당 지역의 안보사업을 추진하는 것을 뜻합니다. 지속가능은 발전과 안보사업을 공동으로 추진하는 것을 뜻합니다. 이 안보관은 시대의 발전에 부응하는, 지역 안보 협력 이념에 대한 발전과 혁신으로서 지역 안보 협력을 위한 새로운 방향을 제시하였습니다. 중국은 한국, 일본과 함께 신규 안보 이념을 지침으로 안보시스템을 공동으로 구축하고 공유하면서 윈-윈의 안보 발전의 길로 나아갈 것입니다.

　　둘째, 민감한 문제들을 타당하게 해결해 나가야 할 것입니다. 동북아 지역에는 해결하기 매우 어려운 일부 민감한 역사문제와 현실문제들이 존재합니다. 현재 정세로 보아 각 국은 교류와 협력을 통해 상호 신임을 강화하고, 분쟁과 갈등을 해소하여 공동으로 지역의 안정을 지켜나가는 것이 유일한 현실적 해결 방안이라고 생각합니다.

조선반도의 우호적 인접국가인 중국은 시종 조선반도의 비핵화를 실현하고 조선반도의 평화와 안정을 수호하며 교류와 협상을 통해 평화적으로 갈등을 해결할 것을 주장해왔습니다. 중국은 항상 자체 방식으로 공정하게 관련사업을 추진해왔습니다. 중국은 또한 각 국의 합의하에 6자회담을 조속히 재개할 것을 희망합니다. 장기적으로 볼 때 관련국들은 적극적으로 교류하고 관계를 개선하여 조선반도와 동북아의 장기적 안정을 실현하여야 할 것입니다.

영토와 해양 권익에 대한 분쟁은 각 국의 근본 이익과 국민들의 정서에 직접 영향을 미치기에 가장 효과적인 방법으로는 관련국 간에 직접 협상과 담판을 통해 해결해 나가야 할 것입니다. 분쟁을 해결하기 위해서는 교류와 협력을 강화해야 할 것입니다. 올해 중국과 일본은 제3차 해양사무 고위급 협상을 진행하고 중국과 한국은 올해안에 해역획분 담판을 가동할 예정인데 이러한 것은 모두 관련문제들을 타당하게 처리하기 위한 긍정적인 노력들입니다.

역사문제는 중일한 3국의 양국 관계와 3국 협력에 가장 큰 영향을 미치는 문제입니다. 금년은 세계 반파쇼전쟁 승리 70주년이 되는 해이며 중국인민 항일전쟁 승리 70주년, 조선반도 광복 70주년이 되는 해이기도 하여 역사문제는 많은 사람들의 주목을 받고 있습니다. 역사문제를 타당하게 해결하는가 못하는가 는 관련국에 도전이자 기회입니다. 3국 외무장관은 얼마전 역사를 정시하고 미래와 결부하여 역사문제를 처리하는데 동의하였습니다. 관련국도 상기 공동인식을 엄격히 준수하며 양국 관계 및 3국 협력에 새로운 저해로 작용하지 않기를 희망합니다.

셋째, 공동으로 비전통 안보에 대응해야 할 것입니다. 비전통 안보문제는 날로 다양해져 이미 인류사회가 직면한 공동문제로 되었습니다. 중일한 3국은 비전통 안보협력을 강화하는데로부터 착수하여 본 지역에 보다 많은 공공 안보를 제공해야 할 것입니다.

테러리즘은 인류사회의 공공의 적입니다. 테러리즘 극단 세력들은 동북아 지역에 일정한 기간내 침투할 추세를 보였으며 중일한을 포함한 지역 내의 국가들이 받은 영향은 서로 각이합니다. 중국은 모든 형식의 테러리즘을 반대하며 국제간 및 지역간의 협력을 통해 테러리즘의 위협에 효과적으로 대응할 예정입니다. 중일한 외교부문은 이미 국장급 협상체제를 구축했으며, 금년 5월 상순부터 중국에서 제3차 반테러 정책과 관련된 협상을 진행합니다. 3국이 이 플랫폼을 통해 교류와 협력을 강화해나가기를 희망합니다.

　　동북아는 자연재해가 심한 지역으로 해당 분야의 협력은 이미 지역 다국적 체제의 중점 사업으로 되었습니다. 2011년 일본에 대지진이 발생한후 중일한 3국 지도자들이 함께 재해지구에 가서 위문하던 장면은 지금도 많은 일본 국민들이 기억하고 있을 것입니다. 3국 재해관리기관은 2009년부터 정기적으로 책임자 회의를 개최하여 정보를 공유하고 교육을 진행합니다. 올해 제4차 중일한 재해관리부문 책임자회의는 일본에서 개최됩니다. 중국 민정부와 중일한 협력사무국은 래일 베이징에서 제3차 중일한 재해관리 데스크 연습(桌面演戏)을 진행합니다. 동아시아지역에서 중일한 3국의 재해방지 능력이 상대적으로 양호하므로 향후 동아시아의 재해방지 협력을 위해 더 큰 기여를 해야 할 것입니다.

　　인터넷안보 위협은 다양화의 추세를 보이고 있으며, 중일한 3국은 모두 인터넷 대국으로 날로 엄중한 인터넷테러, 인터넷범죄, 인너텟공격 등의 위협을 받고 있습니다. 중국측의 제안하에 2014년부터 3국은 이미 두차례에 거쳐 인터넷 정책 교류회를 개최했으며 인터넷범죄 타격, 인터넷 응급대처 등 분야에서 점차 협력을 강화하고 있습니다.

　　중일한 3국은 바다와 인접해 있기에 해양분야의 협력을 강화하고 공동으로 해양안전을 수호하는 것은 큰 의미가 있습니다. 중국은 올해 칭다오에서 중일한 해양분야 협력과 관련된 첫세미나를 개최하여 3국이 해양 및 기후변화, 재해 방지와 감소, 해양 생태환경 및 친환경 경제발전 등 민감도가 낮은 분야에 대한 협력을 강화할데 대해 토론할 예정입니다. 한일 전문가들이 동 세미나에 적극 참가하기를 희망합니다.

　　넷째, 지역 안전체제 건설을 완비해야 할 것입니다. 동북아의 번영과 안정을 촉진하려면 지역 현황에 적합한 안전시스템을 구축해야 합니다.

　　6자회담은 현재 중단된 상태이지만 각 국의 상호 신임을 강화하고 조선반도의 정세를 완화하는 중요한 회의이므로 각 국은 동 회담이 동북아의 평화와 안정에 대해 더 큰 작용을 발휘할 수 있도록 추진해야 할 것입니다. 중일한 3국간의 경제, 인적 교류 등 분야의 협력이 지속적으로 강화됨에 따라 3국의 안보 분야 교류협력의 중요성과 긴박감도 날로 상승하고 있습니다. 3국은 반드시 해당 업무를 높이 중시해야 할 것입니다.

　　장시기동안 미국이 주도하는 안전동맹체제는 아태지역의 안보분야에서 중요한 역할을 발휘하였습니다. 이중에는 동북아의 미일, 한미 동맹체제도 포함됩니다. 이 체제는 냉전의 산물입니다. 전후 70여년간 국제 및 지역 정세는 근본적인 변화를 가져왔습니다. 하지만 이 체제의 존재와 변화는 여전히 지역 안보와 협력 및 경제 통합을 조화롭게 추진하는데 영향을 주고 있습니다.

　　신사, 숙녀 여러분!

　　중일한 3국은 안보교류와 협력 면에서 여전히 초급 단계에 처해 있습니다. 각 국은 의견을 모으고 관련 정책을 제정해야 하며 3국의 싱크탱크와 학자들은 정책과 건의를 제기하여 3국의 안보 교류와 협력을 위해 지혜와 힘을 다해야 할 것입니다.

　　올해 중일한 싱크탱크 네크워크가 정식으로 설립되었으며 중국 외교학원, 한국 국립외교연구원 및 일본 국제관계포럼은 각 국의 대표기관으로 지정되였습니다. 우리는 중국국제문제연구원, 일본국제문제연구소, 한국동북아역사재단 등 3국 연구기관이 적극적으로 싱크탱크 네트워크에 가입하여 3국의 협력을 추진하기 위해 강유력한 지적지원을 제공하기를 희망합니다. 중일한 3국 협력사무국은 전문 3국의 협력을 위해 서비스를 제공하는 기관으로 사무국에서 향후 3국 연구기관과 연계를 강화하여 공동으로 유관행사를 주최하고 3국의 안보협력을 연구하는 학자들의 교류를 위해 편리한 플랫폼과 더 많은 기회를 제공하기를 희망합니다.

　　마지막으로 이번 세미나의 성공적인 개최를 충심으로 기원합니다!

　　감사합니다.

(金文学 번역)

增进沟通　减少误解^①

[日] 宫本雄二 *

　　首先，我想对组织和准备这次重要会议的相关人士表示衷心感谢。主持人说让我代表日方发言，但是我想稍作说明的是，在辞去大使工作以后我只能代表自己，我的发言也仅仅代表我个人的意见。

　　日中韩三国合作极为重要。经济全球化在不断推进，经济上的相互依存度也在不断深化，这种趋势只会继续强化而不可能弱化。东亚地区顺着这股全球化的潮流发展至今，今后将继续发展下去，如果违背这一潮流就没有经济的发展。日中韩三国经济占据东亚经济的四分之三，三国的经济交流也达到了空前的水平。日中韩的经济合作既是为了我们的经济发展，也是为了亚洲乃至世界经济的发展。三国在很大程度上拥有左右亚洲经济未来的能力，同时也要承担相应的责任，因此日中韩只能强化合作，这才是正确的政策。

　　然而，日中韩之间还存在许多政治问题，从而影响到了经济合作关系，尤其是日本与中韩两国之间存在很大的政治难题。三个人谈话总比两个人谈话更容易解开矛盾。此前日中韩三国首脑会谈都是借着东盟会议"羞羞答答地"进行，而 2008 年 12 月，日中韩领导人会议首次独立在我的故乡福冈县太宰府市召开。本人见证了这一历史性时刻，为日中韩自此迎来了新时代而感到由衷的喜悦，因为我们从此可以期待这一框架会缓和三国政治上的矛盾和对立，让政治关系变得更和谐。

　　这里说一下我的个人背景。在 20 世纪 90 年代初，我是英国国际战略研究所（IISS）的一名研究员，当时一名加拿大的东亚研究员对我说，"东亚，也就是日中韩，

---

① 原文无题目，题目为编者所拟。

* 宫本雄二：日本宫本亚洲研究所所长、前日本驻华大使。

不能自己解决自己的问题，所以需要外部第三方的参与"，对此我感到强烈的抗拒并断然说道："我们能够自己解决自己的问题，不需要别人多事。"

然而，之后的事态发展不正变成那个加拿大人所说的那样了吗？这不仅是我丢了面子，而且是日中韩所有国家都丢了面子。对于事态的演变，我们需要进行深刻的反省。为了不再犯同样的错误而吸取教训，特别需要三国社会的有识之士及知识分子公正且客观地分析其中的缘由，并思考准确的对策。根据对对方的错误认识来指责对方的过失、只对对方提出处理要求，这不是知识分子应该做的事情。

在三国社会感情用事、难以进行理性讨论的时候，我们究竟做过多少积极的发言呢？我认为，向我们各自的社会注入立足于长远的宽广视角即战略性视角的理性讨论，这是知识分子的责任和义务。立足于战略性视角的国家利益和不立足于战略性视角的所谓的"国家利益"，二者有着本质的不同。我认为，我们必须不断对国民解释什么是真正的国家利益，而取消相互交流等行为简直荒谬之极。越是有问题，我们就越应该努力地频繁会面、沟通想法、减少误解、增进相互理解，然后考虑应该如何做，并不断向各自的国内传递信息。我认为这是知识分子的责任和义务。

我希望这次日中韩会议能朝着这个方向迈出第一步。

（刘丽娇 译）

意思疎通を図り、誤解を減らす

宮本雄二 *

　この重要な会議を組織し準備していただいた方々に衷心より感謝したい。司会者は日本側を代表しての発言と言われたが、日本では、大使を辞めた後は自分自身を代表できるだけであり、私の発言は私個人しか代表していないということをまず申し上げておきたい。

　日中韓三国の協力関係は極めて重要である。経済のグローバル化は不断に進み、経済の相互依存も不断に深化している。この流れはさらに強まることはあっても弱まることはない。東アジアもこのグローバル化の流れに乗ることで発展してきたし、これからも発展できるのであり、この流れに逆らえば経済の発展はない。日中韓三国経済は、東アジア経済の4分の3を占め、日中韓の経済交流も空前のレベルに到達している。日中韓の経済的な協力関係は、われわれの経済のためでもあるが、広くアジアひいては世界経済のためでもある。日中韓は、アジア経済の将来を大きく左右する力を有しているし、それに応じた責任を有しているということでもある。したがって日中韓は協力を強化するしかないし、強化することが正しい政策である。

　ところが日中韓三国は多くの政治問題をかかえており、そのことが経済の協力関係にも影響を及ぼしている。特に日本と中韓両国との間には難しい政治問題が存在している。世の中二人で話すよりも三人で話した方がものごとはもみほぐしやすいものだ。それまで ASEAN の会合の周辺で遠慮がちに開かれていた日中韓三国首脳

---

*　宮本アジア研究所代表、公益財団法人日中友好会館副会長、日本日中関係学会会長、元駐中国特命全権大使。

会議が、2008 年 12 月、初めて単独で、それも私の故郷の福岡県太宰府市で開催された。私自身、その歴史的な瞬間に立ち会ったときには、これで日中韓は新しい時代を迎えると心から喜んだものだ。この日中韓の枠組みが、政治的な矛盾と対立を緩和させ、政治的な関係を円滑なものにすることが期待できたからだ。

これには私の個人的な背景がある。1990 年代の初めごろ、私がイギリスの国際戦略問題研究所（IISS）で研究員をしていたころのことだ。カナダ人の東アジア研究者から「東アジア、つまり日中韓は自分たちの問題を自分たちで解決できないので、外部の第三者が関与する必要がある」と言われた。私はこれに強く反発し「われわれは自分たちの問題は自分たちで解決できる。お節介は不要だ」と言い切った。

ところがその後の事態の進展は、このカナダ人の言うとおりになってしまったではないか。私が面子を失っただけではない。日中韓の全員が面子を失ったのだ。このような事態となったことに対し、われわれは深く反省する必要がある。とりわけ三国社会の有識者、知識分子は、そうなった理由を公正かつ客観的に分析し、二度と同じ間違いを犯さないように教訓をくみ取り、的確な対策を考える必要がある。相手に対する間違った認識に基づき、相手の非を鳴らし、相手にだけ対応を求めるのは、インテリ＝知識分子のすることではない。

三国社会が感情的になり、理性的な議論が難しくなったときに、われわれはどれだけ積極的に発言しただろうか。やはり広い長期的な視野に立った、つまり戦略的視点に立つ理性的な議論をそれぞれの社会に注入するのは、知識分子の責務だと思う。戦略的視点に立った国益と、そうでない所謂「国益」とは中身は本質的に異なる。われわれは真の国益を国民社会に対して説き続けていかなければならないと思う。相互交流を取りやめるなど以ての外だ。問題があればあるほどわれわれは頻繁に会い、意思疎通を図り、誤解を減らし相互理解の増進に努めるべきである。そしてどうすべきかを考え、それぞれの国内で発信し続ける。これも知識分子の責務だと思う。

今回の日中韓の会議において、そのような方向での第一歩を記してほしいと願う。

소통을 강화하고 오해를 감소

宮本雄二 *

　　우선 이번 회의를 소집하느라 수고하신 모든 분들께 감사의 인사를 올립니다. 사회자가 저한테 일본을 대표하여 발언하도록 부탁하였지만 이젠 더이상 일본 대사를 담당하지 않기에 저의 발언은 오직 개인적 의견임을 말씀드리는 바입니다.

　　일중한 3국 협력관계는 아주 중요합니다. 경제 글로벌화와 경제적 상호 의존도는 날이 갈수록 심화될 것입니다. 동아지역도 이런 흐름에 따라 오늘 날까지 발전해왔고 향후에도 이런 추세로 발전해 갈 것입니다. 만약 이런 흐름을 거역한다면 경제 발전을 이룩하지 못할 것입니다. 일중한 3국 경제규모는 동아시아 경제의 4분의 3을 차지하며 일중한 경제 교류는 전례없는 수준에 이르렀습니다. 일중한 경제 협력관계는 3국 경제 발전을 위한 것이고 아시아 경제 발전을 위한 것이며 나아가서는 세계 경제 발전을 위한 것입다. 일중한은 향후 아세아의 경제력을 상당하게 좌우지 하게 될 것이고 일중한은 그에 따르는 책임을 짊어져야 하기에 일중한 협력 강화만이 정확한 정책입니다.

　　하지만 일중한사이에 존재하는 아주 많은 정치 문제들은 3국 경제 협력에 영향주고 있습니다. 더우기 일본과 중한 양국사이에는 아주 심각한 정치 난제들이 존재합니다. 세 사람의 토론은 두 사람의 담화보다 갈등을 더욱 쉽게 해결할 수 있습니다. 일중한 3국 정상회담은 아시안회의를 통해 미지근하게 진행되다가 2008년 12월에 일중한 지도자들은 최초로 일본 우쿠오카현에서

---

*　일본 미야모토아시아연구소장, 전 주중일본대사.

독립적으로 회담을 가졌습니다. 나는 일중한 3국이 새로운 시대를 개척하는 역사적 순간의 증인으로서 엄청난 희열을 가졌습니다. 우리는 3국 구조내에서 정치적 갈등과 대립을 완화시킬 수 있는 더욱 순조로운 정치관계를 기대해 볼 수 있기 때문입니다.

20세기 90년대, 나는 영국국제전략연구소 (IISS) 연구원으로 있었습니다. 그 때 한 카나다의 동아시아 연구원은 나한테 "동아시아 즉 일중한은 자신의 문제를 자체적으로 해결할 수 없으며 외부 제3자의 참여를 필요로 한다"고 말했었습니다. 이에 나는 "우리는 자체적으로 해결할 수 있습니다. 다른 사람들이 필요없습니다"고 강하게 반박했습니다.

허나 그후의 사태 발전은 그 카나다인의 말대로였습니다. 이로하여 나뿐만 아니라 일중한 3국 모두 체면을 잃게 되었습니다. 이런 사태 발전에 대해 우리는 깊히 반성하여야 합니다. 특히 3국의 지식인들과 관련 인사들은 공정하고도 객관적으로 그 원인을 분석하여야 하며 똑같은 착오를 범하지 않기 위해 교훈을 섭취하고 정확한 대책을 세워야 합니다. 지식인들이라면 상대방에 대한 그릇된 인식으로 상대방의 과실을 과대 평가하고 상대방에 대해 요구만 제기해서는 안됩니다.

3국 사회가 감정적으로 일을 처리하고 이성적으로 교류하기 힘들 때 우리는 적극적인 발언을 얼마나 했었던가요? 미래적인 안목으로 즉 전략적 안목으로 이성적인 토론을 진행할 수 있도록 각자의 사회를 이끄는 것이 지식인들의 책임과 의무라고 나는 생각합니다. 전략적 안목에 기초한 국가 이익과 전략적 안목에 입각하지 않은 "국가 이익"은 본질적으로 다릅니다. 우리는 국민들에게 진정한 국가 이익에 대해 설명해주어야 합니다. 상호 교류의 중단을 요구하는 행위는 너무나도 어처구니 없습니다. 문제가 있을 수록 우리는 더욱 자주 회담을 가지고 서로에 대한 오해를 줄이고 더욱 많이 이해하여야 합니다. 그 다음으로 어떻게 할지에 대해 고민하고 국내에 끊임없이 메세지를 전달하여야 합니다. 이것이야 말로 지식인들의 책임과 의무라 나는 생각합니다

이번 일중한 회의가 이런 방향으로 나아가는 첫 발자국을 떼었으면 하는 바람입니다.

(金文学 중역본 번역)

通过合作解决东北亚的难题

［韩］ 丁相基[*]

中国外交部亚洲司孔铉佑司长、中国国际问题研究院阮宗泽代理院长、宫本雄二大使、中日韩三国合作秘书处岩谷滋雄秘书长以及参加今天会议的韩日中三国政府官员和专家们!

首先，祝贺中日韩三国安保合作会议能够在美丽的北京举办。非常荣幸能够通过此次活动见到中日韩三国的各界专家们。

2003 年 11 月，在印尼巴厘举行的中日韩三国安保合作会议讨论了三国的经济合作与 FTA 谈判、安保合作以及与东盟的合作等重要热点问题。三国首脑首次通过了共同宣言。共同宣言的内容十分广泛，甚至包括了军备控制等议题。

其后，中日韩三国虽然在经济领域合作上取得了耀眼的成果，但因历史和领土问题，三国间的安保合作未能取得任何进展。

习近平主席提出了"亚洲命运共同体"构想，并为此提出了创建亚投行与"一带一路"战略，还提出了包括中日韩在内的亚洲经济共同体构想。安倍首相就任后也提出了"基于国际合作主义的积极和平主义"构想，并力争经济复兴和扩大安保领域的角色。韩国朴槿惠总统提出了"东北亚和平合作构想"和"欧亚计划"，并为此提出了通过多种形式建立互信的措施。

我认为，这一切都是能够让区域内各国共同繁荣的构想，并真心希望这些构想能够一一实现。但是没有区域内各国之间的相互合作，这些构想是很难实现的。

为了给合作赋予新的动力，首先要研究分析最近几年阻碍我们合作的根本原因。中日韩三国都拥有悠久的历史和固有的语言文化，基于经济上的成功，三国的自豪感

---

*　丁相基：韩国外交部前东北亚合作大使、建国大学特聘教授。

也自然增强。但每个国家都需要合作。在成为世界领导者之前，我们先要让世界看到与邻居和睦相处的自己。如果近邻之间的和平都无法实现，何以言谈世界和平?

在现代史中偶尔出现过超越我们预想的重大历史事件，如尼克松访华、埃及和以色列和解等。由此可见，改变现代历史走向的大动作都出自政界领导人和辅佐他们的专家之手。我希望三国首脑们不要只顾自身发展，要通过合作解决东北亚的难题，为世界历史的发展作出贡献。试想一下三国首脑共同获得诺贝尔和平奖那奇迹般的一幕吧。

今天，来自中日韩三国具有安保合作方面专业知识的著名学者们参加了此次会议，希望通过此次会议，能够找出可实现东北亚和平与繁荣的方案。

最后，向为此次会议的成功举办而付出辛劳的中国国际问题研究院和中国国际战略研究基金会的全体人员表示衷心的感谢。

（陈治国　译）

三国協力を通じて北東アジアの難題を解決する

丁相基 *

　中国外交部アジア司の孔鉉佑司長、中国国際問題研究院の阮宗沢代理院長、宮本雄二大使、中日韓三国協力事務局の岩谷滋雄事務局長、ならびにご列席の韓日中三国の政府閣僚と専門家の皆様、

　まず、美しい北京で中日韓三国の安全保障協力国際会議の開催に対して祝賀の意を表します。今度の活動で中日韓三国各界の専門家の皆様と交流でき、大変光栄に存じます。

　2003 年 11 月、インドネシアのバリ島で中日韓三国安全保障協力会議が行われ、三国の経済協力と FTA 交渉、安保協力及び ASEAN（東南アジア諸国連合）との協力等の重要な問題が検討されました。三国の首脳は初の共同文書である「共同宣言」を発出しました。共同宣言の内容は幅広い分野に関わり、軍縮等の議題まで含みました。

　その会議で、中日韓三国は経済分野の協力について輝かしい成果をあげたが、歴史問題と領土問題のため、三国間の安保協力はいささかも進捗しませんでした。

　習近平主席は「アジア運命共同体」の構想を提出しました。それを実現するには、アジアインフラ投資銀行と「一帯一路」（「1 ベルト、1 ロード」）を建設する戦略を提案しました。さらに、中日韓を含んだアジア経済共同体の構想も提出されました。安倍首相は就任後「国際協調主義に基づく積極的平和主義」を提出し、経済復興と安保領域の拡大に努力しています。韓国の朴槿恵大統領は「北東アジア平和協力構想」と、「ユーラシア・イニシアチブ」を提出しました。それを実現するために、

＊　韓国建国大学特別招聘教授，元韓国外務省北東アジア協力大使。

各分野における相互信頼のメカニズムを構築する措置も提出されました。

　上記は地域内の各国の共同繁栄に向かう構想であると思い、心から構想の実現を祈ります。しかし、地域内の国々の相互協力がなければ、上記の構想は実現しがたいと思います。

　協力に新たな動力を与えるため、先ずは、近年以来、我々の協力を妨げている根本的な原因を研究・分析しなければなりません。

　中日韓三国は長い歴史と固有の言語、文化を有しているし、経済上の成功に基づく三国のプライドも高いです。但し、どの国も他の国と協力しなければならないです。世界のリーダーになる前に、隣の国と平和的に共存している自己を世界に示すべきである。近隣との平和も実現できなければ、世界平和など問題外であると思います。

　現代史上に我々の予想を超えた重大な歴史事件がありました。ニクソンの中国訪問、エジプトとイスラエルの和解など、現代歴史の方向を転換させた行為は全て政界のリーダーと彼らを補佐した専門家によって実現したのです。三国の首脳は自国の発展にのみ注目してはいけません。三国協力を通じて北東アジアの難題を解決して、世界歴史の発展に寄与すべきです。三国の首脳は一緒にノーベル平和賞を受賞する場面を想像してください。

　中日韓三国の安保協力方面の専門知識を有している有名な学者も本日の会議に出席しています。今度の会議で、北東アジアの平和と繁栄を実現させる方案がまとめられると希望いたします。

　最後に、会議を成功に開催させるために、並々ならぬご尽力頂いた中国国際問題研究院と国際戦略研究基金会の方々に心から感謝の意を申し上げます。ご清聴ありがとうございました。

（中訳文から　郭暁麗　訳）

협력을 통한 동북아 난제의 해결

丁相基 *

쿵쉬안요우 (Kong xuan yio) 중국 외교부 아주국장님 ,

미야모또 유지 (Miyamoto Yuji) 대사님 , 루안중저 (Ruan zhongzhe) 중국국제문제연구원 부원장님 , 이와타니 시게오 (Iwatani Shigeo) 한일중 3 국협력회의 사무총장님 , 그리고 , 오늘 이 행사에 참석하신 한 . 일 . 중 3 국의 정부관원및 전문가여러분 !

우선 오늘 한 .. 일 . 중 3 국 안보협력 회의 가 아름다운 북경에서 開催된 것을 진심으로 祝賀드립니다 . 그리고 오늘 이 行事 참석을 위해 오신 한 . 일 .중 3 국의 各界 專門家 여러분들을 만나 뵙게 되어 대단히 榮光으로 생각합니다 .

2003 年 11 月 인도네시아 발리 (Bali) 에서 개최된 韓日中 頂上會議 는 3 國간 經濟協力과 FTA 締結問題 , 安保協力 , ASEAN 과의 協力問題 등 중요이슈를 논의하였으며 , 3 국 정상간 역사상 최초로 공동선언을 채택하였습니다 . 이 공동선언은 매우 포괄적이고 광범위한 협력의 내용을 담고 있으며 심지어 군비통제와 같은 의제도 포함하고 있습니다 .

그러나 그동안 한 · 일 · 중 3 국간 경제 분야에서 눈부신 협력의 발전에도 불구하고 최근에 역사문제나 영토문제를 둘러싼 갈등으로 인해 3 국간의 안보협력은 그다지 진전이 없습니다 .

시진핑 주석은 "아시아 운명 공동체" 의 비전을 제시하였습니다 . 이를 구현하기 위해 아시아 인프라 투자은행 (AIIB) 및 일대일로의 구상 , 그리고 한 . 일 . 중 이 포함된 아시아 경제공동체 구상을 표명하였읍니다 . 아베

---

* 한국건국대학 석좌교수 , 한국 전 외교부 동북아협력대사 .

총리도 취임직후 " 국제협조주의에 기반한 적극적 평화주의 " 의 비전을 제시하면서 경제부흥과 안보역할 확대를 추진하고 있습니다 . 한국의 박근혜 대통령은 "동북아 평화협력 구상 " 과 유라시아 이니셔티브를 제시하고 이의 실현을 위해 다양한 차원의 신뢰구축 조치를 제안하였습니다 .

저는 이러한 모든 구상들이 역내 국가들간의 공생공영을 위한 비전이라고 생각하며 이 구상들 모두가 실현되기를 진심으로 희망합니다 . 그러나 이러한 비전들은 역내 국가들간의 상호 협력이 없이는 이루어지기 어렵습니다 .

이제 협력에 대한 새로운 동력을 창출하기 위해서는 무엇보다 먼저 무엇이 최근 수년간 우리들간의 협력을 저해하고 있는지에 대한 철저한 검토가 이루어져야 합니다 .

한 . 일 . 중 3 국은 모두 오랜역사와 고유한 언어 및 문화 , 그리고 경제적인 성공을 바탕으로 자국에 대한 자부심이 매우 강한 나라들입니다 . 그러나 어떤 나라도 협력이 필요하지 않은 나라는 없습니다 .. 우리는 세계의 리더가 되려고 하기 전에 이웃간에 조화롭게 사는 모습을 세계에 보여주어야 합니다 . 인근국간에 평화를 이룩하지 못하면서 세계평화를 위해 기여하겠다고 할 수 는 없을 것입니다 .

현대사를 보면 가끔 우리의 상상을 뛰어넘는 대역사가 일어난적이 있습니다 . 닉슨대통령의 중국방문이나 이집트 - 이스라엘 화해와 같은 현대역사의 큰 흐름을 바꾸는 움직임들은 뛰어난 정치지도자들과 이들을 보좌하는 전문가들의 작품입니다 . 저는 우리 3 국 정상들이 국수주의에 빠져 자국의 발전에만 힘을 쏟을 것이 아니라 서로 힘을 합쳐 동북아의 난제들을 하나씩 해결해나가고 세계역사발전에도 기여할 수 있기를 희망합니다 . 그리하여 3 국 정상들이 함께 노벨 평화상을 타는 그러한 기적도 상상해 봅니다 .

오늘 회의에는 한 . 일 . 중 3 국에서 3 국간 안보협력에 특별한 전문지식을 가지고 계신 대표적인 저명한 학자들이 참석하셨습니다 . 금번 회의를 통해 동북아의 평화와 번영을 이루어 나갈 수 있는 방안이 도출될 수 있기를 기대합니다 .

마지막으로 금번 행사를 성공적으로 준비해주신 중국국제문제연구원과 전략학회직원 여러분께 감사를 드립니다 . 감사합니다 .

创立对话机制　开展建设性讨论

[日]　岩谷滋雄 *

今天受邀参加此次中日韩安全合作国际会议，我感到非常荣幸。特别是我身为中日韩三国合作秘书处的秘书长，能够有机会在各位面前谈谈与秘书处相关的三国共同关心的事情，我感到无比高兴。在此我想深深感谢为此次研讨会召开而竭尽全力的中国国际问题研究院（CIIS）、中国国际战略研究基金会（CFISS）以及相关人士。我确信，此次会议将成为一次重新坚定我们决心的契机，即为了东北亚的和平与安定共同发挥影响力、为了共同的蓝图彼此间继续努力的决心。

一直以来，有许多的议论认为 21 世纪是"亚洲的世纪"。东北亚地区不仅在经济发展的潜能方面引人瞩目，而且在国际形势方面作为政治影响力中心、在全世界作为文化影响力中心的一面将逐渐增强。这样的成长举足轻重。但在制定应对全球性课题措施方面日益发挥重要作用的过程中，我们还必须具备促进世界和平与管理的责任心。为此，在东北亚地区发挥重大作用的中日韩三国更需要建立建设性关系，形成相互信任的机制、消除战略方面的疑虑，这是非常重要的。

然而，东北亚地区至今尚未从冷战时代开始的传统安全环境中完全脱身，甚至在面对新的安全课题及担忧时，持续存在一种脆弱且难以采取有效措施的状况。关于领土及历史的问题尚未解决，它导致这个地区过去长达几十年的固有紧张关系仍在继续。近年来，试图修复三国合作进程的共同努力必须转向如何解决这些疑难问题的方向，即在历史问题上尚未达成和解、在安保领域存在的各种课题等。

举办此次论坛的目的是让大家认识到持续处理这一课题的必要性，并坦率地交换信息和意见。通过这样的对话，我们就当前形势、各国政策及理念，甚至从不同视角

---

* 岩谷滋雄：中日韩合作秘书处秘书长。

得出的今后理想的方向性方面，达成了更加深刻的理解。在这一过程中，全体达成了共同的认识，即我们有必要创立某种对话机制作为处理地区安全问题的合作性措施，但是就对话的形式、会议召开的频率、议题及参会者等问题尚未完成意见汇总。

在讨论这个问题时，我想起了 2010 年三国领导人会议通过的《2020 中日韩合作展望》，其中提到了要建立"三国防务对话"以及"三国警务部门紧密合作机制"。然而，为什么这些机制至今尚未建立呢？探讨其中的缘由，对于制定有实现可能性的对话机制是不可或缺的工作。

今天，三国著名的有识之士在此就本地区安全问题进行总括性对话，我认为此举非常了不起。我期望本次会议能展开建设性的讨论，同时三国合作秘书处也会积极发挥作用，关注会议成果及其后续发展，为地区的将来带来更多的和平与繁荣。

我的致辞到此结束，承蒙垂听，非常感谢。

（刘丽娇　译）

対話メカニズムを創設し、建設的な議論を行う

岩谷滋雄 *

　中国国際問題研究院（CIIS）、及び中国国際戦略研究基金会（CFISS）、ならびにご列席の皆様、日中韓三国協力事務局の岩谷でございます。

　本日は、「中日韓の安全保障協力国際会議」にお招きいただき、大変光栄に存じます。特に、日中韓三国協力事務局長として、事務局が関係している三国共通の関心事について、このように皆様の前でお話できる機会をいただき、大変うれしく思う次第です。本シンポジウムの準備にご尽力いただきました中国国際問題研究院（CIIS）、中国国際戦略研究基金会（CFISS）、ならびに関係者の皆様に厚く御礼申し上げます。私は、この会議が、北東アジアの平和と安定に向けて共に影響力を及ぼし、共通のビジョンを求めてお互いに努力を深めていくという決意を新たにし、堅固にする機会になると確信しています。

　２１世紀は「アジアの世紀」である、という議論が数多くなされてきました。これは、北東アジア地域が経済成長の潜在性のみならず、国際情勢における政治的影響力、世界における文化的影響力の中心として台頭するというものです。このような成長は重要ですが、グローバルな課題への対処方法を定める役割を高める中で、世界の平和とガバナンスを促進するという責任感も併せて持たねばなりません。そのためには、北東アジア地域において大きな役割を果たしている私たち三国が、更に建設的な関係を築く必要があり、相互の信頼を醸成し、戦略上の疑念を払拭することが大変重要です。

　しかしながら、北東アジア地域はいまだに冷戦時代からの伝統的安全保障環境か

＊　日中韓三国協力事務局局長。

ら抜けきれず、更には、新たな安全保障上の懸念や課題に対しても脆弱で、効果的な措置がとりにくい状況が続いています。領土や歴史に関する紛争はいまだに解決されず、過去数十年におよびこの地域に固有の緊張状態をもたらし続けています。近年の三国協力プロセスを修復させようとする協同の努力は、歴史問題における和解の欠如や、安全保障分野における課題などの難問を解決させる方向にも振り向けられなければなりません。

　三国協力事務局は、この課題に継続的に対処する必要性を認識し、率直な情報及び意見の交換のためのフォーラムを開催してきました。このような対話によって現在の情勢、各国の政策及び観点、更に、異なる視座からの今後の望ましい方向性について、より深い理解に達することができました。その過程で、地域の安全保障問題を取り扱う協力的措置として、何らかの対話メカニズムを創設する必要性があるとの全体的な共通認識は出てまいりましたが、その形式、会議の頻度、議題や参加者などについての意見の集約は未だ見られておりません。

　この問題を議論するにあたって想起されるのは、２０１０年に三国首脳によって採択された「日中韓三国間協力ビジョン２０２０」において、「三国間防衛対話」及び「三国の警察当局間の緊密な協力メカニズム」の創設への言及がなされていることです。それにも拘わらず、なぜこうしたメカニズムがいまだに設立されていないのか、その理由を探ることも実現可能な対話メカニズムの策定に向けて不可欠な作業と言えましょう。

　本日、中国国際問題研究院（CIIS）、及び中国国際戦略研究基金会（CFISS）のイニシアチブによって、三国の著名な有識者の方々が、この地域の安全保障問題について包括的な対話を行われることは大変すばらしいと考えます。本日の会議において、建設的な議論がなされると共に、三国協力事務局が議論の成果をフォローアップする役割を果たし、それが地域の将来に更なる平和と繁栄をもたらすこととなりますよう祈念いたしまして、私からの挨拶とさせていただきます。

　ご清聴、どうもありがとうございました。

대동북아의 동북아의 회축사

岩谷滋雄[*]

중국국제문제연구원 (CIIS), 중국국제전략연구기금회 (CFISS), 귀빈 여러분, 저는 한 중 일 3국 협력사무국 사무총장 이와타니입니다.

오늘 일중한 안보협력 국제회의에 참가하게 되어 영광입니다. 특히 오늘의 기회를 빌어 일중한 3국 협력사무국 사무총장의 신분으로 여러 분들 앞에서 사무국과 관련되어 있는 3국의 공통 관심사를 말할 수 있어서 더욱 기쁩니다. 이번 포럼의 개최를 위하여 노력해 주신 중국국제연구연구원 (CIIS), 중국국제전략연구기금회 (CFISS) 및 관련 인사들에게 진심으로 되는 감사의 인사를 올립니다. 이번 회의는 동북아의 평화와 안정, 공통의 미래를 위하여 함께 노력할 것을 다시 한번 다짐하는 계기가 될 것이라 믿어 의심치 않습니다.

21세기는 "아시아의 세기"라고 많이들 의논해왔습니다. 동북아지역은 경제발전면에서 잠재력이 있을 뿐만 아니라 국제 정세면에서도 정치 영향력 중심이고, 세계 문화분야에서도 영향력 중심으로써의 역할이 차츰 두드러질것 입니다. 이런 성장으로 하여 우리는 국제문제에 관한 조치를 제정함에 있어서 역할이 점차 더 중요해 질 것이며 세계 평화를 추진하는 면에서도 더 막중한 책임을 짊어져야 합니다. 때문에 동북아지역에서 중요한 지위에 놓여 있는 우리 3국은 건설적 관계를 수립하고 상호 신뢰하며 전략적 측면에서의 의심을 서로 없애야 합니다.

허나 동북아 지역은 현재까지도 냉전시기의 전통적 안보환경에서 벗어나지

---

* 중일한 3국 협력사무국장.

못했고 새로운 안전 과제나 우려에 부딪칠 경우, 효과적인 조치를 취하지 못했습니다. 영토 및 역사적 문제로 하여 이 지역에서 몇십년 지속해오던 긴장관계는 여전히 완화되지 않고 있습니다. 최근 몇년간 우리는 3국의 협력관계를 복구해 볼려고 많은 노력을 기울였습니다. 하지만 이런 노력은 반드시 상술한 문제 해결을 목적으로 하여야 합니다. 즉 역사문제가 해결되지 않는 다면 안보 등 분야의 각종 과제는 여전히 존재하게 됩니다.

3국 협력사무국은 이를 위해 포럼을 개최하여 여러 분들이 이런 문제의 필요성을 인식하고 솔직하게 의견과 정보를 교류하도록 장을 마련하였습니다. 이런 대화를 통해 우리는 현재의 정세와 각 국 정책 및 관점, 나아가서는 각이한 시각으로 본 향후의 이상적인 방향에 대하여 더욱 깊은 요해를 가지게 되었습니다. 우리는 지역 안보문제를 처리하는 협력 조치로 대화체제를 설립할 데 대하여 모두 동의하였지만 대화의 형식, 회의 소집의 주기, 의제 및 참가자 등 문제들에 대하여 최종 의견을 나누지 못하였습니다.

이 문제를 토론하면서 나는 2010 년 3국 정상회담에서 통과한 "비전 2020" 를 생각하게 되었습니다. "비전 2020" 에는 "3국 국방 대화" 및 "3국 경찰부문 긴밀 협력제도" 의 설립을 언급했었는데 오늘 날까지도 이런 제도들은 설립되지 못했습니다. 실현 가능성이 있는 대화제도 설립도 필요하지만 오늘 상황을 초래한 그 이유를 논의해 보는 것도 반드시 필요한 일환이라 생각합니다.

중국국제연구연구원 (CIIS), 중국국제전략연구기금회 (CFISS) 의 창의하에 오늘 3국 유명 전문가들이 모두 이 자리에 모여 본 지역의 안보문제에 대하여 대화를 나누는 것이 아주 중요한 일이라고 생각합니다. 본 회의를 통해 건설적인 토론들이 이어져 가기를 기원합니다. 동시에 3국 협력사무국도 본 회의 성과와 그 후속 업무에 관심을 돌려 지역의 평화와 번영을 위해 기여하여야 할 것입니다.

감사합니다.

(陈治国 중역본 번역)

第一章

东北亚安全形势评估：现状与趋势

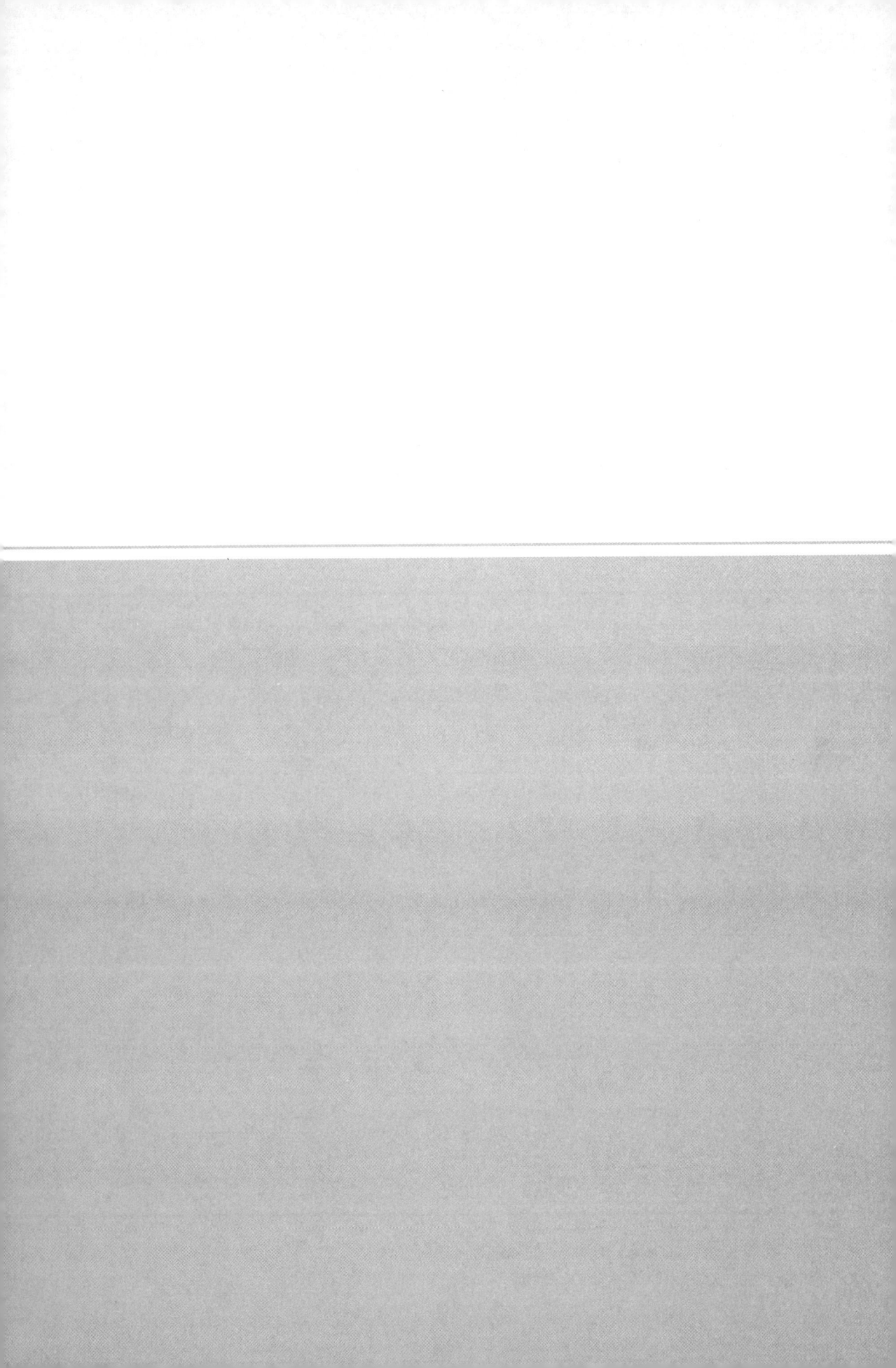

东北亚安全形势整体趋稳可控

张小明*

自 2015 年年初，东北亚地区安全形势总体趋稳，但是核心问题都没有解决，潜在危机依然存在，因此深化中日韩安全合作显得十分重要。

首先，朝鲜半岛安全形势呈两面性。一方面，当前朝鲜半岛局势没有出现危机，朝鲜政策似乎呈内向性，专注内部发展，政局比较稳定，新一轮核试验没有发生，南北交流的层次因 2014 年朝鲜高规格代表团出席仁川亚运会而提升。另一方面，朝鲜半岛的南北分裂没有结束以及朝核问题的僵局没有被打破，在可见的将来没有根本解决的可能性，这严重地制约了本地区当前以及未来政治安全形势的发展。朝鲜未来政治发展还有很多不确定性。朝核问题这颗定时炸弹今后随时可能再次爆炸。美国在韩国部署导弹防御系统问题，可能成为引爆这颗定时炸弹的导火索。

其次，美国主导的东北亚双边军事同盟体系（美日、美韩军事同盟）依然如故，甚至一定程度上得到强化，这表明美国主导的双边同盟体系一直是东北亚地区安全架构的核心要素，美国在该地区依然扮演着主要（或主导）角色。与朝鲜一样，美国也是影响东北亚安全形势的一个极其重要的因素，美国在东北亚地区所扮演的角色至关重要，它努力主导该地区安全局势发展方向与进程。美国在东北亚地区的主要盟友日本已经铁了心要加强美日同盟以应对所谓的中国崛起，而美国的另一个盟友韩国则对中国和美国都采取"两面下注"的政策，即经济上靠中国，安全上靠美国，韩国最近在亚投行和导弹防御体系问题上的态度就是这种政策的表现。迄今，美日韩三边军事同盟体系还没有形成，这无疑给中国提供了政策选择的空间。

第三，中日、韩日之间的领土争端和历史问题已经从矛盾激化趋于稳定或者缓

---

* 张小明：北京大学国际关系学院教授、《国际政治研究》副主编。

和，特别是中日之间对抗的风险自 2014 年 11 月中日首脑会晤之后已经降低，本地区爆发武装冲突或者擦枪走火的可能性明显下降。但是问题依然存在，特别是中日钓鱼岛争端，不排除未来再度激化的可能性。如何管控危机，以及减少国内政治的干扰，已经成为中日两国政府需要高度重视和展现政治智慧的重大问题。此外，2015 年是第二次世界大战结束 70 周年，中国以及其他一些国家都会举行隆重的纪念活动，历史问题无疑在这样一个年份会极其敏感。日本政治家在历史问题上采取取信于邻国的态度，无疑是避免历史问题毒化中日、韩日双边关系的前提条件。

第四，中日韩三边合作的僵局已经打破，但是合作的前景依然不容乐观。2015 年 3 月，中日韩外长会议终于召开，已经中断三年的中日韩首脑会议有望在年内重启。虽然中日韩三边合作框架（比如中日韩首脑会议的机制，中日韩三国合作秘书处）尚存，但是合作得步履艰难。三边经济合作受政治影响很大，特别是日本与中国、韩国之间有关《自由贸易协定》（以下简称 FTA）的谈判。中韩 FTA 已经达成实质性协议，即将成为现实。由于日本的政策倾向，包括对《跨太平洋伙伴关系协议》（简称 TPP）的态度，中日韩三边 FTA 的前景比较暗淡。中国正在大力推动的"一带一路"倡议是否会影响中日韩三边经济合作呢？或者中日韩 FTA 未来是否被纳入"一带一路"框架中呢？

总之，当前东北亚地区安全局势总体趋稳、可控，这为深化中日韩安全合作提供了契机。但是，影响该地区安全局势发展的根本问题（如朝核问题、领土争端、历史问题）并没有得到解决，如果有关国家不及时采取防范措施，本地区安全局势可能再次或者反复出现恶化。虽然东北亚主要国家之间的关系处于困境之中，相互之间缺乏信任，但是在本地区推动中日韩安全合作的动力依然存在。一是中日韩都有进行安全合作的需求和愿望，三国彼此为邻国，而且都不想发生冲突，相互之间的经济依赖关系很深。二是从历史上看，东北亚地区自 1969 年中苏边界战争之后就再也没有发生过战争，除了朝鲜半岛危机，冷战之后与世界上其他地区相比也是和平的。也就是说，东北亚地区属于和平地区。三是中日韩三国有关安全威胁的认知并非相互的。日本视中国为主要安全威胁，但中国不把日本视为主要安全威胁。韩国把朝鲜视为主要安全威胁，但不把中国或日本视为主要安全威胁，中日也不把韩国视为自己的主要安全威胁。在安全威胁认知上，中国尽管很关注来自美国的压力，但目前没有明确指出主要安全威胁源。但比较肯定的是，中国并没有把日本或韩国视为主要安全威胁。这可能给中日韩安全合作带来某种空间，因为如果安全威胁认知是相互的话，那么双边关系只能是对抗的，而非相互性的安全威胁认知则不同。

安定化していく北東アジアの安全情勢

張小明 *

　2015 年初頭に入り、北東アジア地域の安全情勢は全体的に平穏であるが、しかし中心的な問題がまだ解決されておらず、潜在的危機が依然として存在している。そのために、中日韓の安全方面における協力関係を深めることは十分に重要性を示している。

　まず、朝鮮半島の安全情勢が両面性を表しているということ。一方、現在朝鮮半島の安全情勢に危機が起こっておらず、北朝鮮の政策は内向的な特徴が表れているようである。北朝鮮は国内の発展に注目し、政治情勢も比較的に穏やかであり、新たな核試験も起していない。それに去年北朝鮮のハイレベルな代表団が仁川アジア大会に出席したニとによって朝鮮半島の南北交流のレベルもアップした。もう一方、朝鮮半島の分裂情勢と北朝鮮の核問題による難局は依然として持続しており、見える将来には根本的に解決される可能性もないので、その地域の現在及び将来の政治安全情勢の発展が厳重に制限されている。つまり北朝鮮の将来の政治発展はまだ多くの可能性がある。核問題という爆弾が今後いつでも爆発する可能性がある。そして、アメリカのミサイル防衛システムを韓国に配備するのが、その爆弾に火をつけるものになる可能性はあるか？中朝関係の現状は中国の北朝鮮への影響力を制限しているか？

　次に、米国主導の北東アジアの双務的な軍事同盟システム（米日、米韓軍事同盟）は依然として存在しており、さらにある程度強化もされている。それは、米国主導の双務的な同盟システムがずっど北東アジア地域の安全構造における中心的な要素

＊　中国北京大学国際関係学院教授。

であり、米国がその地域で依然として主な（或いは主導的な？）役割を果たしていることを表明している。それは北朝鮮と同じく、北東アジアの安全情勢に影響する極重要な要素である。米国が本地域で果たした役割が大変重要であり、それが本地域の安全情勢発展の方向と過程を主導しようとしている。この地域において、米国の主な同盟国である日本はいわゆる中国の台頭に対応するために日米同盟関係を強化しようと固く決意しており、そしてもう一つの同盟国である韓国は、中国とアメリカに対して「両方賭け」という政策をとり、即ち安全面ではアメリカに近寄り、経済面では中国に近寄るという政策である。最近アジアインフラ投資銀行とミサイル防御システムの問題に対して韓国が取った態度もその例である。今日まで、米日韓の三国軍事同盟システムはまだ成立しておらず、アメリカ方面では三国の軍事協力を促そうとしているけれども、中国にはまだ政策を選択するスペースが提供されており、中韓関係を固めることによって三角同盟関係の形成を阻止する可能性がある。

第三に、中日間、韓日間の領土紛争や歴史問題はすでに激烈な段階から平穏或いは緩和の段階へ発展していった。特に2014年11月の中日首脳会談以後、中日間の対立リスクがすでに低くなり、本地域で武装衝突或いは戦争になる可能性が明らかに小さくなった。しかし、特に釣魚島をめぐる中日紛争などの問題が依然として存在しており、将来再び激化する可能性がないとも言えない。如何に危機をコントロールするか、そして如何に国内政治からの妨害を減少するか、それは中日両国政府が十分に重要視し、政治の知恵を使用する必要がある重大な問題である。また、今年は第二次世界大戦終結70周年であり、中国や他の国々は盛大な記念活動を行うことになっている。そういう年では、疑いなく歴史問題は大変敏感な問題にもなる。歴史問題において日本政治家が隣国に信頼してもらおうという態度をとることは、歴史問題が中日や韓日の二国間関係を悪化させることを避けるための前提条件である。

第四に、中日韓の三国協力の難局が破られたが、協力関係の前途は依然として多難である。今年3月に中日韓の外相会談が漸く開催され、そして三年ぶりの中日韓首脳会談が今年再開されることも期待されている。中日韓三国協力の枠組み（例えば中日韓首脳会談の仕組みや中日韓三国協力事務局）は存在しているが、協力関係に実際に踏み出すのにまだ困難が多い。三国の経済協力は政治要素に大きく制限されており、特に日本と中国、韓国の間のFTAをめぐる交渉問題がその典型である。中韓FTAは実質的な協議に達成しており、すぐに現実になりそうである。し

かし、日本の政策傾向、また TPP に対する態度のため、中日韓三国 FTA が実現される未来はまだ見えないままである。そして、中国が大きく進めようとする「一帯一路」戦略は中日韓三国経済協力に影響を与えるか？或いは将来において中日韓 FTA はその「一帯一路」の戦略に組み込まれるか？

とにかく、現在北東アジア地域の安全情勢は全体的に平穏でありまたコントロールできるので、それは中日韓の安全面での協力の強化に機会を提供している。しかし、本地域の安全情勢に影響する根本問題（例えば北朝鮮の核問題、領土紛争、歴史問題）はまだ解決されておらず、もし関係国が早速防備措置を取っておかなければ、本地域の安全情勢は再び或いは繰り返して悪化する可能性がある。しかしながら、北東アジア各国の国際関係が苦境に陥っていて、互いに信頼関係が脆くて、特に中日関係の問題がなかなか根本的に解決できないけれども、本地域で中日韓の安保協力を推し進める原動力がいくつか存在している。第一に、中日韓はみな安保協力に対する需要と期待があり、三国が隣国なので、いずれも衝突を避けたい上に、経済面で相互依頼の関係もずいぶん深いのである。第二に、長い歴史の角度から見れば、1969 年の中露戦争以来、北東アジア地域は戦争を起こしていなく、冷戦後も朝鮮半島の危機を除けば他の地域に比べてわりと平和でいてきた。つまり、北東アジア地域は平和的地域に属している。第三に、中日韓三国は安全脅威についての認識が一致していない。日本は中国を主な脅威として認識しているが、中国は日本を主な脅威だと見ていない。韓国は中国や日本でなく、北朝鮮を主な脅威としているが、中国や日本も韓国を主な脅威だと認識していない。安全脅威への認識については、中国はアメリカからのプレッシャーに相当注目し、今だ主な安全脅威の源を明確に指していないが、日本や韓国を主な脅威としていないことは間違いないだろう。ゆえに、中日韓の安保協力においてまだ一定のスペースが残されており、もし三国の安保脅威への認識が一致するなら、双務的な関係が必ず対抗的な関係に一変してしまうからである。

（劉麗嬌　訳）

동북아 안보정세 총체적으로 안정적 , 통제가능

张小明 *

동북아지역 안보정세는 2015 년초에 접어들면서 총체적으로 안정을 유지하고 있는듯하나 핵심문제가 해결되지 못하고 잠재적 위기가 여전히 존재하고 있는 점을 감안할 때 중일한 안보협력의 필요성이 대두되고 있다 .

첫째 , 한반도의 안보정세는 이중성이 있다 . 한편으로 현재에 한반도 정세는 위기가 나타나지 않았고 북한은 내부문제해결과 국내발전에 몰두하여 정권이 비교적 안정적이다 . 북한은 새로운 핵실험을 진행하지 않았고 북한 대표단의 인천아시안게임 폐막식 참석으로 남북교류의 차원도 한층 더 업그레이드 되었다 . 다른 한편으로는 한반도의 남북분단과 북한핵문제 대치 국면이 줄곧 유지되고 있으며 향후에도 근본적으로 해결 될 가능성이 조만간 보이지 않아 현재 및 미래에 해당 지역의 정치 안보 발전을 크게 제한할 것이다 . 향후 북한의 정치 발전에는 아직도 불확실성이 많다 . 북핵이라는 시한폭탄은 언제 다시 터질지 모른다 . 미국이 한국에 배치하려 하는 고고도 미사일방어체계가 이 시한폭탄을 터뜨리는 도화선이 될 수 있을지 ? 지금의 중국과 북한 관계가 북한 행위에 대한 중국의 영향력을 제한하였는지 ?

둘째 , 미국이 주도하는 동북아 쌍무군사동맹관계 (미일 , 한미 군사동맹) 는 여전하며 심지어 어느 정도 강화하였는바 이는 미국이 주도하는 쌍무적 동맹체계는 동북아지역 안보구조의 핵심요소이며 미국이 이 지역에서 여전히 주요 역할 (또는 주도 ?) 을 하고 있음을 말해준다 . 즉 북한과 마찬가지로 동북아 안보정세에 영향주는 매우 중요한 요소이다 . 미국은 이

---

* 베이징대 국제관계학원교수 , "국제정치연구" 부주필 .

지역의 안보정세 발전 방향과 과정을 주도하기 위해 노력하고 있는 만큼 그 역할이 이 지역에서는 매우 중요하다. 이 지역에서의 미국의 동맹국인 일본은 이미 미일동맹의 강화를 통해 중국의 궐기에 대처하려고 마음 먹었다. 그러나 다른 한 동맹국인 한국은 중국과 미국 양국 모두에 "판돈을 거는" 정책을 취하고 있다. 즉 안보에서는 미국에 의지하고 경제에서는 중국에 의지하는 것인데 한국이 최근에 AIIB 및 미사일방어체계 문제에서의 입장이 바로 그 정책의 구현이다. 미국은 3국이 이 지역에서의 군사협력을 실현하기를 원하지만 현재까지는 한 미 일 군사동맹체계는 아직 형성되지 않았다. 이는 중국에게 정책 선택의 기회를 주었다. 즉 중국은 한중관계의 강화를 통해 3국 동맹의 형성을 저지할 수 있게 되었다.

셋째, 중일, 한일 사이에 영토분쟁과 역사문제를 둘러싼 갈등은 격화되었다가 다시 안정되거나 완화되었다. 특히 중일간의 대항은 2014년 11월 중순, 중일정상회담이래 크게 완화되고 이 지역에서 무장충돌이 발생할 가능성도 크게 저하되었다. 그러나 문제점은 여전히 존재한다. 특히 중일 댜오위다오 분쟁은 향후에 다시 심각해질 수도 있다. 어떻게 위기를 통제하고 국내 정치에 의한 영향을 줄이는가는 이미 중일 양국 정부가 큰 관심을 돌리고 정치적 지혜로 이겨내야 하는 중요한 문제로 부상되었다. 그외, 올해는 2차대전 승전 70주년이 되는 해이다. 중국 및 기타 일부 국가들은 성대한 기념 행사를 가지게 되는데 역사문제가 올해에는 더욱 민감하게 다가온다. 일본 정치가들은 역사문제에서 주변 국가들의 신뢰를 사는 조치를 강구해야만이 역사문제로 인해 중일, 한일 관계가 손해를 입지 않게 될 것이다.

넷째, 중일한 3국관계는 대치국면이 타파되면서 협력이 활발해지고 있지만 그 과정이 매우 어려울것이라 예측된다. 올해 3월에 중일한 외교장관회의가 개최되면서 지난 3년간 중단되었던 중일한 정상회담이 올해에 다시 재개될 것으로 보인다. 비록 중일한 3국 협력의 틀 (예하면 중일한 정상회담 및 중일한 3국 협력 비서처 등)이 아직도 존재하지만 그 협력을 진행하기에는 아직도 버겁다. 3국간의 경제협력은 정치요소의 영향을 크게 받는다. 일본과 중국, 한국간의 FTA 관련 협상이 그 실례이다. 한중 FTA가 실질적으로 타결되면서 그것이 현실화를 앞두고 있다. 일본의 TPP에 대한 입장 등을 포함한 정책적 경향으로 보아 현재로서는 중일한 3국간의 FTA 체결이 쉽지 않을 듯하다. 중국이 적극 추진하고 있는 "일대 일로" 전략이 중일한 3국의 경제협력에 영향을 줄 것인가? 혹은 중일한 FTA가 향후에 "일대일로" 틀안에

편입될 것인가？

　　현재 동북아 지역은 안보정세가 총체적으로 안정적이고 통제가 가능하기에 중일한 3국이 안보협력을 강화하는 좋은 기회이다. 그러나 이 지역의 안보정세에 영향을 미치는 근본적인 문제 (북핵문제, 영토분쟁, 역사문제) 가 아직도 해결되지 않았기에 관련 국가들에서 제때에 사전방지대책을 강구하지 않는다면 이 지역의 안보정세는 다시 악화되거나 반복적으로 악화될 것이다. 동북아 주요 국가들은 서로간에 신뢰가 부족하여 그 관계가 곤경에 처해 있는데 특히는 중일관계에서 이러한 원인으로 문제가 근본적으로 해결되지 못하고 있다. 그럼에도 불구하고 이 지역내에는 중일한 안보협력 원동력은 그나마 존재한다. 첫째, 중일한 3국 모두 안보협력을 필요성을 인식하고 있으며 그 협력이 이루어 지기를 원한다. 3국은 인접국인만큼 모두 충돌을 원하지 않으며 경제적으로 서로 많이 의존한다. 둘째, 동북아지역에는 1969년 중소국경전쟁이후 다른 전쟁이 발생하지 않아 한반도위기를 제외한다면 탈냉전시기에 세계의 기타 많은 지역들과 비교할 때에 평화로운 지역이었다. 즉 동북아지역은 평화지역이다. 셋째, 중일한 3국은 서로를 자국의 안보차원의 위협으로 간주하고 있는 것이 아니다. 일본은 중국을 주요한 안보위협으로 여기지만 중국은 일본을 주요한 안보위협으로 여기지는 않는다. 중국과 일본은 한국을 자국의 주요한 안보위협으로 여기지 않는다. 중국은 안보위협의 인식에 있어 현재로서는 미국의 강압을 주목하고는 있지만 그 주요한 안보위협국을 명확히 지적하고 있지 않다. 그러나 중국이 일본 또는 한국을 자국의 주요 안보위협으로 인식하고 있지 않다는 점은 분명하다. 이 점이 중일한 안보협력에 가능성을 크게 높여 주고 있다. 왜냐 하면, 안보위협에 대한 인식이 상호적이라면 양자관계는 대항이 될 수 밖에 없기 때문이다. 그러나 안보위협에 대한 인식이 상호적이 아니라면 이와는 완전히 다른 양상이다.

(金文学 번역)

东北亚安全环境的现状与趋势：
东北亚地区秩序的可能性

[日] 山本吉宣*

本文试图围绕东北亚安全环境的现状与趋势问题，从较宽广的视角对中日韩关系与安全政策进行考察，并就如何在东北亚创造更稳定的安全环境这一问题探讨可能的解决方案。首先，笔者在第一部分中将讨论将东北亚卷入其中并广泛展开的中美权力转移的问题。在此，笔者将展示出权力转移的四种发展脚本，即（疑似）战争、和平转换、并存／并行以及一种秩序，即各种利益及规则相互作用、相互影响、相互渗透的秩序，讨论这种秩序是否不仅是实际会出现的秩序，而且可能还是非常理想的秩序的问题。其次，本文的第二部分将在安全和经济两个领域中探讨东北亚各国之间的相互关系，日本、韩国、中国在外交和安全政策上分别有着不同的优先顺序并彼此影响，因此东北亚的安全局势极其复杂。

谈到现在的东北亚，仅谈（狭义的）安全和经济方面难以概括全部，其他诸如规则、历史问题等也有着巨大影响。本文第三部分将探讨这些非物质性方面的问题。最后在第四部分，笔者将讨论在东北亚控制争端、促进合作的诸种方案。

一、东北亚国际秩序：相互渗透秩序的可能性

关于东北亚的安全环境，现在最显著的特点是权力关系的急速变化。也就是说，快速的经济成长造就了中国庞大的经济规模，以及与之相伴的强大军事力。中国的经济规模变得庞大（就平均购买力而言已经追上美国），与之相应（或者以更高的增长

---

* 山本吉宣：新县潟立大学国际问题研究生院主席、教授。

率）军费也大大增加。也许我们并不认为这一现象本身有什么问题，因为中国的经济成长基本上是遵循市场机制的结果，而军费比例根据公开的资料显示是 GDP 的 2%。

应该说问题在于中国本身对此是如何定位和运用的，以及这一现象是如何影响其他国家、如何被其他国家看待、如何改变国际环境等。例如，中国如果强调自己的国家目标是实现富国和军事强国，那么无论怎么说这是出于自卫的目的，大概也会让其他国家感到一些恐惧。此外，就经济国际化的层面来说，中国如今是世界第一大贸易国，它不断获得巨额的贸易顺差、积累外汇，并大量输出资本。再加上强大的国内市场，中国拥有着在经济领域产生巨大影响力的基础。这一点还体现在许多领域，例如中国主导创建了金砖银行（BRICS 银行）、亚投行（AIIB）等国际性金融机制。这一方面，表明中国开始具备了提供国际公共产品的能力和意愿，另一方面也会让人产生担忧，即这些机制恐怕会扩大中国的国家利益（如中国的经济利益及影响力等），对国际货币基金组织及世界银行等既有秩序形成挑战。

（一）四种发展脚本

美中之间日益急速缩小的差距不仅表现在经济能力方面，还表现在军事力量方面。这对安全环境意味着什么，是近年来令人关注的事情。下面笔者就介绍这四种发展可能。

1. 古典的权力转移论

第一种发展脚本是，当世界上的霸权国与崛起国相遇时，就会发生围绕现存国际秩序的争端，国际政治局势会变得极其不稳定并导致大战，这是历史上常见的现象。众所周知，史学家修昔底德认为，公元前的伯罗奔尼撒战争源于既存大国斯巴达对日益崛起的雅典的忌惮，因此上述理论以他的名字被命名为"修昔底德陷阱"[1]。就较近的历史为例，这种理论认为，德国追赶上了既存霸权国英国后，由于它想要颠覆英国建立的国际秩序，于是引发第一次世界大战。如果说美中之间这种权力转移正在东亚发生的话，那么这种剧情脚本就具有极其危险的含义。按照上述理论来说，和平时期发生在有一个压倒性权力存在之时，而一旦有其他的力量参与竞争就会导致不安定的局面，例如东亚自 1979 年中越战争后持续了三十多年的和平就源于美国一家独大的结构[2]，一旦美中之间的角力开始，东亚和平就会岌岌可危。

---

[1] Graham Allison, "Thucydides's trap has been sprung in the Pacific," *Financial Times*, August 21, 2012.

[2] 例如，Joshua Baron,*Great Power Peace and American Primacy*, New York:Palgrave, 2013. Ronald Tammen, etal, eds., *Power Transitions:Strategies for the 21ˢᵗ Century,* Washington, D.C.:CQ Press, 2000.

2. 和平的权力转移

第二种发展脚本是，当霸权国与崛起国之间的价值和规则互相吻合或相似时，崛起国没有必要颠覆现有秩序而是顺利地融入现有秩序，因此我们可以看到和平的权力转移。例如，19世纪至20世纪，从英国过渡到美国的权力转移就是在和平的状态下进行的①。这种脚本是以霸权国与崛起国原本就有着相同的（或极其相似的）价值体系为前提的。将这种脚本套在东亚地区，则美国与中国之间的价值与规范差异巨大，假如要让二者趋近，就意味着中国要逐渐使自己的国内、国外价值体系走向美国主导的自由主义秩序，诸如改变政治体制、重视人权、减少国家对经济的干预等。这些原本就是美国一直以来在干预政策的名义下试图实现的目标（从中国的角度叫和平演变），但在短中期内应该是难以实现的。

3. 两种秩序的并行——栖息地隔离

第三种发展脚本是，霸权国创建并维持下来的秩序与崛起国要建立的秩序和平地并列存在，而崛起国创建的制度将逐渐扩大并成为自律性的事物。例如，目前世界上在同一个功能领域（贸易及援助）中并立共存着布雷顿森林体系（国际货币基金组织、世界银行）与以新兴国家为中心的金砖银行等。后者引人注目的一点就是欧美国家的缺席，它被称为无西方的世界（the world without the west）等②。

从第三种脚本中衍生出来的一种较具纷争的想法是，有可能在地理上会出现两个世界。例如崛起国（中国）在其近邻地区创建一种秩序，而霸权国（美国）还是霸权国，将在其他地区维持自己的秩序。近年来，出现了将中国制定的秩序与朝贡体系相比的议论③（甚至有文章将既存的美国秩序称为美国的朝贡秩序④）。而且在现实世界中，习近平主席在亚洲相互协作与信任措施会议第四次峰会上发表的讲话表达了"亚

---

① Feng Yongping,"The Peaceful Transition of Power from the UK to the US," *Chinese Journal of International Politics*,Vol.1, Issue1, 2006,83-108.Charles Kupchan, etal, eds., *Power in Transition: The Peaceful Change of International Order*, Tokyo: The United Nations University Press,2001.

② Naazneen Barma, Ely Ratner & Steven Weber,"A World without the West," *National Interest*, Jul./Aug.2007,23-34, Naasneen Barma, Ely Ratner, Steven Weber,"Welcome to the World without the West," *National Interest*, November12,2014. 菊池努:《地区整合与东亚》(「地域統合と東アジア」)，收于山本·黑田编:《国际地域学的展开》(『国際地域学の展開』)，明石书店,2015年，第6章。在"无西方的世界"这一表述出现的2007年，当时所谓的脱钩（decoupling）论非常盛行，它认为新兴国家的经济开始不再依存于发达国家。

③ Zhang Yongjin and Barry Buzan,"The Tributary Systemas International Society in Theory and Practice," *Chinese Journal of International Politics*, Vol.5, 2012, pp.3-36.

④ Yuen Foong Khong,"The American Tributary System," *Chinese Journal of International Politics*,Vol.6,2013,pp.1-47.

洲的安全要靠亚洲"的主旨，如果将其理解为安全领域的去西方（美国）化即"无西方世界"的构想，应该也无不可。后者的情况也可见于冷战时期美国与苏联的对立，尽管语境有些不同。在冷战时期，美国方面制定了一套秩序，苏联方面也制定了一套秩序，两者处于对峙的状态。当然，与现在的情况有所不同，冷战时期的两大阵营之间不存在有意识的经济关系，那两种秩序互相排斥，而并非互相渗透。

4. 相互渗透型秩序

第四种脚本是，相互渗透型秩序的发展可能。例如，亚投行当初被设想为一个主要由亚洲各国参与的组织，以美国为主的七国集团不参加，中国在财政和运营上都掌握主导权（当然中国呼吁了其他各国广泛参与）。如果是这样的话，那么亚投行应该真正成为一个"无西方的世界"。然而在创始国申请截止的 2015 年 3 月末，英国、德国、法国和意大利这些七国集团的国家也参与进来，使得亚投行成为了一个中国（以及亚洲）与西欧相互渗透的体系（据称亚投行由 57 个国家创立）。在这里，中国将通过亚投行在基础设施投资方面努力实现中国式的做法，而西方国家也会在投资标准及环境标准方面努力追求更严格的规则。在这个过程中，规则与规则之间相互影响，也许会形成混合型的秩序。

（二）西太平洋的安全对抗

上面介绍了四种发展倾向互相混杂，在不同领域有不同的表现。在经济领域容易互利互惠（双赢关系），而在安全（尤其是传统安全）领域就容易产生对立，至少在认识上或者局部上容易产生非赢则输的关系。第一种发展脚本（导致严重纷争）并不理想，然而美国与中国之间的确发生了局部军事对抗，特别在西太平洋地区，中国进入海洋领域的举动非常明显，从而使地区陷入不安定状态的可能性并非为零。美国奥巴马政府展开了所谓的重返亚洲战略，试图在经济和安全两方面加大对亚洲的介入程度。在安全方面，奥巴马政府正在思考如何取得与中国的均衡，进一步应对中国的 A2/AD（反介入和区域阻绝）能力的战术，其中就包括空海一体战（ASB）这一军事作战概念 [最近 ASB 被更名为"全球公域介入与机动联合概念"（Joint Concept for Access and Maneuver in the Global Commons：JAM-GC，通称为 JAM-GC]。美国重返亚洲战略存在追求经济利益方面的考量，但对中国进行军事对冲毫无疑问是存在的，此举有可能会招致中国采取对抗措施，从而陷入安全的两难境地（选择带来的安全困境）。如果中国随着其经济增长而不断扩大军费投入、增强军事实力，那么美国也不得不与之对抗而可能进行军备竞赛（结构上的安全困境）。

此外，就具体事件而言，中国在南海的活动强化了非赢则输的印象，围绕东海钓

鱼岛的日中对立也在持续，由于牵涉菲律宾、日本这些美国的同盟国，因此这些事件也成为美中对抗的要素之一。在美国展开重返亚洲战略之时，这也可以被理解为美国是在强化自己在西太平洋（或印度—太平洋地区）的军事实力，同时也在加强自己与同盟国及合作伙伴之间的安全合作。美国与同盟国利益一致，通过此举有可能强化以美国为中心的所谓轴辐（Hub-and-Spokes）联盟体系（甚至获得新的合作伙伴扩大同盟）。

另外，在南海及东海存在所谓的灰色地带，即不是动用海军力量，而是利用海警及海岸警卫队（Coast Guard）这类执法机关来争夺实效性支配权。在今天的世界，由一个国家对另一个国家动用军事力量的情况（即战争）变得极为罕见[1]，而且也很难被认为是正当行为。然而，利用执法机关开展活动有别于动用军事力量，因此我们渐渐看到，在围绕领土、领海或专属经济区（EEZ）的纷争中，各国开始利用执法机关来争取并最终确定实际的管控范围。这是安全领域的新发展。

从上文来看，对于亚太地区以及东亚地区的安全问题，当然第一种脚本是并不理想的发展趋势，为了不出现那样的结果，我们有必要在美中及其他方面频繁采取措施以建立信任关系。而第二种脚本（改变中国的体制等）目前看来是无法成立的。第三种脚本（"无西方的世界"）是西方（美国）主导的秩序与新兴国家（中国）主导的秩序和平共存（栖息地隔离），这在经济等领域也许可行，但是一想到安全领域甚至地理环境上并存着不同的秩序，我们就会担心不知何时会发生严重的纷争。因此，也许最有可能、最现实、最理想的答案就是第四种脚本（相互渗透型秩序）了。

二、东北亚的国际关系

这一部分主要是思考日本、中国和韩国之间的双边关系和三国关系。不过，如同第一部分表明的那样，在思考东北亚问题时必须将美国纳入视野，否则不可能认清东北亚安全环境及其变化。下面就以此为前提来试着思考几个问题。

（一）经济上相互依存：东北亚和平的基础

首先是经济关系，包括美国在内，东北亚在经济上是紧密地相互依存的。例如作

---

[1]　Baron, op.cit.Steven Pinker, *The Better Angels of Our Nature: Why Violence Has Declined*, New York: Viking Books, 2011.

为日本的出口对象国，中国可与美国争夺第一、第二的位置。韩国也极大地依赖中国市场，其对美和对日的出口额加起来也不如对中国的出口额多。对于中国来说，以国家为单位来看的话，美国、日本和韩国是在其出口额上名列第1、2、3位的（当然中国最大的出口对象是欧盟）。因此，可以说东北亚在经济领域的合作程度极其紧密。不过，这三个国家间的相对重要性是不断变化的。中国随着其经济规模的扩大而不断增强了相对重要性，日本由于长期的经济停滞而不断降低了相对重要性。尽管如此，如果说"东亚和平"存在于经济上相互依存和相关国家重视经济发展的战略中的话，那么在东北亚地区，"东亚和平"的基石是十分牢固的[①]。进而言之，就GDP的规模而言，在包括美国在内的东北亚地区就存在从世界第一到第三的所有国家，这对整个世界经济具有极其重大的影响和责任。

(二) 复杂的安全关系

1. 韩国与日本

韩国与日本是美国的同盟国，这两个国家的安全在很大程度上依赖于与美国的合作。不过，韩国和日本在外交和安全问题上有着不同的排位顺序。在韩国看来，排名第一位的是朝鲜，一方面要处理其带来的威胁，另一方面又对其抱有改善关系、实现统一的目的。美韩同盟的第一个目标就是朝鲜（至少在韩国眼中是如此），韩日的安全合作也是以对抗朝鲜为主要目的的。而且，就韩国而言，中国是其应对朝鲜时的合作伙伴，而非安全上的担忧对象。这应该也成为了韩国在经济领域大幅踏入中国的理由之一。于是就产生了韩国在安全上依赖美国、在经济上大幅依赖中国的局面。

与之相对，日本面临着来自朝鲜的威胁、中国在军事上的崛起以及钓鱼岛问题等，因此与美国的合作是其基本的安全保障政策。从这种角度来看，先不论后文要谈的历史问题，日韩关系本身就是非常微妙的。例如在韩国眼里，日美韩安全合作的对象是应对朝鲜而非中国，但在日本眼中，日美、日美韩的安全合作都是不仅防御朝鲜，还有防御中国的一环。因此，美国不断努力构建和维持日美韩之间密切的安全合作。但是，日韩之间的直接合作无法顺利进行，如《军事情报保护协定》（GSOMIA）的缔结失败就是个例子，而美国加入以后就成功缔结了三国间情报合作协定等。只是，当美国想将THAAD导弹防御系统作为对付朝鲜的措施部署韩国时，这在中国的

---

① 例如，Etel Solingen, *Comparative Regionalism: Economics and Security*, London: Routledge, 2015. Timo Kivimaki, *The Long Peace of East Asia*, Surrey: Ashgate, 2014.

眼中又构成了对其安全利益的威胁。

2. 日本安保政策的展开

现在，在倡导"积极和平主义"的安倍政权下，日本的安全保障政策显示出巨大的转变。安倍政权在极为广泛的范围内进行了改革，如制定秘密保护法、更改武器（防卫装备）转移原则、制定新的安保法、制定新的日美防卫合作指针等。但无论哪种政策或制度目前都在形成和变化的途中，还有许多不确定的因素。不过，日本在国外行使武力即行使集体自卫权是受到极大限制的，例如仅限于日本的存立受到威胁时，因此这些改革主要是扩大个别自卫权（不过，据说尽管在战争期间，日本在波斯湾派遣扫雷艇也是在集体自卫权的名义下进行的）。尽管如此，日本可能将在非常广泛的领域中开展后勤支援。例如日本在联合国维和行动中，为了完成维和任务可能会逐渐认可对武器的使用。此外，诸如将《周边事态法》中的"周边"一词去掉，或以"国际和平援助"的名目对美国及其他国家的军事行动广泛提供后勤支援，这样的行为可能会逐渐得到许可。不过如上所述，在现阶段，日美合作新指针在 2015 年 4 月安倍首相访美时明确了下来，安保法也在 5 月的内阁会议上确定了内容。另外，日本一直持续削减军费十多年，但从 3 年前开始就改为增加军费了（不过军费增加幅度非常微小，即使从本年度的预算来看，与上年度相比只增加 0.8%，而且日本的军费不到 GDP 的 1%）。

这种动向不仅是为了应对来自朝鲜的威胁和钓鱼岛争端，也是对中国不断增强军事实力的反应。日本将强化日美安全合作作为主要目标，不仅如此，安倍首相还在推进与澳大利亚、印度、英国等国的安全合作。

3. 中国

中国正在开展大国外交和周边外交。大国外交主要是以美国为对象，对于美中关系，中国提倡以不冲突、不对抗、相互尊重、合作共赢等为内容的新型大国关系[①]。而周边外交的中心内容则是与周边国家建立睦邻、互惠等关系。不过，如上文所述，美中关系是合作与竞争交织的关系，尤其在安全领域存在极其严峻的竞争与对抗。而在周边关系方面，前文也提到过中国对菲律宾和越南的表现。当然，中国提出的理由是守卫自己的领土主权及海洋权益。如此看来，日本大概位于大国与周边国家的交界点上（或者不属于这两种分类），一方面是中国追求"不冲突、战略互惠关系"的对

---

① 在日本，关于对中国最近的对外政策的分析，如松田康博：《习近平政权的外交政策：大国外交・周边外交・地区构想的成果与矛盾》（「習近平政権の外交政策：大国外交・周辺外交・地域構想の成果と矛盾」），载于《国际问题》2015 年 4 月，第 37-47 页。

象，另一方面围绕钓鱼岛问题让海警频繁地进入钓鱼岛海域，还设定了包括钓鱼岛在内的防空识别区（ADIZ）。也许韩国才是最符合中国周边外交（如三邻政策）的国家。无论如何，中国在现阶段应该还会维持（中）高速的经济增长，也应该会在经济实力增长的背景下继续富国强兵的政策。前文提到，如何使用财富与强兵并表现到实际行动中来，应该是决定今后亚太地区以及东北亚地区安全环境的关键（不仅如此，源自中国对海洋的进入，最近连非洲东海岸在内的印度—太平洋地区也成为了安全保障的对象之一。习近平主席所说的"一带一路"的一半就是海上丝绸之路，这似乎将广阔的印度—太平洋地区考虑了进去）。

如上所述，一般来说，美中在经济领域相互合作程度很高，而在安全领域则是竞争与合作并行，有时竞争（纷争）的要素更强烈。这是所谓的"两个亚洲"[1]在整体上呈现合作竞争（Coopetitive）的态势。因此，如何增强其中的合作性要素、控制竞争性要素，就成为重大的课题。从大局来说，这应该可以被视为上文叙述的相互渗透型秩序的形成过程。

三、规范与历史问题：东北亚国际关系的非物质方面

上文主要讨论了安全与经济，这些通常重视军力及经济利益等物质性方面的问题。其实，在考虑东北亚安全问题时，规则或历史问题等非物质性要素有时也会发挥巨大的作用。

（一）规则和价值体系的问题

从非物质性方面考虑东北亚安全环境时，规则（或价值）就是问题之一。在此，规则分为国内规则和国际规则。所谓国内规则，例如国家统治的原理（如民主主义、威权主义等）、人道人权的规范、经济方面的基本原理（市场经济或计划经济）等。在东北亚地区存在着国内规则不同的国家。三国基本上都遵循市场机制的原理，但中国声称是社会主义市场经济，国家对经济的干预较多，国营企业所占比重很大。

国际规则因特定的国家、地域、时代而有所不同，例如被称为英国学派的流派列举了主权（不干涉内政）、外交、实力均衡等内容，而且根据不同的地域和时代，民主主义

---

[1]　E.Feigen baumand R.Manning, "A Tale of Two Asias," *Foreign Policy*, December 31, 2012.

和对人权的保护、促进等也会成为国家间的规则①。冷战以后，越来越多的人认为，民主主义/市场经济与共产党统治/计划经济（社会主义）这场规则（意识形态）的对立最终以前者的胜利结束，民主主义和市场经济才是普遍性的规则。接着出现了一种非常显著的动向，其内容是以民主主义的扩张为政策，试图让人权普及全世界。当然，要说这种想法多么地被广为接纳的话，也只是在有限的范围而已。然后，美国标榜以民主化为目的之一进攻伊拉克并最终失败，加上一些并未完全实现民主主义及人权的国家（新兴国家）迅速发展起来，由此民主主义扩张的意识形态便慢慢地失势了。这种趋势似乎在2008年的雷曼事件以后变得尤为明显。而另一种认识正在日益增强，即采取威权主义体制的国家也能实现经济发展（至少现阶段）并以此提高民生水平。

当然，认为民主的国际秩序非常重要的想法也广泛存在，具体而言，人权、人道以及民主主义都是值得尊重的规则，尽量减少国家干预，实现更有效的经济发展。如此看来，试图与重视国家主权、以威权主义体制为根本的秩序观相抗衡的认识，至少作为背景还残留着深刻的痕迹。只是这种对立不是冷战时期的那种激烈的意识形态对立，而是通过前文所述的两种秩序相互渗透得以管控。

（二）历史问题

从非物质性方面来考虑东北亚地区的国际关系时，历史问题无法回避，它有时还是决定东北亚国际关系的重大因素，并会进一步影响到经济、安全领域。此处无法深入探讨历史问题，暂时只能先做若干考察。

历史问题主要与日本在第二次世界大战期间以及之前的所作所为相关（当然，二战以后日本对历史的处理也是问题）。这个问题牵涉的范围非常广，例如殖民地统治、东京审判、"旧金山对日和平条约"、赔偿（特别是对个人的赔偿）、对靖国神社的参拜、慰安妇问题、教科书问题、反省谢罪，等等。不仅如此，从中国和韩国的立场来看，钓鱼岛和竹岛（独岛）的问题也不仅是国际法的问题，同时还被当作历史问题来理解（领土问题的历史问题化）。历史问题有许多不同的侧面，它既是包括国家在内的各种集体和个人的身份认同问题，有时还是人权人道的问题，甚至是与政治正当性及国际秩序合理性相关的问题。这些问题有时候被聚焦放大成为日中与日韩的重大外交问题。近年来，历史问题在日中、日韩之间前所未有地扩大化和严峻化。即使是现在，如慰安妇问题还是日韩间重大的外交对立所在。目前，拟定2015年8月发表的

---

① 关于这方面的内容可参考 Barry Buzan and Yongjin Zhang,eds., *Contesting International Society in East Asia*, Cambridge: Cambridge University Press, 2014.

纪念二战结束 70 周年的"安倍谈话"吸引着前所未有的众多目光。

日本历史问题的辐射范围当然不仅限于日中和日韩之间，还波及美国、东南亚各国，甚至是欧洲国家，但是在东北亚地区尤为突出和显著。由历史问题产生的龟裂强化了东北亚地区的竞争性要素。对于历史问题，随着时间的推移日本也一路就各个具体的历史问题签署了国际条约，发表了几个共同声明，也表达了政府的意见，这些构成了日本对待历史问题的具体措施体系（modus operandi）。当然，对于具体的政府意见，在日本国内遭到了强烈反对，例如河野谈话、村山谈话，但同时可能在韩国和中国看来还并不够。然而，这些具体措施却是当时的日本政府在对内、对外的政治进程中艰难完成的，虽然这些措施很难在一瞬间发生大的转变，但在很多情况下都会约束后来的政府行为。因此可以认为，关于历史问题，我们需要以既有的系列措施为基础，尽量朝着获得国际社会认可的方向去一点点改变。其中会在日本国内产生严重对立，也会在国际上产生许多严重对立，这个过程是需要妥协让步的。从目前的经验来看，一个问题因为某个契机成为争执的焦点，它会升级并演变为严重的对立，但同时也会因为一方的行动改变和妥协或双方的交涉谈判而沉静下来。只是在这期间，双方在安全及经济领域的合作会停滞甚至恶化，而且经常还会破坏对彼此的感情。当然，也许在这个过程中要"彻底"解决问题是很困难的，但我们应该控制历史问题，将其转变为推进安全及经济领域合作关系的契机。

四、如何管控纷争

（一）间接手段

1. 东北亚版经济合作与发展组织（OECD）

对于如何管控纷争，我们可以采取直接手段与间接手段（或两者的组合）。间接手段之一就是通过建立并深化安全之外领域的合作，以管控安全上的对立或防止其升级。当然，在安全领域也存在反海盗、反恐、和平构筑等可以促进非传统安全领域合作的空间，不过除安全领域以外，容易建立合作关系的就是经济领域。经济领域是容易互惠互利的领域，所以促进经济交流有助于安全问题的管控。此外，对于解决环境问题也是容易进行合作的，例如对大气污染等问题进行信息互换或技术上相互支持，都是具有可行性的。还有，日中韩三国都存在人口问题及其引发的社会和经济问题，尽管各自表现不同，但信息互通或研究合作应该是解决这些问题的非

常有效的措施。因此，为了稳定和促进经济交流，我们可以考虑推动建立双边或三边自贸区（FTA）等多种方案，让东北亚各国建立包括社会经济研究在内的东北亚版经济合作与发展组织。

2. 多边机制的利用

间接手段之二是各国一起运用不仅限于东北亚，而是包括东北亚在内的广域的机制（此处认为的机制覆盖所有的相关国家）。国际机制包含一定的（国家间的）规则实践，并组织会议。例如（多边）会谈是对规则的实践，它有可能抑制国家间的纷争。覆盖东北亚的多边机制有亚太经济合作组织（APEC）及东亚峰会（EAS）等包括首脑会谈的机制。亚太经济合作组织主要涉及贸易等经济领域，最近它在倡导建立亚太自贸区（FTAAP），由于其中包括首脑会谈的环节，所以它还广泛地涉及经济以外的各个领域。不仅如此，亚太经济合作组织还为参会的政府首脑们提供个别会谈的机会，例如我们时常看到，当日中首脑会面存在政治上的困难时，两国就会借着这个机会进行首脑会谈。而东亚峰会则广泛讨论以安全问题为主的政治课题，当然也包括东北亚安全的相关讨论，例如朝核问题、南海问题等。通过这些范围广泛的机制，应该可以谋求控制东北亚安全对立等问题。此外，在安全领域还形成了多元化的安全机制，既有东盟地区论坛（ARF）这一国际安全信任建设机制，还有东盟防长扩大会议（ADMM-PLUS）等国际性机制，甚至还包括香格里拉对话等民间参与机制。这种多边机制容纳了在许多安全问题上存在对立的国家及同盟，在这个意义上讲，它也是一个包容性的体系，能够发挥协调的功用。

（二）直接手段

上述为管控纷争的间接手段可能无法解决领土矛盾或势力均衡及其变化带来的问题，因此我们不得不考虑直接面对这些问题的双边和三边关系的问题。安全领域的对立及问题主要有以下两种类型。

1. 国际规则与军事信任措施

对于特定的两国关系的相关问题，例如领土问题，即领土争端。当然，对于领土问题的处理也需要遵循国际法等国际社会通用规则，另外，领土问题本身也并不一定会成为安全问题，即使领土主张有差异，有时候也不会演变成安全问题，也有在国际法庭得到和平解决的情况。当然，当领土问题牵涉军事或准军事力量（执法机关）时，双方至少应该制定建立军事上或执法机关之间信任措施，并给予充分的灵活运用。

2. 信任（透明性）、均衡、自制

此种类型围绕着更抽象的相对性实力及其变化，例如美中之间毫无领土上的纷

争，但随着相对实力关系的变化，二者的战略性角逐在不断升级。这源于以下忧惧，如它们会预设当西太平洋地区发生争端时谁更有优势，或者航海自由等国际公共产品的供给及利用是否会受到限制等。对此，我们需要清晰了解相关国家的意图和实力并谋求广泛的信赖关系，这在一定程度上也需要能让双方放心的（强劲的）力量均衡存在，最终形成相关国家在各个领域能够发挥自制力的体系。

（三）东北亚的软结构系统

在日中韩（或日中、日韩）之间，不仅需要硬性制度，还需要形成约束各方任意妄为的具有柔软结构的体系（当然也包括一部分硬性约定如条约等），可以认为这是在各个领域内国家关系方面的一系列理解事项（modusoperandi）的集合。这些理解事项具有一定幅度，即使发生（单方面看来的）脱轨也会最终回归到这个幅度中来，这是各国间具有的柔软性。当然，这个幅度会随着时间发生变化，但在总体上会维系这个体系的存在。此外，在这个体系中，有时候会通过相互理解解决问题，但是在问题未得解决并将长期存在的情况下还能维系体系的存在，这本身也是这个软结构系统的目标之一。要启动这一体系不仅需要政府首脑的领导能力，还需要政府各部门的协作，甚至有时还需要来自基层民间的参与。这个体系略有抽象之处，但应该也能成为相互渗透型秩序形成的一环。

（刘丽娇 译）

北東アジアの安全保障環境の現状と趨勢：
北東アジアの地域秩序の可能性

山本吉宣[*]

　本稿は、北東アジアの安全保障環境の現状と趨勢に関して、若干広い視野から検討し、日中韓の関係や安全保障政策を検討し、北東アジアにおいてより安定した安全保障環境を作っていく方策を模索しようとするものである。まず I においては、北東アジアを巻き込んで広く展開する米中をめぐるパワー・トランジッションを検討する。そこでは、パワー・トランジッションの行く先として、4 つのシナリオが示される。そして、（擬似）戦争、平和的移行、並存 / 並行、と言う 3 つのシナリオを示したあとで、さまざまな利益や規範が相互作用、相互影響する相互浸透秩序とでも言うべきものを提示する。そしてそれは、実際の秩序として出現してくるのだけではなく、望ましい秩序ではないか、という議論がなされる。そして、II においては、北東アジアの国家間関係が安全保障と経済の二つの分野の相互関係のなかで検討される。そして、日本、韓国、中国が外交、安全保障政策においてそれぞれ異なる優先順位を持って相互作用しているがゆえに、北東アジアの安全保障はきわめて複雑であることが示される。

　現在の北東アジアを考えると、（狭義の）安全保障と経済だけではとらえきれないところがあり、規範とか、歴史問題が大きな役割を果たしている。これらの非物質的な側面を取り扱うのが III である。そして、最後（IV）に、北東アジアにおいて、紛争をコントロールし、協力を進めるための諸方策が検討される。

＊　日本新潟県立大学政策研究センター教授。

I. 北東アジアをめぐる国際秩序：相互浸透秩序の可能性

　北東アジアの安全保障環境に関して、現在もっとも顕著なのは、力関係の急激な変化であろう。すなわち、急速な経済成長の結果、中国の経済規模が巨大になり、またそれに伴って軍事力も大きくなっているということである。中国の経済規模が大きくなり（それは、購買力平価で言えば、すでにアメリカに追いついている）、またそれにしたがって（あるいはそれ以上の増加率で）、軍事費が増大していることである。多分、そのこと自身特に問題があるものとは思われない。中国経済の成長は、基本的には市場メカニズムに沿ったものであるし、軍事費は、公式の資料によれば、GDP の 2％台である。

　問題は、中国自身がそのことをいかに位置づけ、活用するか、また他の国にそのことがどのように影響し、認識され、国際的な環境をどのように変化させるか、と言うことであろう。たとえば、中国が、富強、軍事強国を実現することを国家目標であることを強調すれば、いかにそれが防衛を意図したものであるとされても、他の国は、若干の恐れを抱くであろう。また、経済で国際的な次元で言えば、中国は、いまや世界第 1 の貿易国であり、膨大な黒字を出し、外貨を蓄積し、巨大な資本を輸出しつつある。強大な国内市場とあわせて、経済分野で大きな影響力を振るう基盤を持っている。それはさまざまな分野に現れている。たとえば、この能力をもとに、中国は、BRICS 銀行、AIIB など国際的な金融制度の創設を主導している。このことは、一方で、中国が国際公共財を供給する能力と意思を持つようになったことを示すとともに、他方では、このような制度が中国の国益（たとえば、中国の経済的な利益あるいは、影響力そのもの）を増大させ、国際通貨基金や世界銀行などの既存の秩序に挑戦するのではないかという危惧を生じさせる。

1.4 つのシナリオ

　米中の間で、経済力だけではなく、軍事力の差が急速に縮まってきており、その安全保障上の含意はいかなるものか、ということが昨今の大きな関心事となっている。ここではまず、大まかに、いくつかのシナリオ（考え方）を述べておきたい。それが、北東アジアの安全保障を考えるときの背景となるからである。以下、4 つのシナリオを紹介しよう。もちろん本稿の文脈でいえば、それが北東アジアの安全保障にどう影響するかが重要であるが、それは、折に触れ論ずることにする。

1) 古典的パワー・トランジッション論

　一つは、古典的なパワー・トランジッションの議論であり、この議論は、歴史的に、世界の覇権国と追走国が交差するとき、国際秩序のあり方をめぐって争いが起き、国際政治はきわめて不安定になり、大戦争になることがよく見られた、というものである。この議論は、周知のように、紀元前のペロポンネソス戦争の起源が、既存の大国スパルタが台頭するアテネを恐れて始まったことにあるとし、そのような解釈をした歴史家の名をとって、「ツキジデスの罠」と呼ばれることがある[1]。歴史的に近いところでは、既存の覇権国イギリスを追走したドイツが、イギリスの秩序をひっくり返そうとして、第1次世界大戦が引き起こされたとする解釈がある。もし、東アジアに米中のこのようなパワー・トランジッションが起きているとすると、このシナリオは、きわめてゆゆしき含意を持っている。この議論からいえば、平和は圧倒的な力が存在するときであり、力が競ってくると不安定になる、ということになる。たとえば、1979年の中越戦争以後30余年続いている東アジアの平和は、アメリカの単極構造に由来するものと解釈され[2]、米中の力が競ってくると、その平和は危ういものとなると言うことである。

2) 平和的パワー・トランジッション

　二つには、覇権国と追走国の間に価値・規範が合致・収斂しており、追走国は秩序をひっくり返すことが必要ではなく、既存の秩序にスムーズに入り、したがって、平和的な力の移行が見られるというものである。たとえば、19世紀から20世紀にかけてのイギリスからアメリカへのパワー・トランジッションは平和に行われた[3]。このシナリオは、覇権国と追走国がもともと同じ（あるいはきわめて類似した）規範体系を持っていることを前提とする。このシナリオを東アジアに当てはめようとすると、アメリカと中国はかなり異なった価値・規範を持っており、もし規範の収斂が起きるとすれば、中国が国内規範、国際規範ともアメリカの主導するリベラルな秩序に移行していくことを意味しよう。たとえば、政治体制の変化であるとか、人権重視であるとか、あるいは経済への国家の関与の縮小である

---

[1]　Graham Allison, "Thucydides' strap has been sprung in the Pacific," *Financial Times*, August 21, 2012.

[2]　たとえば、Joshua Baron, *Great Power Peace and American Primacy*, New York: Palgrave, 2013. Ronald Tammen, etal, eds., *Power Transitions: Strategies for the 21ˢᵗ Century*, Washington, D.C.: CQPress, 2000.

[3]　Feng Yongping, "The Peaceful Transition of Power from the UK to the US," *Chinese Journal of International Politics*, Vol.1, Issue1, 2006, 83-108. Charles Kupchan, etal, eds., *Power in Transition: The Peaceful Change of International Order*, Tokyo: The United Nations University Press, 2001.

とかである。これは、元来アメリカが、関与政策の名の下に試みてきたものであるが（中国から言えば、和平演変）、短中期的には実現することは無理であろう。

3）2つの秩序の並行的存在——棲み分け

三つには、覇権国が作り、維持してきた秩序と追走国の作り出す秩序が平和的に並行して存在し、追走者が作り出す制度が徐々に拡大しかつ自律的なものになっていく、というシナリオである。これには、グローバルに、ブレトン・ウッズ体制（国際通貨基金、世界銀行）と新興国が中心となる BRICS 銀行などが同じ機能分野（貿易や援助）の中で並立、併存しているというようなことである。後者は、アメリカを中心とする西欧が入っていないことが着目され、西欧なき世界（the world without the west）などと呼ばれる[1]。

この第3のシナリオの若干紛争的な変種は、地理的に二つの世界が出現する可能性を考えるものである。たとえば、追走国（中国）が、その近隣で一つの秩序を作り出し、覇権国（アメリカ）は覇権国で、他の地域でその秩序を維持する、というものである。近年、中国が作り出す秩序を朝貢体系に比する議論が現れ[2]（既存のアメリカの秩序をアメリカの朝貢秩序と言う論文さえ現れる[3]）、また現実の世界では、第四回アジア相互協力信頼醸成措置会議における習近平主席の「アジアの安全保障はアジアで」という要旨の発言にも、安全保障の分野で、西側（アメリカ）はずしの、the world without the west という発想を見て取ることも不可能ではないであろう。この後者のケースは、若干文脈は異なるが、冷戦期のアメリカとソ連の対立にも見られたものである。すなわち、冷戦期においては、アメリカ側はアメリカ側で一つの秩序を作り、ソ連はソ連で一つの秩序を作りあげ、対峙した。もちろん、現在とは異なり、冷戦期には二つの陣営の間には有意な経済関係は無かった。したがって、それら二つの秩序は、反発し、相互浸透はなかった。

---

[1] Naazneen Barma,Ely Ratner and Steven Weber,"A World without the West," *National Interest*,Jul./Aug.2007,23-34,Naasneen Barma, Ely Ratner,Steven Weber,"Welcome to the World without the West," *National Interst*, November 12,2014. 菊池努、「地域統合と東アジア」山本・黒田編『国際地域学の展開』明石書店、2015、第6章。この「西側なき世界」が出てきた2007年当時は、新興国の経済は先進国経済に依存しなくなったという decoupling 論が盛んなときであった。

[2] Zhang Yongjin and Barry Buzan,"The Tributary Systemas International Societyin Theory and Practice," *Chinese Journal of International Politics*, Vol.5,2012,pp.3-36.

[3] Yuen Foong Khong,"The American Tributary System," *Chinese Journal of International Politics*, Vol.6, 2013,pp.1-47.

4）相互浸透型の秩序

　四つには、相互浸透型の秩序の展開の可能性である。たとえば、AIIB は、当初は、アメリカをはじめとする G 7 は参加せず、中国が財政的にも、運営的にも主導権を握り、主としてアジアの国々が参加するものと考えられていた（もちろん、中国はより広い参加を呼びかけていたが）。もしそうであるならば、AIIB は、まさに、「西側なき世界」となったであろう。しかし、原加盟国の締め切りである 2015 年 3 月末には、イギリス、ドイツ、フランス、イタリアという G7 の国も参加し、AIIB は、中国（そしてアジア）と西欧の相互浸透のシステムとなった（AIIB は、57 カ国で発足すると言う）。そこでは、中国は、AIIB を通してのインフラ投資に関して、中国なりのやり方を追求しようし、西側の国は、投資基準や環境基準に関して、より厳格なルールを追求しよう。このような中で、ルールは相互に影響しあいながら、混合的な秩序が形成されていくかもしれない。

2. 西太平洋における安全保障上の対抗

　以上、4 つの大まかなシナリオを提示したが、これらの傾向は混在しており、分野によって異なる現れ方をする。経済分野は相互利益（win-win の関係）が得られやすく、安全保障（とくに伝統的な安全保障）分野においては、対立がおきやすく、win-lose の関係が、少なくとも認識上また部分的に起きやすい。第 1 のシナリオ（大きな紛争）は、望ましいものではないが、アメリカと中国の間には、軍事力が部分的に拮抗する状態が出てきており、とくに西太平洋においては、中国の海洋進出が著しく、不安定な状態になる可能性はゼロではない。アメリカのオバマ政権は、アジアへのピボットと呼ばれる戦略を展開し、経済、安全保障の両面において、アジアへの関与をふかめようとしている。安全保障においては、中国との均衡をいかにとっていくか、さらには、アメリカの言う中国の A2AD（接近阻止、領域拒否）の能力に対して、いかに対応するかという戦術を考えている。その中には、海空軍等の統合作戦であるエアーシーバトル（ASB）という軍事的なオペレーションも考えられている（最近 ASB は名称を変更され「国際公共財におけるアクセスと機動のための統合構想（Joint Concept for Accessand Maneuver in the Global Commons：JAM-GC）」、[通称はジャム・ジーシー（Jam,Gee-Cee）] となった）。アメリカのアジアへのピボットは、経済的な利益を求めるという側面も大きいが、少なくとも対中の軍事的ヘッジングであることは間違いないであろう。このことは、中国の対抗措置を招き、いわゆる安全保障のディレンマに陥る可能性がある（選択

による安全保障のディレンマ）。ただ、もし中国が、その経済成長に合わせて軍事費を増大し、軍の増強を進めるとすると、アメリカはそれに対抗せざるを得ず、軍拡競争になりかねない（構造的な安全保障のディレンマ）。

また、より具体的な出来事を言えば、中国の南シナ海における活動は、win-loseのイメージを高めることになっている。また、東シナ海における尖閣（釣魚島）は、日中の対立が続いている。そこでは、フィリッピンや日本というアメリカの同盟国がかかわっており、米中の対抗的要素の一つとなっている。このことは、アメリカがアジアピボットを展開するに当たって、西太平洋（あるいはインド太平洋）の自己の軍事力を強化するとともに、同盟国、パートナーとの安全保障協力を強化していることにも見て取れる。アメリカと同盟国の利益が合致し、そのことを通して、アメリカを中心とするいわゆるハブ・アンド・スポークの同盟体制が強化される（あるいは、さらにパートナーを得て拡大する）可能性を示している。

また、南シナ海や東シナ海においては、海軍による力の行使ではなく、海警や海上保安庁（Coast Guard）という法執行機関の活動によって、実効的な支配が争われている、いわゆるグレーゾーンである。今日の世界では、国家による国家に対する軍事力の行使は（いわゆる戦争は）、実際も極めてまれなものになっており[1]、また正当性を得がたいものである。しかし、法執行機関による活動は軍事力の行使と区別される。したがって、領土や領海あるいはEEZの争いは、法執行機関によって争われ、その結果実効的支配の範囲が決まってくると言うことが見られるようになる。安全保障分野の新しい展開である。

以上のことから、アジア太平洋、また北東アジアの安全保障は、もちろん第1のシナリオは望ましくなく、そのようにならないように、米中、その他で安全保障上の信頼醸成措置を密にしていく必要がある。また、第2のシナリオ（中国の体制変化）は、当分見通しが立たない。第3のシナリオ（「西側なき世界」）は、西側（アメリカ）主導の秩序と新興国（中国）を中心とする秩序が平和的に併存する（棲み分けをする）というものであるが、経済的な分野などでは可能であるかもしれないが、安全保障分野さらには、地理的に別々の秩序の併存ということを考えると、時に大きな紛争を引き起こしかねない。多分、一番可能性があり、現実的であり、また望ましいのは第4のシナリオ（相互浸透的な競争的な秩序）であるよう

---

[1] Baron,op.cit.Steven Pinker,*The Better Angels of Our Nature:Why Violence Has Declined*, New York:Viking Books,2011.

に思われる。

II. 北東アジアの国家間関係

　本節では、北東アジアの3国、日本、中国、韓国の二国間関係、三国間関係を考えることが目的である。しかしながら、Iの議論からあきらかなように、北東アジアを考える場合でも、よりひろくアメリカを視野に入れて考えなければならない。そうしないと、北東アジアの安全保障環境とその変化を理解することは不可能であろう。このことを前提に、いくつかの問題を考えて見よう。

1. 経済的相互依存：東アジアの平和の基礎

　まず、経済関係についてであるが、アメリカを含んで、北東アジアにおいては、経済的な相互依存が密である。たとえば、日本の輸出先として、中国はアメリカと1、2位を争う。韓国は、中国市場に大きく依存しており、対米、対日の輸出をあわせたよりも多い対中輸出をしている。また、中国にとっても、輸出先として、アメリカ、日本、韓国は、国家単位で見た場合、1、2、3位を占める（もちろん、中国の第1の輸出先はEUである）。北東アジアにおいて、経済分野での協力へのインセンティブはきわめて強いといえよう。ただ、これら3国間において、相対的な重要性は変化している。中国はその経済規模の拡大によって相対的な重要性をまし、日本は、長期的な経済停滞によって、相対的な重要性を低下させている。とはいえ、「東アジアの平和」が経済的な相互依存と、関係各国の経済発展重視の戦略にあるとすると、北東アジアにおいて、「東アジアの平和」の基盤は強いのである[1]。さらに言えば、アメリカを含んだ北東アジアには、GDPの規模で言えば、世界の第1位から第3位までの国が存在し、世界経済全体への影響と責任はきわめて大きいものである。

2. 複雑な安全保障関係

　安全保障関係は、複雑である。
1）韓国と日本
　韓国と日本はアメリカの同盟国であり、それら二国の安全保障は、アメリカとの

---

[1] たとえば、Etel Solingen, *Comparative Regionalism:Economics and Security*, London:Routledge, 2015. Timo Kivi-maki, *The Long Peace of East Asia*, Surrey:Ashgate, 2014.

協力に依存するところが大きい。しかしながら、韓国と日本とは、外交なり安全保障の優先順位が異なる。韓国から見れば、第1の優先順位は北朝鮮であり、北朝鮮は、一方でその脅威に対処すべき対象国であり、他方では、関係を改善し、統一の方向へ持っていくという目的を持つ。米韓同盟の第1の目的は北朝鮮であり（少なくとも韓国から見た場合）、日本との安全保障協力も、北朝鮮に対抗するという目的が主たるものであろう。さらに、韓国にとっては、中国は北朝鮮に対応するときの協力者であり、安全保障上の懸念国ではない。このことは、韓国が、経済分野で大いに中国に踏み込んでいく一つの理由ともなっていよう。これが、韓国が、いわゆる安全保障はアメリカに頼り、経済は中国に大きく依存すると言う構造を引き起こす。

これに対して、日本は、北朝鮮の脅威に対処するとともに、中国の軍事的な台頭と、尖閣（釣魚島）をめぐる問題によって、対米協力が基本的な安全保障政策となっている。このような観点から、日韓関係を見ると、あとでのべる歴史問題を別としても、きわめて微妙なものである。たとえば、韓国から見ると、日米韓の安全保障協力は、対北朝鮮を対象としたものであって、中国を対象とするものではない。しかし、日本から見ると、日米同盟だけではなく、日米韓の安全保障協力は、単に北朝鮮だけではなく、対中ヘッジの一環なのである。ここで、アメリカは、日米韓の密接な安全保障協力を構築・維持しようとしている。日韓の間の協力は直接には、GSOMIA の締結の失敗などスムーズに行われていないが、ここに、アメリカが入って、3国間の情報協力協定が結ばれたりしている。ただ、アメリカが、北朝鮮対策として THAAD のようなミサイル防衛システムを韓国に導入しようとすれば、中国にとっては、その安全保障上の利益を脅かすものと映る。

2）日本の安全保障政策の展開

現在、積極的平和主義を唱える安倍政権下、日本の安全保障政策は大きな転換を見せている。秘密保護法の成立、武器（防衛装備）移転原則の転換、新しい安全保障法制の制定、そして新しい日米ガイドラインの作成など、きわめて広い範囲の改革を行っている。いずれの政策、制度も、いまだ形成・変化の途上であり、不確定、不確実なところが多い。ただ、日本の領域外における武力行使、すなわち、集団的自衛権の行使は日本の存立が脅かされたときに限られるというように、きわめて限定的なものであり、個別的自衛権の拡大的な面が大きい（ただ、ペルシャ湾での機雷掃海は戦争中でも、集団的自衛権のもとで行うという）。とはいえ、後方支援は、かなり広い分野で行われるようになろう。さらに、PKO での活動も、たとえば、

PKO の任務を果たすための武器の使用も許容するようになろう。また、周辺事態法から「周辺」を取りのぞいたり、「国際平和支援」と言う名目で、アメリカや他の国の軍事行動に広範に後方支援を行うことが許されるようになるであろう。ただ、上に述べたように、現在のところ、日米新ガイドラインは、今年の 4 月下旬に安倍首相がアメリカを訪問するとき明らかになるであろうし、安全保障法制は、5 月に閣議決定する予定であると言われる。また、日本は、10 年以上にわたって軍事費を削減してきたが、3 年前から、軍事費の増加に転じた（ただし、その増加率は微々たるもので、本年度の予算を見ても前年度からの増加率は 0.8％である。そして、日本の防衛費は、GDP の 1％以下である）。

　そして、このような動きは、北朝鮮の脅威への対抗、尖閣（釣魚島）の保守とともに、中国の軍事力の強化に対応しようとするものである。日米安全保障協力を強化することを大きな目的としている。さらに、安倍首相は、オーストラリア、インド、イギリスなどとの安全保障協力を進めている。

3）中国

　中国は、大国間外交、周辺外交を展開しており、大国間外交は、主としてアメリカが相手であり、米中関係で、衝突せず、相互尊重、協力、などを内容とする新型大国関係を提唱している①。また、周辺外交は、周辺諸国との善隣、互恵などを中心とするものといわれる。ただ、すでに述べたように、米中関係は、協力と競争がない交ぜになったものであり、とくに安全保障の分野においては、きわめて厳しい競争・対抗関係が存在する。また、周辺に関しても、これもすでに触れたように、フィリピンやベトナムに見られるように、法執行機関の艦船を使って、強制力によって、現状を変更し、それを「新常態」としようとする動きも見られる。もちろん、中国は、自己の領有権や海洋権益を守るという理由を掲げている。この点、日本は、多分大国と周辺の交差点であり（あるいは、そのような区分から抜け落ちているものであり）、一方で、衝突せず、戦略的互恵関係を追求する相手であるが、他方では、尖閣（釣魚島）をめぐって、海警の領海への侵入を頻繁に行っている。また、尖閣（釣魚島）を含む ADIZ も設定した（日本は、これを認めていないが）。多分、韓国は、中国の周辺外交（たとえば、三隣政策）にもっともあっているものかもしれない。いずれにせよ、中国は、当分の間、（中）高度の経済成長を続けるであろ

---

① 日本から見た、中国の最近の対外政策の分析に関しては、たとえば、松田康博「習近平政権の外交政策：大国外交・周辺外交・地域構想の成果と矛盾」『国際問題』2015 年 4 月、No.640、pp.37-47。

うし、その経済力を背景にして、富国強兵の政策を続けるであろう。すでに述べたように、富と強兵をいかに使い、実際の行動に表すか、今後の、アジア太平洋、北東アジアの安全保障環境を規定する鍵となろう（さらには、中国の海洋進出に由来して、最近では、アフリカの東海岸まで含むインド太平洋も、一つの安全保障の対象とされるようになっている。また、習近平主席の言う「一帯一路」の半分は、海のシルクロードであり、それは、広くインド太平洋を考えているようである）。

　以上から見られるように、一般に経済分野では協力のインセンティブが高く、安全保障の分野では競争と協力が並行しており、ときに競争（紛争的な）要素が強い。いわば「2つのアジア」[1] であり、全体的には、協争的（coopetitive）な様相を示している。したがって、このような中で、いかに協力的な要素を強め、競争的な要素をコントロールしていくかが大きな課題となる。そしてそれは、大局的に言えば、前節でのべた相互浸透的な秩序形成の過程として見られるものであろう。

III. 規範と歴史問題: 北東アジアの国際関係の非物質的側面

　以上は、主として、安全保障と経済と言う、通常は軍事力や経済的な利益などの物質的側面を重視した議論であった。しかしながら、北東アジアの安全保障を考えるとき、規範とか歴史問題などの非物質的な要素も大きな役割を果たすことがある。

1. 規範・価値体系の問題

　非物質的な面で、北東アジアの環境を考えるとき、一つは、規範（あるいは、価値）の問題がある。ここで、規範とは国内的な規範と国家間の規範とがある。国内的な規範とは、国家統治の原理（たとえば、民主主義、権威主義等）、人道・人権規範、経済に関する基本的な原理（市場経済/計画経済）、等である。北東アジアにおいては、国内規範が異なる国が併存する。日本や韓国は、多党的民主主義であり、中国は権威主義である。経済も、日中韓すべての国が基本的に市場メカニズム（資本主義）に従っているが、中国は社会主義市場経済を標榜し、国家の関与がより強く、国営企業が大きな役割を果たしている。

　国家間の規範とは、特定の国家間、地域、時代で異なるものであるが、たとえば、英国学派とよばれる流派によれば、主権（内政不干渉）、外交、勢力均衡、な

---

[1]　E.Feigen baumand R.Manning,"A Tale of Two Asias," *Foreign Policy*, December 31,2012.

どが挙げられ、また地域や時代によっては、民主主義や人権の擁護促進などが国家間の規範となる①。冷戦後、民主主義／市場経済 vs. 共産党支配／計画経済（社会主義）という規範（イデオロギー）対立は、前者の勝利に帰し、民主主義（と人権）と市場経済が普遍的な規範であるとの考えが広まった。そして、民主主義の拡大を政策とし、人権をあまねく行き渡らせようとする動きが顕著であった。そして、自由な政治体制こそが経済の発展を可能にするという考え方も顕著であった。もちろん、そのような考えかたが広く受け入れられたかというとそれは限られた範囲であったのかもしれない。そして、そのことは、アメリカが民主化を一つの目的として掲げてイラクを侵攻し、それが失敗することによって、また必ずしも民主主義や人権を十全に実現していない国々（新興国）が急速に発展することを見て、民主主義の拡大というイデオロギーは、徐々に勢いを失っていく。これは、2008年のリーマン・ショック後とくに顕著になっていったようである。権威主義の体制をとる国でも、（少なくとも今のところ）経済発展は可能であり、それを通して民生の向上に資することができると言う認識が強まっている。

　もちろん、人権や人道、また民主主義は、尊重すべき規範であり、それに基づいた国際秩序を作ったり、また国家の関与をなるべく少なくし、より効率的な経済を実現する国際秩序、いわゆるリベラルな国際秩序が重要であると言う考えも当然広く存在する。そうすると、国家主権を重視し、権威主義的な体制をもとにする秩序観に対抗しようという認識も少なくとも背景としてはいまだ強く残っている。ただし、そのような対立は、冷戦期のイデオロギー的な激しい対立ではなく、すでに述べたように、二つの秩序の相互浸透によって、管理されえるものと考えられる。

2. 歴史問題

　北東アジアにおいて、非物質的な面での国際関係を考えるとき、歴史問題は避けて通れないものであり、歴史問題は、ときに北東アジアの国家間関係を規定する大きな要因となっている。そして、経済、安全保障の分野にまで影響を及ぼす。ここでは、歴史問題に深く立ち入る余裕は無いが、若干の考察をしておこう。

　歴史問題とは、主として、日本の第2次世界大戦、そしてそれ以前の行動に関

---

① 　この辺、たとえば、Barry Buzan and Yongjin Zhang,eds., *Contesting International Society in East Asia*, Cambridge: Cambridge University Press, 2014。

するものである（もちろん、戦後の日本の歴史に関する取扱いが問題である）。それは、極めて広範にわたるものであり、植民地支配、東京裁判、サンフランシスコ講和条約、賠償（特に個人のそれ）、靖国神社参拝、慰安婦問題、教科書、反省／謝罪等様々な問題がある。それに加えて、尖閣（釣魚島）、竹島（独島）の問題も、韓国、中国の側からは、国際法の問題とともに、歴史問題としてとらえられるようになっている（領土問題の歴史問題化）。歴史問題は、さまざまな側面を持ち、それは、国家を含むさまざまな集団や個人のアイデンティティの問題であり、問題によっては人権、人道の問題であり、さらには政治的な正当性、国際秩序のあり方にかかわる問題である。これらの問題は、ときに大きく取り上げられ、日中、日韓の大きな外交問題となる。ここ数年、歴史問題は、日中、日韓の間でいままでない広がりを持ち、厳しいものであった。現在でも、たとえば、日韓間においては、慰安婦の問題は大きな外交的な対立点である。そして、本年8月に発出されるとされる戦後70年の「安倍談話」の無いように焦点が集まっているのが現状である。

　日本の歴史問題は、もちろん日中、日韓だけに限られるものではなく、アメリカ、東南アジアの国々、さらにヨーロッパにも及ぶものである。しかし、日中、日韓という北東アジアで突出して顕著である。このような歴史問題によって生ずる亀裂は、北東アジアにおける競争的要素を強める。歴史問題は、日本からいえば、時間的な経緯に沿って、個々の歴史問題に関して、国家間の条約、いくつかの共同声明、また政府の見解を示してきた。そしてそれは、歴史問題に関する日本の具体的な運用体系（modusoperandi）となっている。もちろん、具体的な政府見解に対して、日本国内で強い反対があったり（たとえば、河野談話、村山談話）、また韓国や中国から見て十分なものではないのかもしれない。しかし、それらのmodusoperandiは、その時々の日本政府が国内、および対外的な政治的なプロセスの中でたどりついたものである。そして、それらは、多くの場合、瞬時に大きく転換するのは困難であるが、のちの政府の行動を縛るものである。したがって、歴史問題に関しては、既存のmodusoperandiをもとにして、なるべく国際的に受け入れられる方向に徐々に変えていくことが必要であると考えられる。このなかで、日本国内で厳しい対立があり、また国際的にも多くの厳しい対立がある。このような過程の中で、折り合いをつけることが必要であると考えられる。今までの経験によれば、ある契機によってある歴史問題が争点化されると、それはエスカレートし、大きな対立となるが、片方の行動の変更や妥協、双方の交渉により沈静化する。ただその間、安全保障や経済の協力関係が滞ったり、悪化したりする。また、相手に対する感情も悪化する

のが常である。もちろん、このようなプロセスの中で、「完全な」解決は困難であろうが、歴史問題をコントロールし、安全保障や経済関係における協力関係を進展させる縁（えにし）とすることが必要であろう。

IV. いかにして紛争をコントロールするか──結びにかえて

　将来を考えるにあたって、われわれの課題は、いかにして紛争的な要素をコントロールし、協力的な要素を増やしていくかである。

1. 間接的な方法

1）北東アジア版 OECD

　このようなことを考えるにあたって、直接的な方法と間接的な方法（またその組み合わせ）が存在する。まず間接的な方法から考えてみよう。このうち、ひとつは、安全保障以外の分野の協力を形成し、深めることによって、安全保障上の対立を封じ込めたり、エスカレートしないようにすることである。もちろん、安全保障の分野でも、海賊とかテロ、平和構築など、非伝統的安全保障の分野で協力を進めることが可能なところも存在しよう。しかし、安全保障を離れて、協力が成立しやすいのは、経済の分野である。経済にはさまざまな分野があるが、相互利益を獲得しやすい分野であり、経済の交流を進めることは、安全保障の問題をコントロールすることになろう。また、環境問題も、協力しやすい分野であり、大気圏の汚染対策など、相互に情報交換したり、技術的な相互支援をすることなどが大いに可能であろう。さらに、日中韓すべての国において、人口問題とそれに由来する社会、経済問題は、それぞれ異なる面が存在するが、情報交換や研究上の協力は大いに有効であろう。このような協力の枠組みを考えるに当たっては、経済交流の安定化、促進のために二国間、三国間の FTA の形成を進めるなどいくつかのものがあろう。また、北東アジアの国々で、社会、経済の研究を含むような北東アジア版 OECD（経済協力開発機構）を形成するのもひとつの方法であろう。

2）多角的制度の利用

　間接的な方法のいまひとつの方法は、狭く北東アジアだけではなく、北東アジアを含むより広域的な制度を利用しようとするものである（ここでは、すべての関係国を含む包摂的な制度を考えている）。国際制度は、一定の（国家間の）規範を包含し、また、会議の場を提供するものである。たとえば、（多角的な）話し合いが規範であり、それは、諸国家の紛争を抑制する規範となりえる。北東アジアを含む

多角的な制度のなかには、首脳会談を含むものがあり、それは、APEC や EAS（East Asian Summit）である。APEC は元来貿易などの経済分野の制度であり、昨今では、アジア太平洋全域の FTA（FTAAP）の形成を唱導している。とはいえ、首脳の会議もあることから、経済を超えて広くさまざまなテーマを取りあつかう。また、APEC は、そこに参加する首脳同士が個別に会合する場も提供する。たとえば、日中で首脳同士が会うことが政治的に困難な場合、APEC の傍らでの会合が行われることはしばしば見られることである。EAS は、安全保障をはじめ広く政治的なテーマが議論される。北東アジアに関連する安全保障上の議論も当然議論される。たとえば、北朝鮮の核の問題、南シナ海の問題などである。このような広域の制度の中で、北東アジアの安全保障の対立のコントロールなどを図ることが可能であろう。また、安全保障で言えば、ARF という国家間の安全保障の信頼醸成措置もあり、また、ADMM プラスなどの国家間の制度も存在し、さらにシャングリラ・プロセスなど民間の参加もある多角的な安全保障の制度が多層的に形成されている。また、このような多角的な制度は、さまざまな安全保障問題で、対立をしている国や同盟を包摂するものであり、その意味で並立的なシステムでもあり、調整のメカニズムを発揮することが出来よう。

2.直接的な方法

このような安全保障上の問題をコントロールするための間接的な方法は、領土問題、あるいは力の均衡やその変化などから生ずる問題を解決することは出来ないかもしれない。したがって、これらの問題を直接に取り扱う、二国間、3 国間の関係を考えなければならない。安全保障上の対立や問題には、いくつかのタイプのものがあろう。

1）国際的なルールと軍事的な信頼醸成措置

ひとつは、特定の二国間に関わるものある。たとえば、領土に関わるものであり、いわゆる領土紛争である。もちろん、領土問題でも、その取り扱いに当たっては、国際法などの国際社会の一般的なルールに従うことが必要であり、また、領土問題は、それ自身が必然的に安全保障の問題となるわけではない。領土のクレームに差異があっても、安全保障化していない場合もある。あるいは平和裏に国際司法裁判所で解決される場合もある。もちろん、領土問題が軍事力、準軍事力（法執行機関）にかかわるものになったときには、少なくとも軍事的な、また法執行機関間の信頼醸成措置をつくりそれを十全に活用しなければならない。

2）信頼（透明性）、均衡、自制

今一つは、より象徴性の高い相対的な力やその変化についてである。たとえば、米中間には、なんら領土的な係争は無い。しかし、相対的な力関係が変化するにしたがって、戦略的な角逐が強まっている。それは、たとえば、西太平洋で、紛争が発生した場合、どちらが優位であるかという仮想的な状況を想定したり、あるいは航海の自由などの国際的な公共財の供給や利用が制約されるのではないかと言う危惧に基づいている。これに関しては、関係諸国の意図と力の透明性をもとめて、広い信頼醸成をはかることが必要である。そこでは、ある程度双方が安心できる（ダイナミックな）力の均衡も必要であろう。その結果、関連諸国が、さまざまな分野で自制を働かせることが出来るシステムが形成されると考えられる。

3. 北東アジアの柔構造のシステム

日中韓（あるいは、日中、日韓）においては、硬い制度ではなく、また、各自が勝手な行動をするのではない、柔構造をもつシステムを形成することが必要であるように思われる（もちろん、部分的には硬い約束事——たとえば、条約——なども含む）。これは、さまざまな分野での関係について、一定の了解事項（modusoperandi）の束と考える。この束は、様々な問題・懸案事項について、一定の幅を持った了解のもとに、国家間関係を運用しようとするものである。この了解事項は幅を持ったものであり、それを（片方から見て）逸脱することがあっても、その幅の中に回帰する柔軟性を各国が持つものである。もちろん、この幅（したがって了解の一つ）は、時間的に変化するものであるが、継時的にそのシステムは全体として保たれる。また、このシステムにおいては、相互了解によって問題が解決することもあるが、解決せずに時間的に継続することも前提とし（意見が違うことを双方が認めあうことも必要であるという了解）、システムを維持すること自体も目的の一つとして了解される。このシステムを動かすためには、首脳のリーダーシップが必要であるが、政府の様々な部局のネットワークも必要であり、それは、さらに民間ベースのネットワークに基づくものである時もある。これは、若干抽象的なシステムであるが、すでに述べた相互浸透型の相互作用をベースとする秩序の一環となろう。

동북아 안보환경의 현황과 추세:
동북아 지역 질서의 가능성

山本吉宣*

본 문은 동북아 안보환경의 현황과 추세에 대하여 더욱 넓은 시각으로 바라보고, 일중한 관계와 안보정책을 분석, 동북아의 더욱 안정적인 안보환경을 위하여 가능한 방법들을 모색해본다. 제 I 부분에서 동북아를 휩쓴 중미 권력 이동 문제에 대해 토론해본다. 우선, 필자는 권력 이동의 4 가지 발전 각본을 제시하였다. (유사)전쟁, 평화전환, 병존／병행 및 일종의 질서, 즉 각종 이익 및 규칙이 서로 작용, 서로 영향 및 서로 침투하는 질서인데, 이어서 이런 질서가 실제로 발생 가능한지, 이상적인지에 대하여 토론해보도록 한다. 본 문의 제 II 부분에서는 안보와 경제 두개 분야에서의 동북아 각 국사이의 관계를 토론해본다. 중 일 한 3 국은 외교와 안보 정책면에서 각이한 우선 순위를 가지고 있고 서로에게 영향주기에 동북아 안보정세는 극히 복잡하다.

(좁은 의미의) 안보와 경제분야만으로 전체 동북아의 현황을 개괄할 수 없다. 룰, 역사 문제 등도 아주 큰 영향을 일으킨다. 제 III 분분에서는 이런 비물질적 분야를 토론해보도록 한다. 제 IV 부분에서는 동북아에서의 분쟁 통제나 협력 추진에 관한 각종 방법을 토론해보도록 한다.

I. 동북아 국제 질서 : 상호 침투적 질서의 가능성

동북아 안보환경의 가장 뚜렷한 특점은 바로 권력관계의 급속한 변화이다. 급속한 경제 성장은 중국의 막대한 경제규모와 그에 따르는 강대한 군사력을

---

* 新潟県立大學 국제문제연구생원 주석, 교수.

형성하였다. 중국은 이미 막대한 경제규모를 형성하였고 (평균 구매력은 이미 미국을 따라 잡음) 이에 따라 군비도 (혹은 더욱 높은 증장율) 아주 많이 증가되었다. 이런 현상 자체는 그 어떤 문제도 없다고 생각할 수 있다. 중국의 경제 성장은 기본적으로 시장체제를 따른 결과이고 군비 비례도 공개한 자료에 따르면 GDP 2% 수준에 달하기 때문이다.

문제는 중국 자체가 이에 대해 어떻게 평가하고 활용하고 있으며 이런 현상이 기타 국가에 어떤 영향을 주고 기타 국가는 어떻게 바라보는지, 또한 국제 환경에 어떤 변화를 주었는지 등이다. 예를 들어, 중국의 국가 목표는 부국강병이다, 이는 어디까지나 자위의 목적이지만 기타 나라에 어느 정도의 공포감을 줄 수도 있다. 경제 국제화 측면으로 볼 때, 중국은 세계 최대 무역국으로서 거액의 무역 순차를 줄곧 획득하고 있으며 외화를 누적 및 대량의 자본을 수출하고 있다. 막강한 국내 시장 또한 경제분야에서의 중국의 거대한 영향력에 더욱 튼튼한 기초를 마련해 주었다. 이는 아주 많은 분야에서 체현된다. 예를 들면 중국은 이런 능력으로 BRICS와 AIIB 등 국제적 금융제도를 설립하였다. 한 편으로 중국은 국제 공공품을 제공할 능력과 염원을 가지고 있으며 다른 한편으로는 사람들의 우려를 자아낸다. 즉 이런 제도는 중국의 국가이익을 확대할수 있으며 (중국의 경제 이익과 영향력 등) 국제화폐기금 및 세계은행 등 기존의 질서에 대한 도전이 될 수 있다.

1. 4 가지 발전 각본

미중사이 급속히 줄어드는 차이는 경제 뿐만 아니라 군사력면에서도 마찬가지다. 안보환경면에 어떤 영향을 끼칠 것인가는 최근 사람들이 가장 관심을 보이는 문제이다. 우선 필자는 몇가지 발전 가능한 각본에 대하여 개괄적으로 서술하였다. 물론 본 문의 주선은 동북아 안보환경에 주는 영향으로서 소개 과정에 필자는 이점에 대하여 자주 언급하게 될 것이다.

1) 첫번째는 고전적인 권력 이동론이다. 세계적 기성대국이 신흥대국을 만날 시, 기존의 국제 질서를 둘러싸고 분쟁이 발생하게 되며, 따라서 국제 정세도 극히 불안정해져 종국적으로 전쟁을 야기시키게 된다. 역사적으로 많은 실례가 있다. 역사학자 투키디데스는 기원전 펠레폰네소스 전쟁은 기성대국인 스파르타가 날따라 부상하는 아테네에 대한 꺼리낌으로 일어나게 되었다 하였다. 이상의 이론을 "투키디데스 함정"이라 하는데 바로 투키디데스의

이름을 이용하여 명명한 것이다.[①] 최근 역사 사실을 본다면, 독일이 기존의 기성대국인 영국을 따라잡고 영국이 세운 기존의 국제 질서를 뒤엎을려 했기에 제1차 세계대전이 폭발하였다는 것이다. 만약 미 중간의 이러한 권력 이동이 동아시아에서 발생하고 있다면 이런 각본은 아주 위험한 것이다. 위의 이론을 볼 때, 압도적인 권력이 존재할 때만이 평화시기가 존재한다. 일단 기타 역량이 경쟁에 참여하게 된 다면 불안정적인 정세를 초래하게 된다. 예를 들어 1979년 중국 베트남 전쟁이후 30여년의 평화가 지속되었는데 이것이 바로 미국 원 톱 구조의 결과[②]이며 미 중간의 겨룸이 시작된다면 동아시아의 평화는 살얼음판 위에 놓이게 된다.

2) 평화적 권력 이동

기성대국과 신흥대국사이의 가치와 룰이 서로 부합거나 비슷하여 신흥대국이 기존의 질서를 뒤엎을 필요가 없고 순조롭게 기존의 질서에 융합되는 것이 그 두번째 견해인 데, 우리는 이를 통해 평화적 권력 이동을 기대할 수 있다. 예를 들면 19세기부터 20세기까지 영국에서 미국으로의 권력 이동이 바로 평화적 상황에서 진행된 것이다.[③] 이런 경우는 기성대국과 신흥대국의 같은 혹은 유사한 가치 체계를 전제로 한다. 미국과 중국의 가치와 규범은 차이가 커 동아시아에서 이런 경우가 발생하려면 두 나라는 서로 가까워져야 하는데 그 뜻인 즉 중국은 차츰 자신의 국내외 가치체계를 미국이 주도하는 자유주의 질서에 가까워지게 해야 한다. 예를 들면 정치체제 변화, 인권 존중, 경제에 대한 국가의 간섭을 감소하는 등인데, 이는 미국이 줄곧 간섭정책(중국은 화평연변이라 함)의 명의하에 시도하던 것으로서 중단기(中短期)적으로 실현하기 어렵다.

3) 두가지 질서의 병행 - 서식지 격리

기성대국이 설립 및 유지해오던 질서와 신흥대국이 설립한 질서가 평화적으로 병존하며 신흥대국이 설립한 제도가 차츰 확대되어 점차 자율적인 사물로 되는 것이 그 세번째 경우이다. 예를 들면 현재 세계적으로 같은

---

① Graham Allison, "Thucydides's trap has been sprung in the Pacific," *Financial Times*, August 21, 2012.

② 例如，Joshua Baron, *Great Power Peace and American Primacy*, New York: Palgrave, 2013. Ronald Tammen, et al, eds., *Power Transitions: Strategies for the 21ˢᵗ Century*, Washington, D.C.: CQ Press, 2000.

③ Feng Yongping, "The Peaceful Transition of Power from the UK to the US," *Chinese Journal of International Politics*, Vol.1, Issue 1, 2006, 83-108. Charles Kupchan, et al, eds., *Power in Transition: The Peaceful Change of International Order*, Tokyo: The United Nations University Press, 2001.

기능적 분야에 (무역이나 원조) 브레턴 우즈체계 (국제화폐기금조직 , 세계은행) 와 신흥 국가를 중심으로 하는 BRICS 등이 있다 . BRICS 가 주목 받는 이유중의 하나가 바로 미국을 위수로 하는 구미국가들이 참가하지 않은 것인데 이를 "the world without the west" 라 부르기도 한다 .①

세번째 각본으로 부터 우리는 많은 논쟁이 있었던 변종적인 가상을 해본다 . 즉 지리적으로 두개의 세계가 존재한다는 것이다 . 예를 들면 신흥대국 (중국) 이 인근 지역에서 일종의 질서를 설립 , 기성대국 (미국) 은 여전히 기성대국으로서 기타 지역에서 자신의 질서를 유지하는 것이다 . 최근 중국이 제정한 질서를 조공체계와 서로 비교하는 의논도 나타났다 .② (심지어 기존의 미국 체계를 미국의 조공체계라 하는 논문도 있다③) 현실속에서도 시진핑주석은 아시아 상호 협력과 신뢰조치회의 제 4 차 정상회담에서 "아시아의 안전은 아시아인들" 이 책임져야 한다고 말한 적이 있다 . 만약 이를 안보분야에서의 비서방 (미국) 화 즉 the world without the west 구상이라고 할 수 있는 데 이 또한 가능성이 없지는 않다 . 비록 언어 환경이 좀 다르긴 하지만 후자의 상황은 냉전시기의 미국과 소련의 대립에서도 찾아 볼 수 있었다 . 냉전시기에 미국은 자신만의 질서를 제정하였고 소련 또한 자신만의 질서를 제정하여 양자는 대치 상황에 처해있었다 . 물론 이는 현재의 상황과 다르다 . 냉전시기의 양대 진영은 서로 유익한 경제관계가 없었기에 두 가지 질서는 서로 배척할 뿐 서로 침투하지 못했다 .

4) 상호 침투형 질서

네번째 각본은 상호 침투형 질서의 발전 가능성이다 . 예를 들면 AIIB 는 아시아 각국이 주요 참여하는 조직으로써 미국을 위수로 하는 7 개국 집단이 참여하지 않고 중국이 재정과 운영면에서 주도권을 장악하는 것으로

---

① NaazneenBarma, Ely Ratner and Steven Weber, "A World without the West," *National Interest*, Jul./Aug. 2007, 23-34, NaasneenBarma, Ely Ratner, Steven Weber, "Welcome to the World without the West," *National Interst*, November 12, 2014. 기쿠치 쓰토무 : 《지역 통합과 동아》 (「地域統合と東アジア」), 收于야마모토 쿠로다 저 : 《국제지역학의 전개》 (『国際地域学の展開』), 아카시 서점 , 2015 년 , 제 6 장 . "무서방의 세계" 라는 어휘가 나타난 2007 년에 decoupling 론이 아주 성행하였는데 이는 신흥국가들의 경제는 더 이상 발달 국가들에 의존하지 않아도 된다는 견해를 내놓았다 .

② Zhang Yongjin and Barry Buzan, "The Tributary System as International Society in Theory and Practice," *Chinese Journal of International Politics*, Vol. 5, 2012, pp. 3-36.

③ Yuen FoongKhong, "The American Tributary System," *Chinese Journal of International Politics*, Vol. 6, 2013, pp. 1-47.

설계되었다 (물론 중국은 기타 각 국의 광범위한 참여를 호소). 만약 이렇게 된다면 AIIB 는 진정으로 "the world without the west"로 된다. 허나 AIIB 창시회원국 신청 마감일인 2015 년 3 월말까지 영국, 독일, 프랑스, 이태리 등 7 개국 집단 나라도 참여하여 AIIB 는 한개 중국 (및 아시아) 과 서유럽이 상호 침투하는 체계를 이루었다 (AIIB 는 57 개 창시회원국을 보유하고 있다고 전해짐). 이에 중국은 AIIB 를 통해 인프라 투자면에서 중국식을 실현하기 위해 노력할 것이며 서방 국가들도 투자 기준 및 환경 기준면에서 더욱 엄격한 룰을 추구하게 될 것이다. 이런 과정에서 룰과 룰은 서로 영향을 주며 혼합형 질서가 형성될 수도 있다.

2. 서태평양에서의 안보 대립

위에서 4 가지 발전 각본에 대해 대체적으로 소개해 드렸는 데, 이런 발전은 서로 혼합되는 경향이 있으며 각이한 분야에서 각이하게 표현된다. 경제분야에서 공영을 이룰 수 있지만, 안전분야에서 대립이 일어나기 쉬우며 적어도 인식면이나 지역적 범위에서 꼭 승패를 가려야만 하는 관계가 되기 쉽다. 첫번째 발전 각본 (심각한 분쟁) 은 좋은 선택은 아니지만 미국과 중국은 이미 지역적으로 군사 대립에 처해있다. 특히 태평양 지역에서 중국은 이미 해양분야에 진입할 거동을 보이고 있어 지역적으로 불안정 상황에 처하게 될 가능성도 없지 않아 있다. 미국 오바마정부는 아시아 회귀 전략으로 경제와 안보면에서 아시아에 대한 간섭을 강화하려 시도한다. 안보면에서 오바마정부는 중국과 균형을 이룰데 대해 고민하고 있으며 더 나아가서는 중국 A2AD 기능에 대응할 전술을 고민하고 있다. 이에는 ABS 라는 군사작전개념이 포함된다 (ABS 는 JAM-GC 로 개명 "Joint Concept for Access and Maneuver in the Global Commons"). 미국의 아시아 회귀 전략은 경제이익을 추구하려는 목적이 아주 크나 중국에 대한 군사적 헤징은 확실히 존재하며 이는 중국의 대립 조치를 불러와 안보면에서 양난의 처지에 빠지게 될 수 있다. 만약 중국이 경제 성장에 따라 군비 투입을 확대하여 군사실력을 강화한다면 미국 또한 이에 대립하게 될 것이며 양 국은 군비 경쟁을 시작하게 될 것이다 (구조적 안보 곤경).

구체적 사건으로 볼 때, 중국이 남해에서의 활동은 이미 꼭 승부를 봐야 한다는 인상을 사람들에게 각인시켰고 동해 센카쿠열도를 둘러 싼 중일 대립에서도 계속 지속되고 있다. 필리핀, 일본과 같은 미국의 동맹국들을 대상으로 하기에 이런 사건들은 중미 대립의 요소중의 하나로 되기도 하였다.
미국이 아시아 회귀 전략를 실시할 지금으로써 우리는 미국이 서태평양 (인도 -
태평양지역) 에서의 군사실력을 강화하는 동시에 동맹국 및 협력파트너와의 안보
협력을 강화하고 있다고 이해할 수 있다. 미국과 동맹국의 이익이 일치하기에
이런 행동을 통해 미국을 중심으로 하는 Hub-and-Spokes 연맹 체계를 강화할
수도 있다고 표시했다.

　이외 남해 및 동해에는 소위 말하는 그레이존이 존재, 즉 해군을 동원하지
않고 해경, 해경 경위대와 같은 집권기관으로 효과적인 지배권을 쟁탈하는
것인 데, 한개 국가가 다른 한 국가에게 군사력을 사용하는 행위 (전쟁) 는
이미 현재로써 아주 보기 드물며① 정당한 행위라 보기 힘들다. 허나
집권기관은 군사력과 구별되기에 우리는 영토나 영해 혹은 전속 EEZ 를 둘러 싼
분쟁에 대하여 각 국은 집법기관을 이용하여 최종적으로 효과적인 지배 범위를
쟁취하는 사실을 우리는 가끔 볼 수 있다. 이는 안보분야의 새로운 발전이다.

　아태지역과 동아시아지역의 안보 문제를 볼 때, 첫번째 각본은 만족스럽지
못한 발전 추세로써 이런 결과를 피하기 위해 우리는 신뢰를 강화하기
위하여 중국, 미국 및 기타 측면에서 많은 조치를 강구하여야 한다. 두번째
각본 (중국의 체제 개변) 은 가능성이 현재로써는 가능성이 없어 보인다.
세번째 각본 (the world without the west) 은 서방 (미국) 이 주도하는 질서와
신흥국가 (중국) 가 주도하는 질서가 평화적 공존 (서식지 격리) 하는 것인 데,
이는 경제분야서 가능하지만 안보분야 및 지리적 환경에서 서로 다른 질서가
공존하게 된다면 언제 심각한 분쟁이 발생할 지 모르게 된다. 때문에 가장
가능하고 가장 현실적이고 가장 이상적인 답안은 네번째 각본 (상호 침투적
경쟁 질서) 이다.

Ⅱ. 동북아 국제 관계

　이 부분에서는 동북아의 일본, 중국과 한국사이의 양국 관계 및 3 국
관계를 살펴보도록 한다. 제 Ⅰ 부분과 같이 동북아 문제를 고민할 때 미국을
포함하지 않는다면 동북아 안보 환경 및 변화를 제대로 알아볼 수 없다. 이런
전제로 아래 몇가지 문제를 살펴보도록 하자.

---

① 　Baron, op. cit. Steven Pinker, *The Better Angels of Our Nature: Why Violence Has Declined*, New York: Viking Books, 2011.

1. 경제적 상호 의존 : 동북아시아 평화의 기초

미국을 포함한 동북아시아는 경제적으로 긴밀히 연계되어있다. 예를 들어 중국과 미국은 일본의 최대 수출국이다. 한국은 중국 시장에 아주 많이 의존하고 있어 미국과 일본의 수출액을 합쳐도 중국에 대한 수출액보다 적다. 중국의 최대 수출대상은 유럽동맹이다. 허나 국가별로 볼 때, 미국, 일본과 한국은 중국 수출국중 톱 3 이다. 이로부터 알 수 있는 바, 동북아시아는 경제분야에서 협력 정도가 아주 높다. 허나 3 개 국가간의 중요성은 항상 변하고 잇다. 중국은 경제 규모의 끝임없는 확대로 하여 상대적 중요성이 날따라 강화되고 있고 일본은 장기적인 경제적 침체로 하여 그 상대적 중요성이 날따라 약해지고 있다. 만약 "동아시아 평화"가 경제적 상호 의존과 국가가 경제 발전을 중요시하는 전략을 기초로 한다면 동북아시아지역에서의 "동아시아 평화"는 아주 튼튼한 기초를 가지고 있다.[①] GDP 규모를 볼 때, 세계 톱 3 가 모두 미국을 포함한 동북아지역에 있는 데, 이는 세계 경제에 아주 큰 영향을 가지고 있는 동시에 그 책임도 막중하다.

2. 복잡한 안보관계

안보관계는 아주 복잡하다.

1) 한국과 일본

한국과 일본은 미국의 동맹국으로서 안보면에서 아주 많이 미국에 의존한다. 하지만 한국과 일본은 외교와 안보면에서의 순차가 다르다. 한국은 북한을 제 1 위라 생각한다. 한편으로 위협에 대응해야 하고 다른 한편으로는 관계를 개선하여 통일을 실현할려 한다. 한미동맹의 최대 목표는 북한이다. 적어도 한국의 입장에서는 그렇다. 한일 안보협력도 북한에 대립하기 위한 목적이다. 한국의 입장에서 중국은 북한을 대응하기 위한 협력파트너지 안보면에서의 우려 대상이 아니다. 이 또한 한국이 경제분야에서 중국에 대거 진입한 이유중의 하나이다. 하여 안보면에서 미국에 의존하고 경제면에서 중국에 의존하는 구조를 형성하였다.

일본은 북한의 위협 뿐만 아니라 중국의 군사적 부상과 센카쿠열도 등

---

① 예 :Etel Solingen, *Comparative Regionalism: Economics and Security*, London: Routledge, 2015.TimoKivi-maki, *The Long Peace of East Asia*, Surrey: Ashgate, 2014.

문제에 직면하고 있어 미국과의 협력은 기본적인 안보보장정책이다. 이런 입장에서 볼 때, 본 문의 후반부에서 언급하게 될 역사문제를 제외하더라도 일본과 한국 자체는 아주 미묘한 관계를 가지고 있다. 예를 들면, 한국의 입장에서 한 미 일 안전협력의 대상은 북한이지 중국이 아니다. 일본의 입장에서 미일동맹, 한 미 일 안접협력은 북한 뿐만 아니라 중국도 방위하는 일환이다. 미국은 한 미 일 간의 밀접한 안보협력관계를 유지할려고 노력하고 있다. 한국과 일본의 직접적 협력은 아주 힘들다. 한일 GSOMIA 체결의 실패와 미국의 가입으로 인한 3국 정보 협력 협정의 성공적 체결이 바로 대표적인 실례이다. 미국이 THAAD를 북한에 대응하는 조치로 한국에 설치하려는 행위가 중국의 입장에서는 자신의 안보 이익에 위협을 준다고 생각했다.

2) 일본 안보 정책의 추진

적극적 평화주의를 제창하는 아베정부는 일본 안보보장정책을 아주 크게 변화시켰다. 아베정부는 비밀보호법, 방위설비이동원칙 수정, 새로운 안보법 제정, 새로운 미일방위협력지침 제정 등 광범위한 개혁을 진행하였다. 그 어떤 정책이든 제도이든 모두 제정 혹은 수정중에 있으며 아직도 아주 많은 불확정 요소와 불확실 요소들이 있다. 허나 일본이 해외에서의 무력 행사 즉 집단자위권 행사는 아주 엄격한 제약을 받으며 오직 일본의 존립이 위협을 받게 될 때만 가능하기에 이런 개혁은 주요하게 개별적 자위권을 확대한 것이다 (일본이 전쟁시기 페르시아만에 소해함을 파견하여 수뢰를 제거할 때도 집단자위권 명의하에 진행). 하지만 일본은 더욱 넓은 범위에서 후방 지원을 할 수 있다. 예를 들어, 일본은 유엔 평화유지활동중 평화유지 임무를 완성하기 위하여 점차적으로 무기 사용을 점차 용인할 수 있다. 이외, "주변사태법" 중의 "주변"이란 단어를 없애거나 "국제평화원조"의 명의하에 미국 및 기타 국가의 군사행동에 광범위한 후방 지원을 진행하는 등 행위는 앞으로 점차 용인하게 될 것이다. 현단계서 미일협력의 새로운 지침은 4월 아베총리가 미국 방문 시 확정하게 될 가능성이 있고, 안전보장법제 내용은 5월에 있을 내각회의에서 확정짓게 될 것이다. 그 외, 일본은 10여년간 군비를 감소해왔는데 3년전부터 군비를 증가하기 시작했다 (군비 증가율이 아주 적다. 올해의 예산을 볼 때, 지난 해 동기 대비 0.8% 증가, 일본의 방위비용은 GDP의 0.1%도 안된다).

이런 행위는 북한의 위협과 센카쿠열도 뿐만 아니라 중국이 끊임없이 강화되는 군사실력에 대한 반응이기도 하다. 일본은 미일안보협력을 주요 목적으로 할 뿐만 아니라 호주, 인도, 영국 등 국가와의 안보협력도 추진중이다.

3) 중국

중국은 현재 대국 외교와 주변 외교를 펼치고 있다. 대국 외교의 대상은 주요하게 미국이다. 중미관계에 대하여 중국은 비충돌, 비대립, 상호 존중, 협력, 윈윈의 신형대국관계①를 제창하고 있다. 주변 외교의 주요 내용은 화목과 호혜 등이다. 허나 위에서 말했 듯 중미관계는 협력과 경쟁이 서로 교차되어 있는 관계이며 특히 안보면에서 심각한 경쟁과 대립관계에 처해있다. 주변 관계면에서 중국이 필리핀 및 베트남에서의 표현을 예로 들 수 있는 데, 위에서 서술하듯 중국은 집법기관의 선박을 이용하여 현상황을 강력하게 개변할려며 이를 "신창타이(新常态)"라 부른다. 물론, 중국의 이유는 자신의 영유권 및 해양 권익을 수호하기 위해서이다. 일본은 대국과 주변 국가사이의 교차점에 있어(혹은 두가지 분류에 모두 속하지 않음) 중국이 "비충돌, 전략 호혜관계"를 추구하는 대상인 동시에 센카쿠열도문제로 하여 해경을 일본 영해에 자주 침입하게 하고 센카쿠열도를 포함한 방공식별구역을 설정하였다(일본은 이에 대해 인정하지 않음). 한국이야 말로 중국의 주변 외교에 가장 알맞는 국가라 할 수 있다. 중국은 현단계에서 여전히 높은 경제 성장율을 유지할 것이며 경제 실력을 뒷받침으로 계속하여 부국강병의 정책을 실시할 것이다. 재부와 강병을 실제 행동에서 어떻게 사용하는 가는 향후 아태지역 및 동북아시아 지역 안보환경의 관건이다(중국의 해양 진입으로 하여 최근 아프리카 동해안을 포함한 인도 - 태평양직역도 이미 안보보장 대상중의 하나로 되었다. 시진핑주석이 말한 "일대 일로"의 절반은 해상 실크로드인데 이는 이미 인도 - 태평양지역을 광범위하게 포함해 넣은 듯 싶다).

종국적으로 경제분야에서 상호 협력하고 안보면에서 경쟁과 협력이 병존,

---

① 최근 중국 대외정책에 대한 분석과 일본의 연구, 예를 들면 关于中国最近的对外政策的分析, 日本的研究例如, 마쓰다 야스히로의 "시정핑정권의 외교정책 : 대국외교·주변외교·지역 구상의 성과와 모순"(「習近平政権の外交政策：大国外交·周辺外交·地域構想の成果と矛盾」)," 국제문제" 2015 년 4 월 , No.640, 제 37~47 페지에 실림 .

때로는 경쟁이 더욱 심하다. 이는 소위 말하는 "두개 아시아"①이며 전체적으로 협력 경쟁 (coopetitive) 의 양상을 띤다. 어떻게 협력을 강화하고 경쟁을 통제할 것인가는 현재 우리 앞에 놓인 가장 큰 과제이다. 전반적으로 볼 때, 이는 상술한 상호 침투형 질서의 형성 과정이라고 볼 수 있다.

III. 규범과 역사 문제 : 동북아 국제관계의 비물질적 측면

위에서는 주요하게 안보와 경제와 같은 군사력과 경제이익을 중요시하는 물질적 측면의 문제들을 토론해보았다. 허나 동북아 안보문제에 있어서 규칙과 역사 문제 등 비물질적 요소들이 아주 큰 역할을 발휘할 때가 있다.

1. 규칙·가치체계 문제

비물질적 측면에서 동북아 안보환경을 고민할 때 규칙 혹은 가치가 바로 문제중 하나이다. 규칙은 국내 룰과 국제 룰로 나뉜다. 국내 룰에는 국가 통치 원리 (민주주의, 권위주의 등), 인도주의와 인권 규범, 경제면의 기본원리 (시장경제 혹은 계획경제) 등이 포함된다. 동북아 지역에는 국내 룰이 서로 다른 국가들이 존재한다. 일본과 한국은 다당제 민주주의 국가이며 중국은 권위주의 국가이다. 때문에 자유와 인권은 중국보다 한국과 일본에서 더욱 많은 보장을 받게 된다. 경제면에서도 마찬가지다. 일중한 세 나라는 기본적으로 모두 시장제도 (자본주의) 원리를 준수하나 중국은 사회주의 시장 경제를 표방하며 국가가 경제에 대한 간섭이 많고 국영 기업이 아주 큰 비중을 차지한다.

국제 룰은 특정한 국가, 지역과 시대에 따라 각이하다. 예를 들면, 영국학파라 불리는 한 유파는 주권 (내정 비간섭), 외교, 실력 균형 등 내용을 열거하였으며 각이한 지역과 시대에 따라 민주주의 및 인권에 대한 보호 등은 모두 국가간의 룰로 될 수 있다고 주장하였다.② 냉전직후 민주주의 / 시장경제 vs. 공산당 통치 / 계획경제 (사회주의) 두 가지 룰 (의식형태) 의 대립에서

---

① 최근 중국 대외정책에 대한 분석과 일본의 연구, 예를 들면 关于中国最近的对外政策的分析, 日本的研究例如, 마쓰다 야스히로의 "시진핑정권의 외교정책 : 대국외교·주변외교·지역 구상 의 성과와 모순"(「習近平政権の外交政策 : 大国外交·周辺外交·地域構想の成果と矛盾」)," 국 제문제" 2015 년 4 월 , No.640, 제 37~47 페지에 실림.

② 이 방면의 내용은 Barry Buzan and Yongjin Zhang, eds., *Contesting International Society in East Asia*, Cambridge: Cambridge University Press, 2014 을 참조.

전자가 최종적 승리를 거두었으며 민주주의 (와 인권) 와 시장경제만이 보편적 룰이라고 점차 많은 사람들이 인정하기 시작했다 . 따라서 민주주의의 확장을 정책으로 인권을 전 세계에 보급하는 조류가 일어나기 시작했다 . 미국이 민주화를 목적중 하나로 표방한 이라크전쟁은 종국적으로 실패를 거두었고 민주주의와 인권을 완전히 실현 못한 국가 (신흥국가) 들의 급속한 발전으로 하여 민주주의 확장의 의식형태도 점차 그 기세를 잃었다 . 2008 년 리먼사태이후 이런 추세는 더욱 현저하게 나타났고 다른 한 인식 , 즉 권의주의 체제 국가도 경제발전을 실현할 수 있고 (적어도 현단계에서) 민생수준을 제고할 수 있다는 인식이 날따라 강화되었다 .

물론 민주적 국제 질서가 중요하다는 견해도 아주 많다 . 인권 인도주의 및 민주주의는 모두 존중받을 만한 룰로써 이에 따라 국제 질서를 제정하고 국가의 간섭을 최대한 감소하여야 하며 효과적인 경제 발전을 실현하여야 한다 . 이는 국가 주권을 중요시하고 권위주의 체제를 근본으로 하는 질서와 서로 대립하는 인식이다 . 허나 이런 대립은 냉전시기마냥 심각한 의식 형태 대립이 아니며 두 가지 질서의 상호 침투를 통하여 통제 가능하다 .

2. 역사문제

동북아지역 국제관계에서 역사문제는 비물질적 측면에서의 필수적 문제라 할 수 있다 . 역사문제는 때로는 동북아 국제관계를 결정짓는 중요한 요소로 되어 경제와 안보분야에 까지 영향을 준다 . 여기서 역사문제를 깊이 토론할 수 없기에 간략하게 서술해보자 .

역사문제는 주요하게 일본이 제 2 차 세계대전 및 그 전의 행위와 관련된다 (물론 제 2 차 세계대전이후 일본이 역사에 대한 처리도 문제가 된다). 이 문제는 식민지 통치 , 도꾜 심판 , LA 일본에 대한 평화조약 , 배상 (특히 개인에 대한 배상), 야스쿠니신사 참배 , 위안부 문제 , 교과서 문제 , 반성과 사죄 등등 많은 문제와 관련 된다 . 중국과 한국의 입장을 볼 때 , 센카쿠열도와 독도문제는 국제법 문제인 동시에 역사문제로 취급한다 (영토문제의 역사문제화). 역사문제는 서로 다른 부분들이 아주 많아 국가를 포함한 각종 단체와 개인의 신분 인정 문제인 동시에 인권과 인도주의 문제이며 심지어는 정치의 정당성 및 국제 질서의 합리성과 관련된 문제이다 . 이런 문제들은 때론 확대되어 한국과 일본 , 중국과 일본의 중대 외교문제로도 된다 . 최근 몇년 , 역사문제는 한일 , 중일 사이에서 전례없이 확대되고 심각해졌다. 지금도 위안부 문제는 한일간의 중대한 외교 대립으로 되고 있다. 올해 8월, 2차 세계대전 종식 70주년에 있을 "아베 담화"는 전례없는 주목을 받고 있다.

　　일본의 역사문제는 중일, 한일관계에 영향줄 뿐만 아니라 미국, 동남아 국가 심지어는 유럽 국가들까지도 그 영향이 파급되고 있는데 동북아지역에서의 문제가 가장 심각하다. 이런 역사문제로 인한 분렬은 동북아지역의 경쟁을 강화하였다. 시간이 흐름에 따라, 일본도 각종 구체적인 역사문제에 대하여 국제 조약을 체결하고 공동 성명을 발표하였으며 정부의 의견을 발표하였는데 이는 일본이 역사문제를 대하는 조치 체계를 구성하였다 (modus operandi). 물론 정부의 구체적 의견은 일본 국내의 강한 반대를 불러일으키기도 했으며 (예를 들면 고노담화, 무라야마담화) 한국과 중국 또한 아직도 부족하다고 느낄 수 있다. 허나 이런 구체적 조치는 일본 정부가 당시 대내 및 대외의 정치적 진로에서 아주 힘들게 완성한 것이다. 비록 이런 조치들은 한순간에 큰 전환을 가져올 수 없지만 많은 상황에서 정부의 향후 행위를 제약하게 될 것이다. 때문에 역사문제에 대하여 우리는 기존의 조치들을 기초로 국제사회가 인정하는 방향으로 차츰 개변해가야 한다. 그중 일본 국내의 심각한 대립이 있을 수도 있고 국제적인 많은 심각한 대립이 있을 수도 있다. 하지만 그 과정은 타협과 양보를 필요로 한다. 현재의 경험을 볼 때, 한 문제가 모 계기로 하여 쟁론의 초점으로 되고 더욱 심각한 대립으로 업그레이드 될 수 있다. 동시에 한 측의 개변이나 타협 혹은 쌍방의 교류나 담판으로 하여 다시 가라앉을 수도 있다. 이 기간동안 쌍방이 안보 및 경제 분야에서의 협력이 침체되거나 악화되고 상대방의 감정을 상하게 하기 일쑤이다. 물론 이런 과정은 문제를 "철저하게" 해결하기 힘들다. 허나 우리는 역사문제를 통제할 수 있어야 하며 안보 및 경제분야의 협력관계를 추진할 수 있는 계기로 바꿔가야 한다.

IV. 분쟁 통제 - 마무리하며

　　향후의 문제에 대하여 어떻게 분쟁 요소를 통제하고 협력 요소를 증가할 것인가는 우리 앞에 놓인 과제이다.

1. 간접수단

1) 동북아판 경제협력과 발전 조직 (OECD)

이런 문제에 대하여 직접적 수단이거나 간접적 수단을 취할 수 있다 (혹은 두가지 수단을 혼합 사용). 안전분야외의 협력 심화를 통하여 안보면에서의 대립이나 격화를 방지하는 것이 바로 간접적 수단중의 하나이다. 물론, 안보분야에도 반해적, 반테러, 평화 구축 등 비전통 안보분야에서의 협력을 추진할 수 있다. 안보분야외에 가장 쉽게 협력을 진행할 수 있는 분야가 바로 경제분야이다. 경제분야도 많은 서로 다른 방면이 있지만 가장 쉽게 윈윈할 수 있는 분야이며 경제교류의 추진은 안보문제의 통제에 유리하다. 환경문제도 협력하기 쉬운 분야이다. 예를 들면, 대기층 오염문제 등에 대하여 정보를 교환하거나 상호 기술 지지를 하는 등이다. 일중한 3국은 모두 인구문제로 인한 사회 및 경제문제들이 존재하는 데 각 나라에서의 표현 방식이 다르지만 정보 교류나 연구 협력은 아주 효과적인 조치로 될 수 있을 것이다. 협력 구조를 설립하기 위하여, 예를 들면 안정적으로 경제교류를 촉진하기 위하여 우리는 양국 혹은 3국간의 자유무역구를 설립하는 등 여러 가지 방안을 고민해 볼 수 있다. 동북아 각 국이 함께 사회경제연구를 포함한 동북아판 경제협력조직을 세우는 것도 한가지 방법이다.

2) 다각적 체제의 이용

또 하나의 간접적 방법은 바로 각 국이 동북아를 포함한 더욱 넓은 범위에서의 체제를 함께 운용하는 것이다 (여기서 말하는 체제는 모든 관련 국가를 다 포함시킨다). 국제 체제는 (국가간의) 룰을 실천하고 회의를 조직하는 것이다. 예를 들면 다각적 회담은 룰에 대한 실천이고 국가간의 분쟁을 억제할 수 있다. 동북아를 포함하고 있는 다각적 체제중에는 아태경제협력조직 (APEC) 및 동아정상회담 (EAS) 등을 포함한 정상회담 체제가 있다. 아태경제협력조직은 원래 무역 등 경제분야에 속하며 최근에는 전체 아태지역의 자유무역구 (FTAAP) 를 설립할 것을 제창하고 있다. 허나 그중 정상회담 절차가 있기에 경제 이외의 많은 분야의 과제를 포함하고 있다. 뿐만 아니라 아펙은 참가한 정부 수뇌자들에게 개별 회담의 기회도 제공해준다. 일본과 중국의 정상회담이 실현되기 힘들 때 양국은 아펙 참가 기회를 빌어 정상회담을 가질 수 있다. 동아정상회담은 안전문제를 위주로 하는 정치적 과제를 광범위하게 토론하기에 동북아 안전 대립을 통제하는 등 문제의 해답을 함께 모색할 수 있다. 안전분야에서는 다각적 안전체제를 형성하였다. ARF, ADMM-PLUS 등과 같은 국제적 체제가 있을 뿐만 아니라 샹그리라대화 등 민간 참여 체제도 있다. 이런 다각적 체제는 안전 문제에서 대립적 위치에 있는 많은 국가 및 동맹들을 포용하고 있으며 이런 의미에서 이는 포용성 체계이며 조화적 기능을 발휘할 수 있다.

2. 직접적 수단

상술한 안전문제 통제를 위한 간접적 수단은 영토 분쟁을 해결하거나 세력 균형 및 그 변화에 따른 문제들을 해결하기에 역부족이다. 때문에 우리는 양국간 혹은 3국간의 문제를 직접적으로 대면할수 밖에 없다. 안전분야의 대립 및 문제는 하기 몇가지로 분류된다.

1) 국제 룰과 군사 신뢰 형성 조치

우선은 특정된 양국 관계에 관련된 문제이다. 예를 들면 영토 관련 문제, 즉 영토 분쟁이다. 영토 문제의 처리는 국제법 등 국제사회에서 통용되는 룰을 적용하여야 한다. 영토문제는 무조건 안보문제로 된다고 말할 수 없다. 영토에 대한 주장이 각이하더라도 때로는 안보문제로 발전하지 않으며 국제 법정에서 평화적으로 해결되는 경우도 있다. 물론 영토 문제는 군사나 준 군사력(집권기관)에 관련 될 때를 대비하여 적어도 군사상 혹은 집법기관사이에 신뢰를 쌓을 수 있는 조치를 제정하고 충분히 활용하여야 한다.

2) 신뢰(투명성), 균형, 자제

두번째 내용은 더욱 추상적인 상대적 실력 및 변화와 관련 된다. 비록 중미간에 아무런 영토 분쟁도 없지만 상대적 실력관계의 변화에 따라 양자간의 전략적 경쟁은 끊임없이 업그레이드 된다. 이는 아래와 같은 우려들로 인한 것이다. 예를 들면 태평양지역에서 분쟁이 일어날 때 누가 더 우세가 있는 지, 항해 자유 등 국제 공공품 공급 및 응용이 제약을 받는 지 등이다. 이에 대해 우리는 관련 국가들의 목적과 실력을 파악하고 신뢰관계를 쌓아가야 한다. 이는 쌍방이 모두 믿음이 가는(강력한) 실력 균형 체계를 필요로 하며 종국적으로 여러 분야에서 관련 각 국을 자제시킬 수 있는 체계를 형성하여야 한다.

3. 동북아의 소프트구조시스템

일중한 사이에는 강성 제도 뿐만 아니라 각 국을 제약할 수 있는 연성 구조

체계도 필요하다 (조약과 같은 일부 약속도 포함). 이는 각 분야 국가관계에 대한 이해 사항 (modus operandi) 의 집합이라고 할 수 있다. 각종 문제나 우려사항에 대하여 이 집합은 의견을 통일하는 기초에서 각 국간의 관계를 이용한다. 이런 이해 사항은 일정한 범위를 가지고 있다. 즉 (일방적) 궤도 탈피 현상이 발생할지라도 종국적으로는 그 범위안에 돌아 올 것이다. 이 것이 바로 각 국간의 연성이다. 물론 이 범위는 시간에 따라 변화하지만 전반적으로는 이 체계를 유지할 것이다. 체계중에서 때로는 상호 이해를 통해 문제를 해결해야 될 때도 있다. 허나 문제를 해결하지 못한 상황에서도 이 체계는 장기적으로 존재할 수 있다. 이 또한 소프트구조시스템의 목적중 하나이다. 이 체계를 구축할려면 정부 수뇌자들의 리더십, 정부 각 부문간의 협력를 필요로 하며 심지어는 기층 민간인들의 참여도 필요할 수 있다. 이런 체계는 추상적인 면이 있으나 상호 침투형 질서 형성의 일환으로 될 수도 있다 .

(金文学 중역본 번역)

东北亚安全合作课题：
习近平—安倍时代的中日关系改善[①]

[韩] 车在福[*]

1. 绪论

2015 年 4 月，在仅仅一个月的时间里，美国与日本、日本与中国之间的关系便发生了重大变化。美国国防部部长阿什顿·卡特（Ashton Carter）访问了日本（4 月 8 日），日本首相安倍晋三出访美国，美日进行了首脑会谈（4 月 28 日），日本前众议院议长河野洋平带领的日本国际贸易促进协会访华并与李克强总理举行了会谈（4 月 14 日），日本首相安倍晋三与习近平主席在亚非会议（万隆会议）期间进行了会谈（4 月 22 日）。与此同时，中国政府领导下的中国国际问题研究院（CIIS）与中国国际战略研究基金会（CFISS）共同在北京召开了主题为"中日韩安全合作"的学术会议（4 月 27—28 日）。

对于笔者来说，比较熟悉的是美日韩三国的安全合作，而对于中日韩三国的安全合作则略感生疏。[②]不久前美国倡导建立了美日韩三国外交副部长级磋商，并于 4 月 16 日在华盛顿召开了第一次副部长级会谈。虽然美日韩三国之间启动了外交部长会谈、六方会谈首席代表会晤、外交部局长级磋商等多项活动，但并没有副部长级单独

---

① 本研究仅代表研究者本人的观点，并不代表东北亚历史财团的立场。

* 车在福：韩国东北亚历史财团政策规划室研究员。

② 在韩国，关于"东北亚安全合作"的研究著作主要有世宗研究所이태환编纂的单行本《韩国的国家战略 2020：东北亚安全合作》[《한국의국가전략 2020：동북아안보협력》（2005）]。该书指出，2020 年的安全环境并没有摆脱现在以双边同盟体制为中心的这种势力均衡的格局，是一种区域间矛盾、竞争与合作并存的情况。最终得出的结论是，虽然实现区域一体化的可能性不是很大，但是在一定程度上已经具备了多边安全合作体制的形态。

的会晤。在中日韩三国因历史与领土问题矛盾不断的情况下，中国政府领导下的中国国际问题研究院（CIIS）与中国国际战略研究基金会（CFISS）能够举办本次"中日韩安全合作"学术会议实属不易。2014 年 11 月，习近平主席在其主持召开的中央外事工作会议中提到中国周边外交战略，即扩大"周边友好合作带"以及"命运共同体"，笔者认为本次学术会议召开的背景应该与此有莫大关系。对此，笔者将针对为实现中日韩安全合作必须优先解决的首要任务展开论述。

2. 中国关于东北亚合作的构想

（1）中国共产党的"中央外事工作会议"

中国外交的基本方向以及主要政策都是由中国共产党的中央外事工作领导小组[①]（CLGFA · Central Leading Group for Foreign Affairs）决定的。中央外事工作领导小组是中国共产党在中华人民共和国宪法精神指导下成立的，针对国家重大事项作出决议。毛泽东时代曾一度废止，到邓小平时代，1981 年又重新恢复了领导小组。1991 年前国家主席江泽民召开"全国外事工作会议"，2006 年前国家主席胡锦涛召开"全党外事工作会议"。中国共产党又在 2000 年 9 月成立了中央国家安全工作领导小组，在 2012 年 11 月召开的中国共产党第十八次全国代表大会上成立了中央海洋权益领导小组。现在由习近平主席担任组长的中央外事工作领导小组是综合负责中国的国家安全、对外政策和海洋安全的机关。2014 年 11 月，习近平主席主持召开了"中央外事工作会议"，中共中央政治局常委全体参加了此次会议，会议上，他指明了今后中国外交的发展方针及战略。

习近平主席在 2014 年就任以后第一次主持召开的"中央外事工作会议"上强调了"中国特色的大国外交"政策。其主要内容包括：中国重新认识本国在国际社会中的大国作用；与周边国家开展诚信外交，积极与发展中国家开展合作，设身处地为这些国家着想；通过与美国等重要大国的合作构建安稳的国际环境，这也是问题的关键。习近平主席指明了今后中国外交的发展方针及战略：即扩大周边友好合作带；构建健康、稳定的大国关系框架；加强与发展中国家的合作；推进国际体系改革，增加中国与发展中国家的发言权；全面推进"一带一路"（一带一路：中国正在推进的陆上、海上丝绸之路）计划；坚持正确义利观（义利观＝道义与利益的观点）。会议结束之后，中国共产党的机关报《人民日报》发表了题为《中国外交必须具有自己的特

[①] 小组的性质类似于韩国政府中的委员会，但也有很多小组在短时间内就消失了（小组前面缀有"国"字的话，则隶属于国务院，前面缀有"中"字的话，则隶属于中国共产党）。

色》的社论，再次强调了"亲、诚、惠、容"和"命运共同体论"的周边外交理念。

（2）扩大"周边友好合作带"①

改革开放以来，中国实施的是以经济发展为中心的外交战略，如今提出与美国建立"新型大国关系"，开始重视以大国为中心的外交。但是，中共中央通过在 2013 年 10 月召开的"周边外交工作座谈会"，2014 年 11 月召开的"中央外事工作会议"，追求与美国共同经营国际秩序（condominium），同时在重视周边外交上也增加了很大比重。② 习近平主席从 2014 年 4 月第一届"中央国家安全委员会"开始，先后十余次在公开场合强调"命运共同体论"这一主张。③ 之后，习近平主席在 2014 年开展的重视周边外交的一系列活动为其提供坚强后盾。

2014 年 5 月以后习近平主席的周边外交活动
△ 2014 年 5 月：第四届亚洲相互协作与信任措施会议（CICA）峰会 ———习近平主席的亚洲新安全观："亚洲的安全问题应该由亚洲国家自己解决" ———推进亚洲基础设施投资银行（AIIB）、金砖国家（BRICS）开发银行、丝绸之路基金的建设 ———在上海同普京举行的会晤中，提出把中俄全面战略协作伙伴关系推向更高水平
△ 2014 年 7 月：习近平主席对韩国进行国事访问（中韩全面战略协作伙伴关系升级）
△ 2014 年 8 月：习近平主席对蒙古进行国事访问（中蒙全面战略协作伙伴关系升级）
△ 2014 年 9 月：习近平主席对塔吉克斯坦、马尔代夫、斯里兰卡、印度中亚、南亚四国进行国事访问（中印全面战略协作伙伴关系升级） ———习近平主席在印度的《印度教徒报》上发表题为《携手共创繁荣振兴的亚洲世纪》的署名文章
△ 2014 年 11 月：以北京 APEC 领导人会议为契机，中日举行领导人会晤 ———就改善中日关系达成四点共识，希望中日两国恢复到战略互惠关系（2008 年）的原点
△ 2014 年 11 月 28—29 日：习近平主席就任后第一次主持召开"中央外事工作会议"

---

① 扩大"周边友好合作带"指的是，一段时间以来，美国加紧推进"亚太再平衡"战略，日本大搞"价值观外交"，所谓"亚洲版北约"之说不时出现，似乎一些国家正在构筑针对中国的"包围圈"。针对这一形势，中国不但没有被"包围"，反而采取了与周边国家关系不断深化，友好合作不断充实，利益纽带更加紧密的战略计划。为此，《人民日报》（2014 年 8 月 12 日）发表社论指出："中国和东亚国家同受儒家思想浸润熏陶，同南亚国家共享佛教文化宝贵遗产，与中亚国家拥有丝绸之路的历史纽带，和东南亚国家有着剪不断的血缘亲情。"

② 欧洲对外关系委员会（ECFR）的 François Godement 博士在题为《Explaining China's Foreign Policy Reset》的报告书中，对此作出了如下分析"China is right to recognise that diplomatic efforts must be made with in the neighbourhood and should make this its first priority." 参考网站：http://www.ecfr.eu/publications/summary/explaining_chinas_foreign_policy_reset3001.（检索日期：2015 年 4 月 17 日）

③ 《人民日报》（2014 年 7 月 23 日）。

属于中国外交政策的核心智囊团的清华大学阎学通教授在 2013 年 7 月出版的《历史的惯性：未来十年的中国与世界》（2014 年 2 月在韩国，以《2023 年世界史的不变法则》为题出版）中指出，中国应当放弃传统的"不结盟原则"，通过与周边国家及主要大国之间积极地"结盟战略"来对抗美国的同盟战略。另外，阎学通教授于 2014 年 4 月在首尔成均馆大学学术会议上首次提出"中韩同盟论"，主张了"中国应该放弃不结盟原则，与周边国家建立'友邦'，乃至'命运共同体'关系"。①

3. 中日关系和美日同盟

历史上中国与日本的关系呈现的是一种变化的过程，古代是"中强日弱"的格局，近代时期则是"日强中弱"的格局，尤其是 20 世纪的中日关系，主要是一种侵略与被侵略、援助与被援助、发达国家与发展中国家的关系。但是，进入 21 世纪之后，中日关系以 2010 年为契机，在经济领域形成"中强日强"的"对称性"格局。如今，两国针对东（北）亚主导权，在合作与矛盾中不断展开竞争。其中，2001、2005、2006、2008、2010、2012 年是现代中日关系史上极其重要的年份。

（1）中日关系：从敌对到战略互惠

日本前首相小泉纯一郎从 2001 年 4 月到 2006 年 9 月，历任第 87 届、第 88 届和第 89 届日本内阁总理大臣，在其任期之内，小泉纯一郎每年都强行参拜靖国神社。中日、韩日之间历史认识上的矛盾因此再次凸显，2005 年中国爆发的大规模反日示威游行导致中日关系急剧降温。2006 年 9 月，安倍取代前任小泉成为日本第 90 届内阁总理大臣。安倍就任后，2006 年 10 月进行了第一次出国访问，目的地便是北京。此次出访，他倡导将历史与政治分离，成立了"中日共同历史研究委员会"。此后，中日之间的历史问题便全权交由"中日共同历史研究委员会"负责，两国关系升级为符合各自战略利益的"战略互惠"关系。中日"战略互惠"在之后 2007 年前国务院总理温家宝访日和日本前首相福田康夫访华过程中被更加深入地论及。2008 年 5 月前国家主席胡锦涛访日时发表共同声明，中国学界将之视为中日之间第四个重要政治文件，奉其为 21 世纪中日关系的里程碑。

2009 年 9 月，日本民主党掌权的鸠山由纪夫内阁从上台开始标榜"对等的"美日关系，同时在东海油气田开发问题上，强调应同中国将争端之海变成"友爱之海"，

---

① 阎学通：《中韩结盟对双方有好处》，http://dailynews.sina.com/gb/news/int/chosun/20140425/01305669526.html。（检索日期 2014 年 10 月 2 日）

提倡共建东亚共同体。2010年1月，"中日共同历史研究委员会"①分别发表了在过去三年之间开展活动的结果报告书。中国与日本就贯穿近现代史的"侵略战争"达成一致意见，而针对南京事件（中国称南京大屠杀）等意见相左，尽管如此，两国关系发展之中隐约可见历史矛盾逐渐消除的端倪。

（2）中日关系：从战略互惠到矛盾纷争

2010年6月菅直人（民主党）内阁上台，9月7日发生的事件，成为了如今中日矛盾关系的分水岭。尖阁列岛（中国称钓鱼岛）②附近出动了中国渔船和日本巡逻艇，双方为解决这一问题所进行的交涉日趋长期化，中国颁布了禁止向日本出口稀土的经济禁令，日本因此大为惊慌，"中国威胁论"再次被渲染。2011年9月上台的日本首相野田佳彦利用日本国内的"中国威胁论"的舆论形势，将外交政策的基调由鸠山由纪夫的亲华政策转为强化日美同盟。野田在时任东京都知事石原慎太郎等日本政治保守势力、右倾主义者的影响之下，于2012年9月11日将尖阁列岛（中国称钓鱼岛）的3个岛屿实行国有化认证。

从2006年10月日本首相安倍的第一次访华开始的中日"战略互惠"关系标志着两国进入蜜月期，但是这一关系并没有维持很长时间。其中的原因主要是，第一，中国为成功举办2008年北京奥运会加速了中日关系的改善，从内容方面看，忽视历史问题，取而代之的是在对日战略利益方面投入较大比重。前国家主席胡锦涛在2008年访日期间，与日本首相福田康夫举行了领导人会谈，在与日本天皇一起的晚餐会议上（与1998年前国家主席江泽民的访日活动相比较的话），实际上基本没有谈及任何历史问题。第二，日本经济艰难复苏与日本政治的不稳定性，即自日本首相小泉纯一郎以后，从2006年9月到2012年12月的六年间，日本的政治执政党从自民党变为民主党。两大党派先后共有六位首相上台，而且他们的任期有一半没有

---

① "中日共同历史研究委员会"指的是，分别在日本国际问题研究所与中国社会科学院近代史研究所设置办事处，日本方面任命北冈伸一为首席委员，中国方面任命步平为首席委员。两国各委任十位专家为历史共同研究委员，分古代历史、中世纪历史和近现代历史三部分，从2006年年末到2009年年末三年之间共召开四届全体会议，除现代史之外，其他每部分分别发表了13篇用本国语言写成的论文。2014年在日本以书刊的形式出版。详细内容请参照：北冈伸一、步平编：《中日历史共同研究报告书》第1卷和第2卷，勉诚出版社2014年版。

② 本文坚持的原则是同时标记尖阁列岛和钓鱼岛，在关于日本的文段中使用尖阁列岛，而在关于中国的语段中使用钓鱼岛。而且，2010年9月7日在尖阁列岛（钓鱼岛）附近，一艘中国渔船因拒绝日本巡逻艇的检查而受到日本巡逻艇冲撞，这一事件被称为"9·7事件"。

满一年，① 日本政治的不稳定，再加上日本政界受 2011 年东日本大地震余波及之后与中国矛盾关系的影响达到高潮转而急剧保守化，极右势力的历史认识也迅速右倾化。结果在 2012 年 9 月 26 日自民党首相选举过程中，受到日本政治保守派支持的安倍当选。②

（3）安倍与习近平主席的中日关系和美日同盟

2012 年 12 月，安倍内阁第二次上台，安倍提出了"强大日本"的政治口号，与此同时，中国共产党第十八次全国代表大会召开，习近平被推选为中央委员会总书记，习近平总书记提出的第一项主张便是"中国梦 = 中华民族的伟大复兴"。如今的中日关系，诚如日本首相安倍与习近平主席的政治口号所体现的一样，二者之间既有不可避免地强大摩擦，同时两国关系的发展不仅对本国，乃至对整个东亚地区都产生着极大的影响。

第二次执政的安倍内阁凭借"安倍经济学"赢得国民的支持，他在否认"侵略战争"，考证"河野谈话"，重新审查"村山谈话"以及强行参拜靖国神社等问题上表现出历史认识的倒退倾向，并为了行使集体自卫权，集中精力修订宪法（第 9 条）。在这一过程中，安倍在 2013 年 7 月的日本参议院选举和 2014 年 12 月的众议院选举中以压倒性优势获胜，为推进宪法（第 9 条）修订营造了有利的政治环境。

美国参议院全体会议决定在其"2013 财年国防授权法案"③ 中加入补充条款，明确规定尖阁列岛（中国称钓鱼岛）适用《日美安保条约》第五条对象。美国又提到了 2013 年 7 月发生的中国军舰雷达瞄准日本舰艇事件（2013 年 1 月），通过了在东海和南海领域提及的"中国威胁论"的决议案，并针对中国指出，"亚太地区的航海自

---

① 第一届安倍内阁掌权 2006 年 9 月 26 日 ~2007 年 9 月 26 日 =366 天，福田康夫内阁掌权 2007 年 9 月 26 日 ~2008 年 9 月 24 日 =365 天，麻生太郎内阁掌权 2008 年 9 月 24 日 ~2009 年 9 月 16 日 =358 天，鸠山由纪夫内阁掌权 2009 年 9 月 16 日 ~2010 年 6 月 8 日 =266 天，菅直人内阁掌权 2010 年 6 月 8 日 ~2011 年 9 月 2 日 =452 天，野田佳彦内阁掌权 2011 年 9 月 2 日 ~2012 年 12 月 26 日 =482 天。

② 2012 年首相选举代表团由 300 名地方党员和 198 名现役议员组成。在第一轮投票过程中，如没有任何一位候选人得到过半数的票数的话，则选定前两位得票最高的候选人进行最终投票。最终投票过程中要将地方党员的票数排除在外，只由 198 名现役议员进行投票，2012 的首相选举时，第一轮投票过程中石破茂议员得票情况是国会议员 34 票 + 地方党员 165 票 =199 票，安倍议员得票情况是国会议员 54 票 + 地方党员 87 票 =141 票，石破茂议员占据第一位，但在第二轮竞选过程中败给了安倍。

③ 所谓国防授权法（National Defense Authorization Act）指的是，每年承认美国国防部的主要政策和预算的法案，是可以了解美国国防政策的正式走向最翔实、准确的资料。这一法案规定了与国防相关预算规模及政策，并规定了与之相适应的权限。奥巴马总统在 2013 年 1 月 2 日签署了"2013 财年国防授权法案"，这一法案在 2012 年 12 月，以 98 比 0 的结果全体通过了参议院议案的决议。

由涉及美国的国家利益"①。美国前国防部长哈格尔（Chuck Hagel）表示中国宣布防空识别区（2013 年 11 月 23 日）这一行为可能会导致周边国家矛盾四起，"在中日产生领土纷争时，作为同盟国，美国将会帮助日本"②。正如美国这一系列言行所展现的那样，中日之间的问题正逐渐转变为中美关系的问题。

中国对于美日同盟牵制中国的行为非常敏感。习近平主席先后在 2013 年 3 月和 7 月对军队相关人员作出训示：为作战做好充足准备，战事一旦爆发，必须竭尽全力争取胜利，并指示道："全面提升实战能力，为争取胜利，实现强军目标。"③ 日本首相安倍晋三在 2014 年 1 月的第 44 届世界经济论坛（WEF·达沃斯论坛）年会上表示，"如今的中日关系与第一次世界大战之前的英德关系极其相似"④。另外，2014 年 5 月，中国与俄罗斯进行了主题为"保护特定海域不受外部进攻"的"2014 中俄联合军演"。

近年来，美日同盟牵制中国的活动更加明显。2015 年 4 月 8 日，美国国防部部长卡特（Ashton Carter）与日本防卫大臣中谷元在东京举行了会谈。卡特称《美日安保条约》适用于日本的所有施政领土，美国在尖阁列岛（中国称钓鱼岛）施政权问题、南海问题上对中国所进行的任何改变现状的企图或者威胁行为都将持反对态度。⑤ 美日两国在 1997 年之后、18 年来第一次修改了美日防卫合作指针（guide-line）⑥，目的明显在于牵制中国。

在新的美日合作指针指导下，日本遭遇武力攻击时，作为美日合作的一个环节，明确标记了岛屿防卫的相关内容。美国与日本的意思是，"在中国政府与民间船舶持续出入尖阁列岛（中国称钓鱼岛）及其周边海域的情况下，为预防尖阁列岛（中国称钓鱼岛）紧急情况的发生，需提高针对中国的威慑力"⑦。对此，中国外交部提出反对意见并指出，美日同盟作为冷战残余，危害到了第三国，敦促美方谨言慎行，对于东

---

① "美参议院称中国在钓鱼岛及南海威吓动武"，《中国新闻网》（2013 年 7 月 29 日）。

② "哈格尔被哄骗恐吓……习近平主席军政两手外交"，《中央日报》（2014 年 4 月 11 日）。

③ "紧紧围绕实现党在新形势下的强军目标全面加强部队建设"，《人民日报》（2013 年 7 月 30 日）。

④ 《亚洲经济》，http://view.asiae.co.kr/news/view.htm?idxno=20140123204124711148。（检索日期：2014 年 2 月 10 日）

⑤ 《外交部：坚决反对美日利用同盟损害第三方利益》，《人民日报》（2014 年 4 月 9 日）。

⑥ 1978 年制定，1997 年修订的美日防卫合作指导方针（guide-line）包含了在平时、发生周边事态和日本非常时期三种情况之下，美日各自应分担的角色、担当的内容，提出日本在遭受外部直接武力攻击的情况下，驻日美军与日本自卫队需共同作战。日本政府拟于 2015 年 5 月 15 日通过内阁决议，提交反映指导方针修订内容的安保制度修正案。

⑦ 《文化日报》（2015 年 4 月 14 日）。

海与南海相关问题，希望美方尊重中国与直接当事国通过对话谈判和平解决问题的努力，停止任何可能导致问题复杂化、损害地区稳定的言行。①

4. "中日韩三国历史共同研究"与"东北亚安保合作机构"

从中日两国关系角度来讲，若两国间的关系不和长期化，两国国民间的厌恶和反感将会加强，不仅会对安全，还有政治、经济、文化、交流合作等各方面产生负面影响，而且从整个东亚地区来看，中日之间的历史与凌辱矛盾因素已经扩散至安全冲突，并成为海洋势力与大陆势力这一新冷战对立格局形成的总媒介。

东北亚地区为防止安全冲突扩散，一度提议成立"东北亚安保合作机构"。为此，最重要的是中日韩三国的合作体制应该复原到 2008 年"中日韩三国领导人会议"开始的时期。为实现中日韩三国合作体制的复原，首先应该解决的是改善因历史与领土纠纷而恶化的中日及韩日关系，应当将历史问题和安全问题分开来解决，最好采取所谓"历史·安全两条路线"战略。然而，考虑到中日、日韩关系在过去也因为历史问题出现过几次不正常事件，从中日韩三国关系的特征来看，应该优先解决历史问题，对此三国必须予以足够的重视。

韩国与日本先后在 2001 年和 2007 年开展了两次"韩日历史共同研究"，中国与日本也在 2007 年进行了"中日历史共同研究"。值得注意的是，中日政府都很早就已提及"中日韩历史共同研究"。2005 年 4 月，中国国内爆发反日游行示威活动之后，日本时任外务大臣町村信孝与中国时任外交部部长李肇星在北京举行会谈，"（町村信孝对李肇星说）形成国与国之间的共同历史认识是一件极其困难的事情。为最大限度实现共同认识作出的努力是极其重要的，（同时谈及日韩历史共同研究）我们讨论过中日历史共同研究的可能性"。随后，5 月在京都召开了东盟 10+3（ASEAN+3）外交部长级会议，会上"（李肇星对町村信孝说）无论是中日两国间的历史共同研究，还是中日韩三国间的共同研究，我们都予以无限的支持"②。韩日和中日已经进行了历史共同研究的实验。正如当今的韩日、中日关系现状所表明的那样，通过"中日韩三国之间的历史共同研究"，以共同的历史认识为基础，如果达不成历史和解，中日韩三国（安全）合作的讨论将是空中楼阁。

单纯地将欧洲与东北亚的情况作比较，难免牵强。但是，从欧洲的历史经验

---

① 《外交部：坚决反对美日利用同盟损害第三方利益》，《人民日报》（2014 年 4 月 9 日）。

② 服部龙二（著），《中日历史认识》，东京大学出版会，2010,p.294；波多野澄雄，"日中歴史共同研究—成果と課題"，黒沢文貴、イアン·ニッシュ（編），『歴史と和解』，東京大学出版会,2011,p.191-192。

来看，也是先达成历史和解后再进行安全合作的，并成立了欧洲安全与合作组织（OSCE）。在历史问题上一度极端对立的法国（戴高乐总统）和德国（阿登纳总理），于 1963 年在巴黎的爱丽舍宫签署了被誉为欧洲历史和解典范的《爱丽舍条约》。欧洲领导人于 1975 年在芬兰赫尔辛基召开领导人会议，成立了欧洲安全和合作会议（CSCE），并于 1995 年发展为如今的欧洲安全与合作组织（OSCE）。如果作为欧洲主要国家的法国和德国没有达成真正的历史和解，如今的欧洲安全合作机构也不会如此轻易地建立。

5. 结论：中日韩三国合作的任务

（1）日本必须终止历史修正主义，并对下一代进行正确的历史教育

日本首相近来在重开中日韩三国领导人会议上表现出相当积极的姿态。安倍的主要任务是应该立即终止目前日本正在进行的历史修正主义。2015 年 4 月 6 日和 7 日，日本公布了中学教科书检查结果和《2015 年外交蓝皮书》。正如事前所预想的一样，关于历史与领土（国土）的相关内容，安倍政府妄图脱离日本的侵略战争，用与事实相反的内容来教育学生与民众。历届日本政府在历史问题上，都会提到"村山谈话"，表示已诚心道歉充分反省，强调国家关系应面向"未来"，而不是纠缠"过去"。如今的安倍政府重寻旧路，践行着相同的伦理逻辑。安倍政府如果真正重视东北亚的未来的话，日本就不应该通过教育本国下一代所用的教科书，对错误的历史认识进行填鸭式教育。日本应该正视歪曲史实的教科书将会在很大程度上对未来中日韩三国关系产生不利影响这一事实。

最近（2015 年 3 月—4 月），日本《朝日新闻》进行了一项相当有趣的舆论调查。这是一项以日本人和德国人为对象，开展关于加害国的历史教育及与被害国关系的相关性的舆论调查。

战后 70 年《朝日新闻》舆论调查：以日本人和德国人为对象与被害国的关系

问卷	日本人		德国人	
1. 与因为战争等问题而备受伤害的周边国家的相处是否和睦	是的 46%	不是 50%	是的 94%	不是 4%
2. 是否对因为战争等问题而备受伤害的周边国家及国民进行赔罪或补偿	做得很充分 57%（*2006 年 36%）	做得还不够 24%（*2006 年 51%）	做得很充分 73%	做得还不够 21%
3. 将来是否也应该继续向被害国传递谢罪的信息	是的 46%	不是 42%	是的 55%	不是 42%
4. 在学校是否系统学习过关于日本人的战争历史及德国人的纳粹时期历史	是的 13%	不是 79%	是的 48%	不是 46%
5. 日本人与德国人分别对"东京审判"和"纽伦堡审判"是否了解	知道 33%	不知道 63%	知道 68%	不知道 33%

资料来源：http://www.asahi.com/articles/ASH473GTLH47UTIL00Q.html（检索日期 2015 年 4 月 16 日）

以上调查问卷中的第一个问题结果清清楚楚地显示出日本人与德国人想法截然不同，尽管德国人在回答"与因为战争等问题而备受伤害的周边国家的相处是否和睦"这一问题时，已经有 94%，即大多数的人回答是相处和睦了，但仍有 55%，即过半数以上的人认为将来应该继续向被害国传递谢罪信息。对此，我们也不妨从第四个和第五个问题的结果来分析德国与日本是否通过教科书对下一代进行了正确的历史教育。

世界著名日本籍作家村上春树说过，曾经有个时期，日本是一个经济大国，而韩国与中国只是发展中国家，在那一时期，三国之间的关系因为经济实力的悬殊而在很多问题上有所压制；但是随着中国与韩国的国力上升，过去的结构被打破，曾经被压制、被封存的问题开始呈井喷状态涌现出来。他还表示，日本侵略他国这条主线是一个不争的事实，因此历史教育问题就显得尤为重要。"道歉并不是一件令人感到羞耻的事情，日本必须诚心道歉，直到对方国家满意为止。"[①]

（2）中国和美国作为"负责任的大国"，对东亚地域内的纷争管理负有责任

习近平主席和日本首相安倍以 2014 年 11 月北京 APEC 领导人会议为契机进行了会谈。作为中日领导人会谈召开条件，谷内正太郎（日本国家安全保障局局长）和杨

---

① 《日本必须诚心道歉，直到对方国家满意为止》，《中央日报》（2015 年 4 月 19 日）。

洁篪（中国国务委员）在会议前夜达成了相互易于解释的巧妙的"关系改善四项原则共识"[1]。第二天，中日领导人进行了约 25 分钟的会谈。日本学者认为，中国虽然没有报道，但会谈中日本首相安倍对习近平主席表示，对于四项原则可以进行协作。四项原则包括：强化中国东海共同协作（履行 2008 年油田、天然气田共同开发协议）；深化经济关系；建立更高水平的东亚安全环境；改善相互理解[2]。以上四项原则的本质与 2008 年双方共同声明所协议的"战略互惠关系"内容一致。中国表现出了想使现在的中日矛盾关系回到 2008 年战略互惠关系的积极立场。习近平主席认为，为实现"中国梦"，必须维持边疆地区的安定，不能忽视由于日美同盟的强化对中国的牵制导致中日关系持续紧张。

美国在中日韩三国的历史矛盾中并不能置身事外。战后，中国共产党在国共内战中取得胜利，美国不得不在亚洲直面共产主义的威胁，为东亚的安定，没有向日本天皇追究战争责任。由于美国的这种不当政策，日本并没有向德国一样经历真正的反省过程。美国虽然是战后处理问题的主导国，但对中日韩三国间的相关问题采取了一种模糊的立场，对纷争放任不理。在 21 世纪 G2 时代，美国与中国对东亚地区内矛盾解决的准则应持有足够注意。

（3）韩国应为中日韩三国领导人会议的再次召开起到积极的桥梁作用

2015 年 3 月 21 日，时隔三年的中日韩外交长官会谈在首尔举行。三国外交长官就努力使中日韩三国领导人会谈的早日召开进行了磋商。近年来，中日韩三国间凸显的历史和领土问题与日本经济长期不景气、中韩实力上升所引起的中日韩三国间国力的急剧变化和区域结构问题所带来的秩序和准则的缺失有很大关系。应扩大首尔的"中日韩三国合作秘书处（TCS）"的组织、作用和职能，为实现政治和历史的分离、安全与历史的分离的制度化而努力。

（苗灯秀　译）

---

① 第一项，双方确认将遵守中日四个政治文件的各项原则和精神，继续发展中日战略互惠关系。第二项，双方本着"正视历史、面向未来"的精神，就克服影响两国关系政治障碍达成一些共识。第三项，双方认识到围绕钓鱼岛等东海海域近年来出现的紧张局势存在不同主张，同意通过对话磋商防止局势恶化，建立危机管控机制，避免发生不测事态。第四项，双方同意利用各种多边、双边渠道逐步重启政治、外交和安全对话，努力构建政治互信。

② Akio Takahara，"Detente for China and Japan"，*The New York Times*（2014 年 12 月 8 日），http://www.nytimes.com/2014/12/09/opinion/detente-for-china-and-japan.html?_r=0。（检索日期：2014 年 12 月 20 日）

北東アジア安全協力の課題：
「習近平—安倍」時代における中日関係の改善[①]

車在福 [*]

1. 序論

2015 年 4 月、わずか 1 カ月の間に、アメリカと日本、日本と中国との間の関係に重大な変化が起こった。この一ヶ月に、アメリカ国防部部長アシュトン・カーター（Ashton Carter）が日本を訪問し（4.8）、日本の安倍晋三首相がアメリカを訪問し、日米間首脳会談を行った（4.28）。日本の元衆議院議長の河野洋平氏の率いる日本国際貿易促進協会が訪中し、李克強総理と会談を行った（4.14）。日本の安倍首相と習近平主席はアジア・アフリカ会議（バンドン会議）の期間中（4.22）に会談を行った。と同時に、中国政府の指導の下、中国国際問題研究院（CIIS）と中国国際戦略研究基金会（CFISS）が共同に北京で「中日韓安全協力」というテーマの会議（4.27-28）が開かれた。

筆者にとって、詳しいのは米日韓三国の安全保障協力で、中日韓三国の安全保障協力は少しうとい感じがする。[③] しばらく前アメリカは米日韓三国副部長級協議組織を創立し、4 月 16 日にワシントンで最初の副部長級会談が開かれた。米日韓三

---

① 本件級は研究者本人の観点であって、東北アジア歴史財団の立場を代表するものではない。

* 韓国東北アジア歴史財団首席研究員。

③ 韓国で、「東北アジア安全協力」に関する研究著作は主に世宗研究所이태환編纂の『韓国の国家戦略 2020：東北アジア安全協力』（《한국의국가전략 2020：동북아안보협력》(2005)）。この本は、2020 年の安全環境は今の二国同盟体制を中心とする勢力均衡の局面から離脱することなく、一種の地域間対立、競争と協力並存の状況にある。最終的な結論として、地域一体化実現の可能性は低いが、ある程度の多国安全協力体制の体系が整っている。

国間で外交部長会談、六国首席代表協議会談、外務省局長級協議など多くの活動が起動したが、副部長級の単独会合はまだない。日中韓三国は歴史と領土問題での対立は多く混乱の渦にいる中、中国政府の指導の下で中国国際問題研究院（CIIS）が中国国際戦略研究基金会（CFISS）と提携して、今回の「中日韓三国安全協力」の学術会議を開催するのは容易ではなかった。2014年11月、習近平主席が司会し開いた中央外事工作会議で触れた中国の周辺外交戦略、即ち、「周辺の友好協力ベルト」や「運命共同体論」の拡大で。筆者は今回の学術会議の背景にはこれと大きな関係がある。これに対して、筆者は本報告の中で、中日韓三国安全協力の実現のために解決しなければならない主な課題を優先的に論じていく。

2. 中国の東北アジア協力に関する構想

(1) 中国共産党の「中央外事工作会議」

中国外交の基本方向や主要な政策は、すべて中国共産党の中央外事工作指導グループ①（CLGFA : Central Leading Group for Foreign Affairs）が定めている。①中央外事工作指導グループは中国共産党が中華人民共和国憲法全文の主旨の下で成立し、国の重大な事項を決議する。毛沢東時代には一度は廃止したが、鄧小平時代、1981年に再び指導グループを再開した。江沢民元国家主席は1991年に「全国外事工作会議」を開催し、胡錦濤元国家主席は2006年に「党外事工作会議」を開催した。中国共産党はまた2000年9月に中央国家安全工作指導グループを発足し、2012年11月に開催された中国共産党第十八回全国代表大会で中央海洋権利指導グループを成立させた。今、習近平主席をリーダーとする中央外事工作指導グループは中国国家安全保障、対外政策や海洋安全の機関をまとめて管理している。2014年11月習近平主席の主催で開かれた「中央外事工作会議」は、中国共産党中央政治局常務委員全員が参加し、会議で、習近平主席は今後の中国外交の発展方針及び戦略を明確にした。

習近平主席は2014年の就任後に初めて司会し、開催した「中央外事工作会議」で「中国特色がある大国外交」政策を強調した。その主な内容：中国自国が国際社会における大国としての働きを見直し；周辺国と誠実外交を展開し、積極的に

---

① グループの性質は勧告政府の委員会に似たもので、多くのグループは短期間でなくなることもある（グループの前に"国"が付いていれば、国務院に属するグループで、前に"中"が付いていれば、共産党に属するグループである）。

発展途上国と協力を展開し、これらの国の立場にたって考慮する；アメリカなど重要な大国との協力を通して、穏やかな国際環境を構築し、これも問題の鍵である。習近平主席は今後の中国外交の発展方針及び戦略を明確にした：△周辺との友好協力ベルトを拡大する、△健康で安定した大国との関係を構築する、△途上国との協力を強化する、△国際体系の改革を推し進め、中国や途上国の発言権を増やす、△全面的に「一帯一道」を推進する（一帯一路：中国が推進する陸上・海上のシルクロード）計画、△義利観を正しくする（義利観＝道義と利益の観点）。会議が終了後、中国共産党の機関紙『人民日報』は「中国が外交で自国の特色を持つべきである」と題した社説を発表し、再び「親、誠、恵、容」と「運命共同体論」の周辺外交理念を強調した。[1]

(2)「周辺友好協力ベルト」の拡大[2]

改革開放以降、中国は経済発展を中心とした外交戦略を実施してきたが、現在、アメリカと「新型大国関係」をたてると言う大国を中心とする外交戦略を重要視するようになった。しかし、中国共産党中央は相次いで2013年10月に「周辺外交工作座談会」を開催し、2014年11月に「中央外事工作会議」開催した。アメリカと国際秩序（condominium）の共同経営をもとめ、同時に、周辺外交を重要視する割合を大きく増やした。[3] 習近平主席は2014年4月の第1回「中央国家安全委員会」から、前後10回くらい公の場で「運命共同体論」という主張を強調した。[4] その後、習近平主席が2014年に発足した周辺外交の一連の活動に強力な後ろ盾を提供した。

---

① 『人民日報』（2014.12.1）。

② 「周辺有効協力ベルト」の拡大とは、一時アメリカが推進していた「アジア太平洋再バランス"戦略で、日本で大きく「価値観外交」とはやされ、「アジア版NATO」という説もあって、いくつか国家が中国に関する「包囲圏」を構築していた。こうした情勢に対し、中国はかえって「包囲」されることなく、周辺国との関係は深まり、友好協力は充実し、利益のきずながより緊密する戦略の計画。そのため、人民日報（2014.8.12）で発表された社説は「中国と東アジアの国と同じく儒家思想を染み付くほどに受け、南アジア国と仏教文化の貴重な遺産を共有し、中央アジア国とシルクロードの歴史ベルトを持ち、東南アジア諸国とは切ってもきれない血縁がある」。

③ ヨーロッパ対外関係委員会（ECFR）のFrançoisGodement博士の《Explaining China's Foreign Policy Reset》という報告書で、それに対して以下のように分析した"China is right to recognise that diplomaticefforts must bemade with in the neigh bourhood and should make this its first priority."考ホームページ：http://www.ecfr.eu/publications/summary/explaining_chinas_foreign_policy_reset3001。（検索日：2015.4.17）

④ 『人民日報』（2014.7.23）。

2014 年 5 月以降の習近平主席の周辺外交活動
△ 2014 年 5 月：第四回アジア相互協力信頼会議（CICA）サミット 　　　　—習近平主席のアジア新安全観：「アジアの安全問題は、アジア国家自分で解決すべき」 　　　　—アジアインフラ投資銀行（AIIB）、新興国家開発銀行（BRICS）、シルクロード基金建設の推進 　　　　—上海で行われたプーチンとの会談会合で、中露全体戦略協力パートナー関係をより高いレベルにすることを出した
△ 2014 年 7 月：習近平主席、韓国訪問　（中韓全体戦略協力パートナー関係のアップグレード）
△ 2014 年 8 月：習近平主席、モンゴル訪問　（中蒙全体戦略協力パートナー関係のアップグレード）
△ 2014 年 9 月：習近平主席、タジキスタン、モルディブ、スリランカ、インドなど中央アジア南アジア四カ国の公式訪問　（中印全体戦略協力パートナー関係のアップグレード） 　　　　—習近平主席はインドの『インド教徒報』で『手を携え、共に繁栄振興するアジア世紀をつくる』と題した署名記事を発表
△ 2014 年 11 月：北京 APEC 首脳会議を機に、日中首脳会談が行われた 　　　　—日中関係改善で四つの共同認識に達し、日中両国が戦略的互恵関係（2008年）の原点に戻りたい。
△ 2014 年 11 月 28—29：習近平主席就任後最初に開いた中央外事工作会議

中国外交政策の核心ブレーントラストである閻学通教授（清華大学）が 2013 年 7 月に出版された『歴史の慣性：今後 10 年間の中国と世界』（韓国では、2014 年 2 月、『2023 年の世界史の不変法則』の題で出版）によると、中国は伝統の「非同盟原則」を放棄すべきで、周辺国及び主要大国の間に積極的な「同盟戦略」を通して、アメリカ同盟戦略と対抗する。また、閻学通教授は 2014 年 4 月のソウル成均館大学学術会議で初めて「中韓同盟論」を出し、「中国は非同盟の原則を放棄し、周辺国家と「友邦」築き、さらに、「運命共同体」の関係」を主張した。[①]

3. 日中関係と日米関係

歴史上で中国と日本の関係は一種の変化の過程のあらわれで、古代は「中強日弱」の様式で、近代は「日強中弱」の様式である。特に 20 世紀の日中関係は、主に一種の侵略と被侵略、援助と被援助、先進国と発展途上国の関係にあった。しかし、21 世紀入ると、日中関係は 2010 年を機に、経済の分野で「中強日強」

---

① 　閻学通：「中韓が同盟すれば、それぞれに利益がある」出所：http://dailynews.sina.com/gb/news/int/chosun/20140425/01305669526.html（検索日 2014.10.2）。

の「対称的」な様式になった。今、両国は東北アジアの主導権をめぐる協力と対立の中で、絶えずに競争を繰り広げている。そのうち、2001 年、2005 年、2006 年、2008 年、2010 年、2012 年は現代日中関係史上で極めて重要な年である。

（1）日中関係: 敵対から戦略互恵へ

日本元首相の小泉純一郎は、2001 年 4 月から 2006 年 9 月まで、歴代第 87 代、第 88 代及び第 89 代日本内閣総理大臣として、その在任期間、毎年靖国神社参拝を強行した。日中、日韓間の歴史認識での対立は、そのため再び強調され、2005 年には中国の大規模な反日デモにより日中関係は急激に冷え込んだ。2006 年 9 月、小泉にとり代わって安倍が日本の第 90 代内閣総理大臣となった。安倍首相就任後、2006 年 10 月に一回目の外国訪問が行われて、その目的地は北京であった。その訪問で、彼は歴史と政治を分離し、「日中歴史共同研究委員会」を発足した。その後、日中間の歴史問題の全権は「日中歴史共同研究委員会」にあてがわれ、両国の関係はアップグレードして各自の戦略的利益に合う「戦略的互恵関係」になった。日中の「戦略的互恵」はその後、2007 年の温家宝元総理の訪日と日本の福田康夫元首相の訪中でも深く論及され、2008 年 5 月の胡錦濤元国家主席の訪日時には共同声明が発表された。中国学界ではこれを日中間の四つ目の重要な政治文書とし、それを 21 世紀の日中関係の出来事とした

2009 年 9 月、日本民主党政権の鳩山由紀夫内閣が発足してから「対等的な」日米関係を掲げたと同時に、東シナ海のガス田開発問題で、東シナ海を中国と争う海から「友愛の海」に変えるべきだと強調し、東アジア共同体の構築を提唱した。2010 年 1 月、「中・日歴史共同研究委員会」[1]はそれぞれ過去 3 年間の活動を成果報告書で発表した。中国と日本は近代史を貫く「侵略戦争」で合意したが、南京大虐殺などでは意見が食い違うにもかかわらず、両国関係の発展に見え隠れする歴史対立を解消する糸口が見えはじめた。

---

[1] 「日中歴史共同研究委員会」というのは、それぞれ日本国際問題研究所と中国社会科学院近代史研究所に事務所が設置され、日本側は北岡伸一が主任委員、中国側の首席委員は任命歩平。両国各 10 人の専門家を歴史共同研究委員とし、古代歴史、中世歴史と近現代史の三部分に分かれ、2006 年末から 2009 年末の三年の間で 4 回全体会議を開催し、現代史以外、他の部分は、それぞれに 13 篇の自国語で書かかれた論文が発表された。2014 年日本で書籍の形で出版された。詳しい内容の参照: 北岡伸一、歩平（編）、『日中歴史共同研究の報告書』第 1 巻と第 2 巻、勉誠出版、2014 年。

（2）日中関係：戦略互恵から対立紛争へ

2010年6月菅首相（民主党）内閣が発足したが、9月7日に起こった事件は、今の日中対立関係の境界線となった。尖閣諸島（中国名：釣魚島）の近くで中国漁船と日本の巡視艇が出動した。双方は、この問題を解決するために行った交渉が長期化し、中国は日本へのレアアースの輸出禁止の経済制裁措置を発動したのに日本はあわてた。「中国脅威論」が再び誇張された。2011年9月に発足した日本首相野田佳彦は日本国内の「中国脅威論」の世論を踏まえ、外交政策の基調を鳩山由紀夫の親中政策から日米同盟の強化に切り替えた。日本首相野田は当時東京都知事の石原慎太郎などの日本政治保守・右翼主義者の影響で、2012年9月11日、尖閣諸島（中国名：釣魚島）の国有化を認めた。

2006年10月、日本の安倍首相の一回目の訪中から日中の「戦略的互恵」関係で両国がハネムーン期に入ったことが示された。しかし、この関係は長く持続しなかった。主な理由として、第一、中国が2008年に北京オリンピックを開催したことで日中関係の改善が加速し、内容から見ると、歴史問題を無視し、代わりに、対日の戦略的利益に大きな比重を置いた。胡錦濤元国家主席は2008年の訪日で、日本の福田康夫首相と首脳会談を行い、日本の天皇陛下との夕食会で（1998年江沢民主席の訪日と比較すると）、実際は基本的にいかなる歴史問題も語っていなかった。第二、回復しがたい日本経済と政治の不安定性。つまり、小泉純一郎首相以降、2006年9月から2012年12月までの六年間、日本の与党は自民党から民主党にかわった。二大政党で前後合計六人の首相が任命された。しかも彼らの任期は1年も満たない。[1] 日本政治の不安定に加え、日本の政界が2011年の東日本大震災の余波及び中国との対立関係の影響がクライマックスを経て急激に保守化に転じ、極右翼勢力の歴史認識も迅速に右傾化したことにあった。結果、2012年9月26日、自民党総裁選挙の過程で、日本政治の保守派から支持を受けた安倍が当選した。[2]

---

[1]　第1回安倍内閣 2006.9.26 ～ 2007.9.26 ＝ 366日、福田康夫内閣 2007.9.26 ～ 2008.9.24 ＝ 365日、麻生太郎内閣 2008.9.24 ～ 2009.9.16 ＝ 358日、鳩山由紀夫内閣 2009.9.16 ～ 2010.6.8 ＝ 266日、菅直人内閣 2010.6.8 ～ 2011.9.2 ＝ 452日、野田佳彦内閣 2011.9.2 ～ 2012.12.26 ＝ 482日。

[2]　2012年首相選挙代表団は、300人の地方党員と198人の現役議員で構成され、投票決議。一回目の投票で、過半数の票を得た候補者がいなければ、票数が最も多い二名を選んで最終投票する。最終投票では地方票党員の排除され、198人現役議員投票だけが投票する。2012の首相選の時、一回目の投票で石破栄議員は国会議員票34票＋地方党員165票＝199票、安倍議員は国会議員票54票＋地方党員87票＝141票、石破栄議員が1位、2回目選挙で安倍首相に敗れた。

（3）安倍首相と習近平主席の日中関係と日米同盟

2012年12月、安倍内閣が再び発足し、安倍首相は「強い日本」という政治スローガンを出した。これと同時に、中国共産党第十八回全国代表大会が開催され、習近平は中央委員会総書記に推薦された。習近平総書記が出した最初の主張は「中国夢＝中華民族の偉大なる復興」である。今の日中関係は、誠に安倍晋三首相と習近平主席の政治スローガンが示すように、両者の間には避けられない大きな摩擦があり、かつ両国関係の発展は自国だけでなく、ひいては東アジア地域全体にも大きな影響がある。

再び執政する安倍内閣は「アベノミックス」で国民の支持を得た。彼の「侵略戦争」の否認、「河野談話」の考証、「村山談話」の見直し、そして、強引的な靖国神社参拝などの問題で、歴史認識の後退傾向が現れた。集団的自衛権の行使のために、憲法（9条）改正に力を入れた。この過程の中で、安倍は2013年7月の衆議院選と2014年12月の衆議院選で圧倒的な強さで勝ち、憲法（9条）改正のための有利な政治環境を整えた。

アメリカ合衆国上院全体会議で2013年度「国防決定とその授権法案」に補足条項が補足され、尖閣諸島（中国名：釣魚島）は『日米安保条約』第5条の適用対象であると明確にした。アメリカはまた2013年7月に起きた中国海軍艦艇のレーダーが日本艦艇に照準を合わせた事件（2013年1月）をあげて、東シナ海と南シナ海領域で言及した「中国脅威論」の決議案を通過させた。そして、中国に対して、「アジア太平洋地域の航海の自由はアメリカの国家利害に及んでいる」とした[①]。アメリカ元国防相ヘーゲル（Charles Timothy Chuck Hagel）は中国防空識別圏（2013.11.23）の公布行為が周辺国の対立を招くかもしれないし、「日中領土紛争で起きた際には、同盟国としてアメリカは日本を助ける」と発言した[②]。まさにアメリカの一連の言動が示したように、日中間の問題は中米関係の問題に転じつつある。

中国は日米同盟が中国を牽制する行為に非常に敏感である。習近平主席は2013年3月と7月に解放軍関係者に訓示を出した：作戦によく備え、戦争が起きたら、全力を尽くして勝利を勝ち取らなければならない。そして「実戦能力を全体的に向上させ、勝利を勝ち取るため、強軍目標を実現させる」と指示

---

① 『中国新聞網』（2013.7.29），「アメリカ衆議院は中国が尖閣諸島及び……」。

② 『中央日報』（2014.4.11），「ヘーゲル威嚇を隠し……習近平主席軍政外交分業」。

した。① 日本首相は 2014 年 1 月の第 44 回世界経済フォーラム（WEF：ダオスフォーラム）年会で、「今の日中関係は第一次世界大戦前の英徳関係に極めて似ている」と発言した②。また、中国とロシアは 2014 年 5 月、上海海域で「特定海域を保護し外部の進攻を受けない」をテーマとした「2014 中露合同軍事演習」を行った。

　最近は日米同盟が中国を牽制する動きがもっと目立つようになった。アメリカ国防相カーター（Ashton Carter）と日本の防衛大臣中谷元は 4 月 8 日に東京で会談をした。カーターは『日米安保条約』は日本のすべての施政権に適用されるとし、アメリカが尖閣諸島（中国名：釣魚島）の施政権問題、南シナ海問題で、中国のいかなる現状を変える企て或いは脅威行為にも反対の態度をとる。③ 米日両国は 1997 年の後、18 年ぶりに初めて日米防衛協力ガイドライン（guide—line）を改正した。④ 目的は明らかに中国を牽制することである。

　アメリカと日本は新たな協力指針の指導の下で、日本が武力攻撃をうけた際は、日米協力の一環として、明確に島嶼防衛の関連内容を表記する。アメリカと日本の考えは、「中国政府と民間船舶がたびたび進出する尖閣諸島（中国名：釣魚島）とその周辺海域の状況で、尖閣諸島（中国名：釣魚島）の緊急事態発生に備え、中国への抑止力を高める必要がある」⑤。これに対し、中国外務省は反対の意見を出した。日米同盟は冷戦の残りとして、第三国の利益に損害を与えたとれた。そして、米側に対し、言動を慎むように促し、東シナ海と南シナ海に関する問題に対し、米側が中国と当事国との直接対話交渉を通じて平和的に問題を解決する努力を尊重し、問題の複雑化、被害地域の安定の損害を招かねる言動をやめるべきだと発言した。⑥

---

① 『人民日報』（2013.7.30），「党が新情勢での強軍目標の実現をめぐって、全体的に部隊強化の建設を行う」。

② 『アジア経済』http://view.asiae.co.kr/news/view.htm？ idxno=20140123204124711148（検索日：2014.2.10）。

③ 『人民日報』（2014.4.9），「外交部：断固日米が同盟を利用して第三者の利益を損なうことに反対する」

④ 1978 年に制定され、1997 年に改正された日米防衛協力ガイドライン（guide—line）は普段、周辺で起きる事態と日本の非常時期を含む 3 種類の情況の下、日米それぞれ役割に関する内容を担当すべき。日本が直接がいぶから武力攻撃をうけた場合の、在日米軍と日本の自衛隊が行うべき共同作戦の主な内容。日本政府は 5 月 15 日、内閣決議を通して、指導方針改訂内容を反する安保制度改正案を提出した。

⑤ 『文化日報』（2015.4.14）。

⑥ 『人民日報』（2014.4.9），「外交部：断固日米が同盟を利用して第三者の利益を損なうことに反対する」。

4.「日中韓三国歴史共同研究」と「東北アジア安保協力メカニズム」

日中両国関係の角度からは、もし両国間の不和が長期化すると、両国国民の間の険悪と反感は強まり、安全だけでなく、政治、経済、文化、交流協力など各方面に悪影響を及ぼす。また、東アジア地域全体から見ると、日中間の歴史と対立要素はもう安全衝突までに広がり、海洋勢力 vs 大陸勢力の新しい冷戦対立構造形成の総媒介となった。

東北アジア地域は安全衝突の拡散を防止するため、一度は「東北アジア安保協力機構」の成立を提案した。そのため、まず大切なのは、日中韓三国の協力体制を2008年の「日中韓三国の首脳会議」の開始時期に戻す必要がある。日中韓三国協力体制の復元を実現するためには、まず解決すべきことは歴史と領土紛争による悪化した日中や韓日関係を改善することである。歴史問題と安全問題を区別するべきであり、いわゆる「歴史・安全両路線」戦略をとるべきである。しかし、たとえ過去の日中、日韓関係も歴史問題で何回か非常事例があったことを考慮して、日中韓三国の関係の特徴をみると、歴史の問題を優先して解決すべきで、これに対し三国は十分に重視しなければならない。

韓国と日本は2001年と2007年に二回の「日韓歴史共同研究」を行い、中国と日本も2007年に「日中歴史共同研究」を行った。注意すべきことは、日中政府は早い時期に「中日韓歴史共同研究」に言及した。2005年4月に中国国内で反日デモが起った後、日本の町村信孝外務大臣と中国の李肇星外相は、北京で会談し、「（町村信孝は李肇星に対し）国と国の間の共通の歴史認識をつくるのは極めて困難な事である。そして最大程度の共通認識を実現させる努力は極めて重要なことである（同時日韓歴史共同研究に言及する）我々は日中歴史共同研究の可能性について検討した」。その後、5月に京都市で開かれたASEAN+3外交部長級会議で「（李肇星は町村信孝に対して）日中両国間の歴史共同研究にしても、日中韓三国間の共同研究にしても、無限に支持する。」[①] 日韓や日中は歴史共同研究の実験を行った。まさに今の日韓、日中関係の現状が表しているように、「日中韓三国間の歴史共同研究」は共通の歴史認識に基づく歴史和解に達しなければ、日中韓三国（安全）協力の議論はただ空想にすぎない。

---

① 服部龍二著,『日中歴史認識』東京大学出版会, 2010, p.294; 波多野澄雄,「日中歴史共同研究——成果と課題」, 黒沢文貴, イアン・ニッシュ（編）,『歴史と和解』, 東京大学出版会,2011,p.191-192.

単純にヨーロッパと東北アジアの状況を比較すると、どうしても無理がある。しかし、ヨーロッパ歴史経験からみると、まず歴史和解が合意したのち、安全保障協力を行った。そして、ヨーロッパ安全と協力組織（OSCE：Organization Security and Cooperation in Europe）を成立させた。歴史問題で、一度極端的に対立したフランス（シャルル・ド・ゴール大統領）とドイツ（アデナウアー首相）は、1963 年パリのエリゼ宮でヨーロッパ歴史和解手本ともなる「エリーゼ条約」に署名した。そして、ヨーロッパの指導者は 1975 年にフィンランドヘルシンキで開催された首脳会議で、ヨーロッパ安全と協力会議（CSCE、ConferenceonSecurity andCooperationinEurope）を成立させ、そして 1995 年に今のヨーロッパ安全と協力組織（OSCE）に発展した。もし、ヨーロッパ主要国のフランスとドイツが本当の歴史和解合意に達していなければ、今のヨーロッパ安全協力機構も簡単に確立されなかった。

5．結論：日中韓三国協力の課題

（1）日本は歴史修正主義を終わらせなければならない。そして、次の世代に対し正確な歴史教育を行うこと

日本の首相は最近再開の日中韓三国首脳会議でかなり積極的な姿を出している。安倍氏の主要な課題は現在日本が行っている歴史修正主義をすぐに終了させることである。4 月 6 日と 7 日、日本は中学校教科書の検査結果を『2015 年外交青書』でまとめて発表した。まさに事前の予想通り、歴史と領土（国土）に関する内容で、安倍政権は日本の侵略戦争を否認するため、事実に反する内容で学生と民衆を教育するつもりである。歴代の日本政府は歴史問題について、「村山談話」を出し、誠意をもって十分に反省し謝罪した。しかし、「過去」に比べ、彼らは強調しているのは「未来」の隣国との関係である。今の安倍政府は、昔に倣い、同じ倫理論理を実行している。安倍政府はもし本当に東北アジアの未来を重視するならば、日本は自国の次世代を教育する教科書を通過させるべきではない。間違った歴史認識を詰め込み式で教育するべきではない。日本が歪曲した史実の教科書を直視することは、未来の日中韓三国関係に悪影響を及ぼす確率が増すことになる。

最近（2015 年 3 月～ 4 月）、日本『朝日新聞』でかなり面白い世論調査が行われた。これは日本人とドイツ人を対象に、加害国の歴史について教育と被害国との関係に関する世論調査である。

「表 1」戦後 70 年朝日新聞世論調査：日本人とドイツ人を対象とする被害国との関係

アンケート	日本人		ドイツ人	
1. 戦争などの問題で傷つけられた周辺国とは仲良くよっているか	はい 46%	いいえ 50%	はい 94%	いいえ 4%
2. 戦争などの問題で傷ついた周辺国とその国民に謝罪或いは弁償を行ったか	十分にした 57% (*2006 年 36%)	まだ十分ではない 24% (*2006 年 51%)	十分にした 73%	まだ十分ではない 21%
3. 将来も被害国に謝罪のメッセージを伝えていくべきか	はい 46%	いいえ 42%	はい 55%	いいえ 42%
4. 学校で系統的に日本人の戦争及びドイツのナチ時代の歴史を勉強したことがあるか	はい 13%	いいえ 79%	はい 48%	いいえ 46%
5. 日本人とドイツ人はそれぞれ「東京裁判」と「ニュルンベルク裁判」を知っているかどうか	知っている 33%	知らない 63%	知っている 68%	知らない 33%

出所：http://www.asahi.com/articles/ASH473GTLH47UTIL00Q.html（検索日 2015.4.16）

　「表 1」アンケート結果の一つ目の問題について、はっきり日本人とドイツ人の考え方の違いが現れた。ドイツ人は「被害国と仲良くしているか」という質問について、すでに 94% の人、即ち大多数の人が仲良くしていると答えたが、55%、即ち過半数以上の人は将来被害国に謝罪のメッセージを伝えなければならないと答えた。これに対して、私たちは四つ目と五つ目の質問の結果で、ドイツと日本は教科書を通して次世代に正しい歴史教育をおこなったかどうかが分析できる。

　世界的に有名な日本人作家の村上春樹氏が言ったように、かつてのある時期では、日本は経済大国で、韓国と中国は発展途上国で、その当時三国間の関係は経済実力の差で多くの問題が制圧されていたが、しかし、中国と韓国の国力が上昇するにしたがい、過去の構造は破られ、かつて制圧され封印されていた問題が沸いてきた。しかも、彼はまた、日本が他国を侵略したことは争えない事実であるので、歴史教育はとりわけ重要な問題であるといった。「謝罪は恥ずかしいことではな

い。日本は誠意を持って謝罪しなければならない。相手国を満足させるまで。」[①]

　（2）中国とアメリカは「責任がある大国」として、東アジア地域内の紛争管理にも責任がある

　習近平主席と日本の安倍首相は昨年 11 月に北京 APEC 首脳会議を機に会談を行った。日中首脳会談の開催の条件として、谷内正太郎（日本国家安全保障局長）と楊潔篪（中国国務委員）が会議前夜に解釈しやすい巧妙な「関係改善に四原則の合意」に達した[②]。二日目に日中首脳は約 25 分間の会談を行った。日本の学者は、中国は報道していないが、安倍首相は会談で習近平主席に対し、四原則を協力することができる。四原則は：△東シナ海の共同作業の強化（2008 年油田・天然ガス田共同開発合意の実行）、△経済関係の深化、△より高いレベルの東アジアの安全保障環境の安定、△相互理解の改善[③] 等である。以上の四原則の本質は 2008 年双方共同声明によると協議の「戦略的互恵関係」の内容と一致する。中国は今の日中対立関係を 2008 年の戦略的互恵関係という積極的な立場に取り戻したい。習近平主席は、「中国夢」を実現するため、国境地域の安定を維持しなければならないと強調したが、日米同盟の強化を無視することができないと述べた。中国を牽制する情勢の下で、日中関係の緊張が続くだろう。

　アメリカも日中韓三国の歴史対立の中でなすがままにできない。戦後、中国共産党は内戦に勝ったので、アメリカはアジアで共産主義の脅威に直面した。東アジアの安定のため、日本の天皇に戦争の責任を追及しなかった。このようなアメリカ不当政策により、日本はドイツのように本当の反省をする過程を経験していない。アメリカは戦後問題処理の主導的な国だったが、日中韓三国間の関連問題に対し、はっきり立場をとっておらず、かえって紛争を放置した。21 世紀の G2 時代、アメリカと中国は東アジア地域内の対立解決の基準に対して十分注意を払

---

①　『中央日報』（2015.4.19）、「日本は誠心をもって謝罪すべきで、相手国の満足にいくまで」。

②　△第一項、双方は日中の 4 つの政治文書の諸原則と精神を守り、日中戦略互恵関係を発展しつづける。△第二項、双方は「歴史を直視し、未来に向かう」の精神に基づき、両国関係の政治的障害がもたらす影響を克服するためのいくつかの合意を達成する。△第三項、双方は尖閣諸島（釣魚島）など東シナ海海域をめぐる近年現れた緊張情勢に違った主張が存在し手いることを認識し、対話協議を通じて情勢悪化の防止することに同意する。危機管理メカニズムを確立し、不測の事態の発生を免れる。第四項、双方は各種の多国、二国間のルートを使い、徐々に政治、外交や安全対話を再起動させ、政治の相互信頼の構築にちとめる。

③　《The New York Times》（2014.12.8），Akio Takahara,"Detente for China and Japan"，http://www.nytimes.com/2014/12/09/opinion/detente-for-china-and-japan.html?r=0（検索日：2014.12.20）。

うべきである。

（3）韓国は日中韓三ヶ国首脳会議の再度開催で積極的な橋渡しの役割をするべきである

　最近、3年ぶりの日中韓外交部長会談は先月3月21日にソウル特別市で行われた。三国の外交部長は日中韓三国首脳会談を一日も早く開催させるため協議に努めた。最近、日中韓三国間の目立った歴史や領土問題と日本経済の長期不況、中韓の実力上昇による日中韓三国間の国力の急激な変化と地域構造問題がもたらす秩序と準則の欠如ととても大きい関係がある。ソウル特別市の「日中韓三国間協力事務所（TCS）」の組織、役割や機能を拡大し、政治や歴史の分離、安全と歴史の分離の制度化を実現するために、中国と日本を受け入れるべきである。

（中訳文から　海村佳惟　訳）

동북아 안보협력의 과제 :
시진핑 – 시대의 중·일 관계 개선[①]

车在福[*]

1. 머리말

2015 년 4 월 한 달 동안 미국과 일본, 일본과 중국 사이에는 중요한 변화가 있었다. 애슈턴 카터 (Ashton Carter) 미 국방부장관의 방일 (4.8), 아베 (安倍晋三) 총리의 방미와 미일 정상회담 (4.28), 고노 요헤이 (河野洋平) 전 중의원 의장이 이끄는 일본국제무역촉진협회 방중과 리커창 (李克强) 총리 회담 (4.14), 아베 총리와 시진핑 주석의 아시아 – 아프리카회의 (반둥회의) 에서 회담 (4.22) 이 있었다. 이 무렵 중국정부 산하 중국국제문제연구원 (CIIS) 은 중국 국제 전략 연구 기금회 (CFISS) 와 함께 북경에서 '중·일·한 3 국 안보협력' 을 주제로 회의를 개최했다 (4.27-28).

필자에게는 '한미일' 3 국의 안보협력은 익숙한 반면 '한중일' 3 국의 안보협력은 생소하다.[③] 미국은 최근 한미일 3 국간 외교차관급 협의체를 만들어 지난 4 월 16 일 워싱턴에서 첫 차관급 회담을 가졌다. 한미일 3 국간에는 외교장관 회담, 6 자 회담 수석대표 회동, 외교부 국장급 협의체는

---

① 본 연구는 연구자 개인의 의견일 뿐, 동북아역사재단의 입장과는 무관합니다.

* 한국 동북아역사재단 정책기획실 연구원.

③ 한국에서는 '동북아 안보협력' 관련 연구서로 세종연구소 이태환 편, 『한국의 국가전략 2020 : 동북아 안보협력』 (2005) 의 단행본이 있다. 이 책은 2020 년의 안보환경은 현재의 양자간 동맹 체제를 중심으로 한 세력균형 구도를 완전히 벗어나지 않은 채 지역 내 갈등과 경쟁 그리고 협력이 혼재한 상황을 상정하여, 결론적으로 지역 통합 가능성은 크지 않지만 다자 안보 협력체제가 어느 정도의 형태를 갖춰나가는 것으로 진단하고 있다.

가동되고 있었지만 차관급의 별도 모임은 없었다. 그런 와중에 중국외교부 산하 중국국제문제연구원 (CIIS) 이 중국국제전략연구기금 (CFISS) 과 함께 중 - 일 - 한 3 국간 역사와 영토 문제로 갈등이 지속되는 가운데 '한·중·일 3 국 안보협력' 학술회의를 기획한 것은 신선하다. 필자는 이번 학술회의 개최 배경이 아마 지난해 11 월 시진핑 주석이 주재한 '중앙외사공작회의' 에서 논의된 중국의 주변국 외교전략 즉 "주변우호협력지대 확대" 내지 "운명공동체론" 과 깊은 관련성이 있다고 본다. 이에 필자는 본고에서 한중일 3 국이 안보협력을 이끌어 내기 위해 우선적으로 풀어야 할 선결과제에 대해서 논의하고자 한다.

2. 동아시아 협력에 대한 중국의 구상

(1) 중국공산당의 '中央外事工作會議'

중국 외교의 큰 방향과 주요정책은 중국공산당의 中央外事工作領導小組①(CLGFA·Central Leading Group for Foreign Affairs) 에 의해 결정된다. 中央外事工作領導小組는 중국공산당이 국가의 중대사를 결정하도록 한 중화인민공화국 헌법 전문의 정신에 따라 설치되었고, 마오쩌둥 시대에는 한때 폐지되었으나 덩샤오핑 시대 1981 년에 다시 재개되었다. 장쩌민 전 주석은 1991 년 '전국외사공작회의' 를 열었고, 후진타오 전 주석은 2006 년 '전당외사공작회의' 를 열었다. 중국공산당은 또한 2000 년 9 월에는 中央國家安全工作領導小組를 만들었고, 2012 년 11 월의 18 차 공산당대회에서는 中央海洋權益領導小組를 만들었다. 현재 시진핑 주석 (組長) 이 이끄는 中央外事工作領導小組는 중국의 국가안보·대외정책·해양안보까지 총괄하는 기구다. 시 주석은 지난해 11 월 정치국 상무위원 전원이 참석한 가운데 '중앙외사공작회의' 를 주재하여 향후 중국외교가 나아갈 방침과 전략을 밝혔다.

시 주석은 지난해 취임 후 처음으로 개최한 '중앙외사공작회의' 에서 '중국특색의 대국외교' 를 강조했다. 그 주요내용은 중국 스스로 국제사회의 대국으로서의 역할을 재인식하고, 주변국외교를 성실히 전개하여 개도국과의 협력 및 이들의 입장을 대변하고, 미국 등 주요대국과는 협력을 통한 안정된

---

① 소조 (小組) 는 한국정부의 '위원회' 와 같은 성격이나 단기간에 사라지는 소조도 허다함 (소조 앞에 國자를 달면 국무원에 속하고, 中자를 달면 공산당에 속함)

국제환경을 조성하는 것이 골자였다. 시 주석은 향후 중국외교가 나아갈
방침과 전략으로 △주변우호협력지대 확대 △건강하고 안정적인 대국관계 구축
△개도국과의 협력 강화 △글로벌시스템 개혁을 통한 중국 및 개도국의 발언권
강화 △일대일로(一帶一路 : 중국이 추진 중인 육상·해상 실크로드) 프로젝트
적극 추진 △정확한 의리관(義利觀＝도의와 이익 관점)의 외교 전략을
내세웠다. 회의 후, 중국공산당 기관지 인민일보는 "중국외교는 반드시
자신만의 특색을 지녀야 한다(中国外交必须具有自己的特色)"는 제하의
사설에서, 중국의 주변외교 이념으로 '친·성·혜·용(親·誠·惠·容)'과
'운명공동체론'을 재차 강조했다.[①]

  (2) 주변우호협력지대 확대[②]

  중국은 개혁·개방 이래 경제발전중심 외교에서 오늘날 미국과는
'신형대국관계'를 내세우며 강대국중심 외교를 중시해 왔다. 그러나
중국지도부는 2013년 10월의 '주변외교공작좌담회', 2014년 11월의
'중앙외사공작회의' 개최 결과, 미국과의 국제질서 공동경영(condominium)을
꾀하면서도 '주변국 중시' 외교에 더 큰 비중을 두는 듯하다.[③] 시 주석은
2014년 4월 '중앙국가안전위원회' 제1차 회의부터 공개석상에서 10여 차례
'운명공동체론'을 주장해 왔다고 한다.[④] 이후 지난해 시 주석의 주변국 중시
외교 행보가 이를 뒷받침한다.

---

① 『人民日報』(2014.12.1)
② '주변우호협력지대 확대'란, 미국과 일본이 '아시아 재균형 전략'(美)과 '가치관 외교'
  (日), 아시아판 나토(NATO)를 설립하여 중국을 겨냥한 포위망을 구축하려는데 대해, 중국은
  주변국과의 관계를 강화하고 상호간 이익을 증대하여 미일의 포위망을 벗어나겠다는 전략이
  다. 이를 위해 인민일보(2014.8.21)는 "중국은 동아시아와는 유교사상, 남아시아와는 불교
  문화, 중앙아시아와는 '실크로드', 동남아시아와는 끊을 수 없는 혈연의 정으로 묶여 있다"
  는 논리를 내세운바 있다.
③ 유럽외교관계이사회(ECFR)의 François Godement 박사의 보고서 "Explaining China's Foreign
  Policy Reset"에 의하면, "China is right to recognise that diplomatic efforts must be made within the
  neighbourhood and should make this its first priority."로 분석하고 있다.
  참조 : http://www.ecfr.eu/publications/summary/explaining_chinas_foreign_policy_reset3001(검색일 :
  2015.4.17)
④ 『人民日報』(2014.7.23)

2014 년 5 월 이후 시 주석의 주변국외교 행보
△ 2014.5 월 : 제 4 차 아시아교류 및 신뢰구축회의 (CICA) 정상회의
- 시진핑의 아시아 新안보관 : "아시아의 안보문제는 아시아인이 처리해야 한다"
- 아시아인프라투자은행 (AIIB), 브릭스 (BRICS) 개발은행, 실크로드기금 설치 추진
- 푸틴과의 정상회담 (상하이) 에서 '중 · 러 전면적 전략 협력 동반자 관계' 의 강화
△ 2014.7 월 : 시 주석의 한국 단독방문 (한 · 중 전면적 전략협력 동반자 관계 격상)
△ 2014.8 월 : 시 주석의 몽골 단독방문 (중 · 몽 전면적 전략협력 동반자 관계 격상)
△ 2014.9 월 : 시 주석의 타지키스탄, 몰디브, 스리랑카, 인도 등 중앙 · 남아시아 4 개국 순방 (중 · 인 전면적 전략협력 동반자 관계 격상)
- 시 주석은 인도 일간지 [힌두] 에 '아시아 번영의 세기를 향하여 " 글기고
△ 2014.11 월 : 북경 APEC 정상회의 계기, 중 · 일 정상회담 개최
- '관계 개선 4 개항 합의문' 작성하여, 중 · 일 ' 전략적 호혜관계 (2008 년)' 로 복귀 희망
△ 2014.11 월 28-29: 시 주석 취임 후 첫 중앙외사공작회의 개최

중국 외교정책의 핵심 브레인그룹에 속하는 옌슈에통 (阎学通, 칭화대학) 은 2013 년 7 월 출간한 『历史的惯性 : 未来十年的中国与世界』(한국에서는 『 2023 년 세계사 불변의 법칙』 제목으로 2014 년 2 월 출판) 에서, 중국은 전통적인 '비동맹 원칙' 을 포기하고 주변국 및 주요 강대국들과 적극적인 '동맹전략' 을 통해 미국의 동맹전략에 대응해야 한다고 한다. 옌 교수는 또한 지난해 4 월 서울 성균관대학 학술회의에서 '한중동맹론' 을 꺼내면서 "중국은 비동맹 원칙을 버려야하며 주변국과 '우방' 내지 '운명공동체' 관계를 만들어 가야한다" 는 논리를 폈다.[①]

3. 중일 관계와 미일 동맹

역사상 중국과 일본의 관계는 고대시기의 中强日弱 구도, 근대시기의 日强中弱 구도를 띄었다. 특히 20 세기의 중일 관계는 침략과 피침략, 원조와 피원조, 선진국과 개도국의 관계였다. 그러나 21 세기의 중일 관계는 2010 년을 계기로 경제력 분야에서 中强日强의 '대칭형' 구도로 바뀌고, 지금은 양국이 동 (북) 아시아 주도권을 두고서 협력과 갈등 속에서 경쟁하고 있다. 그 중

---

① 閻學通: "中韓結盟對雙方有好處":http://dailynews.sina.com/gb/news/int/chosun/20140425/01305669526.html (검색일 2014.10.2)

2001 년 , 2005 년 , 2006 년 , 2008 년 , 2010 년 , 2012 년은 현대 중일관계사에서 중요한 해였다 .

(1) 중일 관계 : 갈등에서 전략호혜로

고이즈미 (小泉純一郞) 전 일본총리는 2001 년 4 월부터 2006 년 9 월까지 제 87 대 , 제 88 대 , 제 89 대 일본총리로서 임기 내내 매년 야스쿠니신사 참배를 강행했다 . 중일 간 , 한일 간 역사 인식의 갈등은 다시 불거졌고 , 2005 년 중국에서의 대규모 반일시위는 중일관계를 급랭시켰다 . 2006 년 9 월 포스트 고이즈미로 아베 총리가 90 대 일본총리로 선출되었다 . 아베 총리는 취임 후 2006 년 10 월 첫 해외방문 국가로 북경을 방문하고 , 역사와 정치를 분리하여 '중일역사공동연구위원회' 출범을 성사시켰다 . 그 후 중일 양국은 역사문제를 '역사공동연구위원회' 에 맡기고 , 양국 관계는 각자의 전략적 이익에 맞추어 "전략적 호혜" 관계로 격상시켰다 . 중 · 일 "전략적 호혜" 는 이후 2007 년의 원자바오 (溫家寶) 총리의 방일과 후쿠다 (福田康夫) 총리의 방중 시에 논의를 더하면서 , 2008 년 5 월 후진타오 (胡錦濤) 주석의 방일 시에 공동성명으로 발표되었다 . 중국학계는 이를 두고 중일 간 제 4 의 정치문건으로 21 세기 중일 관계의 이정표로 지칭했다 .

2009 년 9 월 일본민주당 집권의 하토야마 유키오 (鳩山由紀夫) 내각은 출범부터 "대등한" 일미관계를 표방하면서 , 중국을 향해 분쟁 중인 동중국해를 "우애의 바다" 로 만들자며 동아시아공동체 건립을 제안했다 . 2010 년 1 월에는 '중 · 일 역사공동연구위원회'[①] 가 지난 3 년 간 진행해 온 결과보고서를 각자 발표했다 . 중국과 일본은 근현대사를 둘러싼 "침략전쟁" 에 대해서는 일치된 의견을 도출했고 , 남경사건 (남경대학살) 등 상이한 이견을 내 놓으면서도 점진적으로는 역사 갈등 해소의 실마리를 찾아가는 듯했다 .

(2) 중일 관계 : 전략호혜에서 갈등 · 분쟁으로

2010 년 6 월 칸 나오토 (菅直人 , 민주당) 내각이 들어서고 , 9 월

---

① '중일 역사공동연구' 는 일본국제문제연구소와 중국사회과학원 근대사연구소에 각각 사무국을 두고 , 일본 측 좌장으로 기타오카신이치 (北岡伸一) , 중국 측 좌장으로 부핑 (步平) 을 선임했다 . 양측 전문가 각각 10 명을 역사공동연구위원으로 위촉하여 고대사 , 중 · 근세사 , 근 · 현대사 분과로 나누어 2006 년 말부터 2009 년 말까지 3 년에 걸쳐 4 차례 전체회의를 거쳐 , 현대사 부분을 제외하고 각각 13 편의 자국어 논문을 공표하였다 . 지난해 일본에서 책으로 출판되었다 . 상세한 내용은 참조 : 北岡伸一 , 步平 (編) , 『日中歷史共同硏究報告書』 1 권과 2 권 , 勉誠出版 , 2014 年 .

7일에는 오늘날 중·일 갈등 관계의 분수령이 된 사건이 발생했다. 센카쿠 열도 (중국명: 댜오위다오)① 인근에서 중국 어선과 일본 순시선이 충돌했다. 양측 간 이 사건의 해결을 위한 교섭이 장기화되자 중국은 일본에게 희토류 수출금지의 경제카드를 사용했고, 일본은 이에 크게 당황하면서 '중국위협론'을 다시 도마 위에 올렸다. 2011년 9월에 출범한 노다 요시히코 (野田佳彦, 민주당) 총리는 일본내 '중국위협론'의 여론을 등에 업고서 외교정책 기조를 하토야마의 친중 정책에서 일미 동맹의 강화로 되돌렸다. 노다 총리는 당시 도쿄도지사 이시하라 신타로 (石原慎太郎) 등 일본정치 보수·우경화의 영향으로 2012년 9월 11일 센카쿠열도 3개의 섬을 국유화 시켰다.

2006년 10월 1차 아베 총리의 방중으로 시작된 중·일 "전략적 호혜" 관계는 밀월기에 들어섰으나 그 관계가 오래가지 못했다. 그 이유는 첫째, 중국은 2008년 북경올림픽 개최의 성공을 위해 중일 관계 개선을 서둘렀고, 내용면에서는 역사 문제를 소홀히 한 대신 대일 전략적 이익에 큰 비중을 두었다. 후진타오 주석의 2008년 방일 시 후쿠다 총리와의 정상회담, 일왕과의 만찬 자리에서 (1998년의 장쩌민 주석의 방일과 비교하면) 실제로 역사 문제의 언급은 거의 없었다. 둘째, 좀처럼 회복되지 않는 일본경제와 일본정치의 불안정을 들 수 있다. 즉 고이즈미 총리 이후 2006년 9월부터 2012년 12월까지 6년여 동안 일본정치는 자민당에서 민주당으로 집권당이 바뀌고, 양쪽에서 6명의 총리가 등장했으나 모두가 1년 남짓한 임기의 총리로 끝났다.② 일본정치가 불안정한 가운데 일본정계는 2011년 동일본 대지진의 여파와 이후 중국과의 갈등 관계가 고조되는 가운데 급격하게 보수화되고, 극우세력의 역사 인식 또한 가파르게 우경화되어 갔다. 그 결과 2012년 9월 26일, 자민당 총재 선거결과는 일본정치의 보수화에 힘입어 아베 총리가

---

① 본 논문에서는 센카쿠열도 (尖角列島) 와 댜오위다오 (釣魚島) 를 병기한 표현을 원칙으로 하되, 일본 관련 문맥에서는 센카쿠열도로, 중국 관련 문맥에서는 댜오위다오로 표기한다. 그리고 2010년 9월 7일 센카쿠열도 (댜오위다오) 부근에서 중국어선 한 척이 일본순시선의 검색 요구에 도주하다가 일본순시선과 충돌한 사건은 '9.7 사건'으로 기술한다.

② 1차 아베 내각은 2006.9.26~2007.9.26=366일, 후쿠다 내각은 2007.9.26~2008.9.24=365일, 아소타로 (麻生太郎) 내각은 2008.9.24~2009.9.16=358일, 하토야마 유키오 (鳩山由紀夫) 내각은 2009.9.16~2010.6.8=266일, 칸 나오토 (菅直人) 내각은 2010.6.8~2011.9.2=452일, 노다 요시히코 (野田佳彦) 내각은 2011.9.2~2012.12.26=482일 집권했다.

당선되었다. ①

(3) 아베와 시진핑의 중일 관계와 미일 동맹

2012 년 12 월 2 차 아베내각이 출범하면서 아베 총리는 '강한 일본'을 정치적 슬로건으로 내걸었고, 같은 시기 제 18 차 당대회에서 총서기로 선출된 시진핑은 첫마디에 '중국의 꿈 (中國夢) = 중화민족의 위대한 부흥'을 주창했다. 오늘날 중일 관계는 아베 총리와 시 주석의 정치적 슬로건이 강한 마찰음을 내면서 양자 관계를 넘어서 동아시아 전역에 큰 영향을 미치고 있다.

2 차 아베 내각은 아베노믹스로 국민적 인기를 끌어올리면서 '침략전쟁' 부인, '고노 (河野) 담화' 검증, '무라야마 (村山) 담화' 재검토, 그리고 야스쿠니신사 참배를 강행하는 등 역사 인식을 후퇴시키면서 집단적 자위권 행사를 위한 헌법개정 (9 조) 에 몰입해 왔다. 그 과정에서 아베 총리는 2013 년 7 월의 참의원 선거와 2014 년 12 월의 중의원 선거에서 압승하여 '헌법개정 (9 조)'을 추진할 수 있는 정치적 환경도 구축했다.

미국 상원은 2013 회계연도 '국방수권법'②에서 센카쿠열도 (중국명 : 댜오위다오) 는 미 · 일 안보조약 5 조의 적용대상이라는 추가조항을 포함시킬 것을 만장일치로 의결했다. 미국은 또한 2013 년 7 월에는 중국군함의 일본함정에 대한 레이더 조준 사건 (2013 년 1 월) 을 들어, 동중국해와 남중국해에서 "중국위협"을 거론한 결의안도 통과시키며, "아태지역에서 항해의 자유는 미국의 국익과 관련이 있다"③며 중국을 겨냥했다. 헤이글 (Charles Timothy 'Chuck' Hagel) 전 미국국방부 장관은 중국의 방공식별구역 선포 (2013.11.23) 는 주변국과의 갈등을 야기할 수 있다며,

---

① 2012 년 자민당 총재 선거는 300 명의 지방당원과 198 명의 현역의원들로 구성된 선거단의 투표로 결정. 1 차 투표에서 과반수의 득표자가 나오지 않을 경우에는 상위 2 명을 대상으로 결선투표를 진행. 결선투표에는 지방 당원의 표를 배제하고 현역의원 198 명의 투표로 결정. 2012 년 총재선거의 경우, 1 차 투표에서 이시바시게루 (石破茂) 의원이 국회의원 34 표 + 지방당원 165 표 = 199 표, 아베 의원이 국회의원 54 표 + 지방당원 87 표 = 141 표로 이시바 시게루 의원이 1 위를 차지했으나, 2 차 결선에서 아베 총리에게 패함.

② 국방수권법 (National Defense Authorization Act) 이란, 매년 미 국방부의 주요 정책과 예산을 승인하는 법으로 미국 국방정책의 공식적인 방향을 알 수 있는 가장 확실한 자료이다. 이 법안을 통해 미국의 국방 관련 기관들의 예산 규모와 정책이 결정되고 그에 따른 권한이 부여된다. 오마바 대통령은 2013 년 1 월 2 일 '2013 회계연도 국방수권법'에 서명했다. 이번 법안은 2012 년 12 월 상원을 98-0 전원일치 찬성으로 통과된 바 있다.

③ 『中国新闻网』(2013.7.29), "美参议院称中国在钓鱼岛及南海威吓动武"

"미국은 중·일 영토 분쟁 시 동맹국인 일본을 보호할 것"① 이라고 밝혔다. 일련의 미국의 언행에서 보듯이 중·일 간 문제가 중·미 관계의 문제로 전이되고 있다.

중국은 미일 동맹의 중국 견제에 대해 예민하게 반응하고 있다. 시 주석은 2013년 3월과 7월 군부 관계자에게 전쟁을 위한 준비를 철저히 하고 전쟁을 하면 반드시 승리해야 한다는 훈시와 "실전능력 함양과 승전을 위한 강군 목표"를 제시했다.② 아베 총리는 2014년 1월 제44차 세계경제포럼(WEF·다보스포럼) 총회에서 "지금의 중·일 관계는 1차 세계대전 직전의 영·독 관계와 같다"③고 했다. 그리고 중국과 러시아는 2014년 5월 상하이 앞바다에서 특정 해역을 외부의 침공으로부터 보호한다는 개념의 '2014 중·러 합동군사훈련'을 실시했다.

미·일 동맹의 중국 견제 움직임이 최근 더욱 뚜렷해졌다. 카터(Ashton Carter) 미국 국방부 장관과 나카타니 겐(中谷元) 일본 방위상이 지난 4월 8일 도쿄에서 회담을 가졌다. 카터 장관은 미·일 안보조약은 일본의 모든 시정권(施政權)에 미치고, 미국은 일본의 센카쿠열도 시정권에 대해 (중국의) 어떠한 현상변경 시도나 협박행위에 반대하고, 남중국해 현상을 바꾸는 어떠한 협박행위도 반대한다고 했다.④ 그러면서 미일 양국은 1997년 이후 18년 만에 '미·일 방위협력지침(가이드라인)'⑤을 다시 개정하여 중국 견제에 나설 것을 분명히 했다.

미국과 일본은 新가이드라인에서 일본에 대한 무력공격 발생시 미·일 협력의 일환으로 도서(섬) 방위 관련 내용을 명기한다고 했다. 미국과 일본은 "중국 정부 및 민간 선박이 센카쿠열도(중국명: 댜오위다오)와 그 인근 해역에 계속 진입하는 상황에서, 센카쿠 유사시에 대비해 대(對) 중국

---

① 『중앙일보』(2014.4.11), "헤이글 달래고 으르고 … 시진핑·군 '분업 외교'"
② 『人民日報』(2013.7.30), "紧紧围绕实现党在新形势下的强军目标 全面加强部队建设"
③ 『아시아경제』http://view.asiae.co.kr/news/view.htm?idxno=2014012320412471148 (검색일: 2014.2.10)
④ 『人民日報』(2014.4.9), "外交部: 坚决反对美日利用同盟损害第三方利益"
⑤ 1978년 제정돼 1997년 개정된 미·일 방위협력지침(가이드라인)은 평시, 주변사태, 일본 유사시 등 3가지 상황에 대한 미·일의 역할 분담 내용을 담고 있으며, 일본이 외부로부터 직접적인 무력 공격을 받았을 경우를 상정, 주일 미군과 일본 자위대의 공동작전이 주요 내용이다. 일본 정부는 가이드라인 개정 내용을 반영한 안보법제 개정안을 5월 15일 각의 결정을 거쳐 의회에 제출할 예정이다.

억지력을 높이겠다"① 는 의미다. 이에 중국 외교부는 미일 동맹은 냉전의 잔재로 제 3 국의 이익을 해치는 것에 반대하고, 미국을 향해서는 동중국해와 남중국해 문제에 관해서는 당사국과의 직접대화를 통한 평화적 해결을 노력 하고 있다며 지역 평화를 해치는 언행을 삼가 하라고 지적했다.②

4. (가칭) '한중일 3 국 역사공동연구'와 '동북아 안보협력기구'

중일 양자 관계 차원에서 갈등이 장기화되면 양국 국민 간 상대를 향한 혐오와 반감이 고조되고 이는 안보뿐만 아니라 정치·경제·문화 교류협력 전반에 부정적 영향을 미친다. 나아가 동아시아 지역 자원에서는 중일 간 역사와 영토 갈등 요인이 안보 갈등으로 확산되어 해양세력 vs 대륙세력의 신냉전의 대립구도 형성의 촉매제가 되고 있다.

동북아지역은 안보 갈등 확산 방지의 대안으로 '동북아 안보협력기구' 창설이 논의된 적이 있다. 이를 위해서는 무엇보다 한중일 3 국 협력체제가 2008 년 '한중일 3 국 정상회의' 개시 시점으로 복원되어야 한다. 한중일 3 국 협력체제를 복원하기 위해서는 역사와 영토 갈등으로 엉클어진 중일 및 한일 관계 개선이 선행되어야 하고, 역사와 안보 문제를 분리해 다뤄야 한다는 이른바 "역사-안보 투 트랙"전략을 구사하는 것도 중요하다. 하지만 과거에도 역사 문제로 중일, 한일 관계가 비정상적인 경험을 거친 것이 한 두 번이 아니었음을 감안하여, 한중일 3 국 관계의 특성상 역사 문제 해결이 최우선적으로 선행되어야 하는 것에 3 국이 모두 관심을 가져야 한다.

한국과 일본은 2001 년과 2007 년에 두 차례 '한일 역사공동연구'를 시작한 바 있고, 중국과 일본도 2007 년에 '중일 역사공동연구'를 진행한 바 있다. 주목할 부분은 중일 정부 모두 일찍이 '한중일 역사공동연구'를 언급한 바 있다. 2005 년 4 월 중국내 반일시위가 확산되자 마치무라 노부다카 (町村信孝) 일본 외무상과 리쟈오싱 (李肇星) 중국 외교부장이 북경에서 회담하면서, "(마치무라는 리에게) 국가와 국가 간에 공통의 역사인식을 형성하는 것은 대단히 어렵다. 하지만 공통인식에 근접하기 위한 노력을 하는 것은 중요하다며 (일한 역사공동연구를 언급하면서) 일중 역사공동연구의 가능성을 검토했다." 그리고 5 월 교토에서 열린 ASEAN+3 외교부장관 회의에서 "(리는

---

① 『문화일보』 (2015.4.14)

② 『人民日報』 (2014.4.9), "外交部: 坚决反对美日利用同盟损害第三方利益"

마치무라에게) 일중 2 국간의 역사공동연구 , 일중한 3 국간의 공동연구 어느 쪽도 찬성한다"라고 언급한 바 있다 .① 한일과 중일은 이미 역사공동연구를 시험해 보았다 . 오늘의 한일 , 중일 관계가 직면한 현실에서 알 수 있듯이 '한중일 3 국간 역사공동연구' 를 통한 공통의 역사인식을 토대로 한 역사화해 없이 , 한중일 3 국 (안보) 협력을 논하는 것은 사상누각에 지나지 않았음을 수 차례나 증명해 왔다 .

유럽과 동북아의 상황을 단순하게 비교하기에는 무리가 있지만 , 유럽의 경우도 先 역사화해 後 안보협력의 시기적 순서로 '유럽안보협력기구 (OSCE, Organization for Security and Cooperation in Europe) 를 창설했다 . 역사문제로 극심하게 대립했던 프랑스 (드골 대통령) 와 독일 (아데나워 총리) 은 1963 년 파리의 엘리제궁에서 유럽 역사화해의 모델인 이른바 '엘리제 조약' 을 체결했다 . 그리고 유럽의 정상들은 1975 년에 핀란드 헬싱키에서 정상회의를 개최하여 '유럽안보협력회의 (CSCE, Conference on Security and Cooperation in Europe)' 를 창설하였고 , 1995 년에 지금의 '유럽안보협력기구 (OSCE)' 로 발전시켰다 . 만약 유럽의 주요 국가인 프랑스와 독일 사이에 진정한 역사화해가 없었다면 지금의 유럽안보협력기구의 창설은 쉽지 않았을 것이다 .

5. 결론 : 한중일 3 국 협력의 과제

(1) 일본은 역사수정주의를 중단하고 미래세대에게 바른 역사 인식을 갖게 해야 한다

아베 총리는 근래 한중일 3 국 정상회담 재개에 적극적인 자세를 보이고 있다 . 아베 총리의 과제는 지금 일본에서 진행되고 있는 역사수정주의를 중단해야 한다 . 지난 4 월 6 일과 7 일에는 일본에서 중학교 교과서 검증 결과와 '2015 년 외교청서' 가 발표되었다 . 예상대로 아베 정부는 일본의 침략전쟁으로 빚어진 역사와 영토 (독도) 관련 부분에서 사실에 반하는 내용으로 학생들과 국민들을 가르치려 하고 있다 . 역대 일본정부는 역사문제가 불거지면 '무라야마 담화' 를 내세워 충분히 사과하고 반성했다면서 '과거' 보다는

---

① 服部龍二 (저),『日中歷史認識』, 東京大学出版会 , 2010, p. 294. ; 波多野澄雄 , " 日中歷史共同研究 ― 成果と課題 ", 黒沢文貴、イアン · ニッシュ (편),『歷史と和解』, 東京大学出版会 , 2011, p. 191-192.

‘미래’ 지향적 관계를 강조했다 . 지금의 아베 정부도 같은 논리를 펴고 있다 . 아베 정부가 진실로 동북아의 미래를 중시한다면 일본의 미래 세대가 배워가는 교과서를 통한 잘못된 역사인식의 주입을 해서는 안 된다 . 왜곡된 교과서는 미래 한중일 3 국 관계에 큰 악재가 된다는 사실을 직시해야 한다 .

　　최근 (2015 년 3 월 ~4 월), 일본 아사히신문에 의한 흥미로운 여론조사가 있었다 . 일본인과 독일인을 상대로 가해국의 역사교육과 피해국과의 관계의 상관성을 보여주는 여론조사다 .

[표1] 전후 70 년 아사히신문 여론조사 : 일본인과 독일인 대상 피해국과의 관계				
설문	일본인		독일인	
1. 전쟁 등으로 피해를 끼친 주변국과 잘 지내고 있는지	그렇다 46%	아니다 50%	그렇다 94%	아니다 4%
2. 전쟁 등으로 피해를 끼친 국가와 국민에게 사죄와 보상은	충분하다 57% (*2006 년은 36%)	부족하다 24% (*2006 년은 51%)	충분하다 73%	부족하다 21%
3. 앞으로도 사죄의 메시지를 계속 보내야 하나	그렇다 46%	아니다 42%	그렇다 55%	아니다 42%
4. 일본인은 전쟁, 독일인은 나치시대에 대해 학교에서 제대로 배웠느냐	그렇다 13%	아니다 79%	그렇다 48%	아니다 46%
5. 일본인과 독일인에게 각각 ‘도쿄재판’ 과 ‘뉘른베르크재판’ 에 대하여 그 내용을	알고 있다 33%	모른다 63%	알고 있다 68%	모른다 33%

출처 : http://www.asahi.com/articles/ASH473GTLH47UTIL00Q.html (검색일 2015.4.16)

　　[표1] 의 1 번 설문에서 일본인과 독일인은 확연히 다른 생각을 보였는데 , 독일인은 피해국과의 관계에서 94% 의 대다수가 잘 지내고 있다고 응답하면서도 55% 의 과반 이상이 앞으로 계속하여 피해국가에게 사죄의 메시지를 보내야 한다고 답했다 . 이는 4 번과 5 번 설문에서 교과서를 통한 바른 역사교육이 독일과 일본에서 제대로 이루어 졌는가에 의한 결과로 봐도 무방하다 .

　　일본의 세계적 작가인 무라카미 하루키 (村上春樹) 는 일본이 경제대국이고 , 한국과 중국이 개발도상국인 시대에는 그 관계 안에서 여러

문제가 억눌려져 왔지만 한국과 중국의 국력이 상승해 그 구조가 무너지면서 봉인됐던 문제들이 분출하고 있다고 진단한다. 그리고 그는 일본이 타국을 침략했다고 하는 큰 줄기는 사실이기 때문에 그러한 역사의 인식 문제는 중요하다며, "사과한다는 건 부끄러운 것은 아니다. 상대국이 됐다 할 때까지 일본은 제대로 사과해야 한다"고 말했다. ①

(2) 중국과 미국은 '책임 있는 대국'으로 동아시아 역내 갈등 관리에도 책임이 있다

시 주석과 아베 총리는 지난해 11월 북경 APEC 정상회의를 계기로 회담했다. 중일 정상회담 개최 조건으로 야치 쇼타로(谷內正太郎, 국가안전보장국장)와 양제츠(杨洁箎, 외교담당 국무위원)는 전날 밤 서로가 편리하게 해석할 수 있는 교묘한 '관계 개선 4개항 합의문'②을 도출했다. 그리고 다음 날 중일 정상은 약 25분간 회담했다. 일본학자에 의하면, 중국에서는 보도되지 않았지만 회담 중 아베 총리는 네 가지 사안에 대해서 협력이 가능하다는 뜻을 시 주석에게 전했다고 한다. 네 가지 사안은 "△동중국해 공동 협력 강화(2008년 유전·가스전 공동개발 합의 이행) △경제 관계 심화 △보다 높은 수준의 동아시아 안보환경 안정 △상호이해 개선이다."③ 위 네 가지 사안의 본질은 2008년에 양측이 공동성명으로 합의한 '전략적 호혜관계'와 합치하는 내용에 가깝다. 중국은 지금의 중일 갈등 관계를 2008년의 전략적 호혜 관계로 되돌리는 것에 적극적인 입장을 보여 왔다. 시 주석은 '중국의 꿈' 실현을 위해 변경지역 안정 유지가 필수이고, 일본이 미국과 동맹 강화로 중국을 견제하는 현 상황에서 중일 긴장 관계를 계속하여 방치할 수는 없다.

---

① 『중앙일보』(2015.4.19), "상대국이 됐다 할 때까지 일본은 제대로 사과해야"

② △제1항 "양측은 기존에 합의한 4개 '정치문건'상의 원칙과 정신을 존중한다는 점을 확인 하면서 양국간 전략적 호혜관계를 지속적으로 발전시켜 나간다." △제2항 "'양측은 역사를 직시하고 미래로 향한다'는 정신에 입각, 양국 관계에 영향을 주는 정치적 장애를 극복해 나 가자는 데 대해 일부 합의 했다." △제3항 "양측은 센카쿠(중국명: 댜오위다오) 열도 등 동중국해에서 최근 몇 년 새롭게 조성된 긴장국면에 대해 서로 다른 주장을 펼치고 있다는 점 을 인식하고, 대화와 협상을 통해 정세 악화를 방지하고 위기관리 시스템을 조성해 불의의 사 태를 방지해 나가기로 했다." △제4항 "양측은 각종 다자간·양자간 채널을 활용, 정치·외 교·안보대화를 점진적으로 재개해 나감으로써 정치적 상호신뢰 구축에 노력하기로 했다."

③ 『The New York Times』(2014.12.8), Akio Takahara, "Detente for China and Japan", http://www.nytimes.com/2014/12/09/opinion/detente-for-china-and-japan.html?_r=0 (검색일: 2014.12.20)

미국도 한중일 3국의 역사 갈등에 자유로울 수 없다. 미국은 종전 후 중국 공산당이 국공내전에서 승리하자, 아시아에서 공산주의 위협에 직면하여 동아시아의 안정을 위해 일왕에게 전쟁 책임을 묻지 않았다. 미국의 그런 실책으로 일본은 독일처럼 진정한 반성의 과정을 거치지 않게 되었다. 미국은 전후처리 문제의 주도국이었으나 한중일 3국 간 관련 문제에 있어서는 모호한 입장을 취하여 오히려 분쟁을 방관하고 있다. 21세기 G2시대 미국과 중국은 동아시아 역내 갈등 해결의 규범 제공에 큰 관심을 가지고 나가야 한다.

(3) 한국은 한중일 3국 정상회의 재개를 위해 가교 역할을 적극적으로 이행해야 한다

최근 한중일 외교장관 회담이 지난달 3월 21일 서울에서 3년 만에 열렸다. 3국 외교장관은 한중일 3국 정상회담의 조기 재개를 위해 노력하자고 합의했다. 근래 한중일 3국 사이에 불거지는 역사와 영토 문제는 장기간의 일본 침체에 비해 중국 부상, 한국 부상으로 인한 한중일 3국간 국력의 급격한 변화와 역내 구조적 문제에 따른 질서와 규범의 부재에 기인한 측면이 크다. 서울에 있는 '한중일 3국 협력사무소(TCS)'의 조직, 역할, 기능을 확대하여 정치와 역사의 분리 접근, 안보와 역사의 분리 접근이 제도화 될 수 있도록 중국과 일본을 동시에 포용해야 한다.

中日韩安全合作与战略性国家利益观①

[日] 宫本雄二 *

我们应该立足于何种视角来眺望东亚的安全环境呢?

我认为,应该将上面提到的"战略性国家利益观"确立为基本出发点,也就是站在宽广、长远的视角上,看清什么才是本国真正的利益。

首先,我们需要明确判断国家利益的前提,那就是经济全球化与各国经济相互依存度日益加深,并且今后还会继续深化。维持并强化全球化经济是明确的国家利益,而且现实也是如此,如果不能维持一定的经济增长,那么一切国内政治都将无法持续。

同时,我们还应该认识到,21世纪军事力量的作用不外乎保卫本国、维持国际合作网下的国际秩序和保障安全。对压倒性军事力量引以为傲的美国在用武力实现政治目的方面几乎全部失败,而将来能够达到美国军事水平的国家已经没有了,包括中国在内。

因此,我们应该在这个基础上思考什么是能为本国带来最大利益的政策。基于这一战略性国家利益观的政策未必能获得国内政治的支持。阻碍战略性国家利益观确立的国内要素有三点,一是历史问题,二是领土相关问题,三是安全问题。

要"解决"历史问题非常困难,但是可以"缓和"它。我们非常需要不拘泥于相关细节问题,而是去正确理解历史的主干。"日本侵略了亚洲,不是亚洲侵略了日本",不确认这一点,东亚任何框架都难以构建。我们再也不应该制造出这种局面,即历史问题和领土相关问题一起主导两国关系,其他一切关系都无法前进。无论何时都不能

---

① 原文无题目,题目为编者所拟。
* 宫本雄二:日本宫本亚洲研究所主席、前日本驻华大使。

停止交流和对话。

其次，如何理解中国崛起的问题。二战后的国际秩序是美国主导的，经济依据自由贸易所代表的自由经济原则，政治依据联合国宪章所代表的自由民主主义。我的判断是，至少在现阶段，中国对这些现行秩序是支持的，并没有破坏它的打算。因为这样做是符合中国的战略性国家利益的。

然而，这并不意味着中国不想修正现行秩序，因为现行秩序是为了美国的利益而创造出来的，随着中国国力的增强，要求修正秩序也是很自然的事情。美中已经进入了地缘政治学上的对立关系。日本和韩国是美国的同盟，随着美中对立日益突出，它们能否为东亚带来和平与安定呢？问题的答案要看各国能否确立稳固的战略性国家利益观，并据此实现共同利益最大化，创立控制分歧的思想和组织了。

目前的当务之急是控制朝核问题和构建东亚危机管理体系，然后需要改善相互不信任扩大、误解和理解不足激增的局面。我们必须认识到，近年来日中韩相互理解水平越发下降是客观事实，各方抱着对彼此的不正确认识和印象而互相责难，如此的话，战略性国家利益的实现是无望的。

日中韩的知识分子应该尽力通过彻底对话达成共识，还可以视情将美国纳入进来。我们应该从理性地站在对方的立场来理解对方这点出发，然后思考如何消除对方的疑虑和担忧、如何为对方实现愿望。然而，即使在知识分子层面上，相互理解的水平都决不算高，这是我坦率的观察结果。

与此同时，我们还需要开始描述什么是"东亚梦"，包括东亚将来理想的状态、其理想和理念及支持它的原理。根据这一将来的理想状态，我们应该做些什么，对这个问题的思考和构想是十分重要的。换言之，我们应该从被过去和现在束缚的状态中跳脱出来，先来构想未来，以此来思考现在具有的意义，并考虑现在应该做的事情。我觉得这里有着打开东亚"和解"大门的钥匙。如果没有这一步工作，我们大概无法创造出东亚的光明未来，而记录这第一步则是知识分子的职责所在。

（刘丽娇　译）

北東アジア安全環境に対する評価

宮本雄二 *

どういう視点に立って東アジアの安全保障環境を眺めればよいのだろうか。

私はその基本的出発点として、すでにのべた「戦略的国益観」を確立すべきであると考えている。それは広い長期的な視点に立って何が自国の真の利益かを見定めるということだ。

まずグローバル経済と各国経済の相互依存はすでに十分深まっており、今後さらに深化していくことを国益判断の前提とする必要がある。グローバル経済を維持し強化することは明確な国益だ。また一定の経済成長が持続しないとすべての国の国内政治がもたないという現実もある。

同時に 21 世紀における軍事力の役割は、自国の防衛と国際協力を通じる国際秩序と安全の維持しかないことを認識すべきだ。圧倒的な軍事力を誇った米国が、軍事力で政治的目的を達成することにほぼ失敗している。そしてそのような米国の圧倒的な軍事力の水準に将来到達できる国は、中国をふくめてもうない。

これらを踏まえて自国にとり最大の国益をもたらす政策は何かを考えるべきだ。

こういう戦略的国益観に基づく政策は、国内政治の支持を得られるとは限らない。戦略的国益観の確立を阻む国内的要因は、第一に歴史問題であり、第二に領土がらみの問題であり、第三に安全保障の問題である。

歴史問題を「解決」することは難しい。しかし「緩和」することはできる。とりわけ細部の事実関係に拘泥するのではなく、歴史の大きな流れを正確に理解する必

---

* 宮本アジア研究所代表、公益財団法人日中友好会館副会長、日本日中関係学会会長、元駐中国特命
　全権大使。

要は大きい。アジアを日本が侵略したのであって、アジアが日本を侵略したわけではない。やはりこのことの確認がないと東アジアのいかなる枠組みの構築も難しいであろう。領土がらみの問題とともに歴史問題が二国間関係を占領し、全ての関係が前に進めないような状況は二度とつくるべきではない。交流と対話はいかなるときにも停止してはならない。

　次に中国の台頭をどうとらえるかの問題がある。戦後国際秩序は、米国の主導の下、経済は自由貿易に代表されるリベラルエコノミー（自由経済）に、政治は国連憲章に代表される自由民主主義（リベラルデモクラシー）に基づいている。私は少なくとも現時点をとれば、中国はこれらの現行秩序を支持しており、破壊するつもりはないとは判断している。なぜなら、そうすることが中国の戦略的国益に合致するからである。

　しかしそのことが、中国が現行秩序の修正を求めないということを意味しない。なぜなら現行秩序は米国に有利につくられており、中国の国力の増大とともに、その修正を求めることは自然なことだからだ。米中はすでに地政学的対立関係に入っている。日本と韓国は、米国と同盟関係にある。米中の対立が強まる中で、東アジアに平和と安定をもたらすことは可能なのだろうか。その答えは、各国が確固とした戦略的国益観を確立し、それに基づき、共通利益を最大にし、対立を管理するための思想と組織を創ることができるかどうかにかかっている。

　当面は北朝鮮の核の問題の抑え込みと東アジアの危機管理システムの構築が急務である。そして拡大する相互不信、誤解と理解不足の急増という事態を改善する必要がある。この数年で日中韓の間の相互理解の水準はさらに低下していることを客観的な事実として認めなければならない。お互いに相手に対する不正確な認識とイメージを持って非難し合っている。こういうことでは戦略的国益観など望むべくもない。

　日中韓の知識分子は、場合によっては米国も含めて、徹底的な対話を通じる共通認識の形成に尽力すべきである。その出発点は、理性的に相手の立場に立って相手を理解するところから始めるべきである。そして相手の疑念や懸念をどう晴らし、相手の願望をどうして実現してやるかを考えるべきである。知識分子のレベルにおいても相互理解の水準は決して高くないというのが私の率直な観察である。

　そして同時に東アジアの将来あるべき姿、その理想と理念、それを支える原則を「東アジアの夢」として語り始める必要がある。そういう将来のあるべき姿に基づ

き、現在われわれは何をすべきかを考える発想は極めて重要である。つまり過去と現在に縛られている状態から、先ず未来を構想することにより現在の持つ意味を考え、そして今なすべきことを考えるということだ。ここに東アジアの「和解」の問題のカギもあるような気がする。この作業なくして我々は明るい東アジアの未来をつくりだすことはできないであろう。その第一歩を記すのが知識分子の責務ではないだろうか。

동북아 안보환경 평가

宮本雄二 [*]

우리는 어떤 시각으로 동아시아 안보환경을 바라보아야 하는가 ?

"전략적 국가 이익"을 기본 출발점으로 하여야 한다고 나는 생각한다 . 즉 더욱 장구한 시각으로 자국의 진정한 이익이 무엇인 지를 잘 파악하여야 한다 .

우선 우리는 국가 이익의 전제를 명확히 하여야 한다 . 즉 경제 글로벌화와 각국 경제의 상호 의존도 심화 및 향후에도 계속하여 심화될 것이다 . 우리는 경제 글로벌화 유지 및 강화가 바로 국가 이익이라는 점을 명확히 하여야 한다 . 현실적으로도 그러하다 . 경제의 일정한 성장을 유지하지 못한다면 국내 정치도 지속될 수 없다 .

21세기의 군사력은 자국을 보위하는 것 외에도 국제 협력을 위하여 국제 질서를 유지하고 안보를 보장하여야 한다 . 미국은 압도적인 군사력을 자랑한다 . 허나 무력으로 정치 목적을 이룩할려는 미국의 시도는 전부 수포로 돌아갔다 . 중국을 포함하여 향후 미국의 군사 수준에 도달할 수 있는 나라는 없다 .

때문에 우리는 이런 기초에서 자국을 위해 최대의 이익을 가져다 줄 수 있는 정책이 무엇인지를 고민해 보아야 한다 .

이런 전략적 국가 이익에 기초한 정책은 국내 정치적 지지를 못 받을 수도 있다 . 역사 문제 , 영토 관련 문제 , 안보 문제가 바로 전략적 국가 이익관의 수립을 저애하는 국내 3요소이다 .

역사 문제의 "해결"은 아주 어렵다 . 허나 우리는 역사 문제를 "완화"시킬

---

[*]　일본미야모토 아시아연구소 소장 , 전 주중일본대사 .

수 있다 . 이는 우리가 관련 세부 문제에 얽매이지 않고 역사의 줄거리를 정확히 이해할 것을 필요로 한다 . "일본이 아시아를 침략했지 아시아가 일본을 침략한 것이 아니다". 이 점을 바로 잡지 않는 다면 동아시아의 그 어떤 틀도 구축하기 어렵다 . 우리는 역사 문제와 영토 관련 문제가 양국 관계에 영향주어 기타 관계가 모두 침체되는 상황을 빚어내지 말아야 하며 교류와 대화를 절대로 멈춰서는 안된다 .

그 다음으로 중국 궐기에 대한 문제이다 . 2 차 대전후의 국제 질서는 미국이 주도하고 있고 경제는 자유 무역을 대표로 하는 자유 경제 원칙에 의거하고 있으며 정치는 유엔 헌장을 대표로 하는 민주주의에 의거하고 있다 . 적어도 현단계에서 중국은 이런 질서를 지지하며 파괴할려는 의도가 없다고 나는 판단한다 . 이는 중국의 전략적 국가 이익에 부합되기 때문이다 .

허나 중국은 현존의 질서를 수정할려 한다 . 현존의 질서는 미국의 이익을 위해 수립되었으며 중국이 국력 증장에 따라 질서를 수정할려 하는 것도 자연적인 결과이다 . 미국과 중국은 이미 지리 , 정치 , 학술적 대립관계에 처해있다 . 일본과 한국은 미국의 동맹국이다 . 미중 대립이 날따라 심각해짐에 따라 이들은 동아에 평화와 안정을 가져다 줄 수 있을 까 ? 이는 각 국이 안정적이고 확고한 전략적 국가 이익관을 수립하여 공통 이익 최대화를 실현하고 대립을 통제할 수 있는 사상과 조직을 설립할 수 있는 가에 달려 있다 .

현재로써 북핵문제를 통제하고 동아 위기 관리 체계를 수립하는 것이 가장 시급하다 . 그 후 상호 불신 확대 및 오해와 이해 부족으로 인한 심각한 정세를 개선하여야 한다 . 최근 들어 일중한 상호 이해 수준이 줄곧 떨어지고 있음을 우리는 알아야 한다 . 각 측은 서로에 대한 그릇된 인식과 인상 때문에 서로 비난하고 있는 데 이런 상황이 지속된다면 전략적 국가 이익도 그림속의 떡으로 돼버릴 것이다 .

일중한 지식인들은 대화를 통해 공통 인식을 이룩하기 위해 노력하여야 하며 상황에 따라 미국도 인입해 들일 수 있다 . 우리는 이성적으로 상대방의 입장을 이해하여야 하며 상대방의 우려와 근심을 해소하고 상대방의 염원을 실현하기 위해 고민해야 한다 . 허나 나의 솔직한 관찰 결과에 따르면 지식인들의 상호 이해 수준도 그닥 높지 않다 .

또한 우리는 동아의 향후 상황 , 이상과 이념 및 이를 지지하는 원리를 포함한 "동아 드림"에 대해 토론해보아야 한다 . 이상적인 미래를 위해 우리는 어떤 노력을 기울일 것인 가는 아주 중요한 문제이다. 즉 과거와 현재의 속박에 입각하여 미래를 구상해보아야 한다. 이를 통해 현재의 중요성을 알아야 하며 현재 우리는어떻게 해야 할 지를 고민해보아야 한다. 나는 여기에 동아 "화해"의 장을 여는 키가 있다고 생각한다. 이렇게 하지 않는 다면 우리는 동아의 아름다운 미래를 열 수 없을 것이다. 이런 첫 발자국을 떼는 것이 바로 지식인들의 책임이다.

（金文学 중역본 번역）

第二章

中日韩安全理念与政策

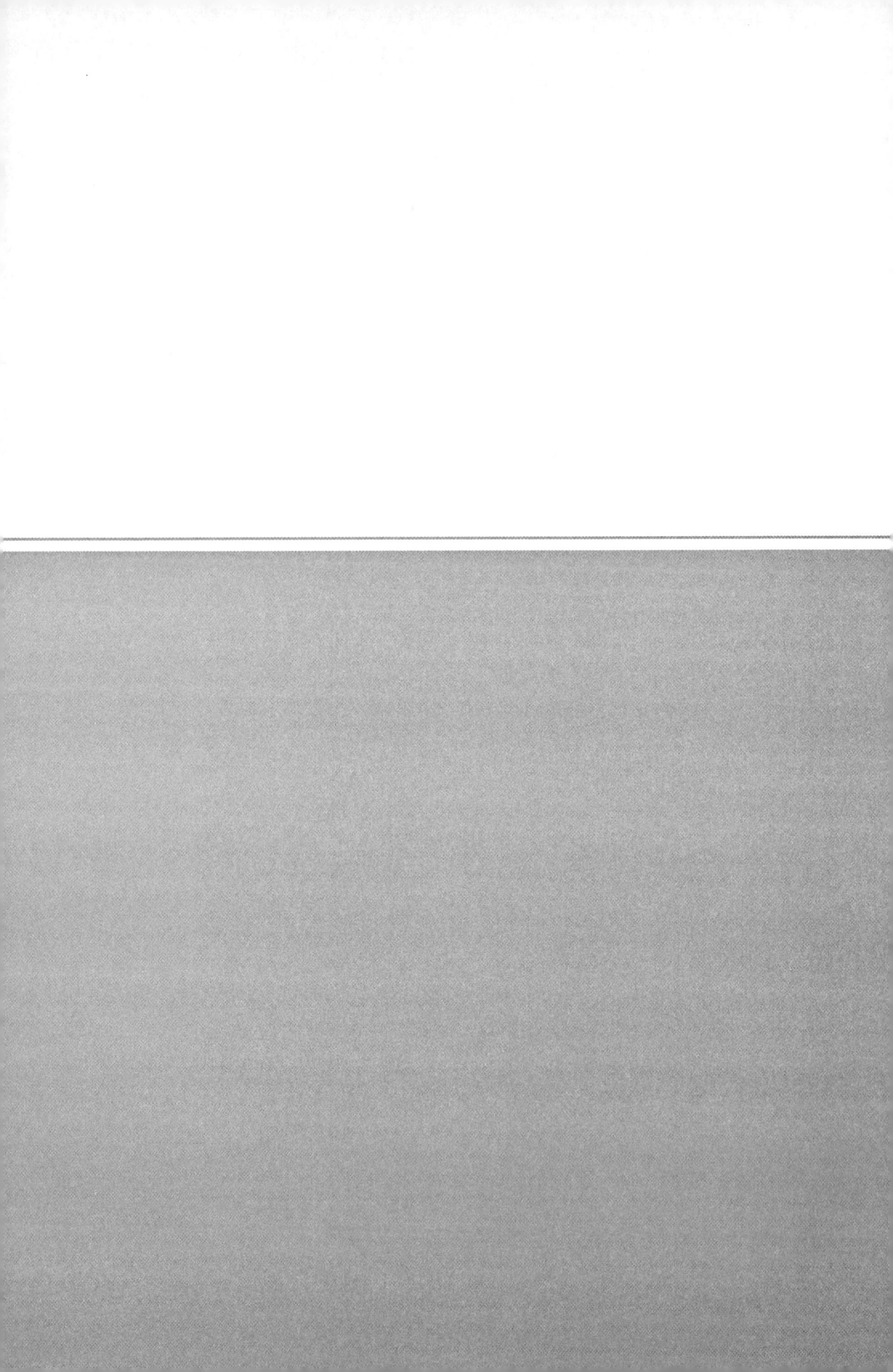

从韩中、韩日安全关系看中日韩安全合作

[韩] 丁相基 *

　　时隔近三年，韩中日外长会于 2015 年 3 月在韩国首尔重启，商定扩大在核能安全、灾害管理、环保、青少年交流四个领域的合作，并重申坚决反对朝鲜开发核武器的立场，共同致力于重启有意义的六方会谈。与此同时，三国应致力于实现建立地区内信任与合作的共同目标，从这个层面上，中国和日本外长高度赞赏韩国提出的东北亚和平合作构想。仅从本次外长会议达成共识的内容上看，表面上韩中日三国合作似乎没有任何问题，三国的安保合作也不会有什么问题。早在 2003 年，在印尼巴厘岛召开的韩中日三国领导人会议上，列举了三国未来的合作项目，甚至包括了军备控制合作项目。但在三国的安保合作上，却没有明显的进展。

一、韩国在树立安保合作战略时优先考虑的内容

　　1. 朝鲜因素

　　韩国的安保外交最重要的基调就是阻止朝鲜开发核武器，阻遏侵略，同强国进行合作，加强遏制力。

　　2. 地缘政治和战略利益

　　纵观历史，当大陆势力和海洋势力相互冲突时，韩国因所处的地理位置，经常深受其害。因此，韩国把防止东北亚强国之间的冲突，确立和谐而稳定的地区秩序作为安保合作的主要基调。就这一点而言，可以说在三国的合作上，韩国是最积极的。

---

* 丁相基：韩国外交部前东亚合作大使、建国大学特聘教授。

3.现实的需要

韩国有两大邻国——中国和日本。韩国经济之所以在短期内取得如今的成就，不可否认得益于经济强国日本和崛起的中国。所以，韩国外交重要的目标之一就是良好地保持和发展同中日两个大国的良好合作关系。

二、韩日安保合作

1.现状评价

迄今，韩日之间有外交和国防官员共同参与的"2+2"会议、国防部门之间的交流等，邻国之间日常的合作持续至今。然而，由于韩国和日本缺乏信任，正式的军事安保合作尚未实现。韩国认为，对于敏感的军事安保合作，可以把美国作为媒介，不必硬和日本直接进行军事安保合作。

目前，韩国意见领袖，即所谓舆论领袖集团，没有亲身经历日本的殖民统治。此外，他们认为1998年金大中总统访日以后，改善了韩日两国的关系，韩流在日本盛行，两国进入蜜月期。但可惜的是，自从安倍政权上台以后，日本对待历史问题的态度退步，导致韩国国民感情恶化，韩日两国在军事安保方面的合作变得举步维艰。

2.未来发展方向

在军事技术上，日本具有间谍卫星等高端信息获取能力，韩国的强项是"人力情报收集能力（humint）"，所以韩日两国在遏制朝鲜核武开发、导弹发射等政策共同实施方面，有必要加强安保合作。然而，这样的合作深受两国政治外交的影响，特别是最近日本政府对待历史问题的态度，成了韩日军事安保合作上的最大障碍，希望日本方面慎重对待。

此外，安倍政权上台以后正在实施的日本安保法的全面修订，对朝鲜半岛及东北亚地区的和平稳定带来很大的影响，韩国一直关注其动向。我想强调的是，韩国并不是对日本的安保法修订本身有异议，而是日本在修订安保法的过程中，有必要消除在历史上深受其影响的周边国家的疑虑和担忧。

三、韩中安保合作

1. 现状评价

在经济、人员交流、文化等领域，韩中两国的交流与合作得到了飞速发展，但在安保、军事领域的合作相对贫乏。从军事交流→军事合作→军事同盟的三阶段发展规律来看，韩中两国的军事合作还停留在军事交流的层面，但考虑到已经开设了海军、空军间热线、合作进行海上救援训练等因素，也可以说进入了第二阶段，即军事合作的初级阶段。

2. 必要性

对于朝鲜核问题、朝鲜的大量杀伤性武器的管理，韩中两国是直接的利害攸关方，急切需要安保合作。另外，在双边关系上，对于潜在的像大陆架开发等可能发生冲突的焦点问题，为了防止出现冲突，有必要加速安保合作。

3. 制约因素

韩中两国在军事安保合作上有两大障碍：一是中朝的特殊关系。对于朝鲜的核开发，现在中国政府表明了比以前更加坚决的反对立场，更加确信应把朝鲜问题放在国际规范的范畴中进行处理。即使是这样，中朝特殊关系的基本特征，我认为几乎没有发生变化。二是韩美同盟和对韩中军事安保合作的中美之间的认识差异。从抑制朝鲜方面，中国肯定韩美同盟的必要性，但另一方面，担心韩美同盟是否针对中国。同时，美国对韩中军事安保合作持有警戒心，这也是事实。

4. 未来发展方向

韩中两国军事安保合作的需求很大，两国有必要继续加强合作。首先，韩中两国应建立符合"战略合作伙伴关系"层面上的军事合作关系。为此，中国需要充分理解韩美同盟。在此前提下，韩中军事合作从目前的"局部范围内的军事交流"发展成"选择性合作"层面的合作。

应放弃对韩美同盟和韩中军事合作关系的零和（zero-sum）思维，转换观念，相信韩中两国可以实现和谐的关系。为此，美国和中国都应该改变思维方式。

四、实施韩中日三国安保合作需要具备的条件

第一，三国应建立客观的、共同的目标或利害关系。目前，在传统安保领域中

存在的三国共同利害关系是，朝鲜的核开发和大规模杀伤性武器、管理危机（Crisis Management）等领域，有进一步合作的空间。

第二，彼此都应该意识到对方是自己的合作对象。三国在安保合作上的问题是，中国和日本在人口、GDP、国防、技术等综合国力方面排在世界第二和第三位，所以没有充分认识到与周边国家合作的必要性。但不见得所有的强国都不需要朋友，尤其是想成为真正引领世界的国家，更需要朋友。

第三，在安保合作上，最大的障碍是韩中日三国缺乏相互信赖，即崛起的中国表现出强大的自信；日本安倍政府对历史问题的态度，自行失掉了韩国和中国的信赖。

第四，中日两国应该转换对韩日、韩中军事安保合作的认识（Perception），中国担忧韩日军事合作是否针对中国，日本担心韩中两国之间是否存在不为日本所知的秘密。

因此，三国之间首先要解决的问题是怎样恢复相互信任、怎样提高国民之间的好感度。因此，政治领导人应强化恢复信任的意志。同时，各国在制定外交政策时，应提高政策透明度。

（陈治国　译）

韓中及び韓日の安全関係から
韓中日安全協力を見る

丁相基 [*]

　　1．今年3月、ソウルで3年ぶりに開催された韓日中外交長官会議は原子力安保、災難管理、環境、青少年交流など4つの分野の協力を拡大させると合意した。また、北朝鮮の核兵器開発に断固反対するという立場を再確認し、六者会合の再開のために、共に努力を継続していくことにした。合わせて、領域内の信頼と協力構築という共通目標を達成するために互いに努力して、このような観点から日中外交長官は、韓国の東北アジア平和協力構想を高く評価した。

　　2．この会議で合意した内容だけをみれば、外見上は韓日中三国協力には何の問題もなく、また三国間安保協力についても問題がないように思われる。すでに2003年バリで開催された韓日中三国首脳会談では、将来の三国間協力事業を列挙しながら、さらに軍備統制をも協力事業の一つとして含めている。しかし三国間安保協力は、特別な進展を成し遂げられずにいる。

　　3．国は安保協力戦略の樹立時には、次の三つをまず考慮する。
　　（これは私の純然たる個人的な考えである）
　　・一つ目は、北朝鮮のことである。
　　韓国安保外交においてもっとも優先されることは、北朝鮮の核開発を阻止し侵略を防ぐために、大国らとの協力を通じて抑止力を強化することである。
　　・二つ目は、地政学的、戦略的利益の側面である。
　　韓国は地政学的位置によって、歴史的に大陸勢力と海洋勢力間の衝突が広がった場合、ダイレクトにその被害を被るという経験をしていた。したがって、韓国は東

＊　韓国建国大学特別招聘教授，元外務省北東アジア協力大使。

北アジアの大国間の衝突を防止して、調和の取れた安定した地域秩序を確立することを主たる安保協力の基調としている。このような点で、韓国が三国間協力事業に最も積極的といえる。

　・三つ目は、現実的な必要性である。

　韓国が短期間で今日のような経済発展を成し遂げたことは、経済強国日本と、浮上した中国との協力に力づけられたことが大きいという事実を否定することはできない。したがって、韓国外交は二つの大国である中国、日本とこのような協力関係を維持発展させていくことが重要な目標となっている。

　（ここからは、韓国の対日本、対中国安保協力に関してお話しし、引き続き三国間安保協力に関してもお話ししたいと思います。）

　4．まず、韓・日の軍事安保分野協力に関してお話しする。

　（現況評価）

　・韓日間には、これまでの外交、国防の当局者が共に参加する「２プラス２」会合など、近隣国家間における日常的な次元での協力は持続的に成り立ってきた。

　・しかし、本格的な軍事安保協力は日本に対する韓国の信頼不足で成し遂げられていない。韓国は日本との注意を要する軍事安保協力は、アメリカを媒介にして施行すればよいという考えであるため、あえて日本と直接推進する必要性がなかった。

　・今の韓国のオピニオンリーダーグループは、直接的な日本の植民地経験がない。また、彼らは１９９８年の金大中大統領の訪日以後、両国間の友好協力的な雰囲気と日本国内の韓流による相互ハネムーンムードをよく記憶している。したがって、軍事安保分野でも協力を加速化する条件が、ある程度造成可能であったと思っている。しかし、残念ながら安倍政権の登場以後、歴史問題と関連した日本側の姿勢の後退で、韓国国民の感情が悪化して両国間の軍事安保協力を難しくしている。

　（今後の方向）

　・日本は諜報衛星など軍事技術上で優れた情報獲得能力を有し、韓国は「人間を通じた情報収集能力（humint)」が強い。したがって両国は北朝鮮の核開発やミサイル挑発の抑制など、対北朝鮮政策の共助分野で安保協力の必要性が大きい。

　・しかし、このような協力は両国間の政治外交的な状況に大きく影響を受ける。特に、歴史問題に対する最近の日本政府の態度は、日韓間の軍事安保協力の最大の障害要因として作用しており、日本側の慎重な対応が要求される。

　・一方、安倍政権に入って進められている日本の各種安保法制の全面改編は、韓半島および東北アジア地域の平和と安定に重大な影響を及ぼす大変重要な問題であ

るため、韓国も関連動向を注目している。これと関連して申し上げたいのは、韓国が日本の安保法制改編自体を問題視しているのではなく、安保法制を整備する過程で過去の歴史から起因する周辺国の疑問と憂慮を解消することが必要だという点である。

5. 次に韓・中安保協力に関してお話しする。

（現況評価）

・韓中間では、経済、人的交流、文化分野の交流と協力は飛躍的に発展しているが、安保・軍事分野の協力は相対的に低調である。

・軍事安保協力が軍事交流＞軍事協力＞軍事同盟の３段階で発展すると考えると、現在の韓・中軍事協力はいまだ軍事交流の段階に留まっている。ただし、海・空軍間のホットライン開設、海上救助訓練などの協力が進行していることを考慮するならば、２段階の軍事協力の初期段階であるともいえる。

（必要性）

・韓中両国は北朝鮮問題に関連する直接的な利害当事者として、安保協力が切実である。また、両国の関係においても大陸棚の開発問題のように衝突可能な争点が潜伏しており、これに備えるためにも相互の安保協力を加速化させなければならない。

（制約要因）

・しかし両国間の軍事安保協力には二つの大きい障害要因がある。そのうちの一つは中国と北朝鮮の特殊な関係が挙げられる。北朝鮮の核開発に対する現在の中国政府は、過去に比べより断固たる反対立場を明らかにしており、北朝鮮を国際規範を踏まえて扱わなければならないという認識を確かにしていると思われる。

にもかかわらず、中国と北朝鮮の特殊な関係の基本的な特徴は、今なお変わっていないということが私の考えである。

・もう一つの障害要因は、韓米同盟と韓・中軍事安保協力に対する中国とアメリカの互いに異なる見解である。韓米同盟に関連して、中国は対北朝鮮の抑止力の側面で韓米同盟の必要性を認めながらも、一方で、韓米同盟が中国を対象にしたものではないかと、一部では疑いを抱いているようにも思われる。アメリカもまた、韓中の軍事安保協力に対して警戒心を持っていることも事実である。

（将来方向）

・しかし韓中両国間では軍事安保協力の必要性がとても大きいため、両国は同協力を持続的に推進していかなければならない。まず両国間の「戦略的な協力パートナーの関係」に見合った軍事協力関係を構築していくべきだと考えられる。

・このためには韓・米同盟に対する中国側の十分な理解がなければならず、この

ような前提で韓中軍事協力もこれまでの「制限的範囲内の軍事交流」中心の関係から「選別的な協力」次元の協力を目指さなければならない。

・すなわち韓・米同盟と韓・中軍事協力関係をゼロサム式で見る思考から脱して、相互調和を作り出すことができるという発想の転換が成し遂げられなければならないと考えられる。このためにはアメリカと中国の両国全ての考え方の転換が必要だ。

6. 引き続き韓日中三国間の安保協力に関してお話しする。

韓日中三国間安保協力のためには、いくつかの条件がそろわなければならない。

・最初に、三国間の客観的な共通の目標、または利害関係が存在しなければならない。現在の伝統安保分野で三国間に共通の利害関係が存在する分野では、北朝鮮の核問題と大量殺傷問題、三国間の crisis management 分野に関して協力が可能だろう。

・二番目は、さらに重要なことであるが、相手を協力する相手として認識することである。三国間安保協力の難しい点は、日本と中国がどちらも人口やＧＤＰ、国防力、技術力など総合国力の面で世界の２位、３位の強大国であるため、近隣国家との協力に大きな必要性を感じられずにいるところにある。しかし強大国に友人が必要ないということはない。さらなる世界のリーダーになるには、より一層。

近隣国と協力していくべきだろう。

・三番目に、韓日中間の安保協力の最大の障害要因は、三国間の信頼が足りないという点である。すなわち中国の国力上昇にともなう行き過ぎた自信感と強い自己主張（assertiveness）が周辺国にはそのまま投影されていることである。日本もまた、過去の問題に対する安倍政権のこれまでの態度から判断して、韓国と中国から信頼を失っている。

・最後に中国、日本両国は韓国の対中国、対日本軍事安保協力に対する認識（perception）を変える必要がある。中国は日韓軍事協力が中国を対象にしたものではないかと疑う傾向があり、日本もまた、韓国と中国が会えば何か日本に話さない秘密があるのではないのかといった疑いを持つ傾向がある。

・したがって三国間の信頼をどのように回復させるのかが大変重要になってくる。このためには、政治指導者が信頼回復のための意志を持たなければならない。また各国が主な外交政策を決定する際は、透明性が前提にならなければならない。

（中訳文から　郭曉麗　訳）

한중, 한일 안보협력관계로부터
본 한중일 안보협력

丁相基 *

1. 3년만에 금년 3월 서울에서 개최된 한중일외교장관회의에서는 원자력안보, 재난관리, 환경, 청소년교류 등 4개분야의 협력확대에 합의하였다. 또한 북한의 핵무기개발에 확고히 반대한다는 입장을 재확인하고 6자회담의 의미있는 재개를 위하여 공동의 노력을 계속해 나가기로 하였다. 아울러 역내 신뢰와 협력구축이라는 공통의 목표달성을 위해 서로 노력하고 이러한 관점에서 일본과 중국외교부장은 한국의 동북아평화협력구상을 높이 평가하였다.

2. 이 회의에서 합의한 내용만 보면 외견상 한중일 3국협력에는 아무런 문제가 없는 것처럼 보이며 3국간 안보협력도 문제가 없을 것처럼 보인다. 이미 2003년 발리에서 개최된 한중일 3국정상회담에서는 장차 3국간 협력사업을 열거하면서 심지어 군비통제도 협력사업의 하나로 포함하였다. 그러나 3국간 안보협력은 별다른 진전을 이루지 못하고 있다.

3. 한국은 안보협력 전략수립시 다음의 3가지를 우선 고려한다. (이것은 저의 순전한 개인 생각이다)

o 첫번째 고려사항은 북한요소이다.

한국 안보외교의 최우선기조는 북한의 핵개발을 저지하고 침략을 막기 위해 강대국들과 협력을 통해 억지력을 강화하는 것이다.

o 두번째 고려요소는 지정학적, 전략적 이익측면이다.

한국은 그 지정학적 위치로 인해 역사적으로 대륙세력과 해양세력간의

---

* 한국 건국대학석좌교수, 전 한국 외교부 동북아협력대사.

충돌이 벌어질 경우 그 피해를 한국이 고스란히 입었다는 경험을 갖고 있다. 따라서 한국은 동북아에서 강대국간에 충돌을 방지하고 조화롭고 안정된 지역질서를 확립하는 것을 주요 안보협력의 기조로 하고 있다. 이러한 점에서 한국이 3국간 협력사업에 가장 적극적이라고 할수 있다.

o 또 하나의 고려요소는 현실적 필요성이다.

한국이 단기간내에 오늘날처럼 경제가 발전된데는 경제강국 일본, 떠오르는 중국과의 협력에 힘 입은바 크다는 사실을 부인할수 없다. 따라서 한국외교는 두 강대국인 중국, 일본과 이러한 협력관계를 잘 유지, 발전시켜나가는 것을 중요한 목표로 한다.

(이제 한국의 대 일본, 대 중국 안보협력에 관해 말씀드리고 이어 3국간안보협력에 관해 말씀드리겠다.)

4. 한일안보협력

(현황평가)

o 한일간에는 그동안 외교, 국방 당국자가 함께 참가하는 2+2 회의개최 등 인근국가간에 일상적인 차원에서의 협력은 지속적으로 이루어져 왔다.

o 그러나 본격적인 군사안보협력은 상호 신뢰부족으로 이루어지지않고 있다. 한국은 일본과의 민감한 군사안보협력은 미국을 매개로 시행하면 된다는 생각때문에 굳이 일본과 직접 추진할 필요성이 없었다.

o 지금의 한국의 오피니언리더그룹은 직접적인 일본의 식민지경험이 없다. 또한 이들은 1998년 김대중대통령방일이후 양국간의 우호협력분위기와 일본내 한류로 인한 상호 허니문무드를 잘 기억하고 있다. 그러나 애석하게도 역사문제와 관련한 한국국민들의 감정악화로 양국간 군사안보협력을 어렵게 하고 있다.

(향후방향)

o 일본은 첩보위성 등 군사기술상에 뛰어난 정보획득능력을 가지고 있으며 한국은 "인간을 통한 정보수집능력 (humint)"이 강하다. 따라서 양국은 북한핵개발이나 미사일도발억제 등 대북정책 공조분야에서 안보협력의 필요성이 크다.

o 그러나 이러한 협력은 양국간의 정치외교적상황에 큰 영향을 받는다. 특히 역사문제에 대한 최근 일본정부의 태도는 한일간 군사안보협력의 최대장애요인으로 작용하고 있어 일본측의 신중한 대응이 요구된다

o 한편 아베정부들어 진행하고 있는 일본의 각종 안보법제의 전면개편은

한반도 및 동북아지역의평화와 안정에 중대한 영향을 미치는 매우 중요한 문제임으로 한국도 관련동향을 주목하고 있다 . 이와 관련하여 말씀드리고 싶은 것은 한국이 일본의 안보법제개편자체를 문제시하는것은 아니다 . 다만 일본의 안보법제정비과정에서 과거사로부터 기인하는 주변국들의 의구심과 우려를 해소하는 것이 필요하다는 점이다 .

5. 다음으로 한중안보협력에 관해 말씀드리겠다

(현황평가)

ㅇ 한 . 중간에는 경제 , 인적교류 , 문화분야교류와 협력은 비약적으로 발전하고 있으나 안보 . 군사분야의 협력은 상대적으로 저조하다 .

ㅇ 군사안보협력이 군사교류 > 군사협력 > 군사동맹의 3단계로 발전 한다고 볼 때 현재의 한중군사협력은 아직 군사교류의 단계에 머물러 있다 . 단 , 해공군간핫라인개설 , 해상구조훈련 등 협력이 진행되고 있음을 고려한다면 2단계인 군사협력의 초기단계라고도 할수 있다 .

(필요성)

ㅇ 한중양국은 북한핵문제나 대량살상무기관리문제등에 직접적인 이해당사자로서 안보협력이 매우 필요하다 .

ㅇ 또한 쌍무관계에 있어서도 대륙붕개발문제처럼 충돌가능이슈가 잠복하고 있어 이에 대비하기 위해서라도 상호안보협력이 가속화되어야 한다 .

(제약요인)

ㅇ 그러나 양국간 군사안보협력에는 두 가지의 큰 장애요인이 있다 . 그중 하나는 중국 . 북한 특수관계를 들수 있다 . 북한의 핵개발에 대해 현재의 중국정부는 과거보다 단호한 반대입장을 밝히고 북한을 국제규범에 입각하여 다루어야한다는 인식을 확고히 하고 있는 것으로 평가된다 . 그럼에도 불구하고 중국 - 북한특수관계의 기본특징은 상금 변하지않았다는 것이 나의 평가이다

ㅇ 또 하나의 장애요인은 한미동맹과 한중군사안보협력에 대한 중국과 미국의 서로 다른시각이다 . 한미동맹관련 , 중국은 대북한 억지력측면에서 한미동맹의 필요성을 인정하면서도 한편으로 한미동맹이 중국을 겨냥한 것이 아닌가 일부 의심하고 있는것으로 보인다 . 미국 또한 한중군사안보협력에 대해 경계심을 가지고 있는 것이 사실이다 .

(장래방향)

ㅇ 그러나 한중양국간에 군사안보협력의 필요성이 너무 크기 때문에 양국은 동협력을 지속적으로 추진해 나가야 한다 . 우선 양국간 "전략적협력동반자관계"

에 걸맞은 군사협력관계를 구축해 나가야 한다고 생각된다.

ㅇ 이를 위해서는 한미동맹에 대한 중국측의 충분한 이해가 있어야 할 것이며, 이러한 전제하에 한중군사협력도 지금까지의 "제한적인 범위내 군사교류" 위주의 관계에서 "선별적으로 협력" 차원의 협력을 지향해야 한다.

ㅇ 즉 한미동맹과 한중군사협력관계를 제로섬식으로 보는 사고에서 탈피하여 상호 조화를 이룰수 있다는 발상의 전환이 이루어져야 한다. 이를 위해서는 미국과 중국 양측 모두의 사고방식의 전환이 이루어져야 한다.

6. 이어 한중일 3국간 안보협력에 관해 말씀드리겠다.

한중일 3국간 안보협력을 위해서는 몇가지 조건이 갖추어져야 한다.

ㅇ 첫째, 3국간 객관적인 공통의 목표 또는 이해관계가 존재해야 한다. 현재 전통안보분야에서 3국간에 공통의 이해관계가 존재하는 분야로는 북한핵문제와 대량살상무기문제, 3국간 crisis management 분야에 관해 협력이 가능할 것이다.

ㅇ 둘째, 보다 더 중요한 것은 상대를 협력의 상대자로 인식하는 것이다.

3국간 안보협력의 어려운 점은 일본과 중국이 모두 인구나 GDP, 국방력, 기술력 등 종합국력면에서 세계의 2위, 3위의 강대국이기 때문에 인근국가와의 협력에 커다란 필요성을 느끼지 못하고 있는데있다. 그러나 강대국이라고 모두 친구가 필요없는 것은 아니다. 더욱 이 세계의 리더가 되려면 더욱 그러할 것이다.

ㅇ 셋째, 한중일간 안보협력의 최대 장애요인은 3국간에 신뢰가 부족하다는 점이다. 즉 중국의 국력상승에 따른 지나친 자신만만함과 강한 자기주장(assertiveness) 이 주변국들에게는 그대로 투영되고있다. 일본 또한 과거사문제에 대해 아베정부가 보여온 태도를 볼 때 한국과 중국으로부터 스스로 신뢰를 잃고 있다.

ㅇ 마지막으로 중국, 일본 양국은 한국의 대중국, 대일본 군사안보협력에 대한 인식(perception) 을 바꿀 필요가 있다. 중국은 한일군사협력이 혹시 중국을 겨냥한 것이 아닌가 의심하는 경향이 있으며, 일본 또한 한국과 중국이 만나면 뭔가 일본에게 말하지않는 비밀이 있는 것 아닌가하고 의심을 하는 경향이 있다.

ㅇ 따라서 3국간의 신뢰를 어떻게 회복시킬 것인지가 매우 중요하다. 이를 위해서는 정치지도자들이 신뢰회복을 위한 의지를 가져야 한다. 또한 각국이 주요 외교정책결정시 투명성이 전제되어야 한다.

中国的安全理念及其对东北亚的战略关注

苏　浩[*]

　　冷战结束已经二十多年了，但东北亚地区冷战时期存留下来的对抗却仍在继续，而由冷战思维所决定的竞争性安全行为，导致了国家间的不信任和矛盾，甚至造成了相互间的紧张关系。但是，中国一直主张摈弃"冷战思维"，以"新安全观"来处理国家间的安全关系，重建东北亚的战略安全逻辑。中国对东北亚具有战略性关切，虽在传统安全维度中仍有一定影响，但中国更重视未来东亚乃至亚洲区域整合的大趋势，并为此努力创造一种推动中日韩三国合作的新维度。而中日韩三国事实上已经在亚太地区的多边安全合作进程中有了一定的交流与连接。

一、超越传统的中国安全理念

　　冷战结束后，亚太地区的一些国家往往秉持以政治和军事为国家安全导向的传统安全观念。这些传统安全观包括以下内容：第一，联盟安全：这是一种"集体防务"（Collective Defense）行为，是一种双边或多边的共同安全需求建立的军事同盟，也叫"集体自卫"（Collective Self-defense），它往往以敌人或对手的存在为前提，以军事为基础进行安全合作，必要时以武力为手段保障同盟国的安全。第二，集体安全：基于防止对成员国采取非法侵略和征服的行为，国家间组织起来，通过共同保卫每个成员国的安全，以保障集体的安全。第三，共同安全：冷战对抗双方在核威慑下需要防止相互摧毁而寻求共同安全利益，需要与对手共同寻求安全，并通过建立信

任措施（CBMs）防止冲突爆发。传统安全观带有突出的安全的军事性和国家间的对抗性。

而东亚国家早在冷战期间便提出了一系列非传统内涵的安全理念。这些理念包括以下内容：第一，综合安全：强调国家安全是综合的，因为现实国际关系中相互联系的诸因素，对国家安全所构成的影响是一个综合体。亚太地区目前最为普遍的一种安全观念是综合安全观。无论是包括中国在内的地区内发展中国家，还是一些发达国家，都不同程度地接受了这一观念，并把它作为一种安全概念、理论、战略和政策加以运用。第二，合作安全：为实现综合安全，国家间应在安全对话与交流过程中，建立一种安全合作机制，并使其具有包容性，培养对话的习惯，通过合作实现综合安全。第三，人的安全：亚太国家强调通过维护人的基本安全需求，达到保障国家安全的目的。此外，还有一系列非传统安全日益影响着地区国家的安全认识，包括"社会安全"、"国土安全"、"公共安全"等。

早在冷战期间，在处理与周边国家安全关系时，中国就提出了"搁置争议，共同开发"的政策主张，这隐含了中国与传统安全观不同的安全理念。冷战结束后，中国政府最早于 1996 年提出"新安全观"，进而提出"互信、互利、平等、协作"的基本安全原则，并在此基础上，结合现实国际社会所存在的合理的安全理念，形成了多层次的新安全观的组合性表述。这里包括以"相互安全观"和"合作安全"为手段，实现国家的"综合安全"，再通过国家间的合作保障地区的"共同安全"，继而实现人类的"普遍安全"。虽然中国政府提出了"新安全观"的倡议，并结合了现有的东亚区域已有的一些安全观念，但在一段时间内尚未形成自己的安全概念。

习近平主席当政以来，中国政府十分重视以新的视角来审视自身安全，并积极推动区域安全秩序的建构。2014 年 4 月 14 日，习近平主席主持召开了"中央国家安全委员会"第一次会议，主张坚持国家"总体安全"观，坚持走中国特色的国家安全道路，从而第一次形成了保障中国国家安全的宏观安全理念。而在同年 5 月召开的"亚洲相互协作与信任措施峰会"上，习近平主席积极倡导亚洲新安全观，并明确提出其内涵包含四个概念，即共同安全、综合安全、合作安全、可持续安全。中国政府努力争取创新安全理念，搭建地区安全合作新架构，以便走出一条共建、共享、共赢的亚洲安全之路。通过提出具有中国特色的安全概念，中国政府开始形成了一套相对系统的安全理念。

从安全研究的学理性分析来看，中国政府的安全理念由两大部分构成。第一部分是原则性基础，即是一种对国家安全理念的实践进行指导的基本原则。它包括两方面内容：第一，"和平共处五项原则"和"以邻为伴，与邻为善"的外交方针，是中国

安全政策的基本原则。第二，中国国防白皮书中多次强调的"互信、互利、平等、协作"主要概念是推动国家安全合作的基本方式。

第二部分是中国安全理念系统框架，由此构成了一套相对完整的安全概念系统。其基本框架是：第一，"总体安全"观是中国基于自身国家安全的现实提出的以内外相兼的方式保障国家安全的宏观国家安全概念，其着眼点在于国家自身的安全，具有一定的内向性。第二，以"相互安全"、"合作安全"和"可持续安全"作为中国安全理念的实践性支撑，这是一种由内而外的安全行为的指导性理念。第三，与亚太国家共享的"综合安全"观，是一种强调国家间共生共存的安全关系，形成了国家间可以协调与合作的理念基础。第四，国家间在地区内共生共存的安全基础，通过相互尊重安全和进行安全合作，便可以实现区域内的"共同安全"。第五，通过各区域间的共同安全的维护，世界便可以追求和实现一种"普遍安全"的理想。这一宏观而系统的安全概念将各种安全概念系统地融合在一起，可以成为整体的安全理念框架。

鉴于此，笔者将这种系统的安全理念体系抽象为"整体安全"的概念。"一带一路"倡议，从安全的角度来看，就是中国由内而外，延伸到整个亚洲，乃至亚欧大陆的整体性的国际秩序的建构，而"整体安全"的系统性安排，则将为这一秩序提供安全性的保障。这是一种对传统安全理念的超越，是从新的维度建构安全理念和推行安全政策的努力。然而，尽管中国提出这一系统安全新理念体系具有区域性指导意义，但在东北亚次区域由于传统安全理念的突出存在，使得这种"整体安全"理念的价值和意义更加凸显。

二、中国对东北亚的战略关注

中国政府所形成的"整体性"安全理念，在东北亚次区域与业已形成的西方式的传统安全理念产生碰撞。因此，中国政府为了保障国家安全，必须对东北亚给予极大的战略投入。

1. 中国国家安全传统的直接相关区域：东北亚

近代以来，对中国最具威胁性的方向是东北亚地区。也就是说，东北亚是中国国家安全最直接相关的地区。这可以从四个方面来分析：第一，历史关联性。从第二次鸦片战争以来，中国国家安全遭受致命的武装进攻都是来自于东北亚的海上和陆地。

此外，历史关联性还包括冷战东西方对抗与未来东亚区域融合的连接。第二，地缘安全的关联性。因为作为中国政治中心的首都北京在华北，中国北方的两大经济区东北和华北，实际上都属于东北亚地区。这两个地区的安危决定着整个中国的安危。因此，在军事上，中国必须建设强大的军事力量，以保卫这一核心政治／经济区域。第三，国家统一问题。中国是世界性大国中唯一尚未实现国家统一的国家，台湾问题一直困扰着中国，成为中国国家安全的核心问题。第四，大国博弈的关联性。从国际地位的角度来看，东北亚是世界上唯一一个具有世界性影响的四大国汇聚的地区。中国要在国际上发挥重要作用，首先需要在东北亚处理好与美国、俄罗斯和日本的关系。中国将维持中美关系的稳定作为战略性选择，这就需要在东北亚，特别是在朝鲜半岛问题上与美国进行协调。

2. 战争与和平问题上的关注点

中国追求"亚洲命运共同体"的战略构想，希望在和平与发展的时代背景下，努力建设国家，实现在本世纪中叶达到中等发达国家的水平。为此需要一个和平、稳定的国际环境和友善合作的周边环境。在中国周边的四个战略方向中，唯一只有东北亚还存在着冷战的阴影。一个是中国的台湾海峡，一个就是朝鲜半岛。随着两岸和平合作关系的深化，爆发武装冲突或战争的可能性大大降低。而朝鲜半岛的南北对立和朝鲜与美国的对立，使得这里存在着不可预知的爆发冲突乃至战争的可能性。当然，由于中日两国关于东海和钓鱼岛的领土争端问题、日韩两国关于独岛／竹岛的岛屿争端问题，以及日俄之间的南千岛群岛／北方四岛问题的争端，导致相互间在安全问题上的严重对立。但一般来说，虽然这些领土问题尚不至于导致国家间的战争，但如果有关各方不能客观正视问题，仍将导致国家间的矛盾和紧张关系。

3. 东北亚区域合作一体化进程的关键战略区域

东北亚次区域所汇集的国家都是经济相对较为发达的国家，日韩两国属于发达国家，中国在东北亚的部分，包括中国的东北、华北和台湾地区是国内经济较为发达的工业地区，而俄罗斯远东地区所提供的能源则是东北亚经济发展的重要动力源。东北亚区域能否真正实现整合，取决于中日韩三国的经济融合及其与东南亚国家的经济合作。而中国所倡导的"一带一路"这一亚欧大陆海陆合作性战略构架，运行的把柄应该在东北亚。因此，中国对东北亚的战略关切已经超越了传统的国家安全和地区安全的层面，而是从东亚、亚太和整个亚欧大陆的稳定、发展和繁荣的视角，将东北亚作为中国亚洲乃至全球战略的基轴区域。

三、东北亚三国的安全协调基础

新世纪全球化和区域合作一体化的发展大趋势，已经超越东北亚现存的朝鲜半岛直接冷战对抗和美国再平衡战略所导致的潜在大国竞争的现实。

当然，东北亚是中国对外战略的基轴区域，中国必须保障东北亚和平稳定的大局，而一旦出现安全威胁，中国必然全力以赴消除威胁。作为亚洲的重心国家，中国在亚洲大陆有较大的安全回旋空间，可以超越东北亚次区域，从东西南北四个方向发挥协调性和整体性作用。韩国战略回旋的空间狭小，仅限于这一次区域。日本作为东亚区域性大国，战略空间虽然可以向东南亚延伸，但仍更多地基于东北亚。因此，东北亚成为中日韩三国的核心区，安全紧密相连，利益无法分割，必须相互协调，是一荣俱荣、一损俱损的互动关系，事实上处于一个"命运共同体"之中。

冷战结束后，中国积极加入了亚太地区和东北亚次区域的多边安全对话与合作机制中。事实上，中日韩在三个层次参与了亚太区域和东北亚次区域的多边安全合作机制。第一个层次是区域性安全对话与合作机制，包括官方的正式安全机制，如"东盟地区论坛"（ARF）部长级会议机制，以及与此相配合的第二轨道的"亚太安全合作理事会"。此外，近年来以东盟为主导的"东盟与对话伙伴国国防部部长会议"（ADMMs），中日韩三国国防官员也参与其中。应该说，三国外交和国防高级官员已经有了在多边安全对话场合进行交流的机会。"亚信峰会"（CICA）正在成为一个地跨整个亚洲区域的多边安全合作机制。目前，日本是观察员国，韩国尚未加入。未来，中日韩三国应该将此作为共同参与亚洲和平建构的平台。

第二个层次是非正式的多边安全对话平台。2001 年以来，由西方所主导召开的"亚洲安全对话会议"（即"香格里拉对话会"），中日韩三国国防部高官在此平台上进行了交流。中国于 2014 年推动在北京建立的 1.5 轨的国防和军事交流的"香山论坛"，也为三国提供了一个直接交流的平台。

第三个层次是中日韩三国都参加的，集中于东北亚安全问题的正式和非正式的安全领域对话。朝核问题"六方会谈"是将安全利益尖锐对立的朝鲜与韩国、日本及其盟国美国拉在一起的一个安全磋商官方机制。1.5 轨"东北亚合作对话"（NEACD）为中日韩三国的国防高级军官交流提供了机会。

目前，亚太国家间仍处于一种"哑铃形"的安全结构中，其中既存在着相互对抗与竞争的传统安全关系，也蕴含着协调与合作的非传统安全关系。习近平主席曾经在2014 年召开的"亚信峰会"上指出："亚洲的事情归根结底要靠亚洲人民来办，亚洲

的问题归根结底要靠亚洲人民来处理，亚洲的安全归根结底要靠亚洲人民来维护。亚洲人民有能力、有智慧通过加强合作来实现亚洲和平稳定。"这决不是说中国要排除区域外大国，而是强调域外大国的战略安全利益会与亚洲国家自身的利益不一致，如果以域外大国的利益为主导来处理东北亚和亚洲的安全问题，一定会出现偏差。正因为如此，习近平主席在博鳌亚洲论坛的发言中指出："当今世界，没有一个国家能实现脱离世界安全的自身安全，也没有建立在其他国家不安全基础上的安全。我们要摒弃冷战思维，创新安全理念，努力走出一条共建、共享、共赢的亚洲安全之路。"

中国政府与亚洲国家所共同倡导的亚洲新安全观，以及共同推动的"一带一路"亚欧合作进程，为东北亚国家在新的基础上开展安全交流与沟通提供了新的机会。中日韩三国应该超越传统安全竞争与对抗的模式，在新的基础上探索增信释疑和互信互利的途径，为未来建立真正意义上的东亚共同体而共同努力。

中国の安全理念と北東アジアへの戦略的思考

蘇　浩[*]

　冷戦が終わってもう二十余年経ったが、北東アジア地域の冷戦時期から残っている対立が未だに続いている。しかし、冷戦的思考によって決まった競争的安全保障行為は国家間の不信と矛盾に結び、相互間の緊張関係を作ってしまった。だが、中国がずっと「冷戦的思考」を捨てることを主張してきた。「新安全観」をもって国家間の安全保障関係を処理し、伝統時代の新安全保障理念を超え、北東アジア安保戦略論理の再建を主張する。中国は北東アジアにとって重要な戦略的関心を持っておる。伝統的な安全保障問題というポイントでは一定の影響がある。だが、中国はもっと未来の東アジアひいてはアジア地域統合の動向を重視している。そして、そのために一種の中日韓三国協力の新ポイントの推進を作る努力している。しかし、中日韓三国は事実上既にアジア太平洋地域の多角的な安全保障協力の過程中に一定の交流やつながりがある。

一、伝統的な中国の安全保障理念への超越

　冷戦終了後、アジア太平洋地域のいくつか国家を持ちがち政治と軍事国家安全ガイドの伝統的な安全思想。それらの伝統的な安全思想は以下の内容を含む。第一に、連盟安全である。これは「集団的防衛」（collective defense）であり、二国間または多国間の共同安全需要に基づく軍事同盟＝「集団的自衛」（collective self-defense）とも呼ばれている。それは時に敵や相手の存在を前提に、軍事を基に安全

＊　中国外交学院戦略と平和研究センター主任、教授。

提携を進め、必要な時には武力行使で同盟国の安全を保障する。第二に、集団安全である。メンバー国が不法な侵略と征服行為を防止するために、各国を組織して、共同防衛を通じて各メンバー国の安全及び集団の安全を保障する。第三に、共同安全である。冷戦時代に対抗双方が核脅威のもと、必要と相互破壊で求める共同安全利益を防止する必要があり、ライバルと共同で安全を求める必要があり、信頼措置（CBMs）を信じて衝突爆発防止する。伝統的な安全思想は安全な軍事性と国家間の対立性を際立たせる。

しかし、東アジア国家はすでに冷戦期間に一連の非伝統的な内包の安全理念を出していた。それらの理念は以下の内容を含む。第一に、総合安全である。国家安全が総合的であることを強調する。なぜなら現実の国際関係の中で互いに関連する諸要素で国家安全が構成された影響は一つの総合体である。アジア太平洋地域で最も普遍的なある。安全思想は“総合安全”観である。地域内は中国を含む発展途上国にしても、いくつか先進国にしても、それぞれこの安全思想を異なったレベルで受けていた。そしてそれを一種の安全概念、理論、戦略や政策として運用していた。第二に、提携安全である。総合安全を実現するため、国と国の間は安全保障対話と交流の過程の中で一種の安全保障提携のメカニズムを確立させ、包容性を持ち、対話するの習慣を養い、提携を持って総合安全を実現させる。第三に、人の安全である。アジア太平洋国家は人の基本的な安全の需要を守ることを強調することで、国家安全を保障する目的に達している。その他、一連の非伝統的な安全が日々地域の国家安全認識を影響している。それらは「社会安全」、「世界安全」、「国土安全」、「公共安全」などを含んでいる。

しかし、中国はすでに冷戦期間に、周辺国との関係が安全な場合に、「争議放置、共同開発」という政策を提出し主張した。これは中国と伝統的な安全思想とは違った安全理念が隠れ含まれていた。冷戦終了後、中国政府が最も早く1996年に「新安全思想」の主張を提出した。更に「相互信頼、互恵、平等、提携」という基本的な安全原則を提出し、この基礎の上で、国際社会に存在の合理的な安全理念を合わせ実現し、多段階の新しい安全思想のグループ性表現を形成させた。そこには「相互安全思想」と「提携安全」を含む手段でもって、国家の「総合安全」を実現させる。そして国家間の提携で地区の「共同安全」を保障し、ひいては人類の「普遍的安全」を実現する。中国政府が「新安全思想」の提案を提出し、現有の東アジア地域のいくつかの安全思想を合わせたが、しばらくの時間内にまだ自己の安全概念が形成されなかった。

　習近平主席が当選して以来、中国政府は新たな視点で自身の安全見つめることを非常に重視し、積極的に地域の安全秩序の構築を推進してきている。2014 年 4 月14 日、習近平総書記司会で開かれた「中央国家安全委員会」第一次会議で、国家「総体安全」観を堅持し、中国の特色ある国家安全道路を貫くことを主張した。そのため、初めて中国国家安全保障というマクロな安全理念が形成した。だが、5 月に開かれたアジア信頼措置サミットで、中国国家主席習近平は積極的にアジアの新安全思想を提唱し、そこに含む四つの概念を明確に提出した。即ち、共同安全、総合安全、提携安全、持続可能な安全である。中国政府は新たな安全理念を作ることに努力し、地域安全提携の新しい構造を立て、一本の共建、共有、ウィンウィンなアジアの安全保障の道を作るために。中国の特色ある安全概念の提出を通して、中国政府は自分の相対的な系統的な安全理念を形成した。

　全体的に、安全研究学理性の分析から見れば、中国政府の安全理念は二つの部分から構成されている。一つ目は原則的な基礎、即ち一種の国家安全理念の実践を指導する基本原則である。それには二つの内容がある。第一に、「平和共存五原則」と「隣国とよい関係を結び、隣国をパートナーとする」の外交方針は中国安全保障政策の基本原則；第二に、中国国防白書の中で何度も強調された「相互信頼、互恵、平等、提携」という主な概念は国家安全保障提携の基本的な方法である。

　二つ目は中国の安全理念システムの枠組み、そのために構成された一つの比較的に完全な安全概念システムである。その基本的な枠組みは以下のようである。第一に、「全体の安全」観は中国が自国の安全現実に基づいて提出した内外相兼の方式でもって、国家安全保障というマクロな国家安全保障概念である。その着眼点は国家自身の安全が一定の内向性をもっている。第二に、以「相互安全」と「提携安全」と「持続可能な安全」をもって中国安全理念の実践的な支えとする。これは一種の内側から外側へとなる安全行為の指導的な理念である。第三に、アジア太平洋国家と「総合安全」観を共有する。これは一種の国家間の共生共存な安全関係を強調し、国家間で調和と提携できる理念の基礎が形成される。第四に、国家間が地域内で共生共存する安全基礎である。互いに安全を尊重することと安全提携を行うことを通して、地域内の"共同安全"を実現することができる。第五に、地域間での共同安全を守ることを通して、世界は一種の「普遍的な安全」という理想を求め実現することができる。こういうマクロで系統的な安全理念は一つの全体的な安全理念の枠組みにすることができる。この系統的な安全保障の枠組みはさまざまな安全概念システムと融合し、その過程で一つの有機的な関連の全体となる。

　これをもって、筆者は、このような系統的な安全理念体系を抽象的な「全体安全」概念とする。その意味は、国や地域の安全から世界の安全まで横向きの各安全要素と縦向きの安全進化過程は一つの「全体の安全主体」である。今日の中国が出している「一帯一路」の戦略提唱は安全の角度から見れば、中国より内から外へとアジア乃至アジアヨーロッパ大陸の全体的な国際秩序の構造である。だが、「全体安全」の系統的な段取りはこの秩序に安全な保障を提供してくれる。これは伝統的な安全理念の超越であり、新しい次元構造の安全理念と安全政策を押し進む努力である。しかし、いくら中国がこの系統的な安全理念体系を出したとしても、地域的な指導意義があっても、北東アジア地域は伝統的な安全理念が際立った存在であるので、この「全体安全」理念の価値と意義がもっと際立たせることになる。

二、中国の北東アジアに対する戦略的関心

　中国政府が出した「全体的」の安全理念は北東アジア地域で欧米式の伝統安全理念と東アジア国家、特に中国が提唱するアジア新安全思想とぶつかり合う典型的な地域となった。よって、中国国家安全戦略が注目する中、北東アジアは最も重要な位置となった。中国政府は国家安全保障のため、北東アジアに対し大きいな戦略をつぎ込む必要がある。

1. 中国国家安全の伝統と直接的な関連がある地域: 北東アジア

　近代以降、中国では上述の四つの戦略方向の中で最も脅威を感じる方向は北東アジア地域である。言い換えれば、北東アジアは中国国家安全と最も直接的に関わりがある地域である。これは四方面からわかる。一つ目、歴史上の関連性である。第一次アヘン戦争以降、中国国家安全が受けた致命的な武力攻撃は北東アジアの海洋と陸地からきたものである。その他、歴史上の関連性は冷戦の東西対抗とこれから先のアジア地域のつながりを含む。二つ目、地理的な安全の関連性である。政治の中心である中国の首都北京は華北にあり、中国北方の二つの大きいな北東、華北経済区は事実上北東アジア地域にある。この二つの地区の安否は中国全体の安否にかかわっている。そのため、軍事的には、この核心的政治／経済区域を防衛するために、中国は強大な軍事力を築かなければならない。三つ目、国家統一の問題である。中国は世界的な大国の中で唯一国家統一を実現していない国である。台湾問題はずっと中国の悩みで、中国の国家安全の核心にある問題である。四つ目、大国と

の駆け引きの関連性である。国際的地位から見れば、北東アジアは世界で唯一の世界に影響を与える四大国が集まる地域である。中国が国際的に重要な役割を発揮するには、まず北東アジアとアメリカ、ロシアと日本の関係を処理する必要がある。だが中米両国はそこで朝鮮半島を通して直接的な関係を持っている。中国は中米関係の安定を維持することを戦略的な選択としているので、北東アジア、特に朝鮮半島問題をめぐる中米間の相互協調が必要である。

2.戦争・平和の問題に対する関心点

中国が求める「アジア運命共同体」の戦略的構想は、平和と発展を主題とする時代背景の下で、国家建設に努め、21世紀半ばまでに中等発達国家レベルに達するという壮大な戦略的目標を実現することを望んでいる。そのためには、平和で安定した国際環境と友好な提携ができる周辺環境が必要である。中国周辺の四つの戦略方向の中で、ただ北東アジアだけが戦争の影にある。一つは中国の台湾海峡であり、一つは朝鮮半島である。両岸の平和提携関係が深まるにつれ、武装衝突や戦争が勃発する可能性が大幅に低下する。だが、朝鮮半島の南北対立や朝米対立によって、そこに予測不可能な衝突または、戦争が勃発する可能性が存在している。もちろん、中日両国の東シナ海と釣魚島の領土問題、日韓両国の紛争について独島/竹島問題や、日露間の「南千島群島」/北方領土問題の紛争によって相互間の安全問題で深刻な対立が存在しでる。一般的に言えば、これらの領土問題は国家間の戦争に至らないが、もしそれぞれが客観的に問題と向き合わなければ、国家間の衝突や緊張な関係へと影響するでしょう。

3.北東アジア地域協力一体化の過程における肝心な戦略的地域

北東アジア地域に位置する各国はアジア国家の中に比較的に経済が発達しているものである。日韓両国は先進国で、中国は北東アジアにある一部、即ち華北地区と台湾が国内では比較的に経済が発達した工業地域で、ロシア極東地域が提供するエネルギーは北東アジア経済発展の重要な動力源である。東アジア地域が本当に統合できるか否かは中日韓三国の経済融合及び東南アジア国家の経済提携によることである。そして、中国が提唱する「一帯一路」というユーラシア大陸提携戦略構想の運用の決め手は北東アジアにある。したがって、中国の北東アジアに対する戦略は伝統的な国家安全と地域安全の面を超え、東アジア、アジア太平洋とユーラシア大陸全体の安定、発展と繁栄の視点では、北東アジアは中国アジアひいては世界戦略

の基礎の地域となっている。

三、北東アジア三国の安全協力の基礎

21世紀に国際関係グローバル化と地域協力一体化の発展は大きな流れであり、北東アジアの朝鮮半島における直接な冷戦的対抗とアメリカの再均衡戦略が招いた潜在大国の相互競争の現実を超えている。

もちろん、北東アジアは中国対外戦略の基礎的地域である。中国は北東アジアの平和で安定した大局を保障しなければならない。そして、一旦安全が脅威されば、中国は全力で脅威を除去するのである。アジアの中心国として、中国はアジア大陸で安全調節の空間有し、北東アジア地域を超えて、東西南北の四つの方向から協調性と全体的な役割を果たすことができる。しかし、韓国は北東アジアでは下位地域的国で、戦略調節の空間が小さい。日本は東アジアの地域的大国として、戦略空間はもちろん東南アジアまで伸びるが、その多くは北東アジアに基づいている。だから、北東アジアは中日韓三国の核心的地域となり、安全はしっかりとつながり、利益は切り離すことができなくて、互いに協調すべきである。一蓮托生の連動関係なので、事実上の「運命共同体」なっているのである。

冷戦終了後、中国は積極的に中日韓三ヶ国がメンバー国であるアジア太平洋地域と北東アジア地域の多国安全対話と提携のメカニズムに参加した。事実上中日韓は三つの段階でアジア太平洋地域と北東アジア地域の他国安全提携メカニズムに参与した。一つ目の段階では政府側の正式な安全保障メカニズムを含み、例えばアジア太平洋地域の正式な政府間協力メカニズム「ASEAN地域フォーラム」（ARF）の閣僚級会合メカニズムや、それに合わせた第二軌道の「アジア太平洋安全協力理事会」である。その他に、近年ではASEANが主導する「拡大ASEAN国防相会議」（ADMMs）に、中日韓三国の国防当局も参加した。むしろ、三国外交と国防高官は、多国間の安全保障対話場と交流の機会と場所を得た。2014年5月に中国上海で開かれた「アジア相互協力信頼醸成措置会議」（CICA）は、一つのアジア地域をまたがる多国間安全協力メカニズムとなっている。現在、日本はオブザーバー国で、韓国はまだ参加していないのである。将来、アジア国家の中日韓三国は、それをアジア平和構築のステージにし、共同で参加すべきである。

二つ目の段階は非公式の多角的対話ステージである。2001年以降、欧米主導で開かれた「アジア安全保障対話会議」（即ち「シャングリラ対話」）、中日韓三国の

国防高官も交流することができた。そして、中国も 2014 年に北京で設立された 1.5 軌の国防と軍事交流の「香山フォーラム」を推し進め、三国に直接交流のステージを提供している。

　　三つ目の段階は中日韓三国が参加する北東アジア安全問題をめぐる公式と非公式の安全分野の対話である。北朝鮮核問題は、中日韓三国の安全利益にかかわる一つの重大な地域安全問題で、中国が発足した「六者会合」は安全利益が鋭く対立している北朝鮮、韓国、日本及び同盟国アメリカを集めて協議する公式メカニズムである。そして、「北東アジア協力対話」（NEACD）いう北東アジア安全保障対話にかかわる 1.5 軌メカニズムは、中日韓三国の国防と高級官員に交流機会を提供している。

　　近代以来、東アジア国家では西洋諸国が主宰・制御する「東アジアの悲劇」が生まれた。今に至ってもこの悲劇の影はまだ存在している。現在のアジア太平洋国家間は依然として「ダンベル型」の安全構造の中に置かれており、相互間の対抗と競争の伝統的な安全保障関係が存在しており、また調和と提携の非伝統的な安全保障関係も含まれている。中国国家主席習近平はかつて 2014 年に開かれた「アジア相互協力信頼醸成措置会議」（CICA）で「アジアの事は結局アジアの人人が処理すべきであり、アジアの問題は結局アジアの人人の手で処理すべきであり、アジアの安全は結局アジアの人人の手で守られるべきである。アジアの人人は能力や知恵があり、提携を強めることでアジアの平和と安定を実現していく」と発言した。これは決して中国は地域外の大国を排除するのではなく、地域外の大国の戦略安全利益はきっとアジア国家自身の利益と一致しないことを強調したものである。もし地域外の大国の利益が北東アジアとアジアの安全問題の処理を主導したら、きっとがずれが生まれる。だからこそ、習近平主席はアジアボアオフォーラムの発言で、「今の世界には、世界の安全から外れた自国の安全を実現させる国が一つもないし、他国の不安全に築かれた安全もない。我我は冷戦の思考を排除し、安全の理念を新たに作り出し、ともに建設、ともに享受、ウィンウィンのアジア安全の道を進めるよう努力する」。

　　中国政府とアジア国家が共同で提唱するアジア新安全観、及び共に推進する「一帯一路」のユーロアジア協力のプロセスは、北東アジア国が新しい基礎の上で安全交流と疎通の展開に新しいチャンスを提供できるはずである。中日韓三国は伝統的な安全保障競争と対抗のモードを超え、新たな基礎の上で信頼増進、疑念払拭と互信互利の道を模索し、将来真正の東アジア共同体を建設するために共同で努力すべきである。

（海村佳惟　訳）

중국의 안보 이념과 동북아에 대한 전략적 관심

苏 浩[*]

    냉전이 종식된지 20여년이 지난 지금도 동북아지역에는 냉전시기의 대립이 남아있다. 냉전사유로 인한 안보면의 경쟁 행위는 국가간의 불신과 갈등을 초래하였고 심지어는 상호간에 긴장관계까지 조성하였다. 허나 중국은 줄곧 "냉전사유"를 버리고 "새로운 안보관"으로 국가간의 안보관계를 처리하며 전통 시대를 추월하는 새로운 안보이념으로 동북아 전략적 안보 논리를 재설립하자고 주장해왔다. 중국은 동북아 전략을 아주 중시한다. 비록 전통안전문제 차원에서 아직도 어느 정도의 영향이 있지만 중국은 미래의 동아시아 통합 나아가서는 아시아지역의 통합이라는 큰 흐름을 더욱 중시하며 이를 위하여 한 중 일 3국 협력을 새로운 차원으로 업그레이드 시키기 위해 노력을 기울이고 있다. 한 중 일 3국은 이미 아태지역에서의 다국적 안보협력면에서 일정한 교류와 연계를 가지고 있다.

1. 전통을 추월하는 중국의 안보 이념

    냉전직후 아태지역의 일부 국가들은 정치와 군사를 주도로 하는 전통안보관을 견지해왔다. 이런 전통안보관에는 아래와 같은 내용들이 포함된다. 첫째, 연맹 안보: 일종의 "집단 방위"(collective defense) 행위로써 양국 혹은 다국적 공통 안보를 수요로 설립된 군사 동맹인데 "집단 자위"(collective self-defense)라고도 불린다. 이는 적이나 상대의 존재를 전제로 하며 군사에 기초한 안보협력으로써 필요 시 무력으로 동맹국의 안전을

---

[*] 중국 외교학원 전략과 평화연구센터 주임.

보장한다. 둘째, 집단 안보: 성원국을 상대로한 불법 침략이나 정복을 방지하기 위한 행위로써 매 성원국의 안전을 공동으로 보호하는 것을 통하여 집단의 안전을 보장하는 것이다. 셋째, 공통 안보: 냉전 대립 쌍방은 핵 위협으로 인한 상호 파괴를 방지하기 위하여 공동의 안보이익을 도모하는 것인데, 이는 상대와 함께 안보를 실현하고 신뢰조치(CBMs)를 통해 충돌을 방지할 것을 필요로 하고 있다. 전통적 안보관은 안보에서의 군사성과 국가간의 대항성이 그 특점이다.

동아시아 국가들은 일찍 냉전시기부터 일련의 비전통 안보 이념을 제기하였다. 이런 이념은 아래와 같은 내용들을 포함하고 있다. 첫째, 종합 안보: 종합적 국가 안보를 강조. 국제관계중의 많은 요소들은 현실적으로 서로 연결된 하나의 종합체로써 국가 안보에 영향주고 있다. 현재 아태지역의 가장 보편적인 안보관은 "종합 안보"관이다. 중국을 포함한 지역내의 발전도상의 국가와 발달한 국가들은 모두 각이한 정도에서 이런 안보관을 받아들였고 이를 일종의 안보 개념, 이론, 전략과 정책으로써 응용하고 있다. 둘째, 협력 안보: 종합 안보를 실현하기 위하여 각 국은 안보대화와 교류과정에서 일종의 포용성이 있는 안보협력 제도를 설립하고 대화하는 습관을 양성하여야 하며 협력을 통해 종합 안보를 실현하여야 한다. 셋째, 인간 안보: 아태 국가들은 인간을 보호하는 기본 안보 수요를 통해 국가의 안보를 보장하는 목표를 실현할 것을 강조한다. 이외에도 "사회안보", "세계안보", "공공안보" 등 일련의 비전통안보들이 지역내 국가의 안보 인식에 영향을 주고 있다.

중국은 일찍 냉전시기 주변 국가와의 안보관계에 대해 "쟁론을 보류하고 공동 개발"하는 정책 주장을 제기하였는 데, 이는 전통안보관과 다른 안보이념이다. 냉전직후 중국 정부는 1996년에 최초로 "새로운 안보관" 주장을 제기하였다. "상호 신뢰, 상호 이익, 평등, 협력"의 기본 안보 원칙을 제기하고 이 기초에서 국제사회의 현실에 알맞는 안보 이념을 결부하여 새로운 안보관에 대한 다차원적인 종합 이론을 형성하였다. 이론에는 "상호 안보관"과 "협력 안보"를 수단으로 국가의 "종합 안보"를 실현하고 나아가서 국가간의 협력을 통해 지역의 "공통 안보"를 보장하며 종국적으로 인류의 "보편적 안보"를 실현하는 등 내용들이 포함되어 있다. 비록 중국 정부는 "새로운 안보관"를 제기하고 기존의 동아지역의 일부 안보관을 결부하였지만 일정한 기간내에 자신만의 안보개념을 형성하지 못하였다.

　시진핑주석이 집권한 후, 중국 정부는 새로운 시각으로 자신의 안보를 심사하는 데 더욱 중시하고, 지역 안보 질서 구축을 적극 추진하였다. 2014년 4월 14일, 시진핑주석은 "중앙국가안보위원회" 제1차 회의에서 국가 "전반적 안보"관을 견지하고 중국 특색의 국가 안보 노선을 견지할 것을 주장하였다. 이로써 중국은 처음으로 국가 안보를 보장하는 거시적 안보 이념을 형성하였다. 또한 5월에 개최된 '아시아 신뢰조치서밋'에서 시진핑주석은 아시아 신규 안보관을 제안하였고 그 중에는 공동 안보, 종합 안보, 협력 안보, 가지속적 안보 등 4가지 내용이 포함된다고 명확히 제기했다. 중국 정부는 안전이념 혁신과 지역의 신규 안전협력구조 설립을 통해 서로 공유하고 윈윈할 수 있는 아시아 안보의 새로운 길을 개척하기 위해 노력하고 있다. 중국 특색의 안보 개념을 제기함으로써 중국 정부는 점차 자신만의 안보이념체계를 형성하기 시작하였다.

　중국 정부의 안보 이념은 두가지 부분으로 구성된다. 첫 부분은 원칙 기초, 즉 국가 안보이념 실천에 대한 기본 지도 원칙이다. 이 부분에는 두가지 내용이 포함된다. 첫째, "평화적 공존의 5개 원칙"과 "인접국과 우호적인 파트너로 (以邻为伴, 以邻为善)"의 외교 방침은 중국 안보정책의 기본 원칙이다. 둘째, 중국 국방 백서에서 여러번 강조한 "상호 신뢰, 상호 이익, 평등, 협력"은 국가안보협력을 추진하는 기본 방식이다.

　제2부분은 중국안보이념의 체계 구조이다. 이를 기초로 상대적으로 완벽한 일련의 안보개념체계를 형성하였다. 그 기본적인 구조는 아래와 같다. 첫째, "전반적 안보"관, 중국이 자체 국가 안보 실정에 입각하여 내외 결합 형식으로 국가 안보를 보장하는 거시적 국가 안보 개념인 데, 그 착안점을 국가 자체 안보에 두고 있으며 일정한 내향성을 가지고 있다. 둘째, "상호 안보", "협력 안보", "가지속적 안보"는 중국 안보이념의 실천 지침으로써 일종 내부에서부터 외부에 이르는 안보 행위 지도 이념이다. 셋째, 아태 국가들이 서로 공유하는 "종합 안보"관은 국가간의 공동 생존을 강조하는 안보 기초로써 상호 안보 존중과 안보 협력을 통해 지역내 "공통 안보"를 실현한다. 넷째, 각 지역간의 공통 안보를 통해 세계적 "보편 안보 (普遍安保)"라는 최종적 염원을 실현한다. 이런 거시적이고 체계적인 안보 개념은 하나의 전반적 안보이념구조를 형성하고 이런 체계적인 안보구조는 각종 안보개념을 체계적으로 융합하여 유기적인 결합체를

형성한다 .

　　필자는 이런 안보이념체계를 하나의 "전반적 안보"라는 개념으로
추상화하였다 . 왜냐 하면 , 국가와 지역 안보 , 나아가서 세계 안보는 횡적인
안보요소로부터 종적인 안보 전환 과정까지 모두 하나의 "전반적 안보
주체"이다 . 안보면에서 오늘 날 중국이 제기한 "일대 일로"전략을 볼 때 ,
이는 중국이 내부로부터 외부로 , 전체 아세아 , 나아가서는 유라시아대륙까지
뻗어나간 전반적 국제질서 구축이다 . "전반적 안보"의 체계적인 배치는
이런 질서를 위해 안보 보장을 제공해주게 된다 . 이는 일종 전통안보이념에
대한 추월이며 새로운 차원에서 안보이념과 안보정책을 추진할려는
시도이다 . 중국이 제기한 신규 안보 이념체계는 지역적 지도 의의가 있는 데
전통안보이념이 뚜렷하게 존재하는 동북아 서브 지역에서 "전반적 안보"이념의
가치와 의미는 더욱 두드러질 것이다 .

2. 동북아에 대한 중국의 전략 관심

　　중국 정부가 형성한 "전반적" 안보 이념은 동북아 서브 지역에서 서방식
전통안보이념과 동아국가 특히 중국이 제창하는 아시아 신규 안보관이 상호
부딪치는 전형적인 지역을 형성하였다 . 때문에 중국 국가안보전략 관심중
동북아는 가장 중요한 위치에 놓여 있다 . 중국 정부는 국가 안보를 보장하기
위하여 반드시 동북아에 막대한 전략 투입을 하여야 한다 .

　　(1) 중국 국가안보 전통의 직접적 관련 지역 : 동북아

　　근대이래 , 상술한 중국의 네가지 전략 방향중 가장 위협적인 방향이
바로 동북아지역이다 . 즉 동북아는 중국 국가안보와 직접적으로 관련된
지역이다 . 이는 네가지 방면으로부터 분석해 볼 수 있다 . 첫째 , 역사
관련 . 제1차 아편전쟁이후로 중국 국가안보가 받은 치명적인 무력 공격은
모두 동북아의 해상과 육지에서 발생하였다 . 그외 냉전 동서방의 대항과
미래 동북아지역의 융합과도 관련된다 . 둘째 , 지리적 안보와 관련 . 화북에
위치하고 있는 중국 정치 중심인 수도 베이징과 중국 북방의 2대 경제구인
화북과 동북은 모두 동북아지역에 속한다 . 이 지역의 안위는 직접적으로
전체 중국의 안위를 결정한다 . 때문에 중국은 반드시 강대한 군사력으로 이
정치와 경제 핵심지역을 보위하여야 한다 . 셋째 , 국가 통일문제 . 중국은
세계적 대국가운데 유일하게 국가 통일을 실현하지 못한 나라이다 . 대만문제는
줄곧 중국을 곤혹스럽게 만들고 있으며 이 또한 중국의 국가안보 핵심문제로

되었다. 넷째, 대국 경쟁과 관련. 국제적으로 볼 때, 동북아는 유일하게 세계적 영향을 가지고 있는 4대국이 집결한 지역이다. 중국이 국제에서 중요한 역할을 발휘할려면 우선 동북아에서 미국, 러시아, 일본과 관계를 잘 처리하여야 한다. 중미 두 대국은 한반도를 통해 직접적 관계가 발생한다. 중국은 전략적으로 미국과 안정한 관계를 유지하려 한다. 이는 동북아, 특히는 한반도 문제에서의 중미간의 상호 조정이 필요하다.

(2) 전쟁과 평화문제에서의 관심 초점

중국은 "아시아 운명 공동체"의 전략적 구상을 추구하며 평화와 발전의 시대적 배경에서 국가 건설을 다그쳐 본 세기 중엽에 중등 발달 국가 수준에 도달할 전략 목표를 실현하기 위해 노력하고 있다. 이를 위해 평화 안정의 국제 환경과 우호 협력의 주변 환경이 필요하다. 중국은 4개의 주변 전략 방향중 유일하게 동북아에서만 아직도 전쟁의 그늘이 비껴있다. 하나는 중국의 대만해협이고 다른 하나는 한반도이다. 중국 대륙과 대만의 평화 협력관계가 심화됨에 따라 무장 충돌이나 전쟁이 폭발할 가능성은 아주 낮아졌다. 허나 한반도의 남북 대립과 북한과 미국의 대립은 충돌 폭발 나아가서는 전쟁의 가능성까지 심어주었다. 물론 중일 양국의 동해 댜오위다오에 관한 영토 분쟁, 한일 양국이 독도에 관한 영토 분쟁, 일본과 러시아사이의 쿠릴열도 분쟁 등 문제는 안보면에서의 심각한 대립을 초래하였다. 허나 이런 영토문제는 국가간의 전쟁까지 야기시킬 정도는 아니다. 하지만 만약 어느 한 측이 객관적으로 문제를 직시하지 못한다면 국가간의 갈등과 긴장관계는 악화될 것이다.

(3) 동아지역 블럭화 진척의 관건적 전략 지역

동북아 서브 지역의 국가들은 모두 아시아에서 상대적으로 경제가 발달한 나라들이다. 일본과 한국은 모두 발달한 국가에 속한다. 중국이 동북아에 위치한 부분인 중국의 동북 및 화북지역과 대만은 모두 국내에서 경제가 비교적 발달한 공업지역이다. 러시아 원동지역에서 제공하는 에네지는 동북아 경제 발전의 중요한 동력 원천이다. 동북아지역이 진정으로 통합을 실현하는 관건은 중일한 3국의 경제 융합 및 동남아 국가와의 경제협력에 달려있다. 중국이 제창하는 "일대 일로"의 유라시아대륙 해륙협력 전략구조의 손잡이는 동북아에 쥐어있다. 때문에 중국이 동북아 전략에 대한 관심은 이미 전통적 국가안보와 지역적 안보 차원을 추월하였다. 중국은 동아시아, 아태와 전체 유라시아대륙의 안정, 발전과 번영에 입각하여 동북아를 아시아, 나아가서는 전 세계 전략의 기축 지역으로 간주하고 있다 .

3. 동북아 3 국의 안보 조화 기초

새 세기 국제관계 세계화와 지역 협력 일체화의 발전 흐름은 이미 동북아 기존의 한반도 냉전 대립과 미국 재평형전략으로 인한 잠재적 대국 경쟁의 현실을 추월하였다 .

동북아는 중국 대외 전략의 기축 지역으로서 중국은 반드시 동북아의 평화와 안정을 보장하여야 하며 안보 위협이 출현할 경우 중국은 모든 힘을 다해 그 위협을 제거할 것이다 아시아의 중심 국가로서 중국은 아시아 대륙에서 비교적 큰 안보 회선 공간이 있어 동북아 서브 지역를 추월하여 동서남북 네개 방향으로 조화와 전반적 역할을 발휘할 수 있다 . 한국은 근근히 동북아 서브 지역 국가로서 전략 회선 공간이 아주 작아 본 지역에만 국한된다 . 일본은 동아지역의 대국으로서 비록 동남아까지 전략 공간을 연장할 수 있지만 그래도 더 많이는 동북아를 기반으로 한다 . 때문에 동북아는 중일한 3 국의 핵심 지역으로서 안보와 이익 모두 긴밀히 연결되어 상호 조절이 필요하다 . 사실 3 국은 이미 "운명공동체" 로 되었다 .

냉전이 종식된후 , 중국은 중일한 3 국이 모두 가입한 아태지역과 동북아 서브 지역의 다국적 안전 대화와 협력체제에 적극 가입하였다 . 사실 중일한은 3 개 차원에서 아태지역과 동북아 서브 지역 다국 안보 협력 체제에 참여하였다 . 첫번째 차원은 지역적 안보 대화와 협력 체제이다 . 이 차원은 정부의 정식 안보체제를 포함한다 . 예를 들면 아태지역의 공식 협력 체제인 "아세안지역안보포럼" (ARF) 장관급 회의 체제 및 이와 상호 배합되는 제 2 궤도의 "아태안보협력이사회" 등이다 . 최근 중일한 3 국 국방 장관은 동남아시아국가연합을 주도로 하는 "아세안과 대화 파트너국가 국방부 장관" (ADMMs) 에도 참여하고 있다 . 3 국 외교와 국방부 고급 관료들에게는 이미 다국적 안보대화를 진행할 수 있는 기회와 장이 마련됐다고 볼 수 있다 . 2014 년 5 월 중국 상하이에서 소집된 "아시아교류신뢰구축회의" (CICA) 는 이미 전체 아시아지역을 범위로 하는 다국적 안보협력체제로 발전하였다 . 현재 일본은 옵서버 국가이고 한국은 가입하지 않았다 . 향후 중일한 3 국은 이를 함께 아시아 평화 구축에 참여하는 플랫홈으로 간주하여야 한다 .

두번째 차원은 비공식적 다국적 안보대화 플랫홈이다 . 2001 년이후 서방이 주도하는 "아시아안보대화회의" (즉 샹그리라대화) 에서도 중일한 3 국 국방부 고급 관료들은 교류를 진행할 수 있다 . 중국이 국방과 군사교류를 추진하기 위하여 2014 년 베이징에서 설립한 1.5 궤도의 "향산포럼"도 3 국에게 직접적 교류의 장을 제공해 주었다 .

　세번째 차원은 중일한 3 국이 모두 참가한 동북아 안보문제를 집중적으로 다루는 공식적 및 비공식적 안보분야 대화이다 . 북핵문제는 중일한 3 국 공통의 안보이익과 관련되는 중대한 지역적 안보문제이다 . 중국이 주재한 "6 자회담"은 안보 이익이 첨예하게 대립된 북한 , 한국 , 일본과 동맹국인 미국이 한 자리에서 안보 협상을 할 수 있는 공식 체제이다 . "동북아협력대화" (NEACD) 라는 동북아 안보대화와 관련된 1.5 궤도 체제도 중일한 3 국의 국방과 고위급 장교들에게 교류의 장을 제공해 주었다 .

　동아국가들에게는 근대로부터 서방 국가들이 주재하고 통제하는 "동아비극"이 있었다 . 오늘 날까지도 이 비극의 먹구름은 여전히 남아있다 . 현재 아태국가들은 여전히 "아령형" 안보구조에 처해있다 . 상호간에는 대립과 경쟁의 전통안보관계가 있는 동시에 조화와 협력의 비전통안보관계도 있다 . 중국 국가 주석 시진핑은 2014 년에 있은 아시아 상호 협력과 신뢰조치회의 정상회담에서 "아시아의 사무는 종국적으로 아시아인들이 처리하여야 하고 , 아시아의 문제는 종국적으로 아시아인들이 처리하여야 하며 아시아의 안보는 종국적으로 아시아인들이 지켜나가야 한다 . 아시아인들은 협력을 통해 아시아의 평화와 안정을 실현할 능력과 지혜를 구비하였다"고 말하였다 . 이는 중국이 지역외의 대국을 배척할려는 뜻이 아니라 지역외 대국의 이익은 아시아 국가의 이익과 어긋나기 때문에 지역외 대국의 이익을 주도로 동북아와 아시아의 안보 문제를 처리하게 된다면 무조건 편차가 생길 것이라는 뜻이다 . 때문에 시진핑 주석은 보아오 포럼에서 아래와 같이 말했다 . "현재 그 어떤 나라도 세계 안보를 떠나서 자신만의 안보를 실현할수 없고 기타 국가의 안보가 보장되지 못한 상황에서 자신의 안보를 보장할 수 없다 . 우리는 냉전사유를 버리고 안보 이념을 혁신하여 공동 설립 , 공유 , 윈윈의 아시아 안보의 길을 개척하기 위하여 노력하여야 한다 ."

　중국 정부와 아시아 국가들이 모두 제창하는 아시아 신규 안보관 및 함께 추진하는 "일대 일로" 유라시아 협력은 동북아국가들이 새로운

기초에서 안보 교류를 진행하는 데 기회를 제공해 주었다 . 중일한 3 국은
전통 안보 경쟁과 대립의 모식을 추월하고 새로운 기초에서 신뢰를 증가하고
원원할 수 있는 길을 찾아야 하며 동아 공동체를 설립하기 위하여 함께
노력하여야 한다 .

(金文学 번역)

积极和平主义与日中韩防卫合作

[日] 饭田将史 *

一、基本防卫政策

在第二次世界大战结束以后，日本决心不再重蹈战争悲剧之覆辙，而是以建设和平国家为目标不断努力。就像日本宪法前言所述，恒久的和平是日本国民的心愿。提出这一和平主义理想的日本国宪法设置了第9条，其中规定了放弃战争、不保持战争力量、不承认交战权等相关内容。与此同时，日本国宪法还在前言中确认了"国民的和平生存权"，其第13条规定，在国政上应该最大限度地尊重"国民对于生命、自由以及追求幸福的权利"。因此，宪法第9条并未禁止日本为了维持本国的和平与安全、为了保全其存立而采取必要的自卫措施。日本拥有作为一个主权国家固有的自卫权，一直试图维持、完善和运用为行使自卫权而建立的最低需要程度的力量组织——自卫队。

日本防卫政策的基本理念是贯彻专守防卫目标、不成为军事大国。换言之，日本只有在受到对方的武力攻击时才行使防卫权，并将态势控制在自卫所需最低程度之内，同时将维持的力量也控制在所需最低程度之内，不需维持对他国造成威胁的强大军事力。此外，关于宪法第9条所许可的作为自卫措施的"武力行使"，其实践需要具备以下条件：一是针对我国的武力攻击业已发生，或者针对与我国有密切关系的他国的武力攻击业已发生，从而威胁到我国的存立，国民对生命、自由以及追求幸福的权利将从根本上被颠覆，当这类危险明确存在时。二是为了排除上述困难、保全我国之存立、保护我国之国民，没有更适当的手段时。三是将武力行使控制在所需最低程

---

* 饭田将史：日本防卫省防卫研究所地域研究部东北亚研究室高级研究员。

度之内。

此外，身为民主主义国家的日本，对自卫队采取了严格的文官统治制度。所谓文官统治，是指在民主主义国家政治优先于军事，或者对军事力量进行民主主义的政治控制。具体而言，通过普通选举产生的代表国民的国会以法律、预算等方式商议决定自卫官的定额、主要组织等，并决定是否认可防卫出动等。关于国家防卫的事务完全属于对国会负有连带责任的内阁行政权，构成内阁的内阁总理大臣以及其他国务大臣必须是宪法上的文官。内阁总理大臣代表内阁对自卫队拥有最高指挥监督权，防卫大臣统括自卫队的队务。如此，自卫队通过基于民主主义的各种制度被置于坚固的文官统治之下。

二、基于国际协调主义的积极和平主义

2013 年 12 月，内阁设置了国家安全保障会议。国家安全保障会议由三大会议组成，即"四大臣会议"（总理、内阁官房长官、外务大臣、防卫大臣）、"九大臣会议"（四大臣、总务大臣、财务大臣、国家交通大臣、经产大臣、国家公安委员长）和"紧急事态大臣会议"。"四大臣会议"是制定国家安保方面的外交与防卫政策的司令塔，机动或定期召开会议，进行实质的审议；"九大臣会议"对国家安保方面的外交与防卫政策的基本方针等进行审议；"紧急事态大臣会议"就如何处理紧急事态的问题向总理大臣提议必要的措施。此外，作为国家安全保障会议的支撑，内阁官房还设置了国家安全保障局。

在国家安全保障会议成立之后，内阁马上审议并通过了"国家安全保障战略"。"国家安全保障战略"是日本政府首次制定的国家安全保障的基本方针，并记录了在长远准确预估国家利益的基础上今后应如何确保国家安全的内容。同时，还根据这一"国家安全保障战略"一并审议并通过了"防卫计划大纲"，其中包括今后的日本防卫基本方针、防卫力的作用、自卫队具体的体制目标水平等。

"国家安全保障战略"提出了日本国家安全保障的基本理念，即"基于国际协调主义的积极和平主义"。日本提倡自由、民主主义、对基本人权的尊重、法治等普世价值观，并在二战以后坚持走和平国家的道路，贯彻专守防卫的理念，不成为对他国构成威胁的军事大国，遵守非核三原则。从积极和平主义立场出发的目标是，一面坚持走和平国家的道路，一面为了实现日本的安全和亚太地区的和平与安定，同时为了确保国际社会的和平、安定与繁荣，日本将比以前更加积极地作出贡献。

"国家安全保障战略"展示了以下三点日本国家利益。

1. 保持日本自身的主权与独立，确保领土完整，保障国民的生命、身体和财产安全，继承丰富的文化与传统，同时维持日本的和平与安全、保全日本的存立。

2. 通过发展经济，实现日本与国民的进一步繁荣，进一步强化日本和平与安全。

3. 维持和拥护基于自由、民主主义、对基本人权的尊重、法治等普世价值及规则的国家秩序。

此外，为了维护国家利益，履行在国际社会中的责任，国家安全保障的目标有以下三点。

1. 为了维护日本和平与安全、保障国家的存立，应强化必要的威慑力量，防止对日本直接威胁的发生，万一有威胁波及己身时，要解除该威胁，并将受害程度降至最低。

2. 强化日美同盟，加强与地区内外合作伙伴的信赖与合作关系，实际推进安全合作进程，以此改善亚太地区的安全环境，预防、削减直接威胁日本事件的发生。

3. 在强化基于普世价值及规则的国际秩序和解决纷争方面发挥主导作用，改善全球安全环境，构筑和平、安定、繁荣的国际社会。

三、面向日中韩安保合作

如上所述，日本政府在"国家安全保障战略"中提出了基于国际协调主义的积极和平主义，将为国际社会的和平、安定及繁荣作贡献作为防卫政策的重要支柱之一。另外，中国政府也表明了为世界和平与安定发挥作用的意向。在 20 世纪后半期，胡锦涛提出了"新世纪新阶段军队的历史使命"，其中表明，"为维护世界和平、促进共同发展而发挥重要作用"是人民解放军应担负的使命之一。2013 年 4 月，中国公布的国防白皮书《中国武装力量的多样化运用》中也明确记载了这一方针，即重视对世界和平与地区安定的守护、"在国际政治与安全领域发挥积极作用"。换言之，日本和中国都将为国际和平与安定作贡献当作国防政策的重要部分，可以说在这一领域存在两国推进合作的基础。世界上存在各种以一国之力难以解决的安全问题，作为东亚三大国的日本、中国和韩国应该通力合作承担应对这些课题的国际责任。

联合国维和行动（PKO）是适合日本、中国和韩国推进安全合作的领域。日中韩从 20 世纪 90 年代起分别开始参加联合国维和行动，通过多年的参与，积累了许多经验，如果我们让参与维和行动的各国部队相互交流、分享经验，这应该会有利于各国

更加有效且安全地展开维和行动。具体而言，我们可以考虑以各国维和中心为据点进行指挥官之间的交流，或者相互派遣教官和学生参与对方国家的教育课程等。不仅如此，加深实际上正在参与维和行动的三国部队之间的交流也是有意义的。例如，日中韩都向联合国南苏丹共和国特派团（UNMISS）派遣了部队，如果这些部队之间能常规地交换诸如日常活动情况及周边治安情况等信息、积极进行队员互访、共同作业及共同训练等，通过这些应该有可能促进国家间的相互理解和信赖。

在索马里海域和亚丁湾展开的反海盗行动中，中日韩也应进一步推进合作。这片海域上的海上交通对于日中韩任一国家都非常重要，确保其安全是符合各国利益的。三国自 2009 年起就不断派遣舰艇、飞机参与这片海域的反海盗国际行动，日中韩部队通过各国参与的"信息共享与防止冲突会议"（SHADE 协调机制）等谋求行动一致，而日中韩之间应该更积极地进行两国或三国间的军队交流。我们应该探讨的课题不仅有在三国军队间共享与海盗有关的信息等，还包括司令官及组员的舰艇互访、在驻留地开展友好活动、实施与反海盗相关的共同训练等。强化日中韩的海军交流，有望增进航海方面的沟通理解及相互信任。无论是南苏丹的维和行动，还是索马里海域的反海盗行动，日本、中国和韩国的军队都是为了同一个目的在同一个场所开展活动，因此促进军队间的交流和强化彼此合作，不仅有提高各自行动的有效性和安全性的实际优点，而且也会加深对彼此的信任。

此外，救灾及人道援助等也是日本、中国和韩国应推进合作的领域。近年来，地震、海啸和台风等自然灾害在亚洲地区频频发生。当发生受灾国无法独自应对的大规模自然灾害时，该地区其他国家对受灾国施以援手，这不仅会维系并强化友好关系，而且从人道主义的观点来看也是必要的。自卫队在救灾方面经验丰富，而且通过参与"太平洋伙伴关系"等方式积极开展了在海外的人道支援活动。近年来，人民解放军也开始致力于国内外的救灾活动，并开展了向各国派遣医疗船的人道支援活动。因此，对亚洲的和平与安定负有责任的日中韩三国有必要预先进行磋商，以便在大规模灾害发生时能够顺利进行相互救援，或者开展对第三国进行灾害援助和人道支援的图上演习和实际演习等。

以上内容纯属个人意见，不代表演讲人所属单位及日本政府的立场。

（刘丽娇　译）

積極的平和主義と日中韓の防衛協力

飯田将史 *

一、基本的な防衛政策

日本は、第二次世界大戦が終了したのち、戦争の惨禍を繰り返さないことを決意し、平和国家の建設を目指して努力を重ねてきた。日本国憲法の前文にもあるように、恒久の平和は日本国民の念願である。この平和主義の理想を掲げる日本国憲法は、第9条において戦争放棄、戦力不保持、交戦権の否認に関する規定を置いている。同時に、日本国憲法は前文で「国民の平和的生存権」を確認し、第13条は「生命、自由及び幸福追求に対する国民の権利」を国政において最大限尊重すべきであると規定している。したがって、憲法9条は、日本が自国の平和と安全を維持し、その存立を全うするために必要な自衛の措置を採ることを禁じてはいない。日本は主権国家としての固有の自衛権を有しており、その行使を裏付ける自衛のための必要最小限度の実力組織として、自衛隊を保持し、その整備を推進し、運用を図っている。

日本の防衛政策の基本的な理念は、専守防衛に徹して、軍事大国にならないことである。すなわち日本は、相手から武力攻撃を受けた時にはじめて防衛力を行使し、その態様を自衛のための必要最小限にとどめるとともに、保持する能力も必要最小限にとどめ、他国に脅威を与えるような強大な軍事力を保持することはない。なお、憲法第9条のもとで許容される自衛の措置としての「武力の行使」については、①わが国に対する武力攻撃が発生したこと、またはわが国と密接な関係にある他国

---

* 日本防衛省防衛研究所地域研究部北東アジア研究室主任研究官。

に対する武力攻撃が発生し、これによりわが国の存立が脅かされ、国民の生命、自由および幸福追求の権利が根底から覆される明白な危険があること、②これを排除し、わが国の存立を全うし、国民を守るために他に適当な手段がないこと、③必要最小限の実力行使にとどまるべきこと、が必要な条件となっている。

　また、民主主義国家である日本は、自衛隊に対して厳格な文民統制の制度を採用している。文民統制とは、民主主義国家における軍事に対する政治の優先、または軍事力に対する民主主義的な政治による統制を指す。具体的には、普通選挙を通じて国民を代表する国会が、自衛官の定数、主要組織などを法律・予算の形で議決し、また、防衛出動などの承認を行う。国の防衛に関する事務は、国会に対して連帯して責任を負う内閣の行政権に完全に属しており、内閣を構成する内閣総理大臣その他の国務大臣は、憲法上文民でなければならないとされている。内閣総理大臣は、内閣を代表して自衛隊に対する最高の指揮監督権を有しており、防衛大臣は自衛隊の隊務を統括する。このように自衛隊は、民主主義に基づいた様々な制度を通じて、確固とした文民統制のもとに置かれている。

二、国際協調主義に基づく積極的平和主義

　2013年12月に、国家安全保障会議が内閣に設置された。国家安全保障会議は、4大臣会合（総理、官房長官、外相、防衛相）、9大臣会合（4大臣、総務相、財務相、国交相、経産相、国家公安委員長）、緊急事態大臣会合の3つの会合から構成されている。4大臣会合は、国家安全保障に関する外交・防衛政策の司令塔であり、機動的・定例的に開催され、実質的な審議が行われる。9大臣会合は、国家安全保障に関する外交・防衛政策の基本方針などを審議し、緊急事態大臣会合は事態対処について必要な措置を総理に建議する。また、国家安全保障会議をサポートするために、内閣官房に国家安全保障局も設置された。

　この国家安全保障会議は発足直後に、「国家安全保障戦略」を審議し、閣議でこれを決定した。「国家安全保障戦略」は、国家安全保障の基本方針として、日本政府がはじめて策定したものであり、長期的視点から国益を見定めた上で、今後どのように国家安全保障を確保していくべきかについて記述したものである。同時に、この「国家安全保障戦略」に基づいて、今後の日本の防衛の基本方針、防衛力の役割、自衛隊の具体的な体制の目標水準などを示した「防衛計画の大綱」も合わせて審議・決定された。

　　日本の国家安全保障における基本的な理念として、「国家安全保障戦略」は「国際協調主義に基づく積極的平和主義」を掲げている。日本は、自由、民主主義、基本的人権の尊重、法の支配といった普遍的価値を掲げ、また戦後一貫して平和国家としての道を歩み、専守防衛に徹し、他国に脅威を与えるような軍事大国とはならず、非核三原則を守ってきた。この平和国家としての歩みを堅持しつつ、日本の安全とアジア太平洋地域の平和と安定を実現するとともに、国際社会の平和と安定および繁栄を確保するために、これまで以上に積極的に寄与していくことが、積極的平和主義の立場から目指されているのである。

　　「国家安全保障戦略」は、日本の国益として以下の3点を示している。

　　1. 日本自身の主権・独立を維持し、領域を保全し、国民の生命・身体・財産の安全を確保し、豊かな文化と伝統を継承しつつ、日本の平和と安全を維持し、その存立を全うすること。

　　2. 経済発展を通じて日本と国民のさらなる繁栄を実現し、日本の平和と安全をより強固なものとすること。

　　3. 自由、民主主義、基本的人権の尊重、法の支配といった普遍的価値やルールに基づく国際秩序を維持・擁護すること。

　　また、この国益を守り、国際社会における責任を果たすために目指される、国家安全保障の目標としては、以下の3点が示されている。

　　1. 日本の平和と安全を維持し、その存立を全うするために、必要な抑止力を強化し、日本に直接脅威が及ぶことを防止するとともに、万が一脅威が及ぶ場合には、これを排除し、かつ被害を最小化すること。

　　2. 日米同盟の強化、域内外のパートナーとの信頼・協力関係の強化、実際的な安全保障協力の推進により、アジア太平洋地域の安全保障環境を改善し、日本に対する直接的な脅威の発生を予防し、削減すること。

　　3. 普遍的価値やルールに基づく国際秩序の強化や紛争の解決に主導的な役割を果たし、グローバルな安全保障環境を改善し、平和で安定し、繁栄する国際社会を構築すること。

三、日中韓の安全保障協力に向けて

　　このように、日本政府は「国家安全保障戦略」において国際協調主義に基づく積極的平和主義を掲げ、国際社会の平和と安定および繁栄のために貢献することを、

防衛政策における重要な柱の一つと位置づけている。他方で中国政府も、世界の平和と安定に役割を果たす意向を表明している。2000年代半ばに、胡錦濤政権の下で示された「新世紀新段階における軍隊の歴史的使命」においては、「世界平和を守り共同発展を促進するための重要な役割を発揮すること」が、人民解放軍が果たすべき使命の一つとして明示された。2013年4月に発表された国防白書である「中国の武装力の多様な運用」においても、世界の平和と地域の安定を守ることが重視され、「国際の政治と安全保障分野において積極的な役割を果たす」という方針が明記されている。つまり、日本と中国はともに、国際の平和と安定のために役割を果たすことを国防政策の重要な一部と位置づけているのであり、この分野においては両国が協力を推進する土台が存在しているといえるだろう。世界には、一国では解決できない様々な安全保障上の課題が存在しており、東アジアにおける三大国である日本、中国、韓国は、協力を通じてこうした課題に対応する国際的な責任を引き受けるべきであろう。

　国連平和維持活動（PKO）は、日本、中国、韓国が安全保障協力を進展させるうえで適した分野である。日中韓は、それぞれ1990年代初めより国連PKOへの参加を開始し、これまで多くのPKOに参加することで、様々な経験を積み重ねてきた。国連PKOに参加した各国の部隊間の交流を行うことで、経験の共有を図ることは、各国の国連PKOでの活動をより効果的かつ安全に行う上で有用であろう。具体的には各国のPKOセンターを拠点として、指揮官の交流を行ったり、各国の教育課程に教官・学生を相互に派遣することなどが考えられる。また、実際にPKOに参加している三か国の部隊間交流を深めることも意義がある。例えば、日中韓はともに国連南スーダン・ミッション（UNMISS）に部隊を派遣して参加している。これらの部隊間で、日ごろの活動状況や周辺の治安状況などの情報を恒常的に交換したり、隊員の相互訪問や共同作業、共同訓練などを積極的に行うことで、相互の理解と信頼を促進することが可能となるだろう。

　ソマリア沖・アデン湾で展開されている海賊対処活動においても、日中韓は協力をより進展させるべきである。この海域における海上交通路は日中韓のいずれにとっても重要であり、その安全を確保することは各国の国益にかなうものである。三か国は2009年から艦艇や航空機を派遣して、この海域における国際的な海賊対処活動に参加している。日中韓の部隊は、各国が参加する認識共有調整会合（SHADE）などを通じて活動面での協調を図っているが、日中韓の二国間・三国間の部隊交流がより積極的に行われるべきである。三か国の部隊間における海賊に関

する情報などの共有に加えて、司令官や乗組員による相互の艦艇訪問や、停泊地における親善活動の実施、海賊対処に関する共同訓練の実施なども検討されるべきである。日中韓の海軍間の交流を強化することは、シーマン・シップに基づく共通の理解や相互の信頼の向上につながることが期待できる。南スーダンにおける PKO にしても、ソマリア沖での海賊対処活動にしても、日本、中国、韓国の部隊が、同じ目的のために、同じ場所で活動していることから、部隊間の交流を促進し協力を高めることは、それぞれの活動の効率性や安全性を高めるという実質的な利点に加えて、相互の信頼感を強化することにもなるだろう。

また、災害救援や人道支援も、日本、中国、韓国が協力を進めるべき分野である。地震や津波、台風などの自然災害はアジアで頻発している。大規模な災害に被災国だけで対処できない場合、地域諸国が被災者の救援などに役割を果たすことは、友好関係の維持・強化だけでなく、人道上の観点からも必要である。自衛隊は災害救援に関して豊富な経験があり、また、パシフィック・パートナーシップに参加するなど、海外での人道支援を積極的に行ってきている。人民解放軍も、近年は国内の災害救援に力を入れるようになっており、また、病院船を各国に派遣する人道支援活動も行っている。アジアの平和と安定に責任を負う日中韓の三国は、大規模災害発生時における相互の支援を円滑に行えるように事前に協議を行ったり、第三国に対する災害救援・人道支援に関する図上演習や、実動演習などを行うことが必要であろう。

以上の内容は個人の意見であり、発表者が所属する機関や日本国政府の立場を代表するものではない。

적극적 평화주의와 일중한 방위 협력

饭田将史 [*]

1. 기본 방위 정책

제 2 차 세계대전이후 일본은 다시는 전쟁의 참화가 일어나지 않기를 결의하고 평화적인 국가를 건설하기 위해 꾸준히 노력해왔다. 일본 헌법 서언에서 서술하듯 일본 국민은 영원한 평화를 염원한다. 이런 평화주의 이상을 담은 일본 헌법 제9조에서는 전쟁을 포기, 전쟁 교전권을 불인정, 군대를 보유하지 않는다고 규정하였다. 이 밖에 일본 헌법 서언은 "국민의 평화롭게 생존할 권리"를 확인, 제13조에서는 "생명, 자유 및 행복 추구에 대한 국민의 권리"는 국정의 위에서 최대한 존중된다고 규정지었다. 때문에 일본은 국가의 평화와 안전 및 존립을 위해 필요한 자위 조치를 금지하지 않았다. 일본은 주권 국가로서 고유의 자위권을 행사하기 위한 필요 최소한도 실력의 자위대를 유지하기 위해 노력해왔다.

일본 방위정책의 기본 이념은 전수방위와 군사대국으로 되지 않는 것이다. 즉 일본은 상대방으로부터 무력 공격을 받았을 때 비로소 방위권을 행사하며 그 방위력 행사 형태도 자위를 위한 필요 최소한도로 제한하며 또한 보유하는 방위력도 방위를 위한 필요 최소한으로 한정, 타국에 위협을 줄 수 있는 강력한 군사력을 보유하지 않는다. 헌번 제9조가 용인한 자위 조치인 "무력 행사"의 전제 조건은 아래와 같다. 1 일본에 대한 무력공격이 발생하였거나 일본과 밀접한 관계를 가진 타국에 대한 무력공격으로 인해 일본의 존립이

---

* 일본 방위성 방위연구소 지역연구부 동북아연구실 고급 연구원.

위협받고 국민의 생명, 자유, 행복 추구의 권리가 근저에서 뒤집힐 만한 위험이 있는 경우, 2 상술한 곤란을 극복, 국가의 존립을 완수, 일본 국민을 보호하기 위해 달리 방도가 없다면 필요 최소한도의 무력행사가 허용된다.

그외 민주주의 국가인 일본은 자위대에 대하여 엄격한 문민통제제도를 실시한다. 소위 문민통제란 민주주의 국가에서 군사에 비해 정치를 우선시하거나 군사력에 대한 민주주의 정치 통제를 말한다. 구체적으로 일반 선거를 통해 선출된 국민을 대표할 수 있는 국회에서 자위대의 정원, 조직, 예산 등 주요 사항을 의결하고 방위 출동도 국회의 승인을 거치도록 하는 것이다. 국방 관련 사무를 일반 행정사무로서 내각의 행정권에 귀속시켜 자위대의 최고 지휘 감독권을 갖는 총리는 물론 총리의 지휘 감독하에 자위대 업무를 총괄하는 방위대신도 민간인을 임명하는 것이다. 이로써 자위대는 각종 민주주의 제도를 기초로 한 튼튼한 문민통제제도하에 있게 된다.

2. 국제 협조주의를 기초로 한 적극적 평화주의

2013 년 12 월, 내각에 국가안전보장회의를 설립, 국가안전보장회의는 "4 대신 회의" (총리, 내각관방 장관, 외무대신, 방위대신) 과 "9 대신 회의" (4 대신, 총무대신, 재무대신, 국가교통대신, 경제산업대신, 국가공안위원장) 와 "긴급 사태 대신 회의" 등 3 대 회의로 구성되었다. 4 대신 회의는 국가안보면의 외교와 방위정책을 제정하는 사령탑으로서 기동적 혹은 정기적으로 회의를 소집 및 실질적인 심의를 진행한다. 9 대신 회의는 국가안보면의 외교와 방위정책 기본 방침 등에 대해 심의한다. 긴급 사태 대신 회의는 긴급사태를 처리할 데 관한 필요 조치를 총리대신에게 제안한다. 이외 국가안전보장회의를 지지하기 위해 내각관방은 국가안전보장국을 설립하였다.

국가안전보장회를 설립한 뒤, 내각은 곧바로 "국가안전보장전략"을 심의 및 통과하였다. "국가안전보장전략"은 일본 정부가 최초로 제정한 국가안전보장 기본 방침으로서 장구한 국가이익을 정확히 예기하는 기초에서 향후 어떻게 국가안전을 보장할 것인가에 대해 기록하였다. "국가안전보장전략"과 함께 "방위계획대강"을 심의, 통과하였는 데 향후의 일본 방위 기본 방침, 방위력의 역할 및 자위대의 상세한 체제적 수준 등 내용이 포함된다.

"국가안전보장전략"은 일본 국가안전보장의 기본 이념인 "국제 협조주의에 기초한 적극적 평화주의"를 제기하였다. 일본은 자유, 민주주의, 기본 인권에 대한 존중 , 법치 등 보편적 가치관을 제창하고 제 2 차 세계대전이후부터 평화적 발전과 전수방위 이념을 견지 , 타국에 위협을 줄 수 있는 군사대국으로 되지 않으며 비핵 3 원칙을 준수해왔다 . 적극적 평화주의는 평화적 발전을 견지하고 일본의 안전과 아태지역의 평화와 안정 및 국제사회의 평화 , 안정과 번영을 위해 예전보다 더 적극적인 기여를 하기 위해서이다 .

"국가안전보장전략"은 일본의 세가지 국가이익을 구현한다 .

1 국가의 주권과 독립을 유지 , 영토 완정을 보장 , 국민의 생명 , 신체와 재산 안전을 보장 , 풍부한 문화와 전통을 전승 , 국가의 평화와 안전을 유지 , 국가의 존립을 완수 .

2 경제 발전을 통해 국가와 국민의 한층 높은 번영을 실현 , 국가의 평화와 안전을 한층 더 강화 .

3 자유 , 민주주의 , 기본 인권에 대한 존중 , 법치 등 보편적 가치 및 규칙에 기초한 국가질서를 유지 및 옹호 .

이 밖에 국가이익을 유지하고 국제사회에 대한 책임을 이행하기 위하여 국가안전보장의 목표를 아래와 같이 제정하였다 .

1 일본의 평화와 안전을 지키고 국가의 존립을 보장하기 위해 필요한 억지력을 강화하여 일본에 대한 직접적 위협의 발생을 방지한다 . 자신이 위협을 당하게 될 때 그 위협을 해제하고 피해 정도를 최소규모로 통제한다 .

2 미일동맹을 강화 , 지역내외 협력 파트너와의 신뢰와 협력관계를 강화 , 안전협력을 추진하여 아태지역의 안보환경을 개선하고 일본을 직접적으로 위협하는 사건을 예방 및 감소한다 .

3 보편적 가치와 규칙에 기초한 국가 질서를 강화 , 분쟁 해결면에서 주도적 역할을 발휘하여 세계 안보환경을 개선하고 국제 사회의 평화 , 안정과 번영에 기여한다 .

3. 일중한 안보협력

일본 정부는 "국가안전보장전략" 중 국제 협조주의에 기초한 적극적 평화주의를 제기 , 세계 평화와 안전 , 번영에 기여를 하는 것을 방위정책의 중요한 구성부분으로 간주하였다 . 동시에 중국 정부도 세계 평화와 안정을 위해 역할을 발휘할 의향을 표명하였다 . 후진타오 정부가 제기한 "새 세기 새로운 단계에서 군대의 역사적 사명" 중 "세계 평화 수호와 공동 발전 추진을 위해 중요한 역할을 발휘"하는 것은 인민해방군의 사명중의 하나라고 표명하였다. 2013년 4월에 발표한 중국 국방백서 "중국 무장 역량의 다각적 운용"에서도 세계 평화와 지역 안전을 수호하는 것을 중요시, "국제 정치와 안전 분야에 적극적인 역할을 발휘" 등을 명확히 제기하였다. 다시 말하자면, 일본과 중국은 모두 세계 평화와 안전을 위해 기여하는 것을 국방 정책의 중요 구성부분으로 간주하였기에 이 분야에서 두 나라는 협력의 기초를 가지고 있다. 국제사회의 아주 많은 안전 문제는 한개 나라의 힘으로 해결하기 힘들다. 동아 3대 국가로서 일본, 중국과 한국은 협력을 통하여 안전문제를 해결하여야 할 국제적 책임이 있다.

유엔 평화유지활동(PKO)은 일중한 안전협력 추진에 적합한 분야이다. 20세기 90년대부터 일중한은 각기 유엔 평화유지활동에 참여하였으며 수많은 실천을 통해 다양한 경험을 쌓아왔다. 만약 유엔 평화유지활동에 참가했던 각국 군대들이 서로 교류하고 경험을 공유한다면 각 국의 더욱 효율적이고 안전한 평화유지활동에 유리할 것이다. 구체적으로 말하자면 각 국의 평화유지활동 센터를 거점으로 지휘관사이의 교류를 진행하거나 교관이나 학생들을 파견하여 상대국의 교육과정에 참가하는 등이다. 이외, 실제적으로 평화유지활동에 참여하고 있는 3국 군대사이의 교류를 강화하는 것도 아주 뜻 깊은 일이다. 예를 들면 일중한 3국은 모두 유엔남수단임무단(UNMISS)에 군대를 파겼하였는데 만약 이런 군부대들이 평소 활동 상황, 주변 치안 상황 등 정보를 교류, 상호 방문, 공동 작업 및 공동 훈련 등을 상규적으로 진행한다면 각 국의 이해와 신뢰를 추진하는 데 유리하게 될 것이다.

소말리해역과 아덴만에서의 반해적행동에서도 일중한은 더 한층 협력을 강화할 수 있다. 이 해역에서의 해상 교통은 일중한 3국에게 모두 아주 중요하여 안전 보장은 3국의 이익에 모두 부합된다. 3국은 2009년부터 줄곧 함정과 항공기를 이 해역에 파견하여 반해적 국제행동에 참여하였는데 일중한 부대는 각 국이 참여하는 "공통의 인식과 무력충돌방지"(SHADE) 등을 통해 행동면의 일치를 도모하였다. 허나 일중한은 양국 혹은 3국 군대사이의 교류를 더욱 적극적으로 진행하여야 한다. 우리가 토론해야 할 과제는 해적 관련 정보 뿐만 아니라 사령관 및 조원들의 함정 상호 방문, 주둔지에서의 우호 활동, 반해적 관련 공통 훈련 등도 가능하다. 일중한 해군 교류의 강화는 항해면에서의 공통 이해 및 상호 신뢰를 증가할 수 있다. 남수단 평화유지활동이든 소말리해역에서의 반해적 활동이든, 일중한 군대는 모두 같은 장소에서 같은 목표를 위해 활동해왔다. 때문에 군부대사이의 교류와

협력 강화는 행동의 효율성과 안전성을 향상할 수 있다는 실질적인 우점이 있을
뿐만 아니라 서로에 대한 신뢰도 증가할 수 있다．

　　재난 구조 및 인도주의 원조 등도 일본，중국，한국이 협력할 수 있는
분야이다．몇년래，지진，쓰나미，태풍 등 자연재해가 아시아지역에서
빈번히 발생하고 있다．피해국이 홀로 대응할 수 없을 만큼의 대규모적
자연재해가 발생 시，해당 지역의 기타 국가들은 피해국에 지원을 하게 되는
데，이는 우호 관계 유지 및 강화 뿐만 아니라 인도주의적으로도 필요하다．
자위대는 구조 경험이 풍부하고 "환태평양경제동반자관계" 등으로 해외에서
인도주의 원조를 적극적으로 진행해왔다．몇년래，인민해방군도 국내외
구조활동에 주력해왔으며 각 국에 병원선을 파견하는 등 인도주의 지원활동을
적극 전개해왔다．아시아의 평화와 안정에 책임이 있는 일중한 3국은 대규모
재해 발생 시 순조로운 구조와 지원을 진행하기 위하여 사전 논의가 필요하며
제3국에 대한 구조와 인도주의 지원 도면 연습 및 실제 연습 등을 진행할 수
있다．

　　이상의 내용은 개인적 견해이며 발표자의 소속 단체 및 일본 정부의 입장이
아닙니다．

（金文学 중역본 번역）

韩国的对外战略与东北亚安全合作政策

[韩] 李洙勋 *

1. 韩国保守政府的同盟"身份认同（Identity）"

因为朝鲜半岛僵持的南北对立状态长期得不到缓解，韩国社会始终无法摆脱安全焦虑的困扰。正因如此，韩国国内无论是进步人士还是保守人士，都不得不重视安全的重要性。尤其是执政一方，他们主掌政府事务，对于安全问题更是视为重中之重。大势如此，但是韩国保守政府强调安全的立场却别树一帜。他们一方面强调安保问题，另一方面在这基础之上又极力推崇韩美军事同盟。从整体来看，这一做法不甚保守，韩国社会现将其视为一个命题，将同盟与韩国国家本身视为一体的同盟"身份认同"这一概念也应运而生。

李明博政府、朴槿惠政府都毫无例外地将对外战略，抑或东北亚外交的重心放在了强化韩美同盟之上。李明博政府声称要建立和以前相比更加坚固的韩美同盟关系，为将这一意图具体化，李明博政府特将韩美之间的同盟关系升级为"战略同盟"。李明博政府称前政府与美国签订的一系列韩美协定会弱化韩美关系，因此一上台便将其全部推翻。而且，李明博政府首先冻结了削减驻韩美军相关条款，接着放宽对美国进口牛肉的检疫，不过这一举措遭到了国民的强烈反对。另外，韩美两国也进行了自由贸易协定（FTA）的重新协商。紧接着，2010 年韩国政府秘密处理"天安舰"事件，这导致美国推迟战时作战指挥权的移交。

"天安舰"爆沉之后，韩美之间进行了高强度、广范围的韩美联合军演。韩美军队轮流出入黄海和东海，每月都开展联合军演，结果导致朝鲜半岛周边进入军事紧张

---

* 李洙勋：韩国庆南大学教授。

状态。为应对这一局面，朝鲜也进行了军事演习，并发出挑衅。2010 年 11 月，延坪岛事件使朝韩关系降至冰点，两国关系基本丧失了改善的可能。2009 年 5 月 2 日，朝鲜悍然进行第二次核试验。朝鲜在进行核开发的同时，导弹也随时处于待发状态。

2012 年 12 月，朝鲜远程弹道导弹试验发射成功。另外，又在当选人朴槿惠就职期间，即 2013 年 2 月，断然进行了第三次核试验。这两大事件不仅给上台伊始的朴槿惠政府以巨大的冲击，而且影响范围还波及了奥巴马政府。从此，奥巴马政府将朝鲜定位为核武器拥有国，而且在关于同朝鲜协商这一问题上，彻底对其持怀疑态度。

2. 安全、同盟、对朝政策

保守政府在安全问题上独树一帜的主张和与之相联系的同盟强化路线很难与对朝接触政策对应起来。这是因为安全、同盟和对朝政策这三个方面是不可分离、相互联结的统一体。实施"阳光政策"的金大中政府为使韩美关系得以顺利发展作出了许多努力。其中，"维持佩里程序"就是一个极好的例子。卢武铉政府也不例外，为与华盛顿的鹰派建立联系经历了不少的困难。其间，伊拉克派兵事件起到了杠杆作用，大约在卢武铉在任中期以后，韩国与华盛顿的关系开始逐渐步入正轨。

朴槿惠政府上台初期似乎是想将三只兔子全部抓住，不仅通过强调安全问题来拉拢支持者，通过重视同盟关系来满足美国，而且在朝韩关系上似乎也想取得更进一步的发展。但如果没有细致入微、通观全局的战略头脑和政策执行的话，很难将三只兔子全部收入囊中。朴槿惠政府的对朝政策之所以难以取得可观的进展，主要是由于国家领导人在关于改善朝韩关系问题上缺乏足够的意志，以及对关于这三者之间的不可分割性的综合性认识不足所导致的。

另外，从安全现状来看，朝核问题的存在是一个极大的隐患。正因为这个问题的存在，使得"朝鲜半岛信任进程"这个原本相当不错的对朝政策也受到影响，丝毫不见任何可观的进展。朝核问题是韩国无法独立解决的问题，所以获得美国的支持便成为解决这一问题的先决条件。因此，"为解决朝核问题作出何种努力"成为了一个非常重要的问题，这一问题就等同于"如何说服原本不乐意的美国与之协商，使其出面解决朝核问题"。奥巴马政府以"战略性忍耐"为基础，要求朝鲜在无核化这一问题上先采取措施作出行动。但朝鲜根本不会认同这一主张，这一点从六方会谈的进展历史来看便不言自明。对于如何缩短朝美之间存在的如此之大的差距这一问题，朴槿惠政府并未进行深入思考便在朝核问题解决上要求朝鲜先采取措施作出行动，坚持了同

美国一样的立场主张。韩美之间也因此在朝核问题上采取了彻底合作的政策。就在这一瞬间，"朝韩关系改善"这只兔子便消失了。

朝鲜声称，本国先放弃核武器的要求有违六方会谈的协议精神，主张召开不附加任何先决条件的六方会谈。美国和韩国共同主张朝鲜先采取措施作出行动。现在没有任何动力来激励各方去积极找寻填补这两大对立主张之间鸿沟的良方。因此，朝核问题根本无法得到解决，朝鲜半岛无核化也成为仅仅停留于口头上的话语。这就导致朝核问题恶化、朝美对立持续、朝韩关系踏步、安全威胁增大以及同盟强化等一系列问题接踵而至。

朴槿惠政府一边极力强调安全问题的重要性，一边采取强化韩美同盟措施，这一现象也是上述问题导致的后果之一。朴槿惠政府声称，战时作战指挥权一旦移交，韩国在安全问题上就会产生一个空白缺口，因此他们选择继续延期。事实上，它导致的结果是战时作战指挥权的移交将无限延期。这也使得韩美联合司令部得以存留。朴槿惠政府表示韩美联合军演将继续在龙山开展，这一举措有违当初将龙山基地迁移到平泽的战略宗旨。在这一情况下，作为美国导弹防御（MD）构建过程中的重要一环的萨德（THAAD）在朝鲜半岛的部署问题也开始出现。虽然关于在朝鲜半岛部署萨德系统的议论可以追溯至多年以前，但是具体的相关言论的出现是紧接着在战时作战指挥权的移交继续延期的争论之后。也有推测认为，战时作战指挥权的移交继续延期与萨德系统部署问题将会被对换过来。

3. 被扭曲的东北亚合作构想

朴槿惠政府将改善朝韩关系的外延进一步扩大，提出了"东北亚和平合作构想"。并称这一构想提出的背景是"亚洲悖论"的存在，即虽然东北亚各国之间的经济领域合作及一体化进程取得可观进展，但是政治、外交领域的矛盾与对立状况不断深化，相互间的不信任不断增加。政治、外交与经济之间的不协调状况继续的话，国家间的不信任及对立便会加剧，因此朴槿惠政府产生了这将会导致亚洲的不安定因素和不确定性增加的危机感。朴槿惠政府称，东北亚地区传统上都是围绕双边关系为中心来维持安全规划，而作为双边中心的安全规划，在解决现在的东北亚地区正在以及将来即将面对的环境、气候变化等人类安全挑战和问题上是存在局限性的，现在已经到了需要摸索通过多边合作来解决问题的时刻。

"东北亚和平安全构想"的主要目标是培养区域内多边对话与协商习惯，使"和平与合作"的文化理念在东北亚地区生根发芽。同时，东北亚和平安全构想的另一目标是，处理包括朝鲜在内的区域内各种不确定因素，构建与朝鲜半岛信任进程一起推

进的东北亚和平与朝鲜半岛和平良性循环的结构。另外，该构想希望通过朝鲜参与的区域内合作，吸引国际社会的参与，为朝韩问题和朝核问题的解决作出积极不懈的努力。对于"东北亚和平安全构想"的方向性与远大抱负我们应该予以积极评价。而且构想的提出背景及问题意识也是颇为贴切的。但是，如今朴槿惠政府任期将过半，而这一构想的实际成效却微乎其微，这一构想的推行过程几乎不见任何可观进展。究其原因，从根本上说主要是因为这一构想与韩美同盟的强化路线相冲突，朝韩关系毫无进展。这一构想的希冀是跨越东北亚原本以双边为中心的安全规划，但这将会与重视双边关系的根本路线相冲突，这一点是显而易见的。再加上朝鲜半岛方面，在与朝鲜构建合作关系、共同解决朝核问题的课题上几乎没有取得任何进展，在这一情况下，在更大的地区范围内实现构想的希冀根本就不可能实现。

韩美同盟强化路线丧失了灵活性，而流于教条主义，这就使得朝韩关系改善必然难逃失败的结局。因而朝韩关系在不甚和缓的环境之中，作为上层单位的东北亚地区和平合作构想的实现基本上是不可能的。即使假设韩美同盟在一定程度上可以在对朝关系上有所不同，进而制定不同的对朝政策，但对于对朝关系的推行仍然需要坚定的意志，而朴槿惠政府的这种意志似乎并不坚定。

如果朝韩关系持续原地踏步，必然会导致安全焦虑的产生，冲突情况出现的可能性也会大大提高，这是朝鲜半岛显而易见的现状。而且，朝鲜拥有核武器这一事实，给了美国和韩国随时以之为借口强化安全合作的机会。上述强化安全的主张不仅和韩美同盟的强化直接相关，而且也是如今朝鲜半岛的现实状况。

韩美同盟的强化恰好可以成为美国推行牵制中国的政策的坚定基础。东北亚和平合作构想必须分别同美国和中国合作才能取得成功。在实施过程中，方案制定者一旦出现了对任何一方的偏向，这一构想便很有可能会随即崩溃。目前，朴槿惠政府的东北亚合作构想已经在很大程度上被扭曲了。

事实上，朴槿惠政府在与东北亚多边安全合作之路完全相反的方向上渐行渐远，甚至取得一定进展。比如，2014年缔结了以应对朝核武器与导弹为主旨的《韩美日情报共享协定》，这与传统上的海洋安全三角体系的潮流一脉相承。在强化韩美军事同盟的同时，韩美日安保合作的趋势开始初现苗头。而且，将来美日之间的安全合作会日益密切，美国为强化韩美日安全合作，势必会更进一步加大对韩国的压制力度。

4. 朝鲜半岛无核化与东北亚安全合作体制

在过去数年，东北亚领导人多次进行会晤，在"朝核不可容"和"朝鲜半岛无核化"的原则之下，已在进行该问题的讨论。但是，在这段时间里，朝鲜核问题的解决

却日益恶化。进行了三次核试验之后，关于朝鲜已经变成核武器拥有国的言论汹涌而来。这就为韩国和美国国防部官员就"不是无核化，而是如何对核武器作出军事防御"方面的内容达成协议提供了口实。部署萨德系统的理由便是为了应对来自朝鲜核武器攻击的威胁。如今的实情是六方会谈门庭冷落，长期无人问津，"朝鲜半岛无核化"也几乎不见任何进展。"六方会谈无用论"甚嚣尘上。但是，为了维持东北亚的和平秩序，"朝鲜半岛无核化"是无论如何都不能抛弃的底牌。虽然不可否认，无核化问题已经发展成为一个异常艰难的课题，但是，从某种程度上讲，也可以将无核化看成是另一种机遇，注以新的生机，谋求新的发展。

2015 年 9 月，在北京签订的"9·19 共同声明"将迎来十周年纪念。"9·19 共同声明"虽然是为解决朝核问题提出的一次性文件，但它其中也包含了足以称之为"东北亚和平宪章"的内容。因此，无论如何都必须重新启动六方会谈，步入践行"9·19 共同声明"的协议事项的漫长旅程。共同声明中提到了包括朝鲜半岛无核化、朝鲜半岛和平体制构建、朝美、朝日关系正常化、东北亚和平安全机制建立等在内的五大课题，并规定了需要寻求保持五方面相互平衡的方法来践行这一声明。为了以同其他四方面相互协调的方式构建东北亚和平安全机制，"9·19 共同声明"中提到了须保有思维的灵活性，养成对话的习惯，积累相互间信任等内容。

为了缓解目前六方会谈的僵持局面，促使其继续向前发展，韩国方面必须积极作出多方努力，富有创造性地找寻问题的切入点。必须通过改善朝韩关系创造机会，以说服朝鲜加入无核化潮流中来。毋庸赘言，中国作为主席国需积极发挥其居中调解作用，美国也应该在朝核问题上转变以往的政策方向，逐渐加入到这一阵营之中。

因此，六方会谈必须重新启动，创造践行无核化主张的强大动力。如果超越"2·13 协议"的第二阶段，即"去功能化"阶段的话，东北亚六国外长会议是可以召开的。通过这一会议，东北亚多边安全合作机制的建立问题便可以提上议程。目前，尚无一国反对东北亚多边安全合作机制的建立。虽然过去朝鲜和美国对于这一机制的建立的态度并不明朗，但是现在它们已将多边安全合作看做是同韩美同盟一样的双边安全关系的补充机制，立场也由原来的不明朗逐渐转变为肯定的态度。因为俄罗斯在多边安全合作构想问题上表现相当积极，因此我们可以请俄罗斯出面来说服朝鲜。

从目前东北亚形势来看，中日韩三国安全合作是无法实现的。现在韩日关系恶化，韩日领导人会晤也不再举行。中日关系也朝着比韩日关系更加恶化的方向发展。已经制度化，并且一直在中日韩三国之间轮流召开的中日韩三国领导人会议也没有再

继续召开。现在我们能做，而且必须做的是一件"双重任务"，即要尽最大努力阻止与冷战时期相同的、相对立的安全合作结构的出现，同时，还要构建能够将东北亚整体团结在一起的多边安全合作机制。东北亚多边安全合作机制一旦建立，中日韩安全合作也将自然而然形成，而朝鲜半岛无核化就是可以将这一课题现实化的一个重要机会因素。

（苗灯秀　译）

韓国の対外戦略と北東アジア
安全協力に対する政策

李洙勳 *

1. 保守的な韓国政府の同盟に対する「アイデンティティー（Identity）」

　朝鮮半島の南北対峙が長期にわたって緩和できないことで、韓国社会全体は安全上の焦慮から振り切ることができない。だからこそ、韓国国内の進歩的な者でも保守者でも、安全の重要性を重視せざるを得ない。特に与党側は、彼らは政府事務の責任者として、安全問題を最も重要なことと見なしている。こんな大勢で、保守的な韓国政府は安全を強調する立場をとる。彼らは安保問題を強調する一方で、この基礎の上に更に極力韓米軍事同盟を高く評価している。全体的にはこのやり方は保守的ではないが、韓国社会は今これを課題の一つとしている。同盟と韓国自体を一体とする同盟「アイデンティティー」という概念も生まれた。

　李明博政権も朴槿惠政権も例外なしに対外戦略、或いは東北アジア外交の重点を韓米同盟強化の上に置いた。李明博政権は昔と比べてさらに強固な韓米同盟関係を築きたいと主張し、この意図を具体化するため、李明博政権は特別に韓米間の同盟関係を「戦略同盟」にアップグレードした。李明博政権は前政府がアメリカと締結した一連の韓米協定が韓米関係を弱化するとし、よって与党が政権をとってからそれらを全部覆した。それに、李明博政権はまず在韓米軍削減に関する条項を凍結した。アメリカ産牛肉の検疫にも緩和措置がとられたが、この動きに国民が強く反対した。また、韓米両国でFTAにかんする新たな協議が行われた。続いて、2010 年

---

* 韓国慶南大学教授。

に韓国政府は秘密に「哨戒艦沈没事件」を処理した。これはアメリカからの戦時作戦統制権移譲の延期を招いた。

「哨戒艦」沈没後、韓米間は高強度で広範囲の韓米連合の軍事演習が行われた。韓米の軍艦は順番黄海と東海進出し、毎月連合軍事演習を行った。その結果、朝鮮半島周辺が軍事緊張状態に入ったことを招いた。この情勢に対応するため、北朝鮮も軍事演習を行い、挑発を仕掛けた。2010 年 11 月に北朝鮮は断固として延坪島砲撃事件を起こした。南北関係は氷点まで下がり、改善の可能性を失った。北朝鮮は 2009 年 5 月 2 日に横暴に二回目の核実験を行った。そして、北朝鮮は核開発が進むと同時に、ミサイルも随時発射できる状態にあった。

2012 年 12 月、北朝鮮は遠距離ミサイルの試験発射に成功した。また、朴槿惠大統領の在任期間、即ち 2013 年 2 月に、断固として三回目の核実験を行った。この二つの大事件は発動したばかりの際、朴槿惠政権が巨大なショックを受けただけでなく、その影響はオバマ政権にまで及んだ。それから、オバマ政権は北朝鮮を核保有国とした。しかも、北朝鮮との協議に、徹底的に懐疑の態度をとっていた。

2. 安全、同盟及び対朝政策

保守的な政府は、安全問題に対する独自の特色ある主張とそれと関連する同盟強化の路線が対朝接触政策に対応するのは難しい。なぜなら、それは安全、同盟と南北関係の三つの方面は切り離せない統一体であるからだ。「太陽政策」を実施した金大中政権は韓米関係が順調に進むため多くの努力を払った。その中で、「ペリープロセスの維持」がとても良い例である。盧武鉉政権も例外ではない。ワシントンのタカ派と連絡を築くために多くの困難を乗り越えた。その間、イラク派遣事件が梃子入れ作用となり、盧武鉉在任の中期以降、韓国とワシントンの関係が次第に軌道にのった。

朴槿惠政権の初期は三つの兎を全部捕まえたいらしい。安全問題の強調で支持者を懐柔するだけでなく、同盟関係を重視することでアメリカを満足させ、そして、南北関係をより一層発展させたいとみえる。細かく全体を見渡す戦略的な考えと政策の執行がなければ、三つの兎をすべてとれるのは難しい。朴槿惠政権の対北朝鮮政策が大いに進展しなかったのは、主に、国家の指導者には南北関係改善に十分な意志が足りなかったことやこの三者の間で切り離せない総合的な認識の不足が招いたのである。

また、安全現状から見れば、北朝鮮核問題の存在は大きなリスクである。その問

題が存在するからこそ、「朝鮮半島信頼プロセス」という本来隠れたかなり良い対朝政策でも影響を受け、少しも価値のある進展が見えない。北朝鮮核問題は韓国が独自で解決できる問題ではなく、アメリカの支持獲得がこの問題を解決する先決条件となる。だから、「北朝鮮核問題を解決するのにどんな努力をするか」が非常に重要な問題で、この問題が「どうやって元々不満であるアメリカを説得して、協議し、表立って北朝鮮核問題を解決してもらう」のに等しい。オバマ政権は「戦略的忍耐」をベースに、北朝鮮に非核化という問題でまず措置をとって行動を起こすと要求した。北朝鮮はこの主張を認めるはずはなく、この点は六者会合議の発展の歴史から見ると明白である。如何にして朝米間に存在する大きな差を短縮するという問題で、朴槿恵政権は深く考えもせずに北朝鮮核問題を解決するため、北朝鮮がまず措置をとっ行動するように要求し、アメリカと同じ立場での主張を堅持した。そして、韓米間で北朝鮮核問題に対し徹底的に協力的な政策をとった。この瞬間で、「南北関係の改善」という兎は消えた。

北朝鮮の主張は、自国が先に核を放棄するという要求は六者会合の精神に反することで、いかなる先決条件付きのない六者会合の開催を主張した。アメリカと韓国はともに、まず北朝鮮が措置をとって行動すべきだと主張を出した。今は当事者たちを激励し、積極的にこの二大の対立する主張の溝を埋める良い方法を探すいかなる動力もない。だから、北朝鮮核問題は解決することができない。朝鮮半島の非核化も口頭だけに留まっている。このことにより北朝鮮核問題が悪化し、朝米は対立し続け、南北関係も踏みとどまり、安全脅威の増大や同盟強化など一連の問題が次々とやってきた。

朴槿恵政権は安全問題の重要性を強調しつつ、韓米同盟強化の措置を取った。この現象も上述の問題をもたらした結果の一つである。朴槿恵政権の主張は、一旦戦時作戦統制権が移譲されたら、韓国は安全問題に空白が生じるため、彼らは延期の続行を選んだ。事実上、それがもたらした結果は戦時作戦統制権移譲の無期延期である。そのため韓米連合司令部が存在し続けていることとなった。朴槿恵政権は韓米合同軍事演習は引き続き竜山で行うことを発表し、こうした措置は当初の竜山基地を平沢に移設するという戦略趣旨と反する。この場合、アメリカMDを構築する過程での重要な一環としてのサード（THAAD）が朝鮮半島で設置されるという問題も出始めた。朝鮮半島でサードを設置する議論は数年前まで遡ることができるが、具体的な関連発言は戦時作戦統制権の移譲延期論争後に続いて出た。戦時作戦統制権の移譲延期とサードの設置問題は入れ替わるだろうという推測もある。

3. 歪曲された北東アジア協力構想

　朴槿惠政権は南北関係改善の外延を一層拡大させ、「北東アジア平和協力構想」を提出した。その構想の背景には、「アジアのパラドックス」があるとされた。つまり、北東アジア各国間の経済分野での協力と一体化の過程で実質的な進展を得たが、政治、外交分野での矛盾と対立状況は深まるばかりで、相互間の不信が増えるばかりである。政治、外交と経済の間で不調和な状況が続くと、国家間の不信や対立が激化する。だから、朴槿惠政権はそれがアジアの不安定要因と不確実性の増加につながるという危機感が生まれた。そして、朴槿惠政権によると、北東アジア地域は伝統上では二国間関係を中心に安全企画を維持する。そして、二国間を中心とする安全企画が、今の北東アジア地域を解決することに直面していること、及び将来間もなく直面する環境、気候変化などの類の人類安全挑戦に及ぶ問題には限界があり、今は手探りで多国間協力を通して問題を解決する時にきたのである。

　「北東アジア平和安全構想」の主な目標は区域内の多国間の対話の育成と協議習慣の養成で、「平和と協力」の文化理念を北東アジア地域に根付かせることである。また、北東アジア平和安全構想のもう一つの目標は、朝鮮を含む区域内の各種の不確定要素を処理し、朝鮮半島信頼プロセスを推進すると共に北東アジアの平和と朝鮮半島の平和の良性循環の構造を構築することである。また、この構想には遠大な抱負が含まれている。それは北朝鮮地域内協力の参画を通して、国際社会の参画を引き寄せ、南北問題や北朝鮮核問題のために積極的で努力を怠らずに解決したいことである。

　「北東アジア平和安全構想」の方向性と遠大な抱負に対し私たちは積極的に評価するべきである。しかも、構想の提出背景や問題意識もかなり適切である。しかし、今の朴槿惠政権の任期は半分過ぎたが、この構想の実績はほとんどみられない。この構想の推進過程でほとんどの進展価値はなく、その原因を追求すると、元々主な原因として、この構想は韓米同盟強化路線と衝突するもので、南北関係がまったく進展しないことにある。この構想が望むのは本来の北東アジアの二国を中心とする安全企画をこえることだが、これは二国間の関係を重視するという根本的な路線とは相容れないものである。この点は明白なのである。加えて、朝鮮半島方面で北朝鮮と協力関係を構築し、共同で北朝鮮核問題を解決するという課題にほとんどの進展も得られてない。この状況で、もっと大きな地域範囲内で構想を実現する希望は不可能である。

　韓米同盟強化路線は柔軟性を失い、教条主義に流れ、よって必然的に南北関係改善は失敗に終わる。したがって、南北関係は緩和していない環境の中に、その上にある北東アジア地域の平和協力構想の実現は基本的にありえないのである。仮に韓米同盟がある程度、対朝関係について少し異なり、さらに他の対朝政策を制定しても、対朝関係の推進にはまだ揺るがない意志が必要なのである。けれど、朴槿惠政権にはこの意志がまだ十分にないとみえる。

　南北関係が足踏みすれば、必ず安全焦りを引き起こし、衝突状態が現れる可能性も大幅に増える。これが朝鮮半島のわかりやすい現状である。また、北朝鮮の核保有という事実はアメリカと韓国にいつでも安全協力を強化する口実を与えた。上記の安全強化の主張は韓米同盟強化に直接関係するだけでなく、今の朝鮮半島の現状でもある。

　韓米同盟の強化はちょうどアメリカが進めている中国をけん制する政策の固い基礎となる。北東アジア平和協力構想はアメリカと中国との協力と一緒に成功しなければならない。この構想は実施の過程で、方案立案者が一旦片方に傾けば、構想はすぐさまに崩壊するだろう。今の朴槿惠政権の北東アジア協力構想はかなりの程度で歪められていた。

　事実上、朴槿惠政権は北東アジア多国間安全協力の道でまったく逆の方向に遠のいて、さらに一定の進展を得ている。例えば、2014年に締結された北朝鮮核兵器とミサイルに対応するという主旨の「韓米日情報共有協定」的は伝統的意味での海洋安全三角システムの流れにつながっている。韓米軍事同盟を強化すると同時に、韓日米安保協力の趨勢の兆しが見えてきた。そして、将来日米間の安全保障協力は日に日に密接になり、アメリカは韓日米安全協力を強化するため、必ず韓国にもっと圧力をかけていくだろう。

4. 朝鮮半島非核化と北東アジア安全協力体制

　過去の数年間に、北東アジアの指導者は何度も会合をして、「北朝鮮の核保有を容認しない」と「朝鮮半島の非核化」の原則の下で、これらの問題をめぐる議論を行った。しかし、この間に北朝鮮核問題の解決は悪化していった。三回目の核実験の後、北朝鮮は核保有国であるという言論が押し寄せてきた。これは韓国とアメリカ国防部役人に「非核化ではなく、どのようにして核兵器に対する軍事防衛をするか」方面で合意する口実ができた。サード設置の理由が北朝鮮核兵器攻撃の脅威に対応するためである。今の実情として六カ国協議は閑古鳥が鳴く状態で、長期間に

わたり誰も何もしない状況にある、「朝鮮半島非核化」もほとんど何の進展も見られない。「六者会合不要論」は勢いづいた。しかし、北東アジアの平和秩序を維持するためには、「朝鮮半島非核化」はどうしても捨ててはいけない持ち札である。否めないが、非核化問題は異常に困難な課題に発展した。しかし、ある程度から言えば、非核化をもう一つのチャンスとして、新しい生命力を入れて、新しい発展を求めることができる。今年9月に、北京で締結した「9.19共同声明」が10周年を迎える。「9.19共同声明」は北朝鮮核問題を解決するために提出された声明だが、その中には「北東アジア平和憲章」にも匹敵する内容が含まれている。だから、なんとしても六者会合を再起動しなければならない。「9.19共同声明」の協議事項のを実践する長い歩みははじめなければならない。共同声明は朝鮮半島非核化、朝鮮半島平和体制の構築、朝米、朝日関係の正常化、北東アジア平和安全メカニズムの確率などを含む5大課題に言及しており、五方面のバランスを維持する方法を探し求め実践していく必要があると規定した。他の四方面の相互協調する方式をもって、北東アジア平和安全メカニズムを構築するため、「9.19精神」では思考の柔軟性を保つこと、対話する習慣を養うこと、相互の信頼を積むことなどの内容に言及している。

現在の六者会合の対峙局面を和らげ、発展していくために、韓国側は積極的にいろんな努力し、創造性に富んだ方法で問題の切り口を探す必要がある。南北関係を改善することで機会を作り、北朝鮮を非核化の波にのるように説得する。くどくど言うまでもなく、中国は議長国として積極的に仲裁調停する作用を発揮し、アメリカも北朝鮮核問題でこれまでの政策に転換方向するべきで、次第にこの陣営に入らなければならない。

だから、六者会合を再起動し、非核化主張を実践する強い原動力を作らなければならない。もし、「2.13合意」の第2段階を超えることができたら、即ち「無能力化」の段階であれば、北東アジア六外相会議を開くことができる。この会議を通して、北東アジア多国間安全協力メカニズムを確立するという問題を取り上げる。現在、まだ北東アジア多国間安全協力メカニズムの確立に反対する国はない。たしかに、昔北朝鮮とアメリカはこのメカニズムの確立に対する態度ははっきりしないが、今の彼らは多国間安全協力を韓米同盟と同様二国間安全関係の補充メカニズムとみて、立場ももとの不透明から肯定的な態度へ変わりつつある。ロシアが多国間安全協力構想の問題で非常に積極的であるため、ロシアに北朝鮮を説得してもらうことができる。

　現在の北東アジアの情勢から見ると、中日韓三国の安全保障協力は実現できない。今、日韓関係は悪化し、日韓首脳会談も行われない。日中関係も日韓関係よりもさらに悪化する方向に発展している。もう制度化され、ずっと日中韓三国の間で順番に開かれた日中韓三国首脳会議も開催されなくなった。今の私たちにできること、そしてしなければならないのは「二重任務」である。つまり、冷戦時期と同じ対立の安全保障協力構造の出現を精一杯阻止することである。一方、北東アジア全体を団結させることができる多国間安全協力メカニズムを構築するべきである。一旦北東アジア多国間安全協力メカニズムが確立されたら、日中韓の安全保障協力も自然にできあがる。朝鮮半島非核化はこの課題の現実化のための一つの重要な要素である。

（中訳文から　海村佳惟　訳）

한국의 대외전략과 동북아 안보협력정책

李洙勳 *

1. 한국 보수정부의 동맹 정체성

한반도가 분단되어 남과 북이 대립하고 있는 상태가 정리되지 않는 한 한국사회는 안보 불안으로부터 해방될 수 없다. 그런 탓에 한국에서 진보이건 보수이건 안보를 강조하지 않을 수 없다. 집권하여 정부를 책임지고자 하는 세력이라면 더 더욱 그렇다. 이런 일반성에도 불구하고 한국 보수정부의 안보 강조 입장은 각별하다. 더불어 각별한 특징은 안보를 강조하면서 그 토대로 한미군사동맹을 무척 강조한다는 점이다. 보수답지 않지만 한국사회에서 이 점은 하나의 명제와도 같다. 동맹과 한국 국가 그 자체를 동일시하는 "동맹 정체성"이라는 개념도 사용되고 있다.

따라서 이명박정부도 그랬고 박근혜정부도 마찬가지 형편이지만 대외전략, 혹은 동북아 외교의 무게는 대체로 한미동맹강화에 두어져 있다. 이명박정부는 한미동맹을 이전보다 더 강화시키겠다는 의도를 구체화하여 '전략동맹'으로 격상시켰다. 출범하자마자 앞 정부에서 이루어진 한미간의 합의를 동맹 약화라면서 모두 뒤집었다. 그래서 우선적으로 주한미군 감축을 동결하였다. 미국산 쇠고기 검역 조건 완화 조치를 취해 국민들로부터 거센 반발에 부딪혔다. 한미 FTA 재협상도 하였다. 연이어 2010년에는 천안함 사태를 빌미로 삼아 전시작전통제권 환수를 연기시켜버렸다.

천안함 폭침 이후 한미간 강도 높고 광범위한 합동군사훈련이 실시되었다.

---

* 한국 경남대학 교수, 전 동북아위원회 위원장.

서해와 동해를 번갈아 가면서 매달 연합 훈련이 전개되었다. 이는 결과적으로 한반도 주변의 군사적 긴장 고조로 연결되었다. 북한이 대응 훈련을 하면서 도발에 나섰다. 2010년 11월에는 북측이 연평도 포격을 감행하기에 이르렀다. 남북관계가 개선될 수 있는 여지가 메말라 버렸다. 북한은 2009년 5월 제2차 핵실험을 감행하였다. 핵개발과 더불어 미사일을 수시로 발사하였다.

2012년 12월 북한은 장거리 로켓 시험 발사에 성공하였다. 그리고 박근혜당선자의 인수위 기간인 2013년 2월에 제3차 핵실험을 단행하였다. 이 두 가지 사건은 새롭게 출범할 박근혜정부에 큰 충격을 주었을 뿐만 아니라 미국 오바마행정부에도 큰 파장을 불러 일으켰다. 오바마행정부는 북한을 핵무장한 국가로 취급하게 되었고, 북한과의 협상에 대해 근본적으로 회의적 태도를 갖기에 이르렀다.

2. 안보, 동맹, 대북정책

보수정부의 유별난 안보 강조와 그에 연동된 동맹 강화 노선은 대북 engagement 정책과 조응하기가 무척 어렵다. 안보, 동맹, 남북관계는 각기 분리되어 있지 않고 상호연결되어 있기 때문이다. 햇볕정책을 펼쳤던 김대중정부는 한미관계를 순탄하게 병행해가기 위해 노력을 기울였다. '페리프로세스'가 좋은 예가 될 것이다. 노무현정부도 예외가 아니었다. 워싱턴의 매파들과 관계해나가는 데 큰 애로를 겪었다. 이라크 파병이 레버리지가 되어 중반기 이후에는 워싱턴과의 관계가 정상적으로 돌아갔다.

박근혜정부는 초기에 세 마리의 토끼를 좇으려 했던 것 같다. 안보를 강조하여 지지층을 관리하고, 동맹을 중시하여 미국을 만족시킬 뿐더러, 남북관계도 진전시키고자 하였던 것같다. 대단히 섬세하고 조율된 전략적 마인드와 정책집행이 아니면 이 세 마리 토끼를 잡을 수 없다. 박근혜 대북정책이 이렇다할 진전을 보이지 못하는 데는 남북관계 개선에 대한 지도자의 의지 부족에 더해 이 셋의 불가분성에 대한 종합적 인식이 미흡했던 탓이라고 할 수 있다.

거기에 북핵문제가 겹친 안보상황이 있었다. '한반도 신뢰 프로세스'라는 그럴싸한 대북정책도 북핵문제에 발목이 잡혀 한 치의 진전을 보여주지 못하였다. 북핵문제는 한국 혼자 해결할 수 없는 과제고 미국으로부터 해결의 의지가 선결조건이 되는 일이다. 따라서 북핵문제 해결에 대해 어떤 노력을 기울여왔는가가 중요한 질문이 되고, 그 질문은 내키지 않는 미국을 어떻게 설득해서 협상에 나서도록 하는가라는 질문과도 같다 . 오바마행정부는 '전략적 인내'를 바탕으로 비핵화에 있어 북한의 先조치를 요구해왔다 . 이 입장을 북한이 수용할 수 없다는 점은 6 자회담 역사를 미루어볼 때 자명하다 . 이런 북미간의 격차를 어떻게 좁힐 것인가에 대한 깊은 고민없이 박근혜정부도 핵문제 해결에 있어 북측이 先행동을 보여줄 것을 요구해버림으로서 미국과 동일한 입장을 견지하게 되었다 . 북핵문제에 대해 한미간 철저한 공조를 취해버린 것이다 . 그 순간 남북관계 개선이라는 토끼는 사라지게 된다 .

북한은 先 핵포기는 6 자회담의 합의정신에 어긋난다며 조건없는 6 자회담 개최를 주장하고 있다 . 미국과 한국은 북한의 先행동 입장을 공유하고 있다 . 현재 이 두 입장간의 격차를 메울 동력은 어디에도 없다 . 따라서 북핵문제는 해결이 불가능하고 , 한반도 비핵화는 구두선에 그치고 만다 . 그 귀결은 북핵문제 악화 , 북미대립 지속 , 남북관계 답보 , 안보 위협 증대 , 동맹 강화로 이어진다 .

박근혜정부가 안보를 무척 강조하면서 한미동맹 강화 행동에 나서는 것은 이 귀결 가운데 하나다 . 전시작전통제권을 환수하면 안보에 공백이 생긴다면서 재연기를 선택하였고 , 사실상 환수가 무기 연기되는 결과가 나타나게 되었다 . 한미연합사령부도 존치시키게 되었다 . 평택으로 이전해간다는 용산기지 이전의 취지에 어긋나게 한미연합사는 용산에 그대로 둔다고 한다 . 이런 상황에서 미국의 MD 구축의 일환인 사드 (THAAD) 한반도 배치 문제가 등장하였다 . 사드 한반도 배치 논의는 지난 수년을 거슬러올라가지만 구체화되는 발언들의 등장은 작전통제권 전환 재연기 논란과 맞닿아 있었다 . 작전통제권 전환 재연기와 사드 배치가 맞교환되었으리란 추측도 있다 .

3. 뒤틀린 동북아 협력 구상

박근혜정부는 남북관계 개선의 외연을 넓힌다면서 '동북아평화협력 구상'을 제시하였다 . 이 구상이 제기된 배경에는 '아시아 패러독스'가 있었다고 한다 . 즉 , 동북아 국가들 간 경제분야 협력과 통합은 진전됨에도 불구하고 , 정치 . 외교 분야에서의 갈등과 대립이 심화되는 상황이 전개되고 불신이 증폭하는 상황이 발생한다는 것이다 . 정치 . 외교와 경제간 부조화가 지속될 경우 국가 간 불신과 대립이 증대하고 아시아의 불안정과 불확실성이 증가할 것임을 염두에 두었다고 한다 . 또한 동북아지역은 전통적으로 양자관계를 중심으로 안보구도가 유지되어 왔는데 양자 중심의 안보구도로는 현재 동북아 지역이 직면하고 있고 향후 직면하게 될 환경, 기후변화 등과 같은 인간안보 도전과 문제 해결에는 한계가 있다는 것이며 다자간 협력을 통한 문제해결을 모색해야 하는 상황이 왔다는 것이다

'동북아평화협력 구상'은 역내 다자간 대화와 협력의 습관을 배양하고 평화와 협력의 문화를 정착시키는 것이 주된 목표라고 한다. 더불어 동북아평화협력 구상은 북한을 포함한 역내의 다양한 불확실성에 대처하여 한반도 신뢰프로세스와 병행 추진함으로써 동북아의 평화와 한반도의 평화가 선순환적 구조를 이루고자 하겠다는 목표도 담고 있다. 북한의 역내 협력 참여를 통한 국제사회 참여 유도 및 북한.북핵 문제 해결에 긍정적으로 기여하고자 하는 당찬 포부도 담겨져 있다.

'동북아평화협력 구상'의 방향성과 포부는 적극적으로 평가함이 마땅하다. 구상의 배경과 문제의식도 적절하다고 하겠다. 그렇지만 박근혜정부가 임기 중반을 향해 가는 지금 이 구상의 실적은 미미하다. 이 구상이 이행에 있어 이렇다할 진도를 내지 못하는 근본적 이유는 한미동맹 강화 노선과 충돌한다는 점과 남북관계의 無진전에서 찾아진다. 동북아의 양자중심적 안보구도를 넘어서고자 하는 포부를 담은 구상이 양자관계를 중시하는 근본적 노선과 충돌하리라는 점은 명약관화다. 그에 더해 북핵문제 해결과 북한과의 협력적 관계 구축이라는 한반도 차원의 과제에 아무런 진전이 없는 마당에 보다 큰 지역 구상이 성공하기를 기대할 수는 없는 노릇이다.

한미동맹 강화 노선이 유연성을 잃어버리고 도그마화할 정도가 되면 필시 남북관계 개선에 실패하기 쉽고, 남북관계가 순탄하지 않은 환경속에서 상위 단위인 동북아 지역 차원의 평화협력 구상을 실현시킬 수 없는 일이다. 설사 한미동맹을 다소 별도로 분리시켜 다루고 대북정책을 펼친다 하더라도 대북정책 이행에 대한 강력한 의지가 수반되어야 한다. 박근혜정부에 그런 의지가 있는 것같지는 않다.

남북관계가 헛돌게 되면 필시 안보 불안이 생겨나고 갈등적 상황이 등장할 개연성이 높은 것이 한반도 현실임은 자명한 일이다. 게다가 핵무기를 가진 북한이 제기하는 위협이란 한국과 미국으로서는 언제든지 안보 강화의 목소리로 이어질 수 있는 것이다. 이런 안보 강화 입장이 한미동맹 강화로 직결되곤 하는 것이 또한 작금의 한반도 현실이기도 하다.

한미동맹 강화는 마침 미국의 중국 견제 정책의 비옥한 토대가될 수

있다. 미국과도 협력해야 하고 중국과도 협력해야 성공할 수 있는 것이 동북아평화협력 구상이다. 그런 구상은 제안자가 어 느 한 편으로 치우치는 순간 파탄에 처할 가능성이 높다. 박근혜정부의 동북아협력 구상은 이미 상당한 정도로 뒤틀려버렸다.

정작 박근혜정부는 동북아 다자안보협력의 길과는 상반되는 길에서 진도를 내고 있는 실정이다. 예컨대, 2014년 12월에는 북핵무기와 미사일에 대비한다는 취지로 '한미일 정보공유협정'이 체결되었는데 이는 전통적 해양안보삼각체제의 흐름과 연관되어 있다. 한미군사동맹이 강화되는 동시에 한미일 안보협력이 흐름이 나타나고 있다. 그리고 향후 미일간 안보 밀착이 더해갈 전망을 가질 때 미국의 한미일 안보협력 강화를 위한 미국의 대 한국 압박은 한층 심해질 것이다.

4. 한반도 비핵화와 동북아 안보협력 메카니즘

지난 수년간 동북아 지도자들이 만나면 응당 '북핵 불용'과 '한반도 비핵화'를 원칙인 양 "재확인"하곤 하였다. 그러는 동안에 북핵문제는 해결은 커녕 악화일로를 걸어왔다. 3차 핵실험이후, 북한이 핵무기 보유국가가 되었다는 분위기가 팽배하다. 한국과 미국 국방 관리들은 비핵화가 아니라 핵무기를 군사적으로 어떻게 대응할 것인가라는 차원의 군사정책을 협의하는 데 에너지를 쏟고 있다. 사드 배치의 이유가 바로 북핵무기 공격의 위협이다. 오늘날 6자회담은 장기 개점휴업 상태이고, '한반도 비핵화'도 별 진전이 없는 실정이다. 6자회담 무용론도 넓게 퍼져 있다. 하지만 동북아에 평화적 질서를 만들기 위해서는 '한반도 비핵화'를 포기할 수 없다. 비핵화가 엄청나게 어려운 과제로 변질된 것은 부인할 수 없는 현실이지만 비핵화를 기회의 창으로 활용할 만하다는 발상도 얼마든지 가능하다.

금년 9월이 되면 '9.19 공동성명'이 이곳 베이징에서 탄생한 지 10주년이 된다. '9.19 공동성명'은 북핵문제 해결을 위한 일차적 문건이지만 '동북아평화헌장'이라 불러도 무방할 내용들을 포괄하고 있다. 따라서 어떻게든 6자회담을 재개하여 '9.19 공동성명'의 합의 사항들을 이행하는 긴 여정을 시작해야 한다. 거기에는 한반도 비핵화, 한반도 평화체제 구축, 북미·북일 관계정상화, 동북아평화안보 메카니즘 수립이라는 5개의 과제들이 포괄적이고도 상호조율된 방법으로 이행되도록 규정하고 있다. 다른 과제들과 상호조율된 방식으로 동북아 평화안보 메카니즘을 구축하기 위해서는 사고의 유연성, 대화의 습관, 상호 신뢰쌓기 등을 내용으로 하는 '9.19 정신'으로 돌아가야 한다.

6자회담의 장기 교착 상태를 풀고 앞으로 나아가기 위해서 한국이 창의적이고 적극적인 노력을 기울여 접점을 찾아야 한다. 북한을 비핵화의 길로 나서도록 설득할 수 있는 근거를 남북관계 개선을 통해 만들어가야 한다. 말할 것도 없이 중국은 의장국으로서 중재 역할을 해주어야 하고, 미국도 북핵문제를 보다 전향적으로 접근해야 할 것이다.

그래서 6자회담을 재개해야 하고, 비핵화 이행의 동력을 만들어나가야 한다. 만약 '2.13 합의'의 제2단계인 '불능화'를 넘어선다면, 동북아 6개국 외무장관회의를 개최할 수 있다. 그 회의를 통해 동북아 다자안보협력 메카니즘 수립 문제를 논의할 수 있을 것이다. 현재 동북아 다자안보협력 메카니즘을 반대하는 국가는 없다. 과거에 북한과 미국이 미온적이었지만, 이제는 다자안보협력이 한미동맹과 같은 양자안보관계의 보완재로 간주되어 긍정적인 입장으로 변하였다. 러시아가 다자안보협력 구상에 매우 적극적이기 때문에 러시아가 나서서 북한을 설득할 수도 있을 것이다.

현재 동북아 정세에 비추어볼 때 한중일 3국 안보협력은 불가능하다. 한일관계가 악화되어 한일정상회담을 열지 못하고 있다. 중일관계도 한일관계 이상으로 악화되어 있다. 이미 제도화되어 나름대로 순항해왔던 '한중일 3국정상회의'도 개최하지 못하고 있다. 지금 우리가 할 수 있고 또한 해야 할 일은 과거 냉전기와 같은 대결적 안보협력구도가 출현하는 것을 막는 동시에 동북아 전체를 아우르는 다자안보협력 메카니즘을 구축하는 이중적 과제다. 만약 동북아 다자안보협력 메카니즘이 만들어진다면 한중일 안보협력은 자연스럽게 따라오게 될 결과일 것이다. 한반도 비핵화는 이 과제를 현실화해줄 수 있는 하나의 기회 요인이 될 수 있다.

第三章

中日韩安全合作的困境与挑战

韩中日为"摆脱追随"所作的
努力及面临的困境

[韩] 张济国 *

冷战后，我们期待过东北亚将迎来和平，但 20 年后的今天，分歧与紧张在该地区仍在继续。韩国和日本仍在历史问题上冲突不断，朴槿惠总统上任以来还未与安倍首相进行过首脑会谈，这充分说明韩日关系的现状。韩国认为在日本在未就历史遗留问题进行反省和清算的情况下谋求所谓"正常国家化"。但日本认为自己已对过去历史作了充分的道歉，当今日本应走自己所设定的发展之路。这种认识上的差异在日军强征慰安妇问题上表现得尤为突出。韩国认为只有日本政府采取包括对慰安妇受害者承认国家责任等有"诚意"的措施后，才有可能实现真正意义上的韩日和解。但日本认为 1995 年为支付日军慰安妇赔偿金而设立"亚洲女性基金"，以及由当时首相写道歉信等方式表达了诚意，而且认为慰安妇是否被强征难以证明。如今，安倍政府无视韩日之间的这些分歧，还在一步步落实着包括变更集体自卫权的解释等在内的自己所设定的政策。

中国和日本之间就钓鱼岛领土纠纷等历史遗留问题存在着分歧。2014 年北京 APEC 会议上虽然中日两国首脑举行了会谈，但并不能证明两国关系有了很大发展。特别是习近平主席就任以来对日本的态度明显强硬，对此日本安倍政府也未屈服。美国对日本牵制中国持支持态度，并再次强调美日同盟是东北亚重要的支点。中日之间在历史遗留问题上的分歧导致中韩关系拉近，如中国在哈尔滨建立安重根纪念馆等，营造了韩中"历史同盟"的氛围。而金正恩领导的朝鲜则不断制造东北亚的不稳定因素，坚持着发展核与导弹的意志。

本文将介绍笔者对东北亚分歧的看法并作出分析，并依此解释韩中日三国各自所

---

* 张济国：韩国东西大学校长。

面临的困境，最后简单地提及为解决这种困境三国需要采取的措施。

1. 如何看待当今的东北亚政局

东北亚地区矛盾不断，其结构性原因如下：

第一，韩中日都表现出希望打破一直以来的"追随（Dandwagoning）"状态。冷战时期，因意识形态不同各国分为东西两大阵营，单个国家并不具备采取具有自身特色的对外政策的条件。冷战结束后进入国际秩序的调整阶段，各国对经济实力的信心不足导致各国不得不倾向于"追随"政策。

中国在经济发展为第一要务的时代背景下，一直采取"韬光养晦"的战略。即对国际政治问题尽可能不表明自己的主张，只要不涉及国家安危，即采取"追随"顺应国际政治潮流的态度。而日本则遵守"吉田主义"，以美日同盟为核心，将安保问题交给美国，自己专注于经济发展。作为发展中国家的韩国没有足够的能力在国际舞台上活动，且在与朝鲜对峙的形势下，想要脱离美国独立自主制定政策几乎不可能。朝鲜虽然提出"主体思想"的意识形态，但是不能否认自己仍然是"追随"中国和苏联的弱小国家。

一直处于"追随"状态下的东北亚国家正在试图改变。首先中国已上升为世界第二大经济体，在不久的将来很可能超越美国。在此背景下，中国开始慢慢摆脱过去"韬光养晦"战略，向"崛起"迈进。"崛起"只有在克服"追随"状态下才有可能实现。中国需要独自的战略重新建立东北亚秩序，这将导致过去被压制的潜在分歧浮出水面。让出世界第二经济大国地位的日本也迅速转变了立场，首相安倍主张"摆脱战后体系"就说明了这一点。过去几年韩国在进步政府的领导下试图摆脱美国控制。卢武铉政府提出的"东北亚均衡者论"便是摆脱"追随"状态的一次努力。朴槿惠政府标榜的"东北亚和平合作构想"和"亚欧倡议"等都可以看做是韩国谋求东北亚主导权、试图摆脱"追随"状态的构想。朝鲜在冷战结束之后一直依托核武战略谋求独立路线。

第二，希望摆脱"追随"状态的东北亚各国正开始通过寻找"共同分母"进行配对。第二次世界大战给东北亚留下了"历史认识"这一共同分母，曾经被日本殖民过的中韩朝在历史认识上有很多共同点。这样来看，冲破"追随"状态的已有框架的最简单方法即为利用历史问题激化矛盾后建立新秩序，以道德优势为基础的对日攻势在名分上也是非常妥当的。从这种观点来看，近些年的中日、韩日之间的历史纠纷对各国战略是相当有利的。中国拉近了与韩国的关系，日本借口中国威胁论推进着"正常国家化"。朝鲜在这种新秩序的重构中借助绑架问题试图改善与日本的关系。

2. 韩国的困境

韩国即使想要摆脱"追随"状态，在现实上也面临着诸多限制因素。

第一，虽然韩国经济实力接近世界前十，但还未具备在国际政治中独立运作的能力。虽然它在探索所谓的"中等强国"角色，但是周边国家对此给予多少承认仍然是一个问题。

第二，在与朝鲜对峙的形势下，韩国不得不将关系国家存亡的安全问题作为最优先考虑的问题。其结果是虽然希望摆脱"追随"，并为此做了一些努力，但终将不能跨越国家安全问题的底线。因此，韩美同盟必然成为重要的安全基础。虽然韩国国内曾有一部分人反对韩美同盟，但大多数国民对韩美同盟持支持态度并认为这对维持和平非常重要。

第三，近些年中国试图摆脱"追随"的努力与韩美同盟正在起冲突。如前面所说，中国正在崛起，并将中华民族的伟大复兴和维护主权、安全、发展、利益等国家核心利益作为外交目标。韩中关系有一个局限，即中国的这种外交目标需限定于不引起与韩美同盟产生摩擦的范围。例如，近期决定加入亚投行时，韩国不得不考虑同盟国美国对此的否定立场。在中国反对在韩国部署萨德导弹防御系统的问题上，韩国采取模棱两可的态度正是其所面临的困境的体现。朴槿惠政府执政以来，韩中两国维持着前所未有的友好关系，但中国摆脱"追随"的努力只能限定在不影响韩美同盟关系的范围内，这是结构性的局限性。如果中国对韩国的要求忽视这种客观现实，将会招致韩国保守势力的反对，其会成为影响韩中关系发展的不稳定因素。

第四，韩国担忧 19 世纪时的局面再次笼罩朝鲜半岛。韩国习惯性地将近期东北亚围绕朝鲜半岛出现的一系列问题与 19 世纪作比较。朝鲜半岛的命运多舛的过往经历、中日美的利益冲突，使韩国有充分的理由去怀疑相关国家的意图。

第五，韩中关系处于政经不对称的结构中。中国在韩国出口额中的比重为 24.9%（2014 年），韩国一直维持着贸易顺差，所以产生了一种"安保靠美国、经济靠中国"的所谓"安美经中"的矛盾论调。

3. 中国的困境

对中国来说，维护东北亚和平与稳定对经济持续发展起着重要作用。因此，在东北亚建立以中国为中心的安全框架变得十分紧要。习近平主席于 2014 年 5 月在亚信会议上称，"亚洲的事情归根结底要靠亚洲人民来办，亚洲的问题归根结底要靠亚洲人民来处理，亚洲的安全归根结底要靠亚洲人民来维护"。为此，中国必须将以自己

为中心、调整周边不安定因素为外交目标，即促进金正恩体制下的朝鲜的稳定，使其起到缓冲国的作用；积极和"脱离美国"的韩国维持和发展合作关系。对于日本，不断地牵制其力量，促进东北亚地区力量的均衡。

然而韩国和日本在东北亚安全问题上仍然依靠自己的盟国美国，而非"亚洲人民"，这种情况将会一直维持到朝鲜半岛统一，甚至统一之后，这是中国当下的困境，即中国的摆脱"追随"的努力只要与韩美、美日同盟关系同时存在，矛盾就一定会产生。

中国的另外一个困境是，怎样消除崛起带来的周边国家的不安与不信任情绪。近些年，中国的崛起更多表现在硬实力层面上。比如，被认为是意在开发海上资源而引起的领土纠纷、单方面宣布防空识别区等动作，中国给他国留下了硬实力强硬的印象。所以，提升约瑟夫奈所提出的"软实力"将是中国要完成的艰巨任务。

最后，中国越想要摆脱"追随"状态，外部想要维持东北亚地区势力均衡的力量就越大。随着美国的"回归亚洲"战略逐步落实，美日防卫合作指针的修订，可以预料到日本自卫队的作用将扩大。日本政府预计于 2015 年 5 月向国会提交安全保障法案，公开宣称其最大目的就是加强美日关系。此外，美国想在韩国部署萨德导弹防御系统的问题也引起了极大矛盾。虽然宣称不是针对中国，但中国对此持反对意见。

美日等国积极牵制中国的行为将会给中国带来战略上的负担，而且会造成相关国家的拉锯战。

4. 日本的困境

第一，外部（韩国和中国）和内部（安倍政权）在摆脱战后体制的政策目标上存在冲突。维持安倍政权的力量基础是以安倍为中心的保守势力。他们主张在历史问题上不必一直受屈辱，应成为一个堂堂正正的日本。安倍首相参拜靖国神社、重新审视河野谈话、重新解释集体自卫权、在教科书上谈及独岛等领土问题、修订美日防务合作指针等一系列举动正是保守主义的体现。但是，韩国和中国对此的强烈反对使日本陷入了困境。对美国来说，日本此种转向新体制的努力大体符合美国的利益，但是美国也不能无视同盟国韩国的反对。安倍政府如何协调上述的外部反对和内部主张的矛盾是他所面临的困境，但大体上他会更重视内部主张。

第二，中美构建"新型大国关系"问题上的困境。日本认为要想在东北亚牵制中国就必须与美国保持紧密关系。这使得美日最近的交流达到前所未有的密切，安倍2015 年 4 月底访问华盛顿对外传达了美日同盟关系依然稳固的信息。即便如此，日本对将其排挤在外的中美"新型大国关系"的建立依然存在担忧。如果这种担忧进一

步深化，就不能完全排除日本走上摆脱"追随"的道路的可能性。

韩中日为了摆脱"追随"状态都在各自努力着，但因此产生的摩擦造成了东北亚的分歧和紧张。在相互不信任的背景下，这将加重相互间的怀疑与不安。但是，现实是韩中日三国都对有利于消除不信任感的对话不积极。最近韩中日三国在首尔召开了外长会议，但至于今后这种对话会向什么方向发展尚不明确。

这种现状其实对任何一方都不利，还有可能使东北亚卷入前所未有的不信任的旋涡中，因此，需要重新启动现有的各种对话渠道，互相进行对话。韩日之间的历史问题也是需要解决的，因此要为两国首脑会谈做好各项准备。在韩中关系上，中国不应要求韩国在中美之间作出选择，而应立足现实相互理解。为解决东北亚最大的不安定因素，即朝鲜核武与导弹问题，需尽快重启六方会谈，期待中国在这一问题上能起到重要作用。

（金文学　译）

韓中日が「バンドワゴンを脱する」ための
努力と直面する苦境

張済国 *

　冷戦後、北東アジアが平和を迎えることを期待されたが、20年後の現在では、紛争と緊張が依然として当該地域で継続している。韓国と日本は歴史問題について衝突が絶えず、朴槿恵大統領が就任後まだ安倍首相と首脳会談をしたことがない。これは韓日関係の現状を十分に示している。日本は歴史遺留問題について反省・清算しない状況でいわゆる「正常国家化」を求めていると韓国は思う。日本は自分が既に過去の歴史について十分に謝ったので、今日の日本が自分の設定する発展の道を歩むべきであると思う。当該認識上の相違は日本軍の慰安婦強制連行の問題で最も目立つである。日本政府が慰安婦の被害者たちに対する国家責任を認める等の「誠意」を有する措置を取ってから初めて実質的な韓日和解を実現する可能性があると、韓国は主張する。しかし、日本は、自分が1995年に日本軍の慰安婦償い金を払うための「アジア女性基金」を設立し、当時の総理もお詫びの手紙を書いた形式で誠意を表示したと思う。また、慰安婦が強制連行であったか否かということは証明しがたいと日本は思う。日本の安倍政府は日韓間の相違を無視して、歩一歩と集団的自衛権の解釈変更などの自分の設定した政策を実施している。

　中国と日本の間は、釣魚島の領土紛争などの歴史遺留問題について相違がある。2014年の北京APECで、中日両国の首脳は会談を行ったが、両国の関係がよく発展しているということではない。特に、習近平主席が就任以来、日本に対して明らかに強固な態度を取り、これに対して日本の安倍政府も屈服していない。アメリカは日本の中国牽制を支持し、米日同盟が北東アジアの重要な支点であると再び強調

---

　*　韓国東西大学総長。

する。中日間の歴史遺留問題に関する相違は中韓関係を密接にする結果をもたらす。中国はハルビンで安重根記念館を建設した等の措置を取り、韓中「歴史同盟」の雰囲気を作る。金正恩の指導している北朝鮮は絶えず北東アジアの不安定要素を作り出し、核とミサイルを発展する意志に固執している。

　本稿は北東アジアの相違に関する筆者の見方を紹介・分析し、これによって韓中日三国がそれぞれに直面している苦境を説明する。最後に、この苦境を抜けだすため、韓中日三国が取るべき措置を簡単に言及したい。

1. 現在の北東アジアの政局を如何に把握するか

　北東アジア地域に矛盾がずっとある。その構造上の原因は下記の通りである。

　第一、韓中日は昔からの「バンドワゴン（bandwagoning）」状態を破る希望を示している。冷戦期にイデオロギーにより東西両陣営に分けたため、一つの国家は自分の特色のある対外政策を取る条件を有しなかった。冷戦終結後、国際秩序の調整期に入り、各国は経済実力に対して自信が足りなかったため、「バンドワゴン」政策を選択しなければならなかった。

　中国は経済発展を第一要務にする時代背景で、ずっと「韜晦する」戦略を取っている。即ち、国際政治問題についてできるだけ自己の主張を表明しないで、国家安全に関わらない限り、「バンドワゴン」で国際政治の潮流に従う態度を取る。それに対して、日本は「吉田主義」に従い、米日同盟を中心に、安保問題をアメリカに任せ、自分が経済発展に集中している。韓国は発展途上国として国際舞台で活動する十分な能力を有さず、且つ北朝鮮と対峙している形勢で、アメリカを離れて独立的自主的に政策を制定することは殆ど不可能である。北朝鮮は「主体思想」のイデオロギーを提出したけど、依然として中国とソ連に「バンドワゴン」する弱小国であると否定できない。

　ずっと「バンドワゴン」状態にある北東アジアの国家は変化を求めている。まず、中国は既に世界第二の経済体に上って、近い将来にアメリカを超える可能性もある。当該背景で、中国は次第に過去の「韜晦」戦略を変更して「崛起」へ歩んでいる。「崛起」を実現するため、「バンドワゴン」状態を克服しなければならない。北東アジアの秩序を新たに立てるため、中国は独自の戦略を実施する必要であり、これは過去に圧制された潜在的相違を表に浮かばせる効果がある。世界第二の経済大国の地位を譲った日本も迅速に立場を変更した。日本の安倍首相の「戦後のシステムから抜け出る」という主張もこの点を証明する。韓国は過去の何年間に進歩政府

の指導でアメリカの制御を脱すると努力している。盧武鉉政府が提出した「北東アジアバランサー論」は「バンドワゴン」状態を離れる努力である。朴槿恵政府の「北東アジア平和協力構想」と「ユーラシア・イニシアチブ」も北東アジアにおける韓国の主導権を求め、「バンドワゴン」状態を離脱する構想である。北朝鮮は冷戦終結後、ずっと核兵器戦略によって独立路線を求めている。

第二、「バンドワゴン」を脱したい北東アジア諸国は「共同分母」を探して連携し始まる。第二次世界大戦は北東アジアに「歴史認識」という共同分母を残す。日本に植民された中国、韓国、北朝鮮は歴史認識についていろいろな共通点を有する。したがって、「バンドワゴン」状態という既存の枠組みを破る一番簡単な方法は歴史問題を利用して矛盾を激化した後に新たな秩序を立てるということである。道徳の優勢を基礎にする日本への攻勢は名義上も非常に妥当である。当該見方から見れば、近年以来の中日、韓日の間の歴史紛争は各国の戦略に相当に有利である。中国は韓国との関係を密接にしているが、日本は中国脅威論を言い訳に「正常国家化」を推進している。北朝鮮はこの新秩序の構築によって拉致問題を利用して日本との関係の改善に努力している。

2. 韓国の苦境

韓国は「バンドワゴン」状態を脱する希望があるが、現実上、いろいろな要素に制限されている。

第一、韓国の経済力が世界トップテンに近づいているが、国際政治において独立に運行する能力をまだ有していない。韓国はいわゆる「中間国家」の役を探っているが、周辺国家はこれを認めるか否かということはまだ問題である。

第二、北朝鮮と対峙している形勢で、韓国は国家存亡に関わる安全問題を最優先に考慮しなければならない。その結果、「バンドワゴン」状態を脱すると希望・努力しているが、とうとう国家安全問題の基線を越えられないのである。したがって、韓米同盟は重要な安全基礎であると言うまでもない。韓国国内に韓米同盟に反対する人もいるが、多数の国民は韓米同盟を支持して、これが和平の維持に非常に重要であると思う。

第三、近年以来、中国の「バンドワゴン」を離脱する努力は韓米同盟と利害が衝突している。前に分析したように、中国は崛起していて、中華民族の偉大な復興と主権、安全、発展、利益等の国家核心利益の擁護を外交目標としている。韓中関係には一つの制限があり、即ち、中国の外交目標は韓米同盟との摩擦を引き起こさな

い範囲に限定されている。例えば、近いうちに、韓国はアジアインフラ投資銀行に加入すると決定する時、これに対する同盟国のアメリカの否定的立場を考慮しなければならない。また、中国は韓国でサードミサイル防衛システムを配備することに反対する。当該問題について、韓国はあいまいな態度を取る。この態度は韓国の直面した苦境の体現である。朴槿恵政府が発足以来、韓中両国は未曽有の友好関係を維持している。しかし、中国の「バンドワゴン」離脱の努力は韓米同盟関係を影響しない範囲以内に限定されなければならない。これは構造的な局限性である。もし中国がこの客観的な現実を無視して韓国を要求すれば、韓国の保守勢力の反対を引き起こして、韓中関係を影響する不安定な要素になる恐れがある。

　第四、19 世紀の局面が朝鮮半島に再現できるかと韓国は心配している。韓国は近年以来の朝鮮半島に関わる一連の問題を 19 世紀の状況と比べる習慣がある。中国、日本、アメリカの利害衝突がかつて朝鮮半島に不幸的な歴史を齎したため、韓国は関連国家の意図を疑う十分な理由を有している。

　最後に、韓中関係は政治と経済がアンバランスである構造にある。中国は韓国の輸出額の24.9％を占めた（2014 年）。韓国はずっと出超を維持している。そのため、「安保はアメリカに、経済は中国に頼る」といういわゆる「安米経中」の矛盾的な論調が出る。

3. 中国の苦境

　北東アジアの平和と安定は中国経済の持続的な発展にとって重要な意味がある。従って、中国を中心にする北東アジア安全枠組の建立が目下の急務になる。2014年 5 月のアジア相互協力信頼醸成措置会議（CICA）で、「アジアのことは結局アジア人民によって扱われ、アジアの問題は結局アジア人民によって処理され、アジアの安全は結局アジア人民によって擁護されるべきである」と、習近平主席は強調した。そのため、中国は自己を中心にして、周辺の不安定要素を調整することを外交目標としてしなければならない。すなわち、金正恩システムにおける北朝鮮の安定を促して、北朝鮮の緩衝国としての働きを発揮させるとともに、積極的に「アメリカ離れ」の韓国との発展・協力関係を維持する。日本の場合、中国は絶えず日本の力を牽制して、北東アジア地域のパワーバランスを促すのである。

　しかし、北東アジアの安全問題に関して、韓国と日本は依然に自分の同盟国であるアメリカに頼んでいて、「アジア人民」に頼んでいないのである。当該状況は朝鮮半島の統一まで、乃至統一後でも持続するかもしれない。これは中国の目下の苦

境である。即ち、中国の「バンドワゴン」離脱の努力が韓米同盟、米日同盟の関係と同時に存在する場合、矛盾が必ず存在する。

中国の台頭は周辺国家の不安と不信の気分を引き起こしている。どのようにこの気分を解消できるか、これは中国のもう一つの苦境である。近年以来、中国の崛起は主にハードパワーに表現している。例えば、海外資源の開発という意図があると思われて発生した領土紛争、一方的に防空識別圏を公布した等の行為によって、中国は他国にハードパワーが強硬であるイメージを与える。ジョセフ・ナイの提唱する「ソフト・パワー」の高まりが中国にとって完成すべき並大抵でない任務である。

最後に、中国の「バンドワゴン」状態を脱する希望が強ければ強いほど、北東アジア地域のパワーバランスを維持したい外部の力も強くなるのである。アメリカの「アジア回帰」戦略の逐次的な実施、米日防衛協力指針の改定につれ、日本自衛隊の役割はより大きくすると予測できる。日本政府は5月に国会に提出する予定の安全保障関連方案において、その最大な目的が米日関係の強化であると公表している。また、アメリカは韓国でサードミサイルを配備する計画がある。この問題も大きな矛盾になる。中国を目標とするものではないと公言したが、中国はこれに対して反対する意見を持つ。

アメリカ、日本等の国は積極的に中国を牽制しているのは、中国の戦略上の負担になり、且つ関連国家のシーソーゲームをきたすと思われる。

4. 日本の苦境

まず、外部（韓国と中国）と内部（安倍政権）は戦後システムを抜け出る政策目標について衝突している。安倍政権の基礎は安倍を中心にする保守派である。彼らは歴史問題について、ずっと屈辱を受ける必要がなくて正々堂々たる日本になるべきであると主張する。靖国神社参拝、河野談話の見直し、集団的自衛権の再解釈、教科書における独島等の領土問題の言及、米日協力指針の改定等、安倍総理の一連の挙動は正に保守主義の体現である。しかし、韓国と中国の激しい反対は日本の苦境となる。アメリカにとって、日本の新たなシステムへ転換する努力は大体にアメリカの利益と一致するが、アメリカは同盟国の韓国の反対を無視してはいけない。安倍政府は如何に上述の外部反対と内部主張の矛盾を調和するか、これは彼の直面している苦境である。安倍はもっと内部主張を重視すると大抵予測できる。

第二、中米の「新型大国関係」問題に関わる苦境。北東アジアで中国を牽制したいと、アメリカと密接な関係を維持しなければならないと日本は思う。これは最近

の米日交流を未曽有の密着にさせられている。４月末に安倍のワシントン訪問は外界に米日同盟が依然に安定であるという情報を伝える。それにしても、日本は自分を締め出す中米の「新型大国関係」の形成についてまだ心配している。もしこの心配がさらに深化すれば、日本は「バンドワゴン」離脱の道を歩む可能性が全然ないとは言えなくなると思われる。

　韓中日は「バンドワゴン」状態を脱するためにそれぞれの努力をしているが、それで発生した摩擦が北東アジアの紛争と緊張をきたす。相互不信はお互いの疑いと不安を強める。但し、現実は、韓中日三国はみんな不信感を解消するための対話に積極ではないのである。最近、韓中日三国はソウルで外交部長会議を行ったが、このような対話はこれからどの方向へ発展すべきか、まだ不明瞭である。

　当該現状はどの国にとっても不利であり、北東アジアを未曽有の不信の渦中に巻き込む恐れもある。従って、既存の全ての対話ルートを再起動して、相互対話を行う必要がある。韓日の間の歴史問題も解決すべきであるので、両国の首脳会談のためにいろいろ準備しなければならないのである。韓中関係の場合、アメリカを選択するかそれとも中国を選択するか、中国は韓国にそういう要求を提出しないで、現実に立脚して相互理解をすべきである。北東アジアの最大な不安定要素である北朝鮮の核兵器とミサイル問題を解決するため、できるだけ早く六者会合を再開催すべきである。中国はこの問題の解決に重要な役割を果たすように我々は期待している。

（中訳文から　郭曉麗　訳）

한중일 : '편승 탈피' 시도와 딜레마

张济国[*]

들어가며

냉전이 끝나면 동북아에 평화가 깃들 것으로 전망되었었다. 그러나, 냉전이 종식된 지 20년이 지난 지금도 동북아에서는 갈등과 긴장이 끊이질 않고 있다. 한국과 일본은 여전히 끝나지 않은 과거사와 관련된 문제로 반목하고 있다. 박근혜 정부 탄생 후 아직 한번도 일본 아베 총리와 정상회담을 가지지 않았다는 것이 현재의 한일관계를 잘 설명해 준다. 한국은 일본이 역사에 대한 반성을 하지 않고 있고, 역사 청산이 되지 않은 상태에서 소위 '보통 국가'로 옮아가려 하고 있다고 주장한다. 반면, 일본은 과거문제에 대해서는 이미 충분히 사과 한 바 있고, 이제 일본도 일본의 길을 걸어가야한다는 인식을 가지고 있다. 이러한 인식차의 상징적 존재가 바로 군대 위안부 문제이다. 한국의 입장에서는 군대위안부 피해 할머니들에 대해 국가책임 인정을 포함한 '성의' 있는 조치가 없는 한 진정한 의미에서의 한일 화해가 있을 수 없다는 입장이다. 이에 반해 일본은 1995년 '아시아여성기금'을 조성하고 당시 총리가 사과 편지를 보내는 등 나름 성의를 표한 바 있고, 위안부에 대한 강제성은 입증하기 어렵다는 주장을 펴고 있다. 이와 같은 한일 갈등과는 별도로 집단적 자위권에 대한 해석을 변경하는 등 아베정부는 자신들이 세워놓은 어젠더를 착착 실행에 옮기고 있다.

중국과 일본 역시 댜오위타오 (일본명 : 센카쿠) 열도의 영유권을

---

[*] 한국 동서대학 총장.

비롯한 과거사 문제로 인한 갈등을 빚고 있다. 지난 베이징 APEC 회의에서 중일정상회담이 열렸지만, 현재의 양국관계가 크게 진전되고 있다고는 볼 수 없다. 특히, 시진핑 주석 체제가 들어서고 난 후 일본에 대한 강경한 입장이 두드러지고 있으며 아베정부도 이에 굴하지 않는 모습을 보이고 있다. 미국은 일본의 이러한 대중 견제에 대해 지지를 보내면서 미일동맹이 동북아시아의 중요한 축임을 다시 확인하고 있다. 중일간의 역사문제를 둘러싼 갈등은 한중 접근이라는 인식을 낳고 있다. 중국정부는 하얼빈에 안중근 기념관을 건립하는 등 한중 '역사 동맹'의 분위기를 고취시키고 있다. 김정은의 북한은 예측 불허의 불안요소를 제공하며, 핵과 미사일 개발에 대한 의지를 숨기지 않고 있다.

이 글은 이러한 갈등의 동북아를 어떻게 볼 것인가에 대해 나름 해석을 하고 한중일 3국이 가지고 있는 딜레마를 설명하는데 그 목적이 있다. 그런 후에 이러한 딜레마의 해결을 위해 한중일 3국에게 필요한 것이 무엇인지를 간략하게 언급하고자 한다.

지금의 동북아정세를 어떻게 볼 것인가

동북아는 갈등의 소용돌이에 빠져들고 있다. 그 갈등 구조의 원인을 다음과 같이 정리 할 수 있다.

첫째, 한중일 공히 지금까지의 '편승적(bandwagoning)' 국가태세에서 탈피하려는 움직임을 보이고 있다. 냉전시대에는 동서가 진영을 나누어 지배적 이데올로기에 편승해야 했음으로 개별 국가가 가지고 있는 독자적 대외정책 정체성을 드러낼 수 있는 상황이 아니었다. 냉전 종식 후에도 새로운 국제질서의 조정단계를 거쳐야했고, 여전히 부족했던 경제적 자신감은 상당 기간 '편승'에 더 무게를 두는 국가행보를 취할 수 밖에 없었다.

예를 들어, 중국의 경우, 경제발전이 우선 되어야한다는 절대절명의 과제 앞에서 '도강양회'라는 전략을 구사해 왔다. 즉, 국제정치문제에 대해서는 가능한한 자기주장을 하지 않고 국가사활에 관한 사안이 아닌 이상 국제정세 흐름에 '편승'하는 자세를 취해 왔다. 일본 또한 미일동맹을 중심으로 안보는 미국에 맡기고 경제발전에만 매진한다는 소위 '요시다 독트린'의 노선을 취해왔으므로 국제정치무대에서의 존재감은 현저히 낮았던 것이 사실이다. 한국은 개발도상국으로서 국제무대에서 어젠더를 설정할 만한 역량이 부족했다. 더구나 북한과 대치하고 있는 상황에서 미국을 배제한체

독자적 정책을 입안한다는 것은 불가능에 가까운 것이었다. 북한 또한 '주체 사상'이라는 독자적인 이데올로기를 내세우기는 했지만, 여전히 중국과 소련에 '편승'한 약소국에 불과했음은 부인 할 수 없다.

이러한 '편승'의 국가태세를 가지고 있던 동북아시아 국가들이 최근 그 태세를 변화시키고 있다. 우선 경제적인 측면에서 중국은 세계 제 2 위의 경제대국으로 성장했고, 멀지 않는 장래에 미국을 능가하는 경제력을 가질 것이라는 전망이 있을 정도이다. 이러한 경제성장을 배경으로 중국은 종래의 '도강 양회'를 벗어버리고 '굴기'를 향해 달리기 시작했다. '굴기'는 '편승'을 극복할 때 가능한 것이다. 중국은 동북아 질서 재편에 독자적 전략으로 참여해야하고, 그 과정에서 과거 '편승'의 바다 속에 묶여있던 잠재적 갈등이 분출될 수 밖에 없는 것이다. 제 2 의 경제대국 위치를 양보하게 된 일본으로서는 이러한 중국의 굴기를 마냥 '편승' 방관만하고 있을 수 없다는 입장으로 급격히 변화하고 있다. 아베 총리가 주장하는 '전후 체제로 부터의 탈각'은 바로 이러한 맥락에서 이해 하여야 한다. 한국은 과거 몇 년간의 진보 정부를 거치며 미국으로 부터의 탈피를 시도한 바 있다. 특히 노무현 정부의 '동북자 균형자'론은 '편승' 태세로 부터의 변화를 추구한 것이라 볼 수 있다. 박근혜 정부가 표방하고 있는 '동북아 평화협력구상'이나 '유라시아 이니시티브' 등도 나름 동북아에서의 주도권을 염두에 둔 '편승'으로 부터의 탈피시도라 볼 수 있겠다. 북한의 경우, 냉전이 종식된 직후부터 핵무장을 통한 독자노선을 추구하고 있다.

둘째, '편승으로 부터의 탈피'를 추구하고 있는 동북아국가들은 우선 공통분모 찾기를 통한 짝짓기를 시도를 하고 있다는 점이다. 세계 제 2 차 대전은 동북아에 '역사인식'이라는 공통분모를 낳았다. 일본 식민지 경험을 한 중국, 한국, 그리고 북한은 역사인식문제에 있어서는 공유할 수 있는 부분이 많이 있다. 그렇게 본다면, '편승'을 넘어 기존 질서의 틀을 깰 수 있는 가장 손쉬운 방법은 역사문제로 갈등을 빚음으로서 새로운 질서를 꾀할 수 있는 것이다. 도덕적 우위를 토대로한 대일 공세는 명분적 측면에서도 타당한 것이다. 그런 관점에서 본다면, 최근의 중일, 한일간의 역사 갈등은 각국 전략상 상당히 유효한 것이라는 판단을 하고 있을 수 있다. 중국은 한국과의 접근이 가능해지고, 일본은 중국 위협론을 내세우며 '보통국가'로 갈 수 있는 명분 축척을 할 수 있다는 판단을 하고 있을 수 있다. 북한 입장에서는 이러한 새로운 질서 형성 과정에서 납치문제를 연결고리로 해서 일본과 접근하는 것이

전략적으로 중요하다고 보고 있을 수 있다 .

한국의 딜레마

한국이 '편승'에서 탈피하려고 해도 현실적으로 제약 요인이 많이 있는 것은 부인하기 어렵다 .

첫째 , 경제적으로는 세계 10 위권에 진입을 목전에 두고 있으나 , 국제정치를 독자적으로 움직일 수 있는 역량은 아직 부족한 것이 사실이다 . 소위 '미들파워'로서의 역할을 모색중에 있으나 주변 국가들이 그러한 노력을 얼마나 인정할 것인가가 여전히 과제로 남아있다 .

둘째 , 북한과 대치하고 있는 상황에서 국가존립에 관한 안보문제를 최우선 순위로 둘 수 밖에 없다는 점이다 . 결국 , 아무리 '편승 탈피'를 희망하고 또 일부 시도를 한다고 하더라도 국가안보문제를 넘어설 수는 없는 것이다 . 이러한 현실에서 한미동맹은 한국에 있어 가장 중요한 안보 기반이 될 수 밖에 없다 . 물론 국내에는 한미동맹에 대한 일부 반대의견이 있으나 , 대다수의 국민은 한미동맹을 지지하고 한반도에서의 평화유지에 가장 필요한 것이라는 인식을 가지고 있다 .

셋째 , 최근에 보이고 있는 중국의 편승탈피 노력이 종래의 한미동맹틀과 부딪히고 있다는 점이다 . 전술 한 것과 같이 , 중국은 굴기하고 있으며 , <중화민족의 위대한 중흥>과 <국가핵심이익>인 국가 주권 , 안전 , 발전 , 이익의 수호를 외교목표로 내세우고 있다 . 그러나 , 현실적으로 한중관계는 중국의 이러한 외교목표가 한미동맹과 마찰을 일으키지 않는 범위내에서만 협력이 가능한 한계를 가지고 있다 . 예를 들면 , 최근 한국이 가입하기로 한 아시아인프라투자은행 (AIIB) 의 경우 , 동맹국 미국이 이에 대한 부정적 견해를 가지고 있음을 한국은 의식하지 않을 수 없는 것이다 . 중국이 도입을 반대하고 있는 한국내 사드 반입에 대한 한국이 취하고 있는 모호한 태도는 한국이 처한 딜레마를 잘 말해 주고 있다 . 박근혜 정부 탄생 이후 한중관계가 전에 없는 우호관계가 유지되고 있으나 , 이는 어디까지나 중국의 편승 탈피가 한미동맹의 틀에 부정적 영향을 미치지 않는 범위내에 한정될 수 밖에 없는 구조적 한계를 가지고 있다 . 이러한 현실이 무시되는 중국의 對韓 요구는 한국내의 보수세력의 반발을 불러일으킬 것이고 , 이는 한중관계를 불안정하게 만드는 요인으로 작용하게 될 것이다 .

넷째 , 한국은 19 세기적 프레임에 대한 불안이라는 딜레마를 가지고 있다 .

한국에서는 최근 한반도를 둘러싼 동북아에서의 일련의 상황을 19세기 상황에 비추어 해석하는 경향이 지배적이다. 중국과 일본, 그리고 미국의 이익충돌이 한반도의 운명을 어둡게 했던 과거의 경험은 관련국가들의 의도를 끊임없이 의심하는 불신을 낳기에 충분하다.

마지막으로 한중관계의 정경 비대칭이라는 딜레마이다. 한국의 수출에서 중국이 차지하는 비율이 24.9%(2014년도)를 차지할 정도로 높고, 한국은 지속적으로 흑자를 유지하고 있다. 그러다보니, 안보는 미국에 의지하고 경제는 중국이라는 소위 '안미경중(安美経中)'라는 모순적 담론이 자리 잡고 있는 것이다.

중국의 딜레마

중국에 있어 동북아시아의 안정과 평화유지는 경제발전을 지속하기 위해 매우 중요하다. 그러기위해서는 동북아에서 중국 중심의 안전틀을 만들어 나가는 것이 긴요할 것이다. 시진핑 주석은 지난 2014년 5월 아시아교류신뢰구축회의에서 "아시아의 일은 아시아인이 수행하고, 아시아의 문제는 아시아인이 처리하며, 아시아의 안보는 아시아인이 수호한다"라고 밝힌 바 있다. 이를 위해서는, 중국이 중심이 되어 주변의 불안요인을 조정해 나가야 한다는 대외 목표를 가질 수 밖에 없는 것이다. 즉, 김정은 체제의 북한을 안정시켜 완충지(buffer state)로서의 역할 유지가 필요하고, '탈미' 한 한국과의 협력관계를 유지 발전시키는 것이 필요하다. 일본에 대해서는 지속적으로 견제하면서 동북아에서의 힘의 균형이 깨어지지 않게 하는 것이 중요하다.

이러한 목표에도 불구하고, 한국과 일본은 여전히 역내에서의 안전보장을 "아시아인" 스스로 수행하는 것이 아니라 역외인 미국과의 동맹으로 유지시키려하고 있다는데 중국의 딜레마가 있다. 이러한 경향은 한국의 통일이 이루어질 때까지 계속될 것이고, 경우에 따라서는 통일 후에도 지속될 가능성이 있다. 즉, 중국의 '편승 탈피' 시도는 한일의 역외 동맹이 유지되는 한 마찰음을 계속해서 만들어 낼 것이다.

중국의 또 하나의 딜레마는 중국 부상에 대한 이웃나라들의 불안과 불신을 어떻게 해소해 나가느냐하는 문제이다. 최근의 중국 '굴기'는 하드파워적 측면이 더 부각되고 있는 것이 사실이다. 예를 들어, 해외 자원개발을 염두에 둔 것으로 해석되는 영토를 둘러싼 분쟁, 방공식별구역의 일방적 선포와 같은

행보 등이 하드파워적 중국이라는 인상을 주고 있다 . 조세프 나이가 주창하는
'소프트 파워' 적 중국을 어떻게 만들어 낼 것인가하는 큰 과제가 남아있다 .

　　마지막으로 , 중국이 '편승 달피' 를 추구하면 할 수록 동북아 지역에서의
세력 균형을 유지하기 위한 외부의 힘이 크게 작용하게 된다는 점이다 . 미국의
'아시아에로의 회귀' 전략이 구체화 되고 있고 , '미일방위협력을 위한 지침
(가이드라인)' 의 개정을 통한 일본 자위대의 역할의 확대가 예상되고 있다 .
일본정부가 5 월에 국회에 제출을 예정하고 있는 안전보장법제는 "미일관계
강화" 가 제일 큰 목적이라고 공공연하게 이야기되고 있는 상황이다 . 또한 ,
잘 알려진바와 같이 , 최근 한국에서는 미국의 고고도미사일 방어체계 사드
(THAAD) 의 한반도배치를 둘러싸고 의견이 분분하다 . 중국을 겨냥하고 있지
않다고 하나 중국은 사드의 배치에 반대하고 있다 .

　　이와 같은 적극적인 대 중국 견제를 염두에 둔 미일 등의 움직임은
중국으로 하여금 전략적 부담을 가지게 하는 것은 물론이고 , 앞으로 이해
관련국과의 힘겨운 밀고 당김이라는 수고를 하게 할 것이다 .

　　일본의 딜레마

　　아베총리의 일본은 다음과 같은 딜레마에 빠져있다고 볼 수 있다 .

　　첫째 , '전후 체제로 부터의 탈피' 라는 정책 목표에 대한 외부 (한국과
중국) 와 내부 (아베 정치기반) 간의 충돌이라는 현실이다 . 아베 정권을
탄생시키고 유지시키는 힘의 기초는 아베총리를 둘러싼 보수세력에 있다고 볼
수 있다 . 이들은 끊임없이 과거사에 대한 종래의 불필요한 굴욕적 자세에서
벗어나 보다 당당한 일본이 될 것을 주장하고 있다 . 아베총리의 야스쿠니
참배 , 고노담화 재검토 , 집단적 자위권의 재해석 , 독도를 비롯한 영토문제의
교과서 반영 , 미일가이드라인 개정 움직임 등이 바로 보수적 논리가 반영된
일련의 움직임이라고 볼 수 있다 . 그러나 , 이러한 일본의 행보에 한국과
중국이 강력 반발하고 있다는 점이 일본으로서는 딜레마이다 . 미국으로서는
일본의 이러한 새로운 체제로의 전이 노력이 대체로 미국의 이익에 부합한다는
입장이지만 , 동맹국 한국의 반발 또한 무시할 수 없는 상황임은 틀림없다 .
아베정부는 외부적 반발과 내부적 주장을 어떻게 조율해 나갈 것인가가 과제로
남아있지만 , 대체적으로 외부적 반발 보다는 내부적 주장을 더 중시하는
방향으로 입장 정리가 된 것으로 관측된다 .

　　둘째 , 미국과 중국간에 이야기되고 있는 '신대국관계' 형성에 대한

딜레마이다. 일본은 기본적으로 동북아에서 중국을 견제하고 균형을 이루기위해서는 미국과 긴밀한 관계를 가지는 것이 중요하다는 판단을 하고 있다. 그 결과, 최근 미일은 전에 없는 접근을 하고 있으며, 4월말에는 아베총리가 워싱턴을 방문하는 등 미일동맹의 건재함을 대내외에 과시하고 있다. 그럼에도 불구하고, 미국과 중국은 모종의 '신대국관계'를 일본이 배제된 가운데 형성시키려하지 않나하는 불안을 가지고 있다. 그러한 불안이 심화될 때, 일본은 자체적 '편승 탈피'를 위한 길로 들어설 가능성을 완전히 배제할 수 없다고 볼 수 있다.

한중일은 각각 '편승' 탈피를 위한 시도를 하고 있고, 이로 인한 마찰이 생성되어 동북아의 갈등과 긴장이 고조되고 있다. 상호 신뢰가 형성되지 않은 상황에서 시도되고 있는 이러한 편승탈피 노력은 상호 의심과 불안을 낳고 있다. 그럼에도 불구하고, 한중일 삼국은 불신 해소를 위한 대화를 거부하고 있는 형국이다. 물론 최근 한중일 외무장관 회의를 서울에서 개최한 바 있으나, 아직 어떠한 방향으로 진행될 지는 오리무중 상태인 것이 사실이다.

이러한 현상은 누구에게도 도움이 되지 않으며, 동북아를 전례없는 불신의 소용돌이로 빠져들게 할 수 있다. 그러한 의미에서, 현존하고 있는 각종 대화채널을 가동하여 서로 대화하는 장을 마련해야 할 것으로 보인다. 한일간의 과거사 문제의 해결이 필요한데, 이를 위해 한일정상회담을 향한 여러가지 준비가 필요해 보인다. 또한, 한중간에도 한국에 대하여 미중 대리전적 선택을 요구할 것이 아니라 현실주의에 입각한 상호 배려가 필요한 것으로 보인다. 동북아의 최대 불안요인인 북한의 핵과 미사일 문제 해결을 위한 6자회담의 조속한 개최가 필요하며, 이를 위한 중국의 역할이 기대된다고 말 할 수 있겠다.

中日韩安全合作面临的挑战和困境

［日］　小原凡司 *

毫无疑问，对于中日韩三国来说，在东亚地区保持稳定是必需的，美国亦在这一区域内寻求和平。各国追求的是经济利益和人民安康，每个国家都了解与邻国合作才是最佳选择。

然而在现实背景下，各国之间并非总是进行合作。这些国家之间会存在相互的误解和不信任。不信任的主要原因是由所谓的"中国威胁论"引起的"美中对抗"的图景。亚太地区的两大主要国家——美国和中国，有时会倾向于基于"对抗"图景来采取行动。

从进攻性现实主义的角度来看，美中之间的军事对抗难以避免。每个主要大国都认识到为了生存最为安全的唯一办法是攫取区域霸权。美国将会力图限制中国的发展。从另一个角度来说，中国将致力于发展。两个国家将会运用一切手段来达到各自的目的。最终，两大强国走向战争。

如果两国基于如此的图景来行事，那么想要避免美中之间的严重对抗是十分困难的。然而，要改变这个图景十分艰难，因为生存是民族国家的终极目标，并无全球政府存在，每个国家必须自行保卫自己，各国无法轻易信任彼此，它们必须准备应对最坏的结局。

我们不能改变这一基本的假设。因此，尽管美中均无法妥协，但是我们必须关注如何避免美中之间战争的节点。我相信在两国均决定有所作为的情况下，日本可以与韩国一道扮演积极的角色。

---

*　小原凡司：东京财团研究员、前日本驻华大使馆防卫官。

1. 日本的选择

总的来说，在"美中对抗"的图景下，其他国家有三种选择。这个理论不仅适用于东亚，也适用于其他区域，包括东南亚。

第一种选择是"追随中国"。对中国带来的经济利益有较高期望且对中国威胁认知较低的国家倾向于选用这种政策。但是，这对日本并不现实。日本是美国的盟友且美国是日本唯一的盟友。在处理安全议题上，日本无法离开美国。自卫队一直以来被要求使用美制武器以和美军形成高度协同性。日本在军事行动上与美国保持一致步调。

第二种选择是"对冲"。一般来说，对中国带来的经济利益有较高期望且对中国的威胁认知较高的国家，或者是对中国带来的经济利益有较低期望且对中国的威胁认知较低的国家倾向于选用这种政策。

第三种选择是"软制衡"中国。对中国带来的经济利益有较低期望且对中国的威胁认知较高的国家一定会采取这种政策。但是，通常来说，很少有国家有足够的实力与中国对抗。因此，它们必须考虑"回传"（Back passing）美国以及"追随"美国。

在这一理论下，日本必须考虑"对冲"政策，因为日本正在从与中国的经济来往中获得高额利润，同时对中国围绕日本的军事行动表示担忧。然而，日本却与美国更为接近了。日本看上去更为倾向使用"软制衡"政策来对抗中国，同时"回传"美国。这不仅是因为美国对日本政策制定过程的影响力，同时也考虑到了日本自身的安全政策。

2. 日本安全政策的转变

日本在行使自卫权时遵循十分严格的标准，即日本只能在被外国有组织和有计划地军事进攻时才能行使自卫权。[①] 但是，这并非是法律而是由日本国会来回答的问题。

实际上，日本并未拥有稳固的安全。冷战时代的安全架构很简单，日本只能和美国考虑安全合作。而冷战结束后，日本则必须开始考虑下一步的情势。但是，日本人民已经习惯于不去思考安全问题。

2014 年 6 月 1 日，日本政府决定在安全政策上进行根本性的转变。安倍内阁更

---

① 日本政府通常表明，在对抗军事进攻时，日本自卫队可以被看做是一支军事力量。The House of Representative, http://www.shugiin.go.jp/internet/itdb_kaigiroku.nsf/html/kaigiroku/011215420020529012.htm#r=s&r=s.

改了宪法解释，允许日本甚至在和平时期也可以行使集体自卫权。[①] 这一转变的原因是日本周边"安全环境的变化"。政府在强调"全球权力平衡急速的变化"，朝鲜部署核武器和导弹使得日本面临史无前例的、陡然严峻的安全环境。[②]

日本还没有打破其过往的成见，对于日本人民来说考虑安全问题仍较为困难。但是，从现在开始日本已经能够在每一个安全议题上来决定自己要采取的行动。有人认为日本安全政策的转变是日本军国主义化的明证。但是，日本在安全议题上采取自主行动并不能表明采取军事行动会更容易。日本安全政策转变后，日本可以为在东亚创造稳定的条件而发挥积极的作用。

3. 日本与韩国的角色

日本与韩国境况相似，尤其是两个国家都处在美国、中国两个大国之间。这两个大国在亚太地区安全环境的塑造中扮演着领导角色，但没有国家能独力设计或改变地区局势。这就给日本和韩国在此地区扮演积极角色留下了空间。

日本与韩国在安保政策方面靠近美国，两国在战时都需与美军联合行动。但日本与韩国在地理上又远离美国而靠近中国，两国可与中国便利往来，但也容易感到中国军事行动扩张带来的压力。同时，两国都从与中国的商业往来中获得了巨大的经济利益。

这些情况表明，两国很可能对地区局势抱有共同看法，并协力为东亚稳定创造条件。尽管可以说，日本和韩国对中国都有较高的经济收益期望和威胁认知，但两国必须在"对冲"政策之外，主动寻求途径，为地区和平作出贡献。

尽管"美中对抗"的印象难以改变，但无人能断定对抗的后果。如果日本和韩国与美国采取"软制衡"政策，对抗将趋剧烈。两国必须为地区最坏的境况做好准备，但同时也必须寻求除战争之外的其他选项，避免战争的努力仍是有意义的。

众所周知，合作可以缓解紧张态势。但是，因为国家无法相互信赖，它们并不会自然而然地合作。作为盟国，日本和韩国都必须与美国合作，但与此同时，两国也要意识到，与中国在一些问题上开展安全合作的空间是存在的。

如果日本自卫队和韩国军队试图在没有美国的情况下与中国解放军在安全议题上合作，无疑是一个敏感的问题。就算日本改变了其安保政策，没有美国的谅解，日本

[①] "Cabinet Decisionon Development of Seamless Security Legislation to Ensure Japan's Survival and Protectits People," *Ministry of Foreign Affairs*, July1,2014,http://www.mofa.go.jp/fp/nsp/page23e_000273.html.

[②] "Japan's Security Policy," *Ministry of Foreign Affairs*, March 10,2015, http://www.mofa.go.jp/policy/security/.

也不容易与中国开展联合军事行动。因此，如果日本决定与中国进行军事合作，就必须在非战争军事行动（Military Operation Other Than War，MOOTW）领域寻找机会。

4. 合作领域

日本、中国与韩国最有望合作的领域是人道主义救援和赈灾（HA/DR），这是现在各国海军的一项主要行动。[①] 环境在不断演变，气候因素增加了灾难发生的频率和严重性，发生在亚太地区的灾难日益增多。

军队，特别是海军，之所以是适合从事人道主义救援和赈灾行动的，最重要的原因是军队是一个独立自足的组织。一支军队可以自给营养、卫生和医疗，可以在无外部支持的情况下，在重要交通线遭受灾难破坏的地区开展行动。而且军队可以向受灾者提供这些东西，即海军舰只不仅可以将军队运送到受灾地区，还可以向受灾者提供休息的空间、营养和医疗服务。一支军队可以在任何地区派出救援队，开展救援行动。

在 2013 年 11 月台风"海燕"席卷菲律宾时，日本派出海上自卫队，运送直升机及大量食物和医疗货品以援助灾民。[②] 中国也在那时候向菲律宾派出海军医务船，提供医疗服务。[③] 韩国军队也向菲律宾提供了赈灾、医疗物资以及救援设备。[④] 虽然三国都在菲律宾有所行动，但都是单独行动。如果几个国家能够情报共享、联合开展行动，人道主义救援和赈灾行动将更有效、反应更快速。

在提高人道主义救援和赈灾行动的有效性方面，现在已经有若干框架。其中一个框架是美国领导的"太平洋伙伴关系"（Pacific Partnership）。在对 2004 年席卷东南亚部分国家的海啸作出反应后，"太平洋伙伴关系"发展成一个聚焦人道主义救援和赈灾的年度项目。这一项目也为各国提供了学习联合行动的机会。

另一个框架是海上检查与拦截行动（Maritime Inspection/Interdiction Operation，

[①] 在 2015 年 3 月 25—26 日，一场名为 EMCC hair Symposium:Maritime Power and International Security 的会议上，一位美国海军上将介绍了 HA/DR 对美国海军太平洋司令部的重要性，参见"EMCC hair Symposium:Maritime Power and International Security," U.S.Naval War College,https://www.usnwc.edu/maritime-2015.

[②] "Dispatch of Japan Disaster Relief Team（Japan Self-Defense Force Unit）in Response to Typhoon Damage in the Central Philippines," *Ministry of Foreign Affairs of Japan*, November12, 2013, http://www.mofa.go.jp/press/release/press4e_000074.html.

[③] "Typhoon Haiyan:China sends relief team to Philippines," BBC,November 20,2013,http://www.bbc.com/news/world-asia-china-24997186.

[④] "Korean troops provide aid to Haiyan victims," Korea Net,November 22,2013,http://www.korea.net/NewsFocus/Policies/view?articleId=115320.

MIO）。一般来说，打击犯罪的行动必须由包括海岸警卫队在内的警察力量进行，但是在一些情况下，海军也可以提供其 MIO 能力。如果联合国安理会通过了对一个国家进行制裁的决议，那么海军就有可能开展 MIO。

从 2000 年左右开始，日本海上自卫队就着手训练舰只和飞行人员开展 MIO，通过一些联合演习向美国海军和海岸警卫队取经。但另一方面，无论是日本、中国还是韩国都缺乏足够的、对 MIO 非常关键的跟踪信息，三国必须寻找一种方式共享此类情报。

因此，第三个框架就是情报共享。日本与美国签有《军事情报保护协定》（GSOMIA），日本可以据此与美国交换机密信息/情报。[1] 日美于 2007 年 8 月签署了该协定，[2] 现正考虑与韩国签署类似协定。日本与中国未签署《军事情报保护协定》，而且签署这样的协定对于两个国家而言无疑都非常困难的，但两国可以交换公开来源的情报，可以从"开源情报"（Open Source Operation, OSINT）行动中了解许多事情。

尽管亚太地区国家往往将外交政策建立在"美中对抗"图景的基础上，但日本、中国与韩国都必须思考如何避免进攻性现实主义结论——美中开战的出现。在东亚，国家间存在着误解和猜疑。由于每个国家必须自保生存，要信任其他国家并不容易，每个国家总要为最坏的境况做好准备，这种行为难以改变。

必须承认，国家间正通过建立信任措施（CBM）力避严重的对抗，但有必要作出超越建立信任措施的努力，其中一个措施应该是在实际军事行动中的合作。日本、中国与韩国正在建立包括危机管理机制在内的信任措施。这应该是三国安全合作的基础。

作为建立信任措施中的一项，联合演习将减少军事力量间的紧张关系。如美国官员邀请中国海军参加了 2014 年环太平洋联合军演，在联合训练中获得的能力可被各国用于各自的实际行动中。

尽管存在困难，但日本、中国与韩国军队可以在一些领域开展合作。三国已有能力这么做，但意愿的问题仍然存在。摆在东亚合作面前的另一大障碍是在包括历史问题在内的许多问题上巨大的认知鸿沟。这关乎各国的合作意愿，三国必须努力消弭这些认知鸿沟。若三国无法开展有效的安全合作，那么它们将失去避免亚太战争的一大手段。

（刘畅、吴劭杰　译）

---

[1] "Agreement between the Government of Japan and the Government of the United States of America Concerning Security Measures for the Protection of Classified Military Information," Ministry of Foreign Affairs of Japan, http://www.mofa.go.jp/region/n-america/us/security/agree0708.html.

[2] "Japan, U.S.sign deal on military secrets," Reuters, August 10, 2007, http://www.reuters.com/article/2007/08/10/us-japan-usa-defence-idUST15688920070810.

日中韓安全保障協力における挑戦と苦境

小原凡司 *

　中日韓三国にとって、東アジアの安定を保つのは必須なのなことに間違いない。ア
メリカもこの地域で平和を図っている。各国が求めているのは経済の利益と国民の
平安である。隣国と協力するのがベストの選択だとすべての国は分かっている。

　しかし、各国間はいつまでも協力しているわけではない。これらの国の間には相
互の誤解や不信が存在している。不信になった主な原因はいわゆる「中国脅威論」
がもたらした「米中対抗」のシナリオにある。アジア太平洋地域の主な大国である
アメリカと中国は、時々「対抗」のシナリオによって行動をとりやすい。

　攻撃的な現実主義からみれば、米中間の軍事対抗を避けるのは困難である。い
ずれの大国にも存立のために地域のヘゲモニーを奪うのが最も安全で唯一の方法
だという認識がある。アメリカは中国の成長を抑制しようとしているし、もう一
方中国は自分の発展に力を入れている。その二つの国はいずれも自分の目標を実
現するために全力を尽くすに決まっている。その結果、この二大国は戦争になっ
てしまう。

　もし両国は以上に述べたシナリオに基づいて行動するなら、米中間の厳しい対抗
を避けるのに困難がかなり多い。しかしながら、そのシナリオを変えるのもずいぶ
ん難しい。なぜなら、存立は民族や国家の最終的な目標であるからだ。グローバル
な政府がないから、すべての国は自分で自分を守らなければならない。それに、相
手の国家を信頼するのも簡単にできなくて、最悪の結果を予想して対策を準備して
おかなければならない。

＊　日本東京財団上級研究員。

　以上の基本的な設定は変えてはならないのだ。ゆえに、米中両国とも妥協しないから、我々は米中戦争になる接点を避けることを注意しなければならない。両国が絶対何か行動を取る以上、日本は韓国と一緒に積極的な役割を果たすのも可能である。

1. 日本の選択

　全体的にいえば、「米中対抗」のシナリオのもとで、他の国家は三つの選択がある。この理論は東アジアだけでなく、東南アジアを含めてほかの地域にも適用できる。

　第一の選択は「中国に従う」ことだ。中国のもたらす経済利益への期待感が高くまた中国の脅威への認知度が低い国家はその政策を取りやすい。

　しかし日本にとってその政策は現実的ではない。日本はアメリカの同盟国である上に、日本の唯一の同盟国はアメリカであるので、安保問題の取り扱いにおいて、日本はアメリカから離れることはできない。自衛隊は米軍と高度の協調性を達成するように米国製造の武器の使用を要求されてきている。日本は軍事行動の面でアメリカの歩調と一致しなければならない。

　第二の選択は「ヘッジンぐ」である。一般的にいえば、中国のもたらす経済利益への期待感が高くまた中国の脅威への認知度が高い国家、或いは中国のもたらす経済利益への期待感が薄くまた中国の脅威への認知度が低い国家は、その政策を取りやすい。

　第三の選択は中国に対する「ソフト・バランシング」をとることである。中国のもたらす経済利益への期待感が薄くまた中国の脅威への認知度が高い国家は絶対その政策をとるだろう。ただ、中国と対抗できる実力を持つ国家は少ないので、それらの国家はアメリカにバック・パッシングしあるいはアメリカに従うということを考えなければならない。

　その理論に基づき、日本は「ヘッジんぐ」の政策を考えなければならない。なぜなら、日本は今中国との経済交流によって大きな利益をもらっていると共に、日本をめぐる中国の軍事行動に対して危惧を持っているからだ。それで、日本はますますアメリカに近寄っていく。

　日本は「ソフト・バランシング」の政策をとって中国と対抗し、同時にアメリカにバック・パッシングするという選択をとりたがるようだ。それは、アメリカが日本の政策作成に影響力を持っているだけでなく、日本自身の安全政策からの考えもあるからである。

2. 日本安保政策の転換

日本は自衛権を行使するとき大変厳しい規制に従っている。つまり、外国から計画を持つ組織的な軍事攻撃をされた場合に限って自衛権の行使が認められる[①]。しかし、それは法律ではなく、日本の国会が答えを出す問題である。

実際に日本は平穏な安保環境を持っているわけではない。冷戦期の安保構造が簡単なものであり、日本はアメリカと一緒に安保協力を考えるしかなかった。冷戦が終わってから、日本は次の情勢を考え始めなければならないが、しかし日本の国民がすでに安保問題を考えずにすむことに慣れている。

2014年6月1日に、日本政府は安保政策を根本的に転換させようと決めた。安倍内閣は、平和な時期も集団的な自衛権の行使が認められるように憲法を解釈しなおした[②]。

その転換の理由は日本周辺の「安保環境の変化」にある。政府は「世界の力関係の急激な変化」を強調し、北朝鮮が核武器やミサイルを部署することで日本は今までない厳しい安保環境に置かれている[③]。

日本はまだ過去の考え方を新しくしていない。日本の国民にとって安保問題を考えるのが依然と難しいけれども、今から日本はすべての安保問題において自分の取るべき行動を決めるようになっている。

日本の安保政策の転換は日本が軍国主義化になる証しだという意見があるが、安保問題で自主的に行動できるといっても、軍事力の行使が簡単になるわけではない。日本の安保政策の転換後、日本は東アジアの安定のために積極的な役割を果たすことができるようになる。

3. 日本と韓国の役割

日本と韓国は似たような状況にあり、特に両国ともアメリカと中国という両大国

---

① 一般に、日本政府は、軍事的な攻撃をされたとき、日本自衛隊が一つの軍事組織として見られると表明している。The House of Representative,http://www.shugiin.go.jp/internet/itdb_kaigiroku.nsf/html/kaigiroku/011215420020529012.htm#r=s&r=s。

② "Cabinet Decisionon Development of Seamless Security Legislation to EnsureJapan's Survival and Protectits People," *Ministry of Foreign Affairs*,July1,2014, http://www.mofa.go.jp/fp/nsp/page23e_000273.html

③ "Japan's Security Policy" *Ministry of Foreign Affairs*, March10,2015, http://www.mofa.go.jp/policy/security/

の間に挟まれている。アメリカと中国はアジア太平洋地域の安保環境の構築において
てリーダーの役を演じているが、どちらも独自で地域の情勢を設計或いは変換する
能力を持っていない。ゆえに、日本と韓国にこの地域で積極的な役割を果たすスペ
ースを残しておいた。

　日本と韓国は安保政策の面でアメリカに近く、戦争になったら両国ともアメリカ
との協力行動を望む。しかし一方で、日本と韓国は地理的にアメリカからかなり離
れていて、逆に中国に相当近い。両国は中国と往来しやすいが、同時に中国の軍事
力の拡張にもプレッシャーを感じやすい。それに、両国とも中国との経済交流から
巨大な利益をもらっている。

　以上のことから、両国は地域情勢に対して同じような考え方を抱え、東アジ
アの平和のために協力で貢献しようとする可能性が高い。日本と韓国は中国
に対して経済利益を高く期待し、その脅威もはっきり認識していると言える
が、地域平和のために「ヘッジンぐ」対策の外に自ら方法を探さなければなら
ない。

　「米中対抗」のイメージは変えがたいが、その対抗の結果は誰でも予測できない。
もし日本や韓国はアメリカと「ソフト・バランシング」の政策をとるなら、その対
抗はいっそう激しくなるだろう。両国は地域の最悪の状況を予想して準備しておか
なければならないが、同時に戦争以外の選択も探していかなければならない。戦争
を避けるための努力は大変意義があるものだ。

　周知のとおり、協力は緊張した情勢を緩和することができる。けれども、各国は
お互いに信頼できないので自然に協力するようにはならない。同盟国として日本や
韓国はアメリカと協力しなければならないが、同時に中国とも部分的に安保協力を
展開するスペースもあると認識しておくべきだ。

　アメリカ欠席のもとで日本の自衛隊と韓国軍隊は中国の軍隊との安保協力を図る
なら、間違いなくそれは大変敏感なことになってしまう。たとえ日本はその安保政
策を変えても、アメリカの了解がなくては中国と共同で軍事行動を展開するのは難
しい。ゆえに、もし日本は中国と軍事協力をしようとするなら、戦争以外の軍事作
戦（Military Operation Other Than War, MOOTW）の分野でチャンスを見つけな
ければならない。

4. 協力分野

日本、中国と韓国の最も協力しやすい分野は人道主義援助と救災（HA/DR））で

あり、それは各国の海軍の主な行動の一つである①。環境が変わり続け、気候の要素が災害の頻度や重大さを増やし、アジア太平洋地域の災害が日々に増えている。

実は、軍隊、特に海軍は人道主義援助と救災の活動に大変向いていて、その最も重要な理由は軍隊は独立で自足する組織だというこどである。軍隊は栄養、衛生と医療が自給できるし、外部からの支持がない場合でも被害を蒙った重要な交通線で行動を展開することができる。

それに、軍隊は被害者にそれらを提供できる。海軍の軍艦は軍隊を被害地へ輸送できるし、休ませる空間、栄養や医療サービスも被害者に提供できる。また、どんな地域へも救援隊を派遣して救援活動を展開させることができる。

たとえば、2013 年 11 月に台風 30 号（ハイエン）がフィリピンを襲った時、日本は海上自衛隊を派遣してヘリコプターや大量の食物や医療品などを輸送させて被害者を助けた②。中国もフィリピンに海軍病院船を派遣して医療サービスを提供した③。韓国軍隊も医療品や救援設備などをフィリピンに贈った④。

三国ともフィリピンに対して行動をとったが、以上の行動はみな別々なのだ。もしそれらの国が情報を交換して共同活動を行えるなら、人道主義救援や救災の行動がより効率的、反応もより迅速になるだろう。

人道主義救援や救災活動の有効性を高める面で、現在いくつかの枠組みがある。その一つはアメリカ主導の「パシフィック・パートナーシップ」（Pacific Partnership）である。2004 年に一部の東南アジア国家を襲った津波に対して反応をした後、パシフィック・パートナーシップは人道主義救援と救災に焦点を当てる年次プログラムになった。そのプログラムは各国に共同活動を勉強する機会も提供している。

---

① 2015 年 3 月 25，26 日に行われた「EMCCChairSymposium:MaritimePowerandInternationalSecurity」という会議で、あるアメリカ海軍の大将がアメリカ海軍の太平洋司令部に対する HA/DR の重要性について紹介した。"EMCC hair Symposium:Maritime Powerand International Security," *U.S.Naval War College*,https://www.usnwc.edu/maritime-2015。

② "Dispatch of Japan Disaster Relief Team（Japan Self-DefenseForceUnit）in Response to Typhoon Damage in the Central Philippines," *Ministry of Foreign Affairs of Japan*, November 12,2013,http://www.mofa.go.jp/press/release/press4e_000074.html.

③ "Typhoon Haiyan:Chinas end srelief team to Philippines," *BBC*,November 20,2013,http://www.bbc.com/news/world-asia-china-24997186.

④ "Korean troop sprovideaid to Haiyanvictims," *Korea Net*,November 22,2013,http://www.korea.net/News-Focus/Policies/view?articleId=115320.

　もう一つの枠組みは海上阻止行動（Maritime Inspection/Interdiction Operation, MIO）である。一般に、犯罪行為を対応する行動は沿岸警備隊を含めての警備力によって行われるが、場合によって海軍もその海上阻止行動の能力が提供できる。例えばある国家に対して制裁しようと国連安保理が決議したら、海軍が海上阻止行動を展開する可能性がある。

　2000年頃から日本の海上自衛隊はMIOを行うために艦船と飛行士を訓練させ始め、共同演習などでアメリカ海軍と沿岸警備隊から経験を学ぼうとしている。

　もう一方、日本も中国や韓国もMIOにとって非常に肝心な尾行情報が乏しいので、そういう情報を共用するため三国は何かの方法を探していかなければならない。

　したがって、三つ目の枠組みは情報の共用に関するものである。日本はアメリカと『軍事情報包括保護協定』（GSOMIA）を結んだので、アメリカと機密情報を交換できるようになった[1]。日米は2007年8月にその協定を結んでおり、現在韓国と同じような協定を結ぶことを考えている[2]。

　日本は中国と『軍事情報包括保護協定』を結んでいないが、それは両国にとっても非常に困難があるに間違いない。しかし両国は公開情報から収集された情報を交換でき、「公開源情報」（OSINT）からたくさんのことを知るようになれる。

　アジア太平洋地域の国家はよく「米中対抗」のシナリオに基づいてその外交政策を立てるが、しかし日本、中国と韓国は攻撃的な現実主義の結論すなわち米中戦争をいかに避けるかを考えなければならない。

　東アジアにおいて各国間に相互の誤解や不信がある。自分の存立を守らなければならないので、他の国を信じるのは容易なことではない。どの国も最悪の状況に準じて準備を取っておかなければならない。それはなかなか変えられないことだ。

　確かに、各国は信頼醸成措置（CBM）で厳しい対抗を避けようとしているが、でもそれ以上の努力が必要だと思われる。たとえば、実際の軍事行動における協力がその一つであろう。日中韓は今危機管理措置を含める信頼醸成措置を構成しているが、それは三国の安保協力の基盤だと考えられる。

　信頼醸成措置の一環として、共同演習は軍事力の間の緊張関係を緩和させること

[1] "Agreement between the Government of Japan and the Government of the United States of America Concerning Security Measures for the Protection of Classified Military Information," *Ministry of Foreign Affairs of Japan*, http://www.mofa.go.jp/region/n-america/us/security/agree0708.html.

[2] "Japan,U.S.signdealonmilitarysecrets," *Reuters*, August 10,2007,http://www.reuters.com/article/2007/08/10/us-japan-usa-defence-idUST15688920070810.

になる。例えばアメリカは中国海軍を 2014 年の環太平洋合同演習に誘った。合同
演習で獲得できた能力は各国各自の実際行動に運用できるからだ。

　困難があるにもかかわらず、日中韓の軍隊は分野によって協力行動を行う可能性
もある。三国はそれなりの能力を持っているが、そうする意欲にはまだ問題がある。

　また、歴史問題を含めてたくさんの問題に対して認識上の強大な差異も、東アジ
アの協力関係にとって大きな問題である。それも各国の協力の意欲に関することで
ある。

　三国はそれらの認識上の差異を消えさせようとしなければならない。もし三国間
に有効な安保協力ができなければ、アジア太平洋戦争を避けるための大きな手段を
失うことになるだろう。

일중한의 신뢰기제구축은 삼국안보협력의 기초

小原凡司 [*]

일중한 3국에게 있어서 동북아 지역의 안정 유지는 필수적이다. 미국 또한 이 지역의 평화를 모색하고 있다. 각 국은 모두 경제적 이익과 국민들의 행복을 목적으로 한다. 각 국은 모두 이웃 나라와의 협력만이 최선임을 잘 알고 있다.

허나 현실적으로 각 국은 협력만을 진행해 온 것은 아니다. 국가들 사이에는 오해와 불신이 존재한다. 소위 말하는 "중국위협론"으로 인한 "미중대립"이 바로 불신의 주요 원인이다. 미국과 중국은 아태지역의 2대 주요 국가로써 때때로 "대립"을 기초로 움직일려 하는 경향이 있다.

공격적 현실주의에 입각해 볼 때, 미중간의 군사 대립은 불가피한 것이다. 주요 대국들은 모두 지역적 패권만이 생존을 위한 가장 안전하고 유일한 방법이라 생각한다. 미국은 중국의 발전을 제약하려 한다. 한편 중국은 발전에 힘쓰고 있다. 만약 자신의 목적을 위해 그 어떤 수단도 마다하지 않는 다면 종국적으로 두 강국은 전쟁에로 향할 것이다.

이런 상황이 지속된다면 미중간의 대립은 필연코 더욱 심각해져만 갈 것이다. 생존은 민족국가의 종국적 목표이고 전 세계적 정부란 존재하지 않기 때문에 이런 환경을 변화시킨다는 것은 그야말로 첩첩산중이다. 각 국은 모두 자위할려 하고 쉽게 상대방을 신뢰하지 않으며 최악의 경우를 대비한다.

우리는 상술한 기본 설정을 바꿀 수 없다. 비록 미국과 중국 모두 타협

---

[*] 도쿄재단 연구원, 전 주중일본대사관 방위관.

불가이지만 우리는 여전히 미중간의 전쟁 불씨를 예방하기 위해 노력하여야 한다 양국이 그 어떤 행동을 취할려 할 때 일본은 한국과 함께 적극적인 역할을 할 수 있으리라 믿는다 .

1. 일본의 선택

"미중 대립"이라는 총체적 환경에서 기타 국가들에게는 3 가지 선택이 있다 . 이 이론은 동아시아에 적용될 뿐만 아니라 동남아를 포함한 기타 지역에도 모두 적용된다 .

첫번째 선택은 "중국 라인"이다 . 중국이 가져다 주는 높은 경제적 이익을 기대하고 중국에 대한 위협 인식이 낮은 국가들은 이 정책을 많이 취한다 .

허나 일본일 경우 이 선택은 비현실적이다 . 일본은 미국의 동맹국이며 미국은 일본의 유일한 동맹국이다 . 안보 의제면에서 일본은 미국을 떠날 수 없다 . 자위대도 미군과의 높은 합동성을 유지하기 위하여 줄곧 미제 무기를 사용해왔다 . 일본은 군사적 행위면에서 미국과 일치를 유지한다 .

두번째 선택은 "헤징"이다 . 중국이 가져다 주는 경제적 이익에 높은 기대를 가지고 있으나 중국에 대한 위협 인식이 높은 국가들 , 혹은 중국이 가져다 주는 경제적 이익에 대한 기대가 낮으나 중국에 대한 위협 인식도 낮은 국가들이 일반적으로 취하는 정책이다 .

세번째 선택은 중국에 대한 "연성 제약"이다 . 중국이 가져다 주는 경제적 이익에 기대가 낮으며 중국에 대한 위협 인식도 높은 국가들이 이런 정책을 취하게 되는 데 , 중국에 대립 할 정도의 실력을 갖춘 국가는 몇 안된다 . 때문에 이런 국가들은 미국에 "백패스"(back passing) 하거나 미국 "라인"을 고민해보아야 한다 .

이런 이론에 따라 일본은 반드시 "헤징" 정책을 고민해보아야 한다 . 왜냐 하면 일본은 중국과의 경제 거래에서 높은 이윤을 보는 동시에 중국이 일본을 둘러 싼 군사적 행동에 우려를 보이고 있다 . 허나 이로하여 일본 또한 미국과 더욱 가까워졌다 .

일본은 "연성 제약"정책으로 중국에 대립하는 동시에 미국에 "백패스"하는 형식에 더욱 관심을 보인다 . 이는 일본 정책 제정 과정에 대한 미국의 영향력과 일본의 안보 정책으로 인한 것이다 .

2. 일본 안보 정책의 변화

일본은 자위권 행사 시 아주 엄격한 기준을 따른다. 일본은 오직 외국의 조직적이고 계획적인 군사 공격을 당할 때에만 자위권을 행사할 수 있다. ① 허나 이 것은 법률이 아니다. 이는 일본 국회가 해답할 문제이다.

사실 일본은 확고한 안전을 실현하지 못하였다. 냉전시기의 안보 구조는 너무 간단하여 일본은 반드시 미국과의 안보 협력을 고민하여야 한다. 냉전 종식후 일본은 반드시 다음 단계의 정세를 고민해야 했다. 허나 일본 국민들은 안보문제를 고민하지 않는 데 익숙해져 버렸다.

2014년 6월 1일, 일본 정부는 안보 정책을 근본적으로 변화시킬 데 관한 결정을 내렸다. 아베 내각은 헌법의 해석을 바꾸어 일본이 심지어 평화시기에도 집단자위권을 행사할수 있도록 허락하였다. ②

이런 변화의 가장 근본적 원인이 바로 일본 주변의 "안보 환경 변화"이다. 정부는 "세계 권력 평형의 급속한 변화"와 북한의 핵무기 및 미사일 배치로 인한 전례없이 심각한 안보 환경을 강조하고 있다. ③

일본은 아직도 과거의 진부함속에 벗어나지 못하였다. 일본 국민에게 있어서 안보 문제를 고민한다는 사실은 여전히 힘들다. 허나 현재부터 일본은 매 사의 안보 의제에 대해 자주적인 결정을 내릴 수 있게 되었다.

일본 안보 정책 변화를 일본 군국주의화의 증거라 하는 사람들도 있다. 허나 일본이 안보 의제에서의 자주적 행위는 더욱 쉽게 군사적 행동을 취할 수 있음을 의미하지 않는 다. 안보 정책을 개변한 후, 일본은 동아시아의 안정을 위해 더욱 적극적인 역할을 발휘할 수 있다.

---

① 군사적 공격에 대항 할 때, 일본 자위대를 하나의 군사 역량으로 간주할 수 있다고 일본 정 부가 성명을 발표. The House of Representative, http://www.shugiin.go.jp/internet/itdb_kaigiroku.nsf/ html/kaigiroku/011215420020529012.htm#r=s&r=s

② "Cabinet Decision on Development of Seamless Security Legislation to Ensure Japan's Survival and Protect its People," *Ministry of Foreign Affairs*, July 1, 2014, http://www.mofa.go.jp/fp/nsp/page23e_000273. html.

③ "Japan's Security Policy," *Ministry of Foreign Affairs*, March 10, 2015, http://www.mofa.go.jp/policy/ security/.

3. 일본과 한국의 역할

일본과 한국의 상황은 유사하다. 특히 두 나라가 모두 미국과 중국이라는 두 대국사이에 있다는 점이다. 이 두 대국은 아태지역의 안보 환경 형성에서 리더 역할을 하고 있다. 허나 그 어떤 나라도 독자적으로 설계하거나 지역적 정세를 개변시킬 수 없다. 이는 일본과 한국에게 본 지역에서 적극적인 역할을 담당할 수 있는 공간을 제공해주었다.

일본과 한국은 안보정책면에서 미국에 의지하고 전쟁시 모두 미국과의 연합 행동을 필요로 하고 있다. 한편, 일본과 한국은 지리적으로 미국과 멀리 떨어져 있고 중국과 가까이 있다. 양국은 모두 중국과 쉽게 왕래할 수 있는 한편 중국의 군사행동 확장에 쉽게 압력을 느낄 수 있다. 동시에 양국 또한 모두 중국과의 상업적 거래에서 크나 큰 경제적 이익을 얻었다.

이런 상황을 볼 때, 양국은 지역적 정세에 대하여 같은 견해를 가지고 있으며 함께 동아시아의 안정을 위하여 조건을 마련할 수 있다.

비록 "미중 대립"에 대한 인상을 바꾸기 힘들지만 그 누구도 대립의 결과를 단언할 수 없다. 만약 일본과 한국이 미국과 함께 "연성 제약" 정책을 취한다면 대립은 더욱 심각해져 갈 것이다. 양국은 반드시 지역의 최악의 상황을 대비하는 동시에 전쟁을 제외한 다른 방법을 모색해봐야 한다. 전쟁을 피하기 위한 노력은 항상 의의가 있기 때문이다.

아시다싶이, 협력은 긴장 추세를 완하시킬 수 있다. 허나 국가들사이의 상호 불신임으로 하여 협력 또한 자연적으로 이루지지 않는 다. 동맹국으로써 일본과 한국은 모두 미국과 협력해야 한다. 동시에 일부 문제들에 있어서 중국과 안보 협력을 진행할 수도 있다.

미국이 없이 일본 자위대와 한국 군대가 중국 해방군과 안보 의제면에서 협력한다는 것은 아주 예민한 문제이다. 일본이 안보 정책을 바꾸었다 하더라도 미국의 양해가 없이는 중국과 연합군사행동을 가지기 힘들다. 때문에 일본이 만약 중국과 군사협력을 진행한다면 반드시 전쟁이외 군사작전(Military Operation Other Than War, MOOTW) 영역에서 기회를 도모해봐야 한다.

4. 협력분야

일본, 중국, 한국의 가장 협력 가능한 분야는 인도주의 지원이나 이재민

구조 (HA/DR) 로써 이는 현재 각 국 해군의 중요한 행위중의 하나이다.[①] 환경의 변화와 기후 요인은 재해의 빈번성과 심각성을 증가시켰고 아태지역의 재해는 날따라 증가되고 있다.

군대, 특히 해군은 독립 자주적인 조직이라는 점에서 인도주의 지원이나 이재민 구조에 아주 적합하다. 군대는 영양, 위생과 의료를 자급할 수 있고 외부의 지원이 없는 상황에서도 중요 교통선이 파괴당한 재해지역에서도 임무를 수행할 수 있다.

뿐만 아니라, 군대는 이재민들에게 많은 것을 제공할 수 있다. 해군 군함은 군대를 재해지역까지 수송할 수 있을 뿐만 아니라 이재민들에게 휴식할 수 있는 공간, 영양과 의료 서비스를 제공할 수 있다. 군대는 그 어떤 지역에서도 구원대를 파견하여 구원 임무를 집행할 수 있다.

2013년 11월, 태풍 "하이옌"이 필리핀을 휩쓴 당시 일본은 해상 자위대와 운송 헬기 및 많은 식품과 의료품들을 이재민들에게 보내주었다.[②] 중국도 필리핀에 해군 병원선을 보내 의료 서비스를 제공하였다.[③] 한국 군대도 필리핀에 방출물자, 의료물자 및 구조 장비를 제공해주었다.[④]

비록 3국은 모두 필리핀을 지원하였지만 개별적인 것이었다. 만약 몇개 국가가 정보를 공유하고 연합행동을 가졌다면 인도주의 지원과 구조행동은 더욱 신속하고 더욱 효율적이었을 것이다.

현재 인도주의 지원과 구조 행위 효율성 제고를 위한 몇개의 틀이 존재하고 있다. 미국이 리드하고 있는 "환태평양경제동반자협정"이 바로 그 중 하나다. 2004년 동남아 일부 국가들을 휩쓴 쓰나미에 대해 반응을 보인 후, "환태평양경제동반자관계"의 인도주의 지원과 구조는 이미 각광받는 연도

---

① 2015년 3월 25—26일, EMC Chair Symposium: Maritime Power and International Security 라는 회의에서, 모 미국 해군 상장은 미 해군 태평양 사령부에 대한 HA/DR의 중요성에 대해 설명. 참조내용: "EMC Chair Symposium: Maritime Power and International Security," *U.S. Naval War College*, https://www.usnwc.edu/maritime-2015.

② "Dispatch of Japan Disaster Relief Team (Japan Self-Defense Force Unit) in Response to Typhoon Damage in the Central Philippines," *Ministry of Foreign Affairs of Japan*, November 12, 2013, http://www.mofa.go.jp/press/release/press4e_000074.html.

③ "Typhoon Haiyan: China sends relief team to Philippines," *BBC*, November 20, 2013, http://www.bbc.com/news/world-asia-china-24997186.

④ "Korean troops provide aid to Haiyan victims," *Korea Net*, November 22, 2013, http://www.korea.net/NewsFocus/Policies/view?articleId=115320.

프로젝트로 발전하였다. 이 프로젝트는 각 국에 연합행동을 배울 수 있는 기회를 제공해 주었다.

또 다른 틀은 해상 검사와 봉쇄행동 (Maritime Inspection/Interdiction Operation, MIO) 이다. 범죄 타격 행위는 반드시 해안 경위대를 포함한 경찰들로 구성되어야 한다. 허나 일부 상황에서 해군도 MIO 기능을 수행할 수 있다. 만약 유엔안보이사회가 한 국가를 제재할데 관한 결의를 통과한다면 해군은 MIO 기능을 수행할 수 있다.

2000 년을 전후하여 일본 해상자위대는 군함과 비행사들에게 MIO 를 전개할 수 있도록 훈련을 시키기 시작하였으며 연합연습을 통해 미국 해군과 해안경위대의 경험을 배웠다.

한편, 일본이든 중국이든 한국이든 모두 MIO 에 대한 관건적인 추적 정보가 부족하다. 3 국은 이런 정보를 공유할 수 있는 방법을 모색하여야 한다.

때문에 세번째 틀은 정보 공유이다. 일본과 미국은 "군사정보보호협정" (GSOMIA) 을 체결하였는 데, 일본은 이를 통해 미국과 비밀 정보를 교환할 수 있게 되었다.[1] 2007 년 8 월 미국과 일본은 협정을 체결하였으며[2] 한국도 현재 유사 협정 체결을 두고 고민하고 있다.

일본과 중국은 "군사정보보호협정" 을 체결하지 못했으며 이런 협정의 체결은 두 국가에게 모두 힘든 일이다. 허나 두 나라는 출처를 공개한 정보를 서로 교환할 수 있으며 "공개 출처 정보" (Open Source Operation, OSINT) 를 통해 많은 사실을 요해할 수 있다.

비록 아태지역 국가들은 "미중 대립" 의 기초에서 외교정책을 펼쳐나가지만 일본, 중국과 한국은 반드시 공격적 현실주의의 결론인 미중 전쟁을 막을 수 있는 방법을 모색하여야 한다.

동아시아 국가들사이에는 오해와 의심이 존재한다. 국가는 스스로 생존해야 하기에 다른 나라를 신뢰하기 힘들며 항상 최악의 상황을 대비하여야 한다. 이런 행위는 개변되기 아주 힘들다.

국가는 신뢰구축조치 (CBM) 를 통해 심각한 대립을 피할려 애쓰고 있다.

---

[1] "Agreement between the Government of Japan and the Government of the United States of America Concerning Security Measures for the Protection of Classified Military Information," *Ministry of Foreign Affairs of Japan*, http://www.mofa.go.jp/region/n-america/us/security/agree0708.html.

[2] "Japan, U.S. sign deal on military secrets," *Reuters*, August 10, 2007, http://www.reuters.com/article/2007/08/10/us-japan-usa-defence-idUST15688920070810.

하지만 신뢰구축조치를 넘어서는 노력이 필요하다는 사실은 반드시 인정하여야 한다. 일본, 중국과 한국은 모두 위기관리조치를 포함한 신뢰구축조치를 모색하고 있다. 이는 3국 안보협력의 기초로 될 것이다.

신뢰구축조치중의 하나로써 연합연습은 군사 역량간의 긴장관계를 완화시킬 수 있다. 미국 관원은 중국 해군을 2014년 환태평양연합군사연습에 초청하였다. 연합훈련에서 얻은 능력은 각 국이 각자의 실제행동에 사용할 수 있다.

비록 어려움이 있겠지만 일본, 중국과 한국 군대는 일부 영역에서 협력을 진행할 수 있다. 3국은 이미 이러한 능력을 구비하였다. 의지가 여전히 문제이다.

동아시아 협력에 놓인 또 하나의 걸림돌은 바로 역사 문제를 포함한 많은 문제에 대한 커다란 인식적 차이이다. 이 또한 각 국의 협력 의지와 관련된다.

3국에게는 이런 인식적 차이를 메우기 위한 노력이 필요하다. 만약 3국이 효과적인 안보협력을 진행하지 못한다면 이들은 아태전쟁을 피할 수 있는 아주 효과적인 방법을 잃은 것과 마찬가지다.

（李娜 중역본 번역）

2013 年春以后的朝鲜半岛：
朝鲜核问题解决与 THAAD 系统部署问题

[韩] 白鹤淳*

2013 年春的韩美联合军演（"关键决断—鹞鹰演习"），是朝鲜半岛和东北亚地区外交、军事安全的一个分水岭。本文主要分析了这一时期朝鲜半岛发生的一系列重大事件，以及这些事件对朝鲜半岛与东北亚地区外交、安全所产生的影响，展望了朝鲜半岛与东北亚外交、安全状况的未来发展态势。具体来讲，2013 年春，美国不同以往地"公开地"针对朝鲜进行"核武器使用威胁军演"，朝鲜也不同以往地"公开地"针对美国进行"核攻击威胁"。本文主要针对二者的相互作用进行了研究，并尝试分析它们最终将会对"朝鲜半岛无核化"问题和"美国的导弹防御系统（MD）强化"问题产生何种影响。

1. 2013 年春，韩美联合军演期间究竟发生了什么？

2013 年春，朝鲜半岛发生的一系列事件，大体上可归纳为两大类。一类是 2013 年 1 月开始发生的关于朝鲜核问题的一些相关事件，它们与 2012 年发生的一些事件是有关联的。另一类是 2013 年 3—4 月韩美联合军演期间发生的一系列相关事件，即美国"公开地"针对朝鲜进行的"核武器使用威胁军演"和朝鲜"公开地"针对美国进行的"核攻击威胁"。这两大类事件将今后韩美关系的发展走向逼入破产的境地，如今的韩美关系的发展依旧没有摆脱这一破坏性影响的桎梏。

我们先来研究一下关于朝鲜核问题一些相关事件。2012 年 12 月 12 日，朝鲜发射了人造卫星，为制裁这一行为，第二届奥巴马政府上台三天之后，即 2013 年 1 月 23 日，联合国安理会便通过了对朝问题的 2087 号决议。朝鲜极力反驳联合国安理会的制裁决议，并对美国发出了"正面大决战"的宣言，在 2 月 12 日又进行了第三次

---

* 白鹤淳：韩国世宗研究所朝鲜研究中心主任、高级研究员。

核试验。通过第三次核试验，朝鲜宣称已在核武器的小型化、轻量化和大众化方面取得成功。作为对朝鲜第三次核试验的处罚措施，联合国安理会在 3 月 8 日通过了对朝问题的 2094 号决议。

朝鲜核问题导致局势急剧紧张，在这种情形之下，当年 3—4 月份进行了每年例行的韩美联合军演，代号"关键决断—鹞鹰演习"（不过只是美太平洋司令部作战教本"The Playbook"），当时也正值朝鲜每年例行的冬季训练时期。每年这一时期双方都会加入对方国家的军事训练，朝鲜半岛因此进入军事情势最为紧张的时期。在这种情势之下，作为对朝鲜第三次核试验的惩罚，3 月 8 日联合国安理会通过了对朝问题的第 2094 号决议。而且，就在当天，作为"延伸威慑"（Extended Deterrence）（提供核保护伞）朝鲜核威胁的重要一环，美国 B-52 战略轰炸机从关岛（Guam）安德森空军基地（Andersen Air Force Base）出发，飞抵韩国上空。随后，3 月 18 日，美国国防部长官到达首尔，特地"公开"这些事情。不同以往，这一次美国"公开地"针对朝鲜进行"核武器使用威胁军演"。

对此，朝鲜采取了何种应对方式呢？朝鲜指责道，在 2013 年春进行的"关键决断—鹞鹰演习"期间，美国"公开地"动员了包括 B-52 战略轰炸机、B-2 隐形轰炸机和"夏延"号核潜水艇（USS Cheyenne）在内的"三大核打击手段"，使之进入朝鲜半岛。因此，导致核威胁进入执行阶段，推动"实战核武器训练"的形成。目前在朝鲜半岛，"核战争"不再只是具有"表面上的意义而是具有了现实意义"。朝鲜批判说，是美国导致了这片土地的"核对决时代"的到来。

朝鲜采取了一系列强硬应对措施。首先，针对美国"公开的""核武器使用威胁军演"，朝鲜"公开地"针对美国进行了"核攻击威胁"。如此一来，朝鲜战争停战协定便成为一纸空文，朝韩互不侵犯的相关协议也失去了效力，朝韩之间以及朝美之间一切通信手段都被切断，朝鲜宣布进入战时状态，实施"经济建设与核武力建设同时并举"路线以及拥核的法制化；朝鲜可搭载"舞水端"中程弹道导弹的移动式发射台时刻有发射威胁，宣称重新调整与再次启动宁边核设施；朝鲜开城工业园区暂时关闭等一系列问题接踵而至。

特别是 4 月 5 日，朝鲜将关岛美军基地和日本领土置于射程范围之内，将两枚可搭载核弹头的移动式中程弹道导弹"舞水端"（射程 3000-4000km）用列车运载至东海岸，次日又将其转载于装有发射台的车辆（TEL：Transporter Erector Launcher）之上隐蔽于文山附近。由于"舞水端"导弹是移动式导弹，韩美两国无法明确把握其发射的具体时间地点，因而令两国应对"舞水端"导弹的导弹防御系统（MD）陷入艰难境地。当时，全世界各大媒体的 280 余名外国记者为进行朝鲜半岛形势的取材报道

而齐聚首尔。

对此，借用当时美国国防部长查克·哈格尔（Chuck Hagel）的话来说，近来朝鲜半岛战争威胁加剧，呈现史无前例的"真实而又明确"（Real and Clear）的态势。面对军事局面日趋恶化的形势，对于美国来说，降低误解与误判（Misperceptions and Miscalculations）的可能性、掌握控制朝鲜半岛战争危机的可能性便显得尤为重要。而且，从现实情况来看，美国即使将分布于朝鲜半岛和日本海域的美国海军及韩日两国海军的所有神盾驱逐舰集结到一起，也无法具备"充足"的导弹防御（MD）能力以应对来自朝鲜的具有核搭载功能的移动式中程弹道导弹——"舞水端"的攻击威胁。结果，美国不得不提议就朝鲜问题进行对话，放弃原有的作战计划——Plan A，转而采取 Plan B。相应的，朝鲜也撤销了"舞水端"导弹的发射威胁。就这样，2013年春天达到史无前例的高峰的朝鲜半岛战争威胁偃旗息鼓了。但是，朝鲜半岛"核武器"的禁忌也因此被打破了。

值得注意的是，2013年秋天的"乙支自由卫士"（UFG）韩美联合军演期间，关岛美国海军基地的 B-52 战略轰炸机也出动了；2013年2-4月"关键决断—鹞鹰演习"前夕，B-52 战略轰炸机也进入了朝鲜半岛上空。现在，根据美太平洋司令部的"轰炸机常在"（Continuous Bomber Presence）任务规定，必要时 B-52 战略轰炸机可随时进入朝鲜半岛地区。

2. 美朝之间相互进行"核武器使用威胁军演"和"核攻击威胁"会产生何种影响？

2013年春天，朝鲜半岛发生的一系列事件实际上对朝鲜半岛和东北亚地区的外交和安全产生了莫大的影响。最基本的，当属朝美关系和朝韩关系的破产。具体来讲，主要有以下三个方面。

第一，朝鲜的无核化，即朝核问题的解决，如果没有特殊情况的话，基本不可能实现。美国公开使 B-52 战略轰炸机进入朝鲜半岛，公开对朝鲜进行"核武器使用威胁军演"，以此向朝鲜炫耀自己压倒性的核攻击能力，以达到"遏制"朝鲜核和导弹威胁的目的。但适得其反，美国对朝鲜进行的"核武器使用威胁军演"，恰恰使得将来朝鲜无核化这一构想实现的可能性变得微乎其微。这一形势的发展，在当初美国国防部发言人的讲话中便可见端倪，发言人指出当时"军事演习的焦点"是强调关于韩国和日本的"联盟保证"（Alliance Assurance）。换句话说，美国认为当时实现朝鲜无核化比较困难，为了保证将来日本与韩国不以朝鲜拥核为借口也制造核武器，便提出提供核保护伞（延伸威慑）的协议，而美国国防部发言人的这一谈话可以理解为是对上述协议的重新确认。美国诸如提供核保护伞之类的协议是以"朝鲜拥核"为前提提

出的，与"朝鲜无核化"的目标是不一致的。

第二，因为美国公开对朝鲜进行"核武器使用威胁军演"，对朝鲜来说，便有可能遭受来自拥有最尖端核和导弹能力的美国的核攻击，可以说这将之置于一种新型安全威胁之下。对此，2013年5月下旬，朝鲜领导层任命崔龙海为金正恩的特使访问北京，与中国领导层进行了秘密会谈并达成协议，提议6月16日进行朝美高层会谈。朝鲜通过"6·16提议"向美国提出了本国关于朝鲜无核化的三个条件，分别是美国废除对朝敌对政策，建立朝鲜半岛和平机制，以及朝鲜半岛全体无核化。这里所说的"朝鲜半岛全体无核化"的意思主要是，在韩国目前已经实现无核化的情况下，禁止美国将本国的核武器和核武器运载工具输入或部署进朝鲜半岛，即韩美联合军演期间美国不得将核武器运至朝鲜半岛。随后，10月23日朝鲜外务省发言人发表谈话指出："朝鲜半岛无核化作为朝鲜始终如一的政策目标，决不是我们一方单独先放弃核武器，而是同时行动。它必须建立在朝鲜半岛完全消除了来自外部的实际核威胁的基础之上，将整个朝鲜半岛变成无核武器区。"

第三，面对"舞水端"中程导弹攻击的威胁，美国感受到了防御系统的局限性，这促使其加快了建立东亚地区导弹防御系统的步伐。日本虽然已经加入了美国主导的MD系统，但是韩国因顾及与中国的关系，截至当时，并未加入到MD系统之中。但是，经过2013年春天的一系列事件之后，美国强烈要求韩国政府正式加入美国主导的MD系统中来。韩国政府一直公开坚持要建立独立的韩国型导弹防御体系（KAMD），而经过2013年5月7日在华盛顿举行的韩美首脑会谈和2014年4月25日在首尔召开的韩美首脑会谈，韩美两国达成一致协议，推动KAMD和美国主导的MD系统沿着实现互操作性（Interoperability）的方向发展。另外，韩美两国针对朝鲜的核和导弹威胁还采取了"定制威慑战略"（Tailored Deterrence Strategy），对此，朝鲜批判其为"先发制人"战略。美国在经历了2013年春天来自朝鲜的"舞水端"导弹在关岛美海军基地造成的攻击威胁之后，在关岛部署了高空区域防御系统（THAAD），目前正在为说服韩国部署THAAD系统而不断努力。

3. 如何解决朝鲜半岛无核化与THAAD系统部署问题？

"朝鲜半岛无核化"的实现和美国的"在韩国部署THAAD系统"成为2013年春天以后极具代表性的悬案，那么对于这两大问题，我们应该采取何种措施呢？

首先，与朝鲜半岛无核化这一课题相关的一面是，朝鲜在2013年春天经历了美国针对其进行的"核武器使用威胁军演"之后，通过6·16对美高层会谈的提案和10月23日的外务省发言人谈话表示，实现朝鲜半岛的"无核化"（nuclear-weapon-freezone）是其长期的政策目标。

值得注意的是，在 1980 年召开的朝鲜劳动党第六次全国代表大会上，金日成总书记主张，不仅要在全世界，还要在东北亚地区和朝鲜半岛建立"无核和平地区"。而且，从当时他提出的"建立高丽民主联邦共和国的方案"来看，联邦国家"应该将朝鲜半岛建立成一个永久的和平地区和无核区"，"我党将为把朝鲜半岛建立成无核区及和平地区不断努力，将积极支持各国人民在亚洲和中近东地区、非洲和拉丁美洲、欧洲建立无核区与和平地区"。亦正如他在与日本社会党共同发表的"关于建设东北亚无核区的共同宣言"中提到的，从 1981 年 3 月开始便提出建设东北亚无核和平地区的议案。1986 年 6 月 23 日，朝鲜政府正式提出"朝鲜半岛无核和平地区建设"的议案。而且，金日成在 1986 年 9 月初召开了"关于实现朝鲜半岛无核、和平的平壤国际会议"。1987 年 6 月 13 日，朝鲜外务省发表了"关于朝鲜半岛无核和平地区的宣言"；1988 年 10 月中旬，朝鲜召开了"关于朝鲜半岛的无核化与亚洲太平洋地区的和平与安全国际会议"。另外，1992 年 1 月 20 日，朝鲜与韩国共同签署了"朝鲜半岛无核化共同宣言"，这一宣言是朝鲜就朝鲜半岛无核化问题与其他当事国签署的第一个正式协议。值得注意的是，翻阅《金日成全集》我们会发现，自从他在 1980 年 10 月 10 日召开的朝鲜劳动党第六次全国代表大会致开幕词开始，直到他去世的前一周，即 1994 年 6 月 30 日，与比利时劳动党中央委员会委员长进行的谈话为止，他在这 15 年之间曾反复提议建设"朝鲜半岛无核和平地区"，足足有 36 次之多。

但是，随着苏联和东欧社会主义国家的剧变，朝鲜面临着体制崩溃的威胁。作为安保手段，其开始着手核武器开发。随后在 1993—1994 年发生了第一次朝核危机。在朝美对决中，"朝鲜半岛无核化"成为一个难以解决的问题，而且朝鲜还先后进行了三次核试验。

然而，2013 年春天进行的美国最尖端"核武器使用威胁军演"，对朝鲜来说，便有可能会遭受来自美国的核攻击，可以说这将之置于一种新型安全威胁之下，朝鲜再次站出来主张"朝鲜半岛全体无核化"，即再次主张建立"朝鲜半岛无核武器区"。但是，朝鲜通过与中国紧密的政策合作，提议 2013 年 6 月 16 日进行对美高层会谈，但是美国并不同意。

在这里希望指出的一点是（同时这也是本人的一个愿望），目前朝鲜已经是实际上的拥核国，如果美国和国际社会重新再通过全方位的交换协商来满足朝鲜提出的无核化的三大条件（美国放弃对朝敌对政策，建立朝鲜半岛和平体制，朝鲜半岛全体无核化）的话，那么朝鲜无核化问题将不再是不可实现的。尤其是从原则上看，是否保留包括核武器在内的特定武器体制，最根本的是从其作为追求国家利益的基本"政治工具"角度出发来考虑的。而且，从现实来看，朝鲜为开启"金正恩时代"，最重要

的应该是集中力量进行改革开放以搞活经济，为了实现接受国际社会融资等经济合作，必须首先将核与导弹问题等这些典型的绊脚石清除掉，通过协商解决朝核问题。因此，如果满足了朝鲜半岛的交换协商条件的话，实现半岛无核化的可能性基本上还是存在的。

其次，应该如何解决美国在韩国部署 THAAD 系统这一问题呢？在过去很长一段时间里，包括美国在内的国际社会都将主要精力放在了解决"朝鲜核问题"上，相对来说忽略了"朝鲜导弹问题"，而现在朝鲜导弹问题也成为一个难以解决的问题。美国带领日本与韩国正在为完成美国主导的 MD 体制不断努力，在韩国设置 THAAD 系统的问题便成为一个具体的热点。

在韩国部署 THAAD 系统，不可否认的是，从技术层面上讲，对于针对朝鲜导弹的导弹防御（MD）是可以加分的。但是，之前在朝鲜半岛部署的美国和韩国的现有武器系统，从技术层面上讲，是以朝鲜为对象形成的武器系统，而 THAAD 系统则不仅是对朝鲜，其探测系统（X-band Radar）的影响力甚至波及中国和俄罗斯，因为会受到影响，所以中国和俄罗斯极力反对在朝鲜半岛部署美国的 THAAD 系统。虽然韩国政府正式提出了"Three No's"［因为没有收到美国方面的要求（No Request），也没有进行磋商（No Consultation），所以没有作出任何决定（No Decision）］的立场，但是在中美之间的竞争日趋激烈的情况之下，朝鲜半岛在继朝鲜核问题、朝鲜导弹问题、美国的 MD 强化政策之后，再一次成为大国政治角逐的场所。

正是因为上述诸多因素，美国在韩国部署 THAAD 系统这一问题上便不得不需要综合考虑多方因素，给予充足的时间来处理。在处理这一问题的过程中，有两个方面是不得不考虑的。一是考虑到武器竞争过程中出现的"安全困境"（Security Dilemma），以增强军事力量为主的安全本身并非保障国家安全最为有用和高效的方法。只有通过重视基本对话与协商的政治外交手段，缓解军事紧张形势，降低安全威胁，才能最大限度地获得安全保障。在这一脉络之下，军事安全才具备了其原本的意义。二是为摆脱安全困境考虑，为实现军事安全必须优先进行重视对话与协商的政治外交活动，从这一方面来看，与部署 THAAD 系统相比，应该优先努力实现的是正式推进朝韩之间的对话，以缓和朝鲜半岛紧张的军事形势。目前朝韩关系处于对话与协商断绝的状态，双方都希望更加依赖军事手段，不断加强军事力量以保障军事安全，但这绝非是大家所希望看到的发展态势。

（苗灯秀　译）

2013 年春以降の朝鮮半島：北朝鮮の核問題の解決と THAAD システムの配備問題

白鶴淳 *

　2013 年春の韓米合同軍事演習（「キー・リゾルブ」と「フォール・イーグル」）は朝鮮半島と北東アジア地区の外交、軍事安全、政治の分かれ目になった。本研究は主にこの時期に朝鮮半島で発生した一連の重大事件を紹介し、当該事件が朝鮮半島と北東アジア地域の外交、安全にもたらした影響を分析して、朝鮮半島と北東アジアの外交、安全状況の未来の発展態勢を展望する。具体的に言えば、2013 年春、アメリカは以前と違って「公然と」北朝鮮に対して「核兵器使用脅威軍事演習」を行い、北朝鮮も以前と違って「公然と」アメリカに対して「核攻撃脅威」を行った。本論文は主に両方の相互作用について研究し、最終にこれらは「朝鮮半島の非核化」問題と「アメリカの MD 強化」問題を如何に影響するかということを分析したいのである。

2013 年春、韓米合同軍事演習期間に一体何があったか？

　では、2013 年の春、朝鮮半島で一体どんなことがあったか。この期間の一連の事件は大体に二種類に分けられる。第一種は 2013 年春が始まる直前の 2013 年 1 月から発生した北朝鮮の核問題関連事件であり、これは前年の 2012 年に発生した一連の事件にも関わった。第二種は 2013 年 3 月〜 4 月の韓米合同軍事演習期間に発生した一連の関連事件であり、即ち、アメリカは「公然と」北朝鮮に対して「核兵器使用脅威軍事演習」を行い、北朝鮮は「公然と」アメリカに対して「核攻撃脅威」を行ったという事件であった。当該二種類の事件は今後の韓米関係の発展を破局に

＊　韓国世宗研究所朝鮮研究センター主任，上級研究員。

迫らせ、現在の韓米関係の発展も未だこの破壊的な影響の桎梏を脱していない。

　先ず、北朝鮮の核問題関連事件を研究しよう。2012 年 12 月 12 日に北朝鮮は人工衛星を発射した。この行為を制裁するため、第二次オバマ政府が発足した三日後の 2013 年 1 月 23 日に、国連安保理は北朝鮮に対する決議第 2087 号を採択した。北朝鮮は国連安保理の制裁決議に極力反対し、アメリカに「正面大決戦」の宣言を発した。それに、2 月 12 日に第三回の核実験を実施した。北朝鮮は自分が既に核兵器の小型化、軽量化、大衆化に成功したと揚言した。北朝鮮の第三回核実験に対する処罰措置として、国連安保理は 3 月 8 日に北朝鮮に対する決議 2094 号を採決した。

　北朝鮮の核問題で時局が急速に差し迫ってきた。この状況で、2013 年 3 月〜4 月に例年通り実施する韓米合同軍事演習の「キー・リゾルブ」と「フォール・イーグル」演習（アメリカ太平洋司令部の作戦教科書「The Play book」だけである）を行った。当時は北朝鮮の例年通り実施する冬季軍事訓練期に当たった。毎年のこの時期、両方とも相手国の軍事訓練に加入するため、朝鮮半島は軍事態勢の一番緊張である時期に入る。当該状況で、北朝鮮の第三回核実験に対する処罰措置として、国連安保理は 3 月 8 日に北朝鮮に対する決議 2094 号を採決した。また、同日、北朝鮮の核脅威の拡張を抑止する（extended deterrence）（核の傘を提供する）ための重要な一環として、アメリカの B-52 戦略爆撃機はグアム（Guam）にあるアンダーセン空軍基地（Andersen Air Force Base）から出発して韓国空域に飛びついた。その後、3 月 18 日に、アメリカ国防部長官が特にソウルに到着して、この事情を「公開」した。以前と違って、今回、アメリカは「公然と」北朝鮮に対して「核兵器使用脅威軍事演習」を行った。

　それに対して、北朝鮮はどのような方式で対応したか。2013 年春の「キー・リゾルブ」と「フォール・イーグル」演習期間に、アメリカは「公開的に」B-52 戦略爆撃機、B-2 ステルス戦略爆撃機と「シャイアン」原子力潜水艦（USS Cheyenne）の「三つの核攻撃手段」を使用して、それらを朝鮮半島に走らせた。それによって、核脅威が実行段階に入って「実動核兵器訓練」が形成された、と韓国は指摘した。現在の朝鮮半島で、「核戦争」はただの「表面上の意義ではなく現実的な意味を」有した。この土地での「核対決時代」の到来を引き起こしたのはアメリカであると北朝鮮は批判した。

　北朝鮮は一連の強硬的な対処措置を取った。まず、アメリカの「公然」の「核兵器使用脅威軍事演習」に対して、北朝鮮は「公然と」アメリカに対して「核攻撃脅

威」を行った。そのため、朝鮮戦争休戦協定はただの反故になり、北朝鮮と韓国が互いに侵犯しないという関連協議は効力を失った。朝韓及び朝米の間のあらゆる通信手段が切断され、北朝鮮は戦争状態に入ると公布した。北朝鮮は「経済建設と核兵力建設を並行して進める」戦略路線を打ち出し、核保有の法制化を実施した。北朝鮮には随時に移動式発射台に搭載できる「ムスダン」という中距離弾道ミサイルを発射する脅威がある。また、寧辺核施設の再調整・再稼動を揚言し、北朝鮮開城工業団地の臨時閉鎖等一連の問題が続々とやってきた。

　特に4月5日に、北朝鮮はグアムの米軍基地と日本の領域を射程に置いて、核爆弾搭載可能な「移動式」中距離弾道ミサイル「ムスダン」（射程は3,000-4,000km）二枚を汽車で東海岸に運んで、翌日に発射台のついた車両（TEL：TransporterErectorLauncher）に移して文山の近くに隠していた。ムスダンが移動式ミサイルであるため、韓米両国はその具体的な発射時間と場所を確定的に把握できない。従って、両国のムスダンミサイルに対するミサイル防衛システム（MD）が厳しい状況に追い込まれた。当時、朝鮮半島形勢の取材のため、世界の各メディアがソウルに集まった。

　それについて、当時のアメリカ国防長官チャック・ヘーゲル（Chuck Hagel）の話を下記の通り引用したい。近来、朝鮮半島における戦争脅威が激しくなり、未曽有の「真実且つ明確的な」（realandclear）態勢を示す。軍事局面が日ごとに悪化する形勢に面して、アメリカにとって、誤解と誤判（（misperceptions and miscalculations）の可能性を低くして、朝鮮半島における戦争危機をコントロールする可能性を把握することは特に重要である。また、現実状況を見れば、アメリカは朝鮮半島と日本海域に配備したアメリカの海軍と韓日両国の海軍が有したイージス駆逐艦を全部集めても、北朝鮮の核搭載可能な「移動式」中距離弾道ミサイル「ムスダン」の攻撃脅威に対応できる「十分」なミサイル防衛（MD）能力を有しない。その結果、アメリカは北朝鮮問題についての対話を提議し、元の作戦計画PlanAを放棄してPlanBに変更した。それに応じて、北朝鮮もムスダンミサイルの発射脅威を取り除いた。このように2013年春に史上かつてないピークになった朝鮮半島の戦争脅威がなくなった。但し、朝鮮半島における「核兵器」の禁忌もこれによって破られた。

　その年の秋、米韓合同軍事演習「乙支（ウルチ）フリーダムガーディアン（UFG）」の期間に、グアムの米海軍基地のB-52戦略爆撃機も出動した。2014年2月〜4月の「キー・リゾルブ」と「フォール・イーグル」演習の直前、B-52戦略爆撃機

も朝鮮半島の空を飛んだ。この事実に注意すべきである。現在、アメリカ太平洋司令部の「爆撃機持続配備」（Continuous Bomber Presence）という任務規定により、必要な場合、B-52 戦略爆撃機は随時に朝鮮半島地域に入られる。

米朝は互いに「核兵器使用脅威軍事演習」と「核攻撃脅威」を行ったことはどのような影響を及ぼしたか？

2013 年春に朝鮮半島で発生した一連の事件は実際に朝鮮半島と北東アジア地域の外交と安全に莫大な影響を及ぼした。最も基本的なのは、朝米関係と朝韓関係の破局である。具体的に言えば、2013 年春、朝鮮半島で発生したこの一連の事件は主に三つの影響があった。

第一、特別な状況がなければ、北朝鮮の非核化、即ち北朝鮮の核問題の解決が、現在にもう実現される可能性がなくなる。北朝鮮の核・ミサイル脅威を「抑制する」目的に達するため、アメリカは公開的に B-52 戦略爆撃機を朝鮮半島に飛ばせ、北朝鮮に対して公開的に「核兵器使用脅威軍事演習」を行い、北朝鮮に自分の圧倒的な核攻撃力を誇示した。それはかえって逆効果をもたらした。北朝鮮に対する「核兵器使用脅威軍事演習」はまさしく将来の北朝鮮非核化という構想の実現可能性を微々たるものにする。この形勢の発展は、当時のアメリカ国防部スポークスマンの発言からも手がかりが見える。その「軍事演習の焦点」が韓国と日本の「同盟保障」（alliance assurance）を強調するところにあるとスポークスマンは示した。換言すれば、その時、北朝鮮の非核化が実現しがたいとアメリカは思った。将来に日本と韓国が北朝鮮の核保有を言い訳に核兵器を生産することを防止するため、核の傘を提供する（拡張を抑止する）協議を提出した。アメリカ国防部スポークスマンの発言は上述協議に対する再確認であると理解できる。核の傘を提供するなどの協議は「北朝鮮の核保有」を前提に提出されたものであり、「北朝鮮の非核化」という目標と不一致である。

第二、アメリカは北朝鮮に対して公開的に「核兵器使用脅威軍事演習」を行った。北朝鮮にとって、最先端の核・ミサイル力を有するアメリカからの核攻撃を受けるリスクがある。北朝鮮は一種の新型の安全脅威に置かれると言える。その年の 5 月下旬に、北朝鮮のリーダー層は崔竜海を金正恩の特使に任命して北京訪問させて、中国のリーダー層と周密な会談を行い協議をまとめ、6 月 16 日に朝米高層会談を行うと提議した。6.16 提議で北朝鮮はアメリカに北朝鮮の非核化に関する三つの条件を提出した。アメリカの北朝鮮に対する敵対政策の廃除、朝鮮半島平和メ

カニズムの建立及び朝鮮半島の全体非核化という条件である。「朝鮮半島の全体非核化」というのは、韓国が既に非核化を実現している現状で、アメリカが自国の核兵器と核兵器の輸送手段を朝鮮半島に導入または配備することが禁止されるという意味である。即ち、韓米合同軍事演習期間にアメリカは核兵器を朝鮮半島に運んではいけないのである。その後、10月23日に北朝鮮外務省スポークスマンは下記の発言をした。「朝鮮半島の非核化は北朝鮮の終始一貫している政策目標として、絶対に我々は一方的に先に核兵器を放棄することではなく、同時に行動すべきです。朝鮮半島における外部からの実際的な核脅威を解消する基礎に建立しなければならず、朝鮮半島全体を非核兵器地域に変える過程です。」

第三、「ムスダン」中距離弾道ミサイルの脅威に面して、アメリカは防衛システムの局限性を感じて、東アジア地域のMDシステムの建立を加速する。日本は既にアメリカ主導のMDシステムに加入したが、韓国は中国との関係を考慮して当時に未だMDシステムに加入しなかった。しかし、2013年春の一連の事件を経て、アメリカは韓国政府がアメリカ主導のMDシステムに加入することを強く要求した。韓国政府はずっと韓国型ミサイル防衛システム（KAMD）の建立を公開的に主張した。でも、2013年5月7日にワシントンで行った韓米首脳会談と2014年4月25日にソウルで行った韓米首脳会談を経て、韓米両国はKAMDとアメリカ主導のMDシステムを相互運用性（interoperability）が実現できる方向に沿って発展させると一致的な協議をまとめた。また、韓米両国は北朝鮮の核・ミサイル脅威に対して「狙い撃ち抑止戦略」（tailored deterrence strategy）を取った。北朝鮮はそれを「機先を制する」戦略であると批判した。2013年春に北朝鮮からのムスダンミサイルがグアムの米海軍基地へ攻撃脅威をきたしたことを経て、アメリカはグアムで高空区域防御システム（THAAD）を配備し、現在は韓国でのTHAADシステムの配備を極力に説得しているのである。

朝鮮半島の非核化とTHAADシステムの配備問題をどう解決すべきなのか？

「朝鮮半島非核化」の実現とアメリカの「韓国でのTHAADシステムの配備」は2013年春以降の代表的な懸案になっている。当該二つの問題に対して、我々はどのような措置を取るべきであるか。

まず、朝鮮半島非核化という課題に関わっている面白い一面は、朝鮮が2013年春にアメリカの「核兵器使用脅威軍事演習」を経た後、6.16のアメリカ高層との

会議提案及び10月23日の外務省スポークスマンの発言を通じて、朝鮮半島の「非核兵器地帯」（nuclear-weapon-freezone）の実現が自分の長期的な政策目標であると表示した。

　注意すべきなのは、1980年に開催された朝鮮労働党第六回全国代表大会で、金日成総書記は、全世界だけではなく、北東アジア地域と朝鮮半島でも「非核平和地帯」を創設すべきであると主張した。当時に金日成の提出した「高麗民主連邦共和国創設案」により、連邦国家は「朝鮮半島を恒久的な平和地帯、非核地帯にすべきです」し、「わが党は朝鮮半島を非核地帯、平和地帯にするために絶えず努力し、積極的に各国人民がアジア、中近東地域、アフリカと南米、ヨーロッパで非核地帯と平和地帯を創設することを支持します。」また、金日成と日本社会党と共同で発表した「北東アジア地域における非核・平和地帯創設に関する共同宣言」に記載されたように、1981年3月からすでに北東アジア地域における非核・平和地帯創設の議案を提出した。1986年6月23日、北朝鮮政府は正式に「朝鮮半島における非核・平和地帯創設」の議案を提出した。それに、1986年9月の初め、金日成は「朝鮮半島における非核・平和の実現のための平壌国際会議」を行った。1987年6月13日、北朝鮮外務省は「朝鮮半島非核・平和地帯に関する宣言」を発表した。1988年10月中旬、北朝鮮は「朝鮮半島の非核化とアジア太平洋地域の平和・安全に関する国際会議」を開催した。その外、1992年1月20日、北朝鮮と韓国は共同で「朝鮮半島非核化共同宣言」にサインした。この宣言は北朝鮮が朝鮮半島非核化問題について他の当事国とサインした初めての正式協議である。『金日成全集』の内容によって、1980年10月10日に開かれた朝鮮労働党第六回全国代表大会での開幕挨拶から、逝去日の一週間前にベルギー労働党中央委員会委員長との会談まで、この15年間に金日成は「朝鮮半島非核・平和地帯」の創設を提議したのは36回でもあった。

　しかし、ソ連の崩壊と東欧社会主義国家の解体につれて、北朝鮮は体制崩壊の脅威に面したため、安保手段として、核兵器の開発に着手した。その後、1993年～1994年に第一次北朝鮮核危機が発生し、「朝鮮半島の非核化」が解決しがたい問題になった。北朝鮮は前後三回の核実験をした。

　しかし、2013年春に行なったアメリカの最先端の「核兵器使用脅威軍事演習」は、北朝鮮にとって、アメリカからの核攻撃を受けるリスクがあり、自分が一種の新型の安全脅威に置かれると言える。北朝鮮は再び「朝鮮半島の全体非核化」を強調した。北朝鮮は20世紀80年代と20世紀90年代の初めに提唱した「朝鮮半島

非核・平和地帯」の創設を再強調し、つまり、「朝鮮半島非核兵器地帯」の建立を再主張した。然も、北朝鮮は中国との密接な政策協力を通じて、2013 年 6 月 16 日にアメリカとの高層会談を行うと提議したが、アメリカは同意しなかった。

　ここで強調したいのは、現在の北朝鮮は既に実際の核保有国になり、アメリカと国際社会は再び全方位の交換・協商で北朝鮮の提出した非核化の三大条件（アメリカの北朝鮮に対する敵対政策の廃除、朝鮮半島平和メカニズムの建立及び朝鮮半島の全体非核化）を満たせば、北朝鮮の非核化問題も実現不可能ではなくなると思われる。これも発表者本人の願望である。特に原則から見れば、核兵器を含んだ特定な兵器システムを保留するか否かは、根本的に国家利益を追求する基本的な「政治道具」としての立場から考えるべきである。また、現実上、北朝鮮は「金正恩時代」を開くために一番重要なのは力を集中して改革・開放して経済を活性化することである。国際社会からの融資などの経済協力を実現するため、先ず核とミサイル問題などの典型的な障害物を取り除けなければならず、協商で北朝鮮の核問題を解決する必要がある。従って、朝鮮半島の交換・協商条件を満たせば、自国の非核化を実現する可能性があると思われる。

　第二、アメリカが韓国で THAAD システムを配備するという問題をどう解決すべきであるか。過去の長い時間に、アメリカを含んだ国際社会は主に「北朝鮮の核問題」の解決に力を入れ、「北朝鮮のミサイル問題」を無視していたが、現在、北朝鮮のミサイル問題も解決しがたい問題になる。アメリカは日本と韓国を率いてアメリカ主導の MD システムの完成に努力しているが、韓国で THAAD システムを配備することは具体的なポイントになる。

　技術上に言えば、韓国での THAAD システムの配備は北朝鮮のミサイルを対象にするミサイル防衛 (MD)にとってプラスに働くということは否認できない。しかし、以前に朝鮮半島に配置されたアメリカと韓国の既存の兵器システムは、技術上、北朝鮮を対象にする兵器システムであるが、THAAD システムは北朝鮮だけではなく、その探知システム（X-bandRadar）の影響力は中国とロシアまで波及できる。そういう影響があるので、中国とロシアは極力に朝鮮半島でのアメリカ THAAD システムの配置に反対している。韓国政府は正式に「Three No's」（アメリカ側からの要請を受けなくて（no request）、協議を達成しない（no consultation）ため、現在に未だ何の決定もしない（no decision））の立場を表明したが、中国とアメリカとの競争が日に日に激しくなる状況で、北朝鮮の核問題、北朝鮮のミサイル問題とアメリカの MD 強化政策の後、朝鮮半島は再び強国が政治で角逐する場所になる。

　上述多くの要素があるため、韓国でのアメリカ THAAD システムの配備という問題について、多方面にわたっている要素を総合的に考えて、十分な時間で扱わなければならない。当該問題の処理には、二つのことを考慮しなければならない。まず、兵器競争過程における「安全保障のジレンマ」(security dilemma) を考えれば、軍事力の増強を主にする安全そのものは国家の安全保障に一番効果的な方法ではないのである。基本対話と協商を重視する政治・外交手段を通じて、軍事の緊張局面を緩和して、安全に対する脅威を低くして初めて最大的な安全保障を得られる。このようにして初めて軍事安全の本来の意味を体現できる。第二、安全保障のジレンマの立場を考えれば、軍事安全を実現するため、対話と協商を重視する政治・外交活動を優先に展開しなければならない。この面から見れば、朝鮮半島の軍事緊張局面を緩和するため、THAAD システムの配備より、全力をあげて朝韓間の対話を先に推進すべきである。目下の朝韓関係が既に対話と協商が断絶している状態にあり、両方とも軍事手段によって軍事力を強化して軍事安全を保障したがるが、周知のように、これは絶対に望まれている発展態勢ではないのである。

（中訳文から　　郭曉麗　訳）

2013 년 봄과 그 이후의 한반도 :
북핵문제 해결과 THAAD 설치 문제

白鶴淳 *

본 발표는 한반도와 동북아지역의 외교·군사안보 정치에서 하나의 분수령을 이룬 2013 년 봄 한미합동군사훈련 (키 리졸브 - 독수리훈련) 기간에 한반도에서 발생한 사건들과 그것이 한반도와 동북아 지역의 외교·안보에 미친 영향을 분석하고 , 향후 한반도와 동북아의 외교·안보 상황의 전개를 살펴보기 위한 것이다 . 구체적으로 , 2013 년 봄에 예전과 달리 미국이 '공개적' 으로 북한에 대해 취한 '핵무기 사용 위협 훈련' 과 북한이 '공개적' 으로 미국에 대해 취한 '핵공격 위협' 의 상호작용을 분석하고 , 그것이 결국 '한반도 비핵화' 문제와 '미국의 MD 강화' 문제에 어떤 영향을 미쳤는지를 살펴볼 것이다 .

2013 년 봄 , 한미합동군사훈련 기간에 무슨 일이 있었나 ?

그렇다면 , 2013 년 봄에 한반도에서 어떤 사건들이 발생했는가 ? 기본적으로 두 가지 범주의 사건들이 발생했다 . 그 하나는 2013 년 봄이 되기 이전인 그 해 1 월부터 발생한 - 보다 멀리는 그 전 해인 2012 년에 발생한 사건들과 연계되어 있는 것이었지만 - 북한핵문제 관련 사건들이었고 , 다른 하나는 2013 년 3~4 월에 있었던 한미합동군사훈련 기간에 벌어진 일로서 미국의 북한에 대한 '공개적' 인 '핵무기 사용위협 훈련' 과 북한의 미국에 대한 '공개적' 인 '핵공격 위협' 이었다 . 이 두 가지 범주의 사건들은 향후 북미관계를 파탄에 몰아넣었고 , 지금의 북미관계도 그 파괴적인 영향을 벗어나지 못하고 있다 .

---

* 한국 세종연구소 북한연구센터장 , 고급연구원 .

　　우선, 북한핵문제 관련 사건들을 살펴보자. 제2기 오바마정부 출범 3일 후인 2013년 1월 23일 유엔안보리는 그 전 해 12월 12일에 있었던 북한의 인공위성 로켓발사에 대한 처벌로서 대북 제재결의 2087호를 채택했다. 북한은 유엔안보리 제재결의에 크게 반발하면서 미국에 대해 '전면대결전'을 선언했다. 그리고 2월 12일 제3차 핵실험을 감행했다. 북한은 제3차 핵실험을 통해 핵무기의 소형화, 경량화, 다종화에 성공했다고 발표했다. 이에 대해 유엔안보리는 3월 8일 북한의 제3차 핵실험에 대한 처벌조치로서 대북 제재결의 2094호를 채택했다.

　　이처럼 북핵문제로 긴장이 급속도로 고조되고 있던 상황에서 그해 3~4월에 연례 한미합동군사훈련인 '키 리졸브-독수리훈련'(미 태평양사령부의 작전교본 "The Playbook"에 따름)이 진행됐고, 당시 북한도 연례 동계훈련 중이었다. 매년 이 시기에 양측이 상대방에 대한 군사훈련에 돌입함으로써 한반도에서는 이 시기가 군사적 긴장이 최고조로 높아지는 시기이다. 이러한 상황에서 3월 8일 유엔안보리가 북한의 제3차 핵실험에 대한 처벌조치로서 대북제재결의 2094호를 채택했다. 그리고 당일 미국은 북한의 핵위협에 대한 '확장억제'(extended deterrence)(핵우산 제공)의 일환으로 B-52 전략폭격기들을 괌(Guam) 앤더슨 공군기지(Andersen Air Force Base)로부터 한국 상공에 출격시켰다. 그리고 미국은 나중인 3월 18일 이 모든 것을 미국방부장관이 서울에 와서 특별히 '공개'했다. 미국이 예전과 달리 이번에는 '공개적'으로 '핵무기 사용위협 훈련'을 한 것이었다.

　　이에 대해 북한은 어떤 반응을 보였는가? 북한은 2013년 봄 '키 리졸브-독수리훈련' 기간 중에 미국이 '공개적'으로 B-52 전략폭격기, B-2 스텔스 폭격기, 샤이엔 핵잠수함(USS Cheyenne)을 비롯한 "3대 핵타격 수단"을 총동원하여 한반도에 진입시킴으로써 핵위협이 실행단계에 들어가 "실동(實動) 핵타격 훈련"으로 이뤄지면서 이제 한반도에서 "핵전쟁"이 "표상적인 의미가 아니라 현실적인 의미"를 띠게 되는 등 미국에 의해 이 땅에는 "핵대결의 시대"가 도래했다고 비난했다.

　　북한은 일련의 강력한 대응조치를 취했다. 우선, 미국의 '공개적'인 '핵무기 사용위협 훈련'에 대해 '공개적'으로 미국에 대한 '핵공격 위협'을 했다. 그러면서 한국전쟁 정전협정 백지화 및 남북불가침 관련 합의 무효화, 남북 간 및 북미 간 모든 통신수단 단절, 북한의 전시상황 진입 선언, 북한의 '경제건설과 핵무력건설의 병진로선' 채택과 핵보유의 법제화, 북한의 이동식

발사대 탑재 '무수단' 중거리 미사일 발사 위협, 영변핵시설 재정비 및 재가동 선언, 북한의 개성공단 잠정 폐쇄가 줄을 이었다.

특히, 북한이 4월 5일 괌 미군기지와 일본전역을 사정거리에 넣고 있으면서 핵탄두 탑재가 가능한 '무수단' 중거리 미사일 (사정거리 3,000-4,000km) 2기를 열차에 실어 동해안으로 이동시킨 후, 다음 날, 발사대가 장착된 차량 (TEL: Transporter Erector Launcher) 에 실어 원산 부근에 은폐시켰다. 이동형 미사일이기 때문에 언제 어디에서 발사될 것인지를 정확히 알 수 없는 한미양국으로서는 무수단 미사일에 대한 미사일방어 (MD) 가 쉽지 않은 상황에 빠졌다. 당시 280명에 달하는 전세계 언론사들의 외신기자들이 한반도 상황을 취재하기 위해 서울로 몰려들었다.

이로써, 당시 척 헤이글 (Chuck Hagel) 미국 국방장관의 표현을 인용하자면, 한반도에서 근래에 유례없는 "실질적이고 명백한" (real and clear) 전쟁 위험이 고조됐다. 이처럼 군사적 상황이 악화되자, 미국으로서는 오해와 오판 (misperceptions and miscalculations) 의 가능성을 낮추고, 한반도 전쟁위기의 통제가 불가능하지 않도록 하는 것이 중요했다. 더구나 현실적으로 미국은 핵탑재 가능성을 안고 있는 북한의 '이동형' 중거리 미사일인 '무수단' 미사일 공격 위협에 대해 한반도와 일본 해역의 미해군과 한일양국 해군의 이지스 구축함들을 모두 합해도 '충분한' 미사일방어 (MD) 능력이 되지 못하자, 결국 미국은 북한에 대해 대화를 제의하면서 원래의 작전계획인 'Plan A'를 포기하고 'Plan B'로 전환해야했다. 그리고 북한도 무수단 미사일 발사 위협을 철회했다. 그렇게 한반도에서 2013년 봄에 있었던 최근 유례없이 고조됐던 전쟁위기는 끝났다. 그러나 한반도에서 '핵전쟁'이라는 타부가 깨어졌다.

참고로, 그해 가을에 있었던 을지프리덤가디언 (UFG) 한미합동훈련 기간에도 미국의 B-52 전략폭격기가 괌 미해군기지에서 출동했고, 2014년 2~4월 '키 리졸브-독수리훈련' 직전에도 B-52가 한반도 상공에 들어왔다. 지금은 미태평양사령부의 '지속적인 폭격기 배치' (Continuous Bomber Presence) 프로그램에 따라 필요시 언제든지 B-52가 한반도 전역에 투입되는 상황에 있다.

상호 '핵무기 사용 위협 훈련' /'핵공격 위협'의 영향은?

2013년 봄에 한반도에서 발생한 사건들이 한반도와 동북아 지역의 외교·안보에 미친 영향은 실로 막중했다. 기본적으로, 북미관계와 남북관계는 파탄을 맞았다. 구체적으로, 2013년 봄에 한반도에서 발생한 사건들이 끼친 영향은 세 가지로 나타났다.

첫째, 북한의 비핵화, 즉 북핵문제 해결은, 특별한 상황이 오지 않는 한, 이제 거의 불가능하게 됐다고 할 수 있었다. 미국으로서는 B-52 전략폭격기를 한반도에 공개적으로 들여와 북한에 대해 공개적으로 핵무기 사용위협 훈련을 함으로써 북한에 대해 압도적인 핵공격 능력을 과시하여 북한의 핵·미사일 위협을 '억제'하려는 의도가 있었지만, 현실적으로 미국의 핵무기 사용위협 훈련은 향후 북한의 비핵화를 거의 불가능하게 만들었다고 할 것이다. 이러한 상황전개는 당시 '군사훈련의 초점'은 한국과 일본에 대한 '동맹확약'(alliance assurance)임을 강조했던 당시 미국방부 대변인의 발언을 통해서도 드러났다. 다시 말해, 미국방부 대변인의 그러한 발언은 미국은 당시에 북한의 비핵화를 달성하기 어렵다고 판단하고 향후 일본과 한국이 북한의 핵보유를 구실로 핵무기를 만들지 못하도록 하기 위해 핵우산 제공(확장억제) 약속을 다시 확약한 것으로 해석됐다. 미국의 이 같은 핵우산 제공 약속은, '북한의 핵보유'를 전제로 한다는 점에서 '북한의 비핵화'의 목표와 상치되는 것이었다.

둘째, 미국의 공개적인 핵무기 사용 위협 훈련으로 북한에게는 최첨단 핵·미사일 능력을 갖고 있는 미국으로부터 핵공격을 당할 수 있는 새로운 종류의 안보위협이 생겨난 셈이었다. 이에 북한지도부는 그해 5월 하순 최룡해를 김정은의 특사로 베이징에 보내 중국지도부와 면밀한 협의를 거친 후, 6월 16일 미국에게 고위급회담을 제의했다. 북한은 6.16 제의를 통해 미국에게 북한 자신의 비핵화에 대한 세 가지 조건을 내세웠다. 그것은 미국의 대북한 적대시정책의 폐기, 한반도 평화체제 수립, 그리고 한반도 전체의 비핵화였다. 여기서 '한반도 전체의 비핵화'가 의미하는 것은 남한이 이미 비핵화되어 있는 상황에서 결국 미국의 핵무기와 핵무기 운반수단의 한반도에서 반입과 배치를 금지하는 것이었다. 즉, 한미합동군사훈련에서 미국이 핵무기를 한반도에 들여오지 말라는 것이었다. 나중 10월 23일자 북한 외무성 대변인 담화는 북한의 "변함없는 정책적 목표인 조선반도 비핵화는 결코 우리의 일방적인 선핵포기가 아니며 그것은 동시행동으로 조선반도에 대한 외부의 실제적인 핵위협을 완전히 제거하는 데 기초하여 전 조선반도를 핵무기없는 지대로 만드는 과정"이라고 했다.

셋째, 미국은 북한의 '무수단' 중거리 미사일의 공격 위협에 직면하여 동아시아에서의 조속한 미국의 MD 구축에 박차를 가했다. 일본은 이미 미국 주도의 MD에 합류해 있었지만, 한국은 중국과의 관계를 고려하여 당시까지 MD에 합류하지 않고 있었다. 그러나 2013년 봄 상황을 겪은 후, 미국은 한국정부에 대해 미국 주도의 MD에 공식 합류할 것을 강력히 요구했다. 한국정부는 자신의 독자적인 미사일방어체계(KAMD)를 추구한다는 공식입장을 갖고 있다. 그러나 2013년 5월 7일 워싱턴에서의 한미정상회담과 2014년 4월 25일 서울에서의 한미정상회담을 통해 KAMD와 미국 주도의 MD와의 상호운용성(interoperability)를 증진시키는 방향으로 협력이 진행됐다. 한미양국은 또한 북한의 핵·미사일 위협에 대해서는 '맞춤형 억제전략'(tailored deterrence strategy)을 적용하고 있으며, 이에 대해 북한은 '선제공격' 전략이라고 비난하고 있다. 또한 미국은 2013 봄 북한의 '무수단' 미사일의 괌 미해군기지 공격위협 이후 괌에 고(高)고도방위체계(THAAD)를 설치했고, 한국에 THAAD를 설치하기 위한 노력을 지속하고 있다.

한반도 비핵화와 THAAD 설치 문제의 해결은?

그렇다면, 2013년 봄 이후 대표적인 현안이 되고 있는 '한반도 비핵화' 달성 문제와 미국의 '한국에 THAAD 설치' 문제에 대해 어떻게 해야 할 것인가?

우선, 한반도 비핵화 과제와 관련하여 흥미로운 것은 북한이 2013년 봄 미국의 대북 '핵무기 사용 위협 훈련'을 겪은 후, 6.16 대미 고위급대화 제의와 10월 23일자 외무성 담화를 통해 한반도의 '비핵무기지대화'(nuclear-weapon-free zone)를 장기적인 정책목표로 제시하고 있다는 점이다.

참고로, 북한은 1980년 제6차 조선로동당 대회에서 김일성 총비서가 전 세계뿐만 아니라 동북아지역과 조선반도에 '비핵평화지대'를 주창했다. 그리고 당시 그가 제안한 '고려민주연방공화국 창립방안'를 보면, 연방국가는 "조선반도를 영원한 평화지대로, 비핵지대로 만들어야 할 것"이며, "우리 당은 조선반도를 비핵지대, 평화지대로 만들기 위하여 노력할 것이며 아세아와 중근동, 아프리카와 라틴 아메리카, 구라파에 비핵지대, 평화지대를 창설하기 위한 인민들의 투쟁을 적극 지지할 것"이라고 했다. 그는 또 일본사회당과 공동으로 발표한 '동북아 비핵평화지대 창설에 관한 공동선언'에서 볼 수 있듯이, 1981년 3월부터 동북아비핵평화지대 창설을 제안했었다. 1986년 6월 23일에 북한정부는 '조선반도 비핵평화지대 창설'을 공식 제안했다. 그리고 김일성은 1986년 9월초 '조선반도에서의 비핵, 평화를 위한 평양 국제회의'를 소집했다. 1987년 6월 13일 북한 외무성은 '조선반도 비핵평화지대에 대한 선언'을 발표했고, 1988년 10월 중순에는 북한은 '조선반도의 비핵화와 아세아, 태평양 지역의 평화와 안전에 관한 국제회의'를 소집했다. 그리고 1992년 1월 20일, 북한은 남한과 함께 '한반도 비핵화 공동선언'에 서명했는데, 이는 다른 관련 당사자와 맺은 한반도 비핵화 관련 첫 공식합의였다. 참고로, ≪김일성전집≫을 살펴보면, 1980년 10월 10일 조선로동당 6차 당대회에서 한 그의 개회사부터 그가 사망하기 일주일 전인 1994년 6월 30일 벨지끄(벨기에) 로동당 중앙위원회 위원장과 나눈 대화까지, 그가 15년 동안 무려 36번이나 반복해서 '조선반도 비핵평화지대'를 제안했다는 사실을 알 수 있다.

그런데 소련이 멸망하고 동유럽 사회주의국가들이 무너지면서 북한은 체제붕괴 위협에 직면함으로써 안보의 수단으로써 핵무기 개발에 나서기 시작했고, 이에 1993-1994 제1차 북핵위기가 발생했으며, 북미양국 간의 대결 속에서 '한반도 비핵화'는 어렵게 됐던 것이다. 그리고 북한은 세 차례의 핵실험을 했다.

그러나 2013년 봄 미국의 최첨단 핵무력 사용위협 훈련으로 인해 미국으로부터 핵공격을 당할 수 있는 새로운 종류의 안보위협에 직면하면서 북한은 '한반도 전역의 비핵화'를 다시 주장하고 나왔던 것이다. 북한이 1980년대와 1990년대 초반까지 주장했던 '한반도 비핵평화지대' 창설, 즉 '한반도 비핵무기지대화'를 다시 주장하게 된 것이었다. 그러나 북한이 중국과 긴밀한 정책공조를 통해 2013년 6월 16일 대미 고위급회담을 제의했으나, 미국은 이를 수용하지 않았다.

여기서 한 가지 지적하고 싶은 것은, 또 본 발표자의 희망사항은 지금은 북한은 실질적으로 핵보유국이 됐으나, 미국과 국제사회가 다시 한 번 포괄적인 주고받기 협상을 통해 북한이 자신의 비핵화의 3대 조건(미국의 대북적대시정책 폐기, 한반도 평화체제 수립, 한반도 전역의 비핵화)을 충족시킬 수 있다면 북한의 비핵화는 불가능한 문제만은 아니라는 것이다. 특히, 원론적으로 볼 때, 핵무기를 포함한 특정 무기체계의 보유 여부는 보다 근본적인 국가이익을 추구하는 데서 기본적으로 '정책 도구'인 것이다. 또한 현실적으로 보더라도 북한은 '김정은 시대'를 열기 위해서는 무엇보다도 경제를 살리기 위해 집중적인 노력을 기울이고 있는 개혁·개방에서 성공을 해야 하는데, 국제사회의 투자 등 경제협력이 가능하기 위해서는 핵과 미사일 문제 등이 대표적인 걸림돌이 되고 있어서 어떻게든 협상을 통해 북핵문제를 해결하지 않으면 안 되는 처지에 있다. 따라서 북한도 주고받기의 조건이 충족되면 자신을 비핵화할 가능성이 기본적으로 존재하는 것이다.

둘째, 한국에 대한 미국의 THAAD를 설치 문제는 어떻게 해야 할 것인가? 그 동안 미국을 포함한 국제사회는 '북한 핵문제' 해결에 주로 관심을 기울이고, '북한 미사일문제'에는 상대적으로 소홀히 해 오다가 지금은 북한 미사일문제가 해결하기 어려운 난제가 되고 있다. 미국은 일본과 한국을 끌어들여 미국 주도의 MD체제를 완성해 나가는 과정에 있으며, 한국에 THAAD를 설치하는 문제가 구체적인 이슈가 되고 있다.

한국에 THAAD를 설치하는 것은 기술적으로는 북한 미사일에 대해 미사일 방어 (MD)를 하는 데서 플러스 (+)되는 점이 있는 것은 사실이다. 그러나 그 동안 한반도에 배치되어 있는 미국과 한국의 기존의 무기체계는 기술적으로 북한을 대상으로 한 무기체계로 이뤄져 있었으나, THAAD는 북한을 넘어 중국·러시아까지 영향을 미치는 탐지 체계 (X-band Radar)가 포함되어 있어서 주변국가들에게 영향을 미치고 있기 때문에 중국과 러시아는 한반도 내에 미국의 THAAD 설치에 반대하고 있다. 한국정부는 공식적으로 "Three No's" (미국으로부터 요청이 없었기 (no request) 때문에 협의도 없었고 (no consultation), 결정된 바도 없다 (no decision))의 입장을 취하고 있지만, 미국과 중국간의 경쟁이 점점 더 강화되고 있는 상황에서 한반도가 북핵문제에 이어 북한미사일 문제 / 미국의 MD 강화정책으로 또 다시 강대국정치의 장 (場)이 되고 있다.

위에서 지적한 여러 요인 때문에 한국에 미국의 THAAD를 설치하는 문제는 여러 주요 변수들을 고려하여 시간을 충분히 잡고 다뤄야할 문제지만, 해결 과정에서 두 가지 점을 고려해야 할 것이다. 첫째, 무기경쟁에서 발생하는 '안보 딜레마' (security dilemma)를 생각하면, 군사력 증강 위주의 안보는 그 자체가 국가안보를 보장해주는 가장 유용하고 효과적인 방법이 아니라는 점이다. 기본적으로 대화와 협상을 중시하는 정치외교를 통해 군사적 긴장과 안보위협을 감소시키는 노력이 이뤄져야만 안보가 가장 잘 보장되고, 그러한 맥락에서 군사안보도 제대로 된 의미를 갖게 되는 것이다. 둘째, 안보 딜레마 때문에 군사안보를 위해서도 대화와 협상을 중시하는 정치외교를 우선적으로

해야 한다는 점을 고려하면, 남북 간에 대화를 본격적으로 추진하여
한반도에서 군사적 긴장완화를 추구하는 것이 THAAD 배치보다 더 우선적으로
이뤄져야한다는 것이다. 지금 남북한 관계는 대화와 협상이 끊어진 상황에서,
군사적 수단에 더욱 의존하고 군사적 수단을 더욱 강화하여 군사안보를
성취하려고 하고 있는데, 이는 결코 바람직한 방향이 아니라는 것은 주지의
사실이다.

中日韩安全合作的困境与挑战

李庆四 [*]

东亚地区的两大热点，即朝核问题和中日钓鱼岛争端成为地区安全合作的障碍，但美国才是背后的真正角色。如果不在一揽子框架下综合解决朝核问题即把朝鲜方面的安全关切一起考虑，单独针对朝鲜的任何方案都不可能有令人满意的结果。同样，如果不从历史角度和国际法高度还原中日钓鱼岛争端的本来面目，而只是美日强压中国的任何方案，那么中日钓鱼岛冲突都不会有理想的出路。总之，无论半岛南北对立还是中日关系紧张，都与美国东亚战略目标脱不了干系。那么美日军事同盟是否符合地区其他国家利益？美日韩咄咄逼人的军事演习又对地区安全互信合作产生了哪些影响？如不能准确回答这些问题，东亚地区任何安全安排都不可能朝着积极有为的方向迈进。

一、东亚愈益突出的安全挑战

东亚的局势首推朝鲜半岛南北关系紧张。这一紧张局势既有历史遗留问题，又有多国推行的现实政策影响；既是域外大国插手本地区事务的结果，又是地区大国力量失衡冲击的产物。具体而言，有以下几个层面的挑战：

第一，朝鲜半岛南北对峙呈现间歇性螺旋式上升趋势，是东北亚军备竞赛的主角之一。无论经济建设工作多么紧迫，朝鲜很难改变先军政治方向，还会继续大幅提升其导弹技术和大规模杀伤性武器能力；财大气粗的韩国更不会示弱，2014 年军费开支

---

* 李庆四：中国人民大学国际关系学院外交系副主任，美国研究中心执行主任、教授。

344 亿美元，位列世界第十。韩朝关系自天安舰事件以来就在谷底盘旋，并随着双方国内政治情势的变化而波动，致使南北之间现在连起码的互信基础都没有。自 2014 年夏天突然而高调的体育外交之后，双方又陷入了近年来不断上演的紧张对峙恶性循环之中。更令人担忧的是双方不断试探对方的底线，朝方固执追求提升核和导弹能力、韩方空中投放反金正恩传单的做法、边境偶发的擦枪走火，特别是剑拔弩张的针对性军事演习等，都是消极、危险并不负责任的，结果只能是恶化而不是改善双边关系，也就不能改善自己的安全环境。半岛统一本来是南北双方自己的事情，由于外部势力特别是美国的介入而使问题复杂化。在找到解决途径之前，双方同意冻结相互挑衅，可能是对多方都有益的现实而明智立场。

第二，能够与朝鲜半岛紧张局势相提并论的，则是中日围绕东海钓鱼岛主权的竞争及对日本二战历史问题的分歧。近年来，中日东海军事上的对峙态势同样呈现危险性上升势头，这与自 2012 年石原慎太郎上演购岛闹剧以来日本的对华政策思维特别是其右翼势力不断坐大并左右日本政局相关。日本 2015 财年军费预算加上刚刚通过的 2014 财年补充预算案，实际防卫经费达约 5.2 万亿日元，创历史新高，是连续第三年增加。它大力发展海空力量，高调推出象征军国主义复活的出云号准航母，增强离岛防御的目的十分明确地指向与中国的军事对抗。特别是安倍高规格访美并签署新的防卫指针，针对中国的意图明显。日本核武能力更是世人皆知的公开秘密，它拖延归还美国提供其做研究之用的 300 公斤核材料的事实就很能说明问题。石原慎太郎一次在电视节目中出言"只要需要，日本在半年内就可以进行核武装"曾经震惊四座，实际上根据 2005 年解密的英国政府秘密文件，早在 1975 年当时的日本科技厅原子能课长就对英国大使馆说过"日本能够在三个月内实现核武装"这句话。从日本方面时而发出的"中国海军不堪一击"、"三天就能全歼中国海军"的嚣张言论来看，历史上一贯善于偷袭的日本仍然抱有铤而走险的侥幸心理，再制造一个珍珠港事件也在所不惜。作为二战东亚侵略国，日本不深刻反省历史罪行，向周边受害者真诚道歉和妥善赔偿，而是梦想重现所谓"历史荣光"，就连德国这样的旁观者和过来人都看不过去，实在是缺乏自知之明。

第三，美国这个域外大国的东亚安全政策目标产生的影响，事实上，中日韩之间的安全困境很大程度上是美国直接、间接插手的结果，美国甚至发挥着决定性作用。美国对朝鲜核问题揪住不放，但决不能解决，因为一旦解决便丧失了驻军韩国的正当理由；私相授受钓鱼岛主权给日本制造中日领土摩擦，旧恨再续新仇，让两个宿敌永无和解机会；炒作花样翻新的中国威胁论并利用亚洲再平衡策略等包围、压制中国。为应对所谓中国"威胁"，美国日益强化与日韩的军事联盟关系并不断升级演习等级，

还试图改变东亚地区传统的辐轴安全体系，推动日韩盟友关系缓和，提升其联合应对中俄竞争的能力以为自己分摊更多安全责任。更令人担忧的是，美国一再突破自己的二战结论底线，松绑并激发日本军事潜力，怂恿其军国主义极右势力不断抬头。目前，美国正迫使韩国在境内部署 THAAD 反导系统，再次把美韩与周边中俄朝关系推向矛盾的爆发点。能否应对这一新挑战，将是考验韩国领导人智慧的关键。

总之，无论是韩朝对立、中日冲突，还是美日韩与中俄朝事实上的阵营对抗，背后总离不开美国东亚政策的影子。美军在韩国的存在是导致半岛南北关系紧张的首要因素；它也是中俄被迫关注并卷入半岛事务进而加剧与美国对立的直接诱因。美国驻军日本过去有看管其军国主义抬头的意图，现在却与其沆瀣一气，堕落到与明目张胆的日本法西斯势力为伍，对中俄朝构成的严重威胁使东亚地区上空时刻笼罩着战争乌云。所以，对东亚中日韩安全合作而言，域外国家美国扮演的是十足的消极角色，实际是东亚安全合作的最大障碍。

二、中日韩安全困境形成的原因

如果说美国是导致朝鲜半岛地区局势动荡、中日东海争端的间接因素，那么美日韩频繁的联合军事演习活动就是东亚地区局势紧张的直接导火索。现在，朝鲜半岛安全局势与东海钓鱼岛冲突之间存在越来越明显的内在联动关系，这与美国近年来不断强调整合东亚盟友之间的安全合作息息相关。美国是要盟友为其东亚战略打前站，特别是怂恿日本给中国的崛起拖后腿，致使日韩扮演急先锋角色，自己则在一旁坐山观虎斗。

美国东亚地区安全政策的目标是什么呢？就是确保自己的主导地位不受挑战，为此必须控制日韩盟国，并借助盟友力量压制中俄对手影响力上升。怎样才能更好地控制日韩盟友？只有面临压力和威胁的日韩才有求于美国，心甘情愿地接受美国军事驻扎在自己的国土上。如果朝核问题解决了，中日钓鱼岛纠纷消失了，那么美国就难以压服韩日民族主义接受它的军事存在，也就失去了在东亚制衡中俄的前沿阵地了。所以，朝鲜的核和导弹能力虽然不能对美国构成威胁，但对于日本和韩国而言还是不安全的，美国拿朝鲜威胁说事也就有了市场。当然，朝鲜的核和导弹能力并不能无限增长，就是"狼来了"的游戏不能玩过头。同样，无论是朝韩冲突还是中日对决，也只能保持在引而不发的状态，或者最好是让中日两国相互消耗，不得安宁，这样既有利于控制盟友，又有利于击败对手，被盟友拖入战争泥潭并不符合美国利益。但作为不平等的联盟关系，日韩只有为盟主牺牲的份，不可能让盟主受损失。

外因是事物变化的条件，内因才是事物变化的根据。东亚的两个当事国日本和韩国，在中日韩安全挑战方面都有其各自责任，而且是不小的责任。日本作为历史上侵略过中国、现实中强占中国领土钓鱼岛的国家，在中日安全信任缺失上承担主要责任。一个不敢正视历史错误的民族不仅让中国不放心，也让亚洲邻国普遍感到不安。至于它违背二战共识即日本国土限于本州四岛而与中韩发生领土纠纷，则更让人警惕其一贯的侵略扩张野心。虽然没有人否认二战结束以来日本国内确实存在一批真心热爱和平的人士，但遗憾的是，奉行强硬政策的安倍持久不衰的高支持率，表明日本右翼势力社会基础广泛，而非我们一厢情愿认为的属于少数派，至少现在不是少数。对此，任何回避的或轻视的态度只能助长日本军国主义抬头。日本的不安也是中国上升势头刺激过猛的影响，因其在东亚独大地位被中国超过而忧心忡忡，于是抓住美国"亚洲再平衡战略"这根稻草。中日经济高度互补，过去10年中国作为其最大海外市场对日本复苏经济贡献很大，但日本的短视行为使中日从一度的政冷经热转为政冷经凉，无疑是双输的结果。截至目前，在美国的重要盟友中唯独日本没有加入亚投行，明面上是它对美国表忠心，暗地里是既想加入又对中国有所不服，足见其与中国结怨之深。

尽管中韩经济贸易及人员往来都达到了前所未有的程度，但双方政治安全互信却脆弱不堪。应该说中韩安全合作并不存在直接阻力，而在于两个间接障碍——美国和朝鲜。作为美国东亚重要盟友之一，面对朝鲜军事威胁的韩国倚重美国保护，而美国东亚政策目标却同时指向朝鲜和中国。其结果，韩国只得在经济上靠中国、安全上靠美国的两难之间走钢丝。在中国看来，没有理由无限容忍韩国从与中国巨额的贸易顺差中拿出钱来强化针对自己的军事同盟，所以，不可能永远从中美两边赚好处的韩国总有一天需要作出了断。事实证明，美韩强化军事联盟从来没有给韩国带来预期的安全。历史上，美国在关键时刻临阵脱逃让东亚盟友吃过不少苦头；现实中，正是包括美军威慑在内的美韩军事高压政策，刺激朝鲜破釜沉舟走上先军政治的决绝道路，这与韩国追求的半岛安全和最终统一目标背道而驰。如果说韩国因夹在中美大国之间而无法选择，那么它在南北关系上应有更大自由度，当年的"阳光政策"虽不令人满意，但毕竟是朝向和解和最终实现统一迈出的一步，与之相比，后来的政策只能说是一种倒退。可以说，韩国方面对于中国帮助其实现统一期望很高，一旦失望就迁怒中国。这显然高估了中国的能力，因为中国自身的统一都没有着落，对独立主权国家朝鲜哪有那么大影响力？因此，作为地区大国，中国应该提升影响力并担当起应有责任，更好地维护半岛的和平与稳定。

作为中日韩安全合作的当事一方，无论是主动还是被动，中国都要扮演一定的角色，产生一定的影响。虽然习近平主政以来的中国外交给人以更为积极进取的印象，

"韬光养晦"的口号不再经常挂在嘴边，甚至有人据此认为中国外交过于强硬，但那也是对过去 20 年过于谦让甚至忍辱负重外交作出的必要纠正，如果把过去的软弱当作新兴大国的新常态，既不公正也是刻舟求剑的心理作祟。这种外来的不公正预期加上中国国力的持续上升，刺激着中国民族主义情绪勃发，多见于网络舆论的表达。毕竟，中国的块头本身也足以构成压力，周边国家一时难免产生心理不适，尤以日本的危机感为甚，它希望抓住美国重返亚太这最后的机会在领土等问题上铤而走险。但总体上中国和平共处五项原则是要坚守的，面对成绩政府领导人的头脑还是清醒的，虽然日韩（和美国）也需要调整自己的心态——中国以和平方式实现国力增长本来比诉诸战争手段更应该得到这个世界的尊重，然而，世人尊崇的以战争武力崛起的规则不会因中国的例外而轻易改变。看来，中国试图打破以力服人的人类竞争传统任重道远，但也不能因为担心美日韩忧心而停止崛起的步伐。

美国不能因为其在东亚存在有传统、影响大而喧宾夺主，关键要看其所扮演的角色。冷战后，美国参加的几场战争及其目前的东亚政策表明，它在东亚只是"破坏力有余，建设力不足"。美国利益不仅与中国的不同，与日韩的也未必一致：它既限制中国崛起，也严厉控制日韩盟友。日韩对美国角色的倚重既是历史传统，也是当前国际现实。日韩追随美国在东亚只能持续撕裂地区的合作，如频繁的军事演习活动只能刺激中国的对等行动。日韩对中国影响力上升有压力和抵触情绪，这是美国利用美日韩同盟的机会所在，但却是中日韩关系的悲哀。特别是日本企图利用美国重返亚太战略抗衡中国并以此挣脱美国盟主的枷锁，是与其追求的正常化国家目标背道而驰的，因为不与周边国家和解的任何选择对日本而言最后都是死路一条。所以，美国主导下的东亚安全框架就是要分裂中日韩，只有这样才能实现其在东亚不受约束的霸权利益。相反，在冷战格局延续背景下面对围堵的中国，提倡的却是合作安全和共同安全，而非排他性安全安排。对此，日韩应顺势而为，共同努力解决互信难题，否则受损的只能是中日韩自己。

综上可见，中日韩安全挑战何其严峻！虽然人们习惯用一个巴掌拍不响对涉事双方各打五十大板，但毕竟是美国跑到中俄朝的家门口挑起事端，刺激朝鲜也连带着中国，通过日韩实现亚太地区霸权目标。万里之遥的美国不仅不会关心东亚和平与稳定，而且会成为地区稳定的隐患。如韩美同盟每增加一点军事压力，就会刺激朝鲜相应反弹，反而置韩国于更不安全地位。作为来自两个事实对立集团的中国与日韩，对抗本来是自然的、注定的、无法选择的。虽然日韩也有矛盾，但可在美国联盟体系内调解，而中日对抗本就是美国东亚战略题中应有之义。中日鹬蚌相争，必须付出代价，韩朝相斗同样如此，得利的只是背后的美国。

三，中日韩安全合作的出路

可以说，中日韩安全合作的出路既在于自己的努力，又不完全如此，这真是东亚人的悲哀。由于日韩并不能完全掌握自己的命运，作为其合作对象，中国就难有大的作为。在此背景下，需要中日韩拿出非凡勇气和超常智慧，在事关自身安全利益问题上咬定目标不放松。

首先，是如何对待美国高度介入并破坏三国安全合作的问题。鉴于历史和现实因素，美日韩军事联盟关系及美军在半岛和日本的驻扎短期内难以改变，日韩难以违背美国盟主意志而追求独立自主外交也是客观现实。中日韩安全合作的底线应该是在美日韩联盟体系框架下，尽可能接纳和适应中国角色，而不是追随美国遏制中国。毕竟美国的利益与日韩利益并非完全一致，有时甚至还会相悖，因为美国的兴趣是东亚的领导地位而非政局稳定和经济繁荣，为此造成地区冲突和局势紧张在所不惜，但这并不符合日韩经济发展利益。韩国的安全利益和未来统一关切，不能完全依赖美国，事实证明也是依赖不了的，即使日本也只能充当美国东亚战略的小卒子。这就要求日韩清醒认识美国利益毕竟与自身利益不同，适当保持距离、留有余地实为明智之举，而不是牢牢拴在美国战车上，因为即使美国也承认日本国家的最终正常化和韩国外交的真正独立迟早有一天会成为现实。

其次，日韩同样不能幻想自己的利益能凌驾于美国利益之上，任何企图利用美国势力为自己攫取额外好处的想法都不切实际。处于弱势的日韩面对中朝俄时，很想借助美国进行平衡甚至达到超额收益，上演小国"绑架"大国，实现浑水摸鱼的目的。日韩必须正视的一个现实是：夹在中美两大巨人之间的回旋余地可能没有想象的那么大，无论是钓鱼岛冲突还是建立 THAAD 反导系统，日韩借力大国谋求利益难免引火烧身：大国较量相持不下时小盟友可能要倒霉，如今乌克兰已为美俄暂时妥协付出代价就是证明。其实，美国领导的东亚军事联盟已成为阻碍中日韩实现共同利益的桎梏。过去，每当三国领导人把地区一体化目标向前推进一步，三国关系就会随即遭遇这样那样的挫折或者日本政坛动荡（鸠山由纪夫就是牺牲品），这表明三国自身因素固然不能排除，美国从中作梗的影响更大，因为它担心日韩与中国走近的结果会失去对盟友的控制力。为此，日韩既不要对美国盟友抱持过高期望，更不能把自身利益凌驾于美国利益之上，而是要抓住机遇推动与中国合作，因为这意味着更多的选择。

再次，中日韩要管控摩擦，站在历史高度眺望未来。常言道，远亲不如近邻。作为与中美两强都有良好关系的韩国，应成为沟通大国关系的桥梁，而不是在安全上紧

随一方排斥另外一方。但目前韩国面临的考验是美国正在推动建立的萨德反导系统。如果这对美国意味着对中俄朝的进一步威胁，那么韩国可能随之作为三国报复打击的升级目标，[1] 充当大国较量的炮灰。如果美国代表的是过去，中国很可能代表着未来，因此韩国不应追随美国打压中国，而应在中美之间留有余地。韩国应利用中韩 FTA 和加入亚投行的契机，与中国共同推动东亚经济一体化进程，在安全议题上止步不前时尽快落实两国 FTA 计划，同时与中国加强安全合作尤其是军事互信机制的建立，就等于给韩国安全上了双保险。不紧跟美国可能受到暂时惩罚，但从长远看则是合算的。鉴于中日的实力地位，两国关系将决定东亚安全合作的成败，这很大程度上取决于日本如何看待二战历史、如何摆放与中美两个大国之间的关系。如果日本紧抱着只代表过去的美国不放，却与代表未来的中国势不两立，它要失去的将不只是自身的经济利益，还有在亚洲地区的未来地位。

最后，东亚的未来应该由中日韩三国共同把握。正如中国国家主席习近平在 2014 年亚信会议上所讲，由欧美等外部势力主宰亚洲人事务的时代应该过去了，亚洲事务理应由亚洲人来处理，而不能把主动权交予他人之手。作为东亚成员，中国对于地区局势严重受制于外部势力而不得其解深感遗憾，因无力给地区带来更大安全保障而倍感压力。毕竟中美在东亚地区的利益诉求和政策目标不同，对该地区的政策结果自然迥异。中国深知周边地区的安稳与否直接关系到自身外部环境和发展目标，没有和平稳定的地区环境，就不可能有地区经济的发展和繁荣。因此，中国不仅不希望地区局势紧张，而且在对地区和平作出力所能及的贡献，如在安全议题举步维艰时，就努力推动事关各国切身利益的东亚自贸区建立。美国的诉求则相反，它在朝鲜半岛事务上喧宾夺主的深度介入、在中日钓鱼岛问题上由遮遮掩掩到公开高调给日本站台，看似为日韩利益着想，实则是以此为幌子实现其控制东亚地区局势，并与中俄大国竞争的企图而已。所以，美国的东亚战略目标，不仅直接危害中俄朝，最终也不利于日本、韩国利益的实现。

尽管亚洲人的事务应该由亚洲人来解决的表述并非意味着盲目排斥外部角色，但同样不能本末倒置。冷战结束以来的东亚地区在安全事务上一直唯美国马首是瞻，结果只能固化美国利益至上的地区安全传统。作为东亚经济充满活力、影响力不断上升的中日韩三国，现在完全有能力，更有必要加强合作，做到自己的安全利益自己做主。三国既有的经济和人员交流，是未来政治与安全合作的有力条件。

---

[1] 尹卓少将在中央电视台接受采访时表示，如果 THAAD 构成威胁，中国就予以清除。

中日韓安全協力の苦境と挑戦

李慶四 [*]

　　現在、北朝鮮の核問題と釣魚島（尖閣諸島）をめぐる中日紛争という東アジアの二つの難問が地域安保協力の障害になっているが、アメリカこそはその背後に隠れている本当のアクターである。一シリーズの枠組みのもとで北朝鮮の核問題を総合的に解決しようとしなければ、即ち北朝鮮の安全問題にかかわるすべての関係を考慮に入れなければ、北朝鮮だけに対する対策はいっさい望ましい結果をもたらすことができない。同じように、歴史と国際法の角度から釣魚島をめぐる中日紛争を本来の姿に返させなければ、米日が中国を迫らせるような方法はいっさい中日紛争を解決できない。とにかく、朝鮮半島の問題といい、中日の緊張関係といい、いずれもアメリカの東アジアに対する戦略と無関係ではない。では、米日軍事同盟は地域の他の国の利益と一致しているか、米日韓の合同軍事演習は地域の安全協力と相互信頼にどんな影響を及ぼすか、そういう問題に正確に解答できなければ、東アジアの安全面でのどんな活動も積極で有効的な結果に向かっていくことはできないだろう。

一、東アジアにおける安全への挑戦が際立っていく

　　北東アジアの情勢と言えば、まずは朝鮮半島での緊張している南北関係である。これは、歴史が残った問題もあるし、多国が行った現実政策の影響もあるからである。それは域外の大国が本地域の事務に干渉した結果であると同時に、本地域大国

＊　中国人民大学国際関係学院外交学部副主任，アメリカ研究センター執行主任、教授。

の国力がバランスを失って衝突した結果でもある。具体的にいえば、以下のような
いくつかの面での挑戦がある。

　第一に、朝鮮半島の南北対峙は断続的で螺旋状の発展ぶりを見せている。それは
北東アジアの軍備拡張競争のメインキャラクターの一員である。如何に経済発展の
仕事に迫られていても、北朝鮮は軍事を優先する政治方向を変えがたく、逆にミサ
イルの技術や大量破壊兵器の能力を大幅に高めようとしている。それに対して、金
持ちの韓国も負けずに 2014 年に 344 億ドルを軍事方面に使い、その金額が世界
でも十位であった。天安沈没事件以来、韓朝関係はそのままドン底に陥っていて、
また双方の国内の政治情勢の変化によって揺れ動いている。その結果、南北間に相
互信頼の最低限の基礎さえもないままである。2014 年の夏にいわゆる体育外交で
突然に騒いだが、後でまた近年来続いてきた緊張な拮抗関係の悪循環に戻った。さ
らに人に心配させるのは両国が絶えずに相手の限界を探ろうとしていることだ。北
朝鮮方面は核兵器やミサイルのレベルアップを頑固に求めようとしたり、韓国方面
は反金正恩のビラを空中投下したり、境界線で銃弾衝突を起こしたり、特に相手を
敵として一触即発の軍事演習をしたりするなど、それらはいずれも消極的で無責任
でかつ危険な行動であり、その結果は双務関係を改善ではなくただ悪化させる一方
で、まして自分の安全環境を改善するはずがない。朝鮮半島の統一問題はもともと
南北双方の問題であるが、外部勢力特にアメリカの介入によってより複雑化されて
いる。解決の道が現れる前に、双方がお互いへの挑発を止めるのは関係者にとって
も有益で現実的かつ賢明な選択だと思われる。

　第二に、朝鮮半島の緊張情勢に並ぶのが、釣魚島の主権と第二次大戦の歴史問題
をめぐる中日の競争と認識不一致の問題である。ここ数年東海の軍事において中日
間の対峙情勢も危険性が上がる方向を見せている。それは 2012 年に石原慎太郎が
島を購買する芝居を作ってから、日本の中国に対する考え方や、特に右翼勢力が拡
大しつつ東京政治を左右していることに関わっている。日本では 2015 年度の軍事
費用の予算に、採用されたばかりの 2014 年度補充予算を足すと、実際の防衛費用
が 5.2 億万円になる。それは史上最高の記録になり、また連続で 3 年目の増加に
なった。日本は海軍と空軍の軍事力を大いに発展させ、軍国主義の復活を象徴す
る「出雲丸」準航空母艦を大げさに押し出し、離島の防御を強化する目的を中国と
の軍事対抗に充分明確に指している。特に安倍首相がアメリカを訪問して新しい防
衛協力指針を改訂し、中国に対抗する態度が明らかになった。また、日本の核兵器
の能力は世間に知られている公の秘密である。日本はアメリカからもらった研究用

の核材料を未だに返していないのも何かを示している。石原慎太郎はあるテレビ番組で「必要なら日本は半年間に核武装が実現できる」と人々を驚かした。実際に、2005 年に公布されたイギリス政府の秘密文書によると、早くも 1975 年に日本科学技術庁の原子力係長がイギリス大使館に「日本は三カ月以内に核武装が実現できる」と言ったそうだ。日本側から時々出た「中国海軍は一撃にも堪えない」、「三日間に中国海軍を全滅できる」というような威張った言論から見れば、歴史上よく不意打ちをしてきた日本は相変わらず無謀な冒険をしても万が一成功したらという心理を抱えているようだ。第二次大戦における東アジアの侵略国家として、日本は当時犯した罪悪行為を深く反省せずに、隣国の被害者に誠実に謝罪と賠償をせずに、かえっていわゆる「歴史の栄光」の再現を夢見るとは、まさに己を知る明が乏しいにほかはない。そういう行為はドイツのような傍観者と経験者も見るに堪えなかった。

　第三に、域外の大国アメリカの東アジアに対する安全政策と目標が影響を与えている。事実上、中日韓の安全保障が苦境になっているのは、アメリカが直接に或いは間接に手を出した結果でもある。アメリカは北朝鮮の核問題に執着しているけれども、根本的に解決させない。なぜなら、そうしたら韓国に軍隊を駐在させる理由がなくなるからだ。それから、釣魚島の主権を勝手に日本に渡して中日の領土紛争を起こし、新しい恨みを重ねて、いつまでも中日を仲直りさせない。また、次々と新たな中国脅威論を捏造し、またアジアへのリバランスという戦略を利用して中国を抑制しようとしている。中国という脅威に対応するため、アメリカは日韓との軍事同盟関係を日々に強化し、合同演習のレベルを高め続けるだけでなく、アジア地域の伝統の輻軸の安全体系も変えようとしている。よって日韓同盟関係を緩和させ、共同で中国やロシアに対抗する能力を上げてより多くの安全責任を負わせるようにする。さらに人に心配させるのは、アメリカは何度も自分が出した二次大戦への結論を破り、日本の軍事潜在力を引き出し、その軍国主義を主張する極右翼の勢力が絶えずに前に出ることを唆していることである。現在アメリカはサードミサイルを韓国に強引に配備しようとし、再び米韓関係と周辺の中露朝関係をトラブルの爆発点に押していった。その新たな挑戦に応対できるかどうかは、韓国指導者の知恵が試練される肝心な問題である。

　とにかく、朝鮮半島に対立も、中日紛争も、また米日韓と中露朝の事実上の集団的な対抗も、その背後にはみなアメリカの東アジアに対する政策の影がある。韓国における米軍の存在は朝鮮半島の南北関係が緊張になった主な要因であり、また

中露も半島事務に巻き込まれてアメリカとの対立がより激化した直接の誘因である。そして、アメリカが日本に軍隊を駐在させるのは、昔はその軍国主義の台頭を監視するためだったが、現在は堂々と日本の右翼勢力と一緒になっている。それは中露朝にとって厳重な脅威になって、東アジアに戦争の可能性までももたらしている。ゆえに、東アジアの中日韓の安保協力にとって、域外の米国が果たしている役割は決定的で消極的なものであり、実は東アジア安保協力の最大な障害である。

二、中日韓安全苦境の形成原因

　まず、もしアメリカが朝鮮半島の動揺している情勢と中日の東海をめぐる紛争をなす間接的な要素だと言えば、米日韓の頻繁な共同軍事演習活動は東アジアの緊張な情勢をなす直接の導火線である。現在朝鮮半島の安全情勢と魚釣島をめぐる紛争の間に内在のつながりがますます明らかになっている。それは、近年来アメリカが東アジア同盟国との安全協力を強調し続けているのと深く関係している。アメリカはその東アジア戦略のために同盟国を押し出し、特に中国の台頭の邪魔をするように日本を唆してさせている。そうして日本や韓国に率先者の役を演じさせながら、自分は中日韓の争い合いを楽しんでいる。

　アメリカの東アジアに対する安全政策の目標は何であろう。その答えは自分の主導的な地位を保障することである。それを実現するために、日韓の同盟国をコントロールし、さらに同盟国の力を利用して中国やロシアという相手の影響力を抑制しなければならない。如何に日韓同盟国をよりよくこんとろーるできるか。日韓はプレッシャーや脅威に迫られて始めて、アメリカに助けを求めるため自国における米軍の駐在を甘んじて受けとめるのだ。そして、一旦北朝鮮の核問題や魚釣島をめぐる紛争が解決されたら、アメリカは日韓にその軍事存在を認めさせることも難しくなり、東アジアで中国やロシアを制約する陣地を失ってしまう。ゆえに北朝鮮の核兵器やミサイルの能力はアメリカにとっては脅威にならないが、日本や韓国にとっては安全ではないので、アメリカにそれを利用するスペースを提供した。もちろん、北朝鮮の核能力がいつまでも成長できるわけではないので、それを使って他の国を弄ぶにも限度があるはずだ。同じく、韓朝衝突にしても中日対決にしても、いずれも爆発点以下にコントロールしておき、或いは中日両国を相互に消耗させつつ平和状態にならせないのがアメリカにとって最も上の策であろう。なぜなら、それは同

盟国を支配にも、相手を潰すにも有利だからである。同盟国のため戦争に巻き込まれるのはアメリカの利益に一致しない。そういう不平等な同盟関係では、主宰者のため同盟国が犠牲を払うことだけはあるが、同盟国のため主宰者が損失を被ることは不可能である。

　次に、「外的要因は物の変化の条件であり、内的要因は物の変化の根拠である」というように、東アジアの二つの当事者である日本と韓国は、中日韓の安全問題においてそれぞれ大きな責任がある。日本は歴史上で中国を侵略し、現実で中国の魚釣島を強引に占領した国家として、中日の安全方面に信頼を欠くことに対して主な責任を取らなければならない。歴史上の罪を直視できないような民族は中国を安心させられないし、他の隣国にも不安に感じさせる。況や「日本の国土が本州の四つの島に限られる」という二次大戦後の共同認識を無視して中国や韓国と領土をめぐって争ったりして、いっそうその一貫した侵略と拡張の野望を人に心配させなくてはならない。もちろん、二次大戦が終わってから日本国内に心から平和を愛する人たちもいるが、残念ながら、強硬な政策を実行している安倍政府が長い間高い支持率を獲得してきたということは、日本の右翼勢力が広い社会基盤を持つことを表明している。それは我々が勝手に想像していた少数の人ではなく、少なくとも現在は少数の人ではない。その事実に対して一切の避ける或いは軽視する態度はただ日本の軍国主義の成長に助成するだけになる。もちろん、日本の不安は中国の成長する勢いが猛烈であることが招いた結果でもあるが、自分の東アジアにおける一番の地位が中国に取られるかと心配している結果、アメリカのアジアへのリバランス戦略を最後の助けとして手離せないのである。中日経済は高度に補い合い、過去10年間中国は最大の海外市場として日本の経済復興に大きく貢献してきたが、しかし日本の近視眼的な行為は中日関係を前の政冷経熱から今の政冷経冷へと導いて、それは両方にとっても負けだということは言うまでもない。アメリカの重要な同盟国の中で今までアジアインフラ投資銀行に参加していないのは日本だけであり、それは日本がアメリカに対して忠誠度を表しているように見えるが、実は日本が参加したいながら中国に負けず嫌いの気持ちを抱えている結果でもある。そのことから日本と中国の間に深い恨みがあると分かるだろう。

　そして、中韓の経済貿易や人員往来が今までもなく頻繁であるにもかかわらず、双方の政治安全における相互信頼が頗る乏しい。中韓間の安保協力は直接の障害がないけれども、アメリカと北朝鮮という二つの間接的な妨害要素がそこに立っている。アメリカの東アジアの重要な同盟国として、北朝鮮から軍事脅威に直面すると

き韓国はアメリカの力を頼りにするが、しかしアメリカのアジア政策が同時に中国と北朝鮮に目標を当てている。その結果、韓国は経済面で中国に近寄り、安全面でアメリカに近寄るというジレンマに陥っている。中国側からすれば、韓国が中国から巨大な貿易黒字をもらって中国を敵とする軍事同盟の強化に使うことをいつまでも許すはずがないので、中米両方から利点をもらってきた韓国はいつか道を選ばなければならない。ただ、米韓軍事同盟の強化が韓国に予期の安全を与えたことは一度もないというのは、事実によって証明された。歴史上、アメリカが肝心なところを逃げてしまって同盟国にずいぶん苦労させたことがあるし、現実中、米軍の脅威を含める米韓軍事高圧政策こそは北朝鮮を思い切って軍事優先の危ない道へ走らせてしまった。それは韓国が朝鮮半島の平和を求める目標と完全に逆になっている。もし中米両大国の間に挟まれたので選択できないというなら、南北問題においては韓国はもっと自由のスペースが持てるはずだが、当時の太陽政策が芳しくはなかったけれども、それより以後の政策のほうはさらに後退していると言わなければならない。韓国側は朝鮮半島の統一のため中国に大きく期待していて、一旦失望したらすぐ中国に八つ当たりすると言ってもよいが、それは明らかに中国の能力を高く評価していたからだ。中国は自分の統一もまだ実現していないのに、独立の主権国家である北朝鮮にそれほど大きな影響力を持つはずがない。もちろん、地域の大国として中国は自分の影響力を上げてそれなりの責任を担って、朝鮮半島の平和と安定をよりよく維持しなければならない。

　それから、中日韓安保協力の当事者の一員として、中国は自発的でも受動的でも必ず一定の役割を果たし、それなりの影響を及ぼさなければならない。習近平主席が政務を執ってから中国の外交は一層積極的なイメージを与え、自己韜晦というスローガンもそれほど頻繁に聞かれなくなったが、強硬だと思う人さえもいる。しかし、それは過去 20 年間謙譲しすぎて乃至恥を忍んで重責を担ってきた中国外交に対して必要な修正であり、過去の外交状態を新興国家の常態にするのは、公正なやり方でもなく、時代遅れで融通が利かない観念が働いた結果でもあろう。そういう外来の不公正な期待と中国国力の持続的な向上が中国民族主義的な情緒の多発を刺激して、インターネットの発言によく表れる。基本的にいえば、中国の規模そのものがプレッシャーにもなり、周りの国家が一時心理的に慣れないのも当然のことである。その中に日本が最も危機感を持っているので、アメリカのリバランスという最後のチャンスを掴まえて領土関係の問題で賭けようと考えているようだ。しかし全体的にいえば、中国の平和共存五原則は厳守しなければならないものであり、政

府のリーダーたちも今まで獲得した成績に対してはっきりした認識を持っている。同時に、日本や韓国（アメリカも含めて）も自分の心理を調整する必要がある：もともと戦争の手段より、中国が平和の方式を以って国力を充実するほうは世界に尊敬されるべきである。しかし、世間の人々は戦争で大国になるというやり方を崇拝し、その態度は簡単に中国の例外で変わらないので、暴力崇拝の伝統を打ち壊すには中国の道はまだ遠い。それにしても、中国は米日韓などが心配しているから自分の発展を止めようというわけにもいかない。

　アメリカについては、それが東アジアで伝統的に大きな影響力を持つから認められるべきだというわけではなく、肝心なのはそれが演じている役のことなのだ。冷戦後アメリカが参加したいくつかの戦争や今までの東アジア政策からはっきりと分かるように、アメリカが東アジアで果たしているのは建設ではなく、破壊の役割だけである。アメリカの利益は中国のと違うだけでなく、日韓の利益とも必ずしも一致ではない。それが中国の発展を制限していながら、日韓の同盟国も厳しくコントロールしている。それに対して、日韓はアメリカに大きく頼るのが歴史伝統で、また現在の国際事情である。日韓がアメリカに従うのは地域協力関係を破壊し続け、例えば頻繁な軍事演習が中国の同じ反応を刺激してしまうほかはない。日韓が中国の向上の影響力に反感を持つのは、アメリカに米日韓同盟を利用するチャンスを提供しているが、それこそ中日韓関係の哀れなところである。特に日本がアメリカのリバランス戦略を利用して中国と対抗しまたアメリカ主導から逃れようとするのは、日本の正常化国家を求める目標と正反対である。なぜなら、周辺国家と仲直りしない選択は日本にとってすべて出口のない道だからである。ゆえに、アメリカ主導の東アジアの安保枠組みが中日韓を分裂し、それによって東アジアで制限されない覇権利益が獲得できるのだ。逆に、冷戦期から封じ込められていた中国に対して、アメリカは排他的な安全ではなく、協力安全と共同安全を提唱していた。それに対して、日韓は時代の流れに従って、相互信頼の難問を協力して解決しようとすべきだ。でないと、損をするのは中日韓自分自身だけである。

　以上で述べたように、中日韓の安全問題はなんと深刻であろう。相手のない喧嘩はできないと言われているけれども、あくまでアメリカは中露朝の家まで行って喧嘩を仕掛けて北朝鮮また中国を挑発し、日本や韓国を利用してアジア太平洋地域でのヘゲモニーを握ろうとしている。万里の域外にあるアメリカは東アジアの平和や安定に関心を持たないだけでなく、本地域の安定にとって隠れた危険でもある。例

えば、米韓同盟が軍事的なプレッシャーをかけるたびに、北朝鮮が刺激されてそれなりに反応するので、逆に韓国を安全ではない環境に落としてしまう。事実上対立している中国側と日韓側にとって、元から対抗関係は自然のものであり、選択できない運命的なものである。日本と韓国の間にも対抗関係もあるが、それがアメリカ主導の同盟体制の中で解消できるし、そして中日の対抗は元々アメリカの東アジア戦略の中にある内容である。中日の紛争は犠牲を払わなければならないと同様、韓朝の争いも同じようなものであり、結局利益を得たのが背後に隠れているアメリカだけである。

三、中日韓安保協力の活路

中日韓安保協力の活路は自分の努力によるものであると同時に、それだけでもないものであると言ってもいい。それは東アジア人の哀れである。日本や韓国は自分の運命を自由に左右できないので、協力パートナーとしての中国は働くスペースがごく限られている。そういう事情を背景にして、中日韓が非常な勇気と知恵を出して、自分自身の安全と利益に関する問題において目標に粘り強く固執する必要がある。

まず、アメリカが高度に三国の協力関係に干渉及び破壊することに対していかに対応すべきか。歴史と現実の要素を考えれば、米日韓軍事同盟や半島と日本における米軍の駐在は短期内に変化が発生しがたいし、日韓がアメリカの意志を無視して独立の自主外交を求めるのも困難である。そして、中日韓安保協力の限界は、アメリカに従って中国を抑制するのではなく、なるべく米日韓同盟体系の枠組みの中で中国を引き受けて適応しようということにあるはずである。結局アメリカの利益と日韓の利益とは完全に一致しているわけではなく、時々相違するこもある。なぜなら、アメリカは東アジアの安定な政治情勢や繁栄の経済ではなく、その主導地位にだけ興味があるのであり、そのために地域衝突や緊張した情勢を引き起こしても構わないと考えるが、それが日韓経済発展の利益に合致しないからである。韓国の安全利益と統一事業は完全にアメリカを頼りにできず、それがすでに事実によって証明されたことである。日本でもアメリカの東アジア戦略を実現するための道具だけである。ゆえに、日韓はアメリカの利益と自分の利益とに差があることをはっきりと認識する必要があり、アメリカにしがみ付くのではなく、代わりに適当な距離を置くことこそ賢明な選択であろう。実際に、日本の国家正常化と韓国の独立した外

交が現実になる日は必ず来るとアメリカでも承認している。

　次に、日韓は自分の利益をアメリカの利益の上に置こうと妄想してはならず、自分の利益のためにアメリカを利用するのは一切非現実なことである。劣勢に立つ日韓が中朝露に対して、アメリカの力を借りてバランス乃至定額以外の利益を図ろうとしている。しかし、小国が大国を拉致して火事場泥棒をしようというゲームは実に危険である。日韓が認めなければならないのは、中米の間に残っている空間が想像されたほど大きくないということである。魚釣島衝突といい、サードミサイル配備といい、日韓が大国を弄ぼうとすれば却って自ら災いを招くことになりかねない。大国が対抗しているときその小さな同盟国が犠牲を払うことがよくある。現在アメリカとロシアとの拮抗中にウクライナがひどい目にあったのがその例である。実際に、アメリカ主導の東アジア軍事同盟がすでに中日韓の利益獲得の束縛になっている。過去から、三国の指導者たちが地域一体化の目標を前へ進めるたびに、三国関係がすぐあれこれと挫折してしまい、或いは日本の政局が大きく揺れ動いてしまう（例えば鳩山由紀夫の場合）。それは三国自身の原因もあるが、アメリカの及ぼした影響のほうが大きい。アメリカは日韓が中国に近寄りすぎてコントロールされなくなるかと心配しているからだ。そのため、日韓はアメリカに対して非現実的な期待を抱えてはならず、また機会を捕まえて中国との協力を推し進めなければならない。それがより多くの選択を意味している。

　それから、中日韓はトラブルの管理をし、歴史の立場で未来を眺めなければならない。「遠い親戚より近い隣人のほうがいい」とよく言われている。元々中米ともよい関係を持つ韓国は、安全問題で一方にしがみ付きもう一方を離そうというやり方を止め、大国コミュニケーションの掛け橋になるべきである。しかし、現在韓国が直面しているのはアメリカからのサードミサイル配備の問題である。もしそれがアメリカから中露朝へのより深い脅威を意味すれば、韓国はその三国の復讐するターゲットになりかねなく[1]、大国対抗の犠牲になってしまうかもれしない。事実上、アメリカが韓国に与えられるものは中国も与えられるし、さらにそれ以上のものも可能である。もしアメリカが過去を意味するとすれば、中国は未来を意味すると言えるかもしれない。ゆえに、韓国はアメリカに従って中国を制約しようとすべきではなく、代わりに中米の間にスペースを残しておいたほうがよかろう。韓国として

---

[1]　国営中央テレビの番組で、尹卓少将が「サードミサイル配備が脅威になったら、中国はそれを消してやる」と言った。

は、中韓 FTA とアジアインフラ投資銀行への参加をきっかけとして、中国と一緒に東アジア経済一体化の目標を推し進め、そして安全事業が捗らない時になるべく早く両国 FTA を遂行させ、同時に中国と安保協力を強化して特に軍事面での相互信頼関係を築くべきである。そうしたら二重の保障ができるようになる。アメリカと別れれば暫く処罰を受けるかもしれないが、長期的に見れば採算がとれるようになる。また、中日の実力や地位を考えると、両国関係は東アジア安保協力の成功か失敗かを決めるポイントである。さらに、それは日本が如何に二次大戦の歴史を認識するか、如何に中米両国の関係を取り扱うかによって大きく決められる。もし日本は過去を意味するアメリカにしがみ付いて、将来を意味する中国と両立しないとするなら、自身の経済利益だけでなく、将来のアジア地域での地位も失うことになりかねない。

　最後に、東アジアの将来は中日韓三国が共同で把握するべきものである。中国国家主席習近平が 2014 年のアジア相互協力と信頼醸成措置の会議で発言した通り、欧米などの外部勢力によってアジアの事務が決定される時代がすでに過去になったはずであり、アジアの事務はアジア人が処理すべき、その主導権を他人に手渡してはならないのだ。東アジアの一員として、中国は地域情勢が外部の勢力に深く支配されることに対して大変不思議かつ残念に思い、そして地域安全により多くの保障が与えられないことに対して非常なプレッシャーを感じている。中国とアメリカは東アジア地域における利益要求と政策目標が根本的に違うので、本地域に齎す政策結果が自然に遙かに異なる。平和で安定した地域環境がなければ、地域の経済発展と景気は不可能であると、中国は周辺地域の安定さが自分の外部環境と発展目標に直接関係することを深く承知しているので、地域の緊張した情勢を望まないだけでなく、地域の平和のためになるべく貢献しようとしている。例えば、安保協力の事業がなかなか進まない時、中国は各国の利益に切実にかかわる東アジア自由貿易区の成立を推し進めようとしている。それに対して、アメリカは正反対の希望を持っており、朝鮮半島の事務に過度に干渉したり、中日の魚釣島問題で日本の立場をとったりして、日韓のために思っているように見えるが、実はそれを看板にしながら東アジア地域を支配して中国やロシアと競争しようとしているだけである。ゆえに、アメリカの東アジア戦略の目標は、中露朝に危害を及ぼすだけでなく、最終的に日本や韓国の利益実現のためにも良くないものである。

　アジアの事務はアジア人が決めるべきだという発言は外部の要素を盲目に排除すると意味しないが、同じく逆の場合にもなってはならない。冷戦後東アジアは安保

面でずっとアメリカの意見を優先させてきているが、それがアメリカの利益を至上とする地域安全伝統を固定化させる結果になるだけである。アジアで経済が活発化し影響力も向上している中日韓三国は、現在協力を強化して自分の安全利益を自分で決めるようにする必要と能力が十分にある。また、三国既存の経済交流や人員往来は将来政治と安全の協力の有力な条件になるだろう。

（劉麗嬌　訳）

중일한 안보 협력의 곤경과 도전

李庆四 [*]

동북아지역의 2대 이슈, 즉 북한 핵문제와 중일 댜오위다오 영유권문제가 지역 안전 협력의 걸림돌로 되었다. 허나 그 배후는 바로 미국이다. 일괄적인 틀안에서 북핵문제를 종합적으로 해결하지 않고, 즉 북한의 안전을 고민하지 않는 오로지 북한만을 겨냥한 그 어떤 방안도 만족스런 결과를 얻을 수 없다. 중일 댜오위다오 문제도 마찬가지로 역사적 측면으로부터 국제법에 따라 중일 댜오위다오 문제의 진실을 환원하지 않고 미국이 중국을 압박하는 그 어떤 방안도 좋은 결과를 거둘 수 없다. 조선반도의 남북 대립이든 중일 관계의 긴장이든 모두 미국의 동아시아 전략과 갈라 놓을 수 없다. 미일군사동맹은 지역 기타 국가 이익에 부합되는지, 한 미 일의 기세 등등한 군사연습 또한 지역 안전과 상호 협력에 어떤 영향을 끼칠 것인가? 이런 문제들에 대해 정확히 해답할 수 없다면 동아시아지역의 그 어떤 안보상황도 적극적인 면으로 발전할 수 없다.

1. 동아시아지역의 날따라 심각해지는 안보 도전

동북아 정세라면 첫 손에 꼽히는 것이 바로 한반도의 긴장과 남북한관계이다. 이런 긴장 정세는 역사적 문제뿐만 아니라, 여러 국가들이 실시하는 현실적인 정책 영향 및 지역외 대국이 본 지역 사무에 참여한 결과인 동시에 지역 대국 역량들이 평형을 잃으면서 생겨난 산물이다. 구체적으로 하기 몇가지이다.

첫째, 한반도 대치는 간헐적 나선형 상승 추세를 나타내며 동북아 군비

---

* 중국인민대학 국제관계학원 외교학부 부주임, 미국연구중심 집행주임, 교수.

경쟁의 주요 대상이다. 경제건설이 아무리 시급하더라도 북한은 선군정치를 쉽게 개변하지 않을 것이며 미사일 기술과 대량 살상무기 기능을 대폭 제고시킬 것이다. 한국의 2014년 군비 지출은 344억달러로써 세계 제10위를 차지한다. 남 북관계는 천안함사건이후로 밑바닥에서 선회하고 있으며 국내 정치정세의 변화에 따라 변하면서 남북간에는 최저의 신뢰적 기초도 없게 되었다. 2014년 여름의 체육 외교이후, 쌍방은 또 다시 긴장한 대치 국면의 악순환속에 빠져들었다. 더욱 우려를 자아내는 것은 상대방의 마지노선을 자꾸 탐색하는 행위이다. 북한의 핵과 미사일 기능을 제고할려는 행위, 한국의 반 김정은 전단지 투여, 변경에서 가끔 발생하는 총격사건, 특히 군사연습 등은 모두 소극적인 위험으로써 책임성이 없는 행위이다. 이는 결과를 더욱 악화시킬 뿐 양국 관계는 물론 자신의 안보환경도 개선할 수 없게 된다. 한반도 통일은 남북 쌍방의 일이다. 외부 세력 특히는 미국의 개입은 문제를 더욱 복잡하게 만들 뿐이다. 해결 방법을 찾기 전, 쌍방은 서로에 대한 도발을 동결하는데 동의하였는데, 이는 여러 측의 이익에 유리한 명지하고도 현실적인 입장이다.

둘째, 한반도의 긴장 정세와 함께 손 꼽을 수 있는 것은 바로 중국과 일본이 동해의 댜오위다오를 둘러 싼 주권분쟁 및 일본이 2차대전 역사문제에 대한 분기이다. 최근, 중국과 일본의 동해에서의 군사적 대치는 위험성 향상 추세를 띄고 있다. 그 원인은 2012년 이시하라 신타로의 황당한 댜오위다오 구매사건이래 일본이 중국에 대한 정책과 일본 우익세력들이 도쿄 정치를 좌우지 할 만큼 세력이 확대된데 있다. 2015년 재정연도 예산 및 갓 통과한 2014년 재정연도 보충예산안을 본다면 실제방위 경비가 5.2만억엔에 달하여 새로운 역사 최고치를 기록하였으며 연속 3년째 증가하고 있다. 일본은 해공역량을 대대적으로 발전, 군국주의의 부활을 상징하는 이즈므호 준항모를 출시하였는데 중국과의 군사 대항을 위한 섬 주위 방어 강화 목적이 아주 뚜렷하다. 이외 일본의 핵 무기 능력은 이미 세상에 알려진 공개적 비밀로써 미국이 연구용으로 빌려준 300키로의 핵자료를 줄곧 질질 끌며 반환하지 않은 사실도 이 문제를 아주 잘 설명해준다. 이시하라 신타로는 TV 출연 중, "필요하다면, 일본은 반년안에 핵무장을 할 수 있다" 발언으로 모두를 놀랍게 한 적이 있다. 영국이 2005년에 해독한 영국정부 비밀문서에 따르면 1975년, 일본 과학기술청 원자에너지과장은 영국 대사에게 "일본은 3개월내에 핵무장을 할수 있다"고 말한 적이 있다. 일본은 "중국 해군은 일격도 견디지 못할 것", "3일이면 중국 해군을 전부 소멸"한다는 말들을 내뱉었는데, 이는 기습을 좋아하는 일본이 아직도 이판사판의 요행 심리로 또 한차례의 진주만사건을 빚어낼 수도 있음을 설명해준다. 2차대전의 동아시아 침략국으로써 일본은 역사적 죄행을 깊이 반성, 주변의 피해자들에게 진심으로 사과 및 배상하지 않았을 뿐만 아니라 "역사적 영광"을 재현할려고 꿈꾸고 있어 독일과 같은 나라들도 차마 눈 뜨고 보기 힘들어 한다.

셋째, 미국의 동아시아안보 정책의 영향. 중일한간의 안보 곤경은 아주 크게는 미국이 직접 혹은 간접적인 간섭으로 초래한 것으로서 아주 결정적인 역할을 하고 있다. 미국은 북한 핵문제를 물고 놓지 않으며 절대 해결하려 하지 않는다. 댜오위다오의 주권에 대하여 일본과 암거래 하여 중국과 일본의 영토 분쟁을 야기, 새로운 중국 위협론을 선동, 아시아 재균형전략으로 중국을 억제하려 한다. 소위 말하는 중국의 "위협"에 대응하기 위하여 미국은 한 일과의 군사동맹관계를 날따라 강화하고 끊임없이 군사연습의 등급을 업그레이드, 아시아지역의 안보체계를 개변할려 시도, 한 일 맹우 관계의 완화를 촉진, 중국과 러시아와의 경쟁에 연합 대응하는 능력을 제고하여 자신에게 더욱 많은 안보 책임을 쟁취하려 한다. 더욱 사람들의 우려를 자아내는 것은 미국은 자신의 2차대전 결론을 줄곧 어겨가며 일본의 군사 잠재력을 묵인 및 불러일으켜 군국주의 우파세력들로 하여끔 머리를 쳐들게 하였다. 현재 미국은 한국 국내에 THAAD 반미사일 시스템을 설립하도록 강박하고 있으며 한 미와 중 러 조의 관계를 갈등의 폭발점으로 몰아갔다. 이런 새로운 도전에 어떻게 대응할 것인가는 한국 지도자들의 지혜를 검증하는 관건이다.

남북 대립이든, 중일 충돌이든, 한 미 일과 중 러 조 진영 대립이든, 모두 미국의 동아시아정책과 갈라놓을수 없다. 미군이 한국에서의 존재는 남북관계를 긴장하게 만든 주요 요소이다. 이 또한 중국과 러시아가 반도사무에 말려들도록 강요하여 중 러와 미국의 대립을 더욱 악화시킨 직접적 유인이다. 미군의 일본 주둔은 과거에는 군국주의를 감독하기 위한 것이었지만 현재는 머리를 쳐들려하는 파쑈세력과 손 잡을 지경에 이르렀으며 중 러 조 및 전체 동아시아지역에 심각한 전쟁 위협을 가져다 주었다. 동아시아의 중일한 안보협력에 대하여 본다면 지역외 국가인 미국의 역할은 결정적인 소극적 역할이고 동맹에 대한 영향은 사람들의 상상을 초과할 만큼 크다.

2. 중일한 안보 딜레마의 형성 원인

만약 미국이 한반도 지역의 긴장과 중일 동해 분쟁의 간접 요소라면,

한 미 일의 빈번한 연합 군사엽습활동은 동아시아지역의 긴장 국세를 조성한 직접적 도화선이다. 현재, 한반도의 안보국세와 동해 댜오위댜오 충돌간에는 점차 더 뚜렷한 내재적 관계가 존재하고 있으며 이는 미국이 최근 들어 동아시아 동맹국간의 안보 협력을 줄곧 강조해 온 사실과 밀접한 관련이 있다. 미국은 동맹을 자신의 동아시아전략의 선발대로 이용하며 특히 일본을 부추겨 중국 궐기과정의 걸림돌로 되게 하고 일본과 한국을 최선봉으로 세우고 자신은 강 건너 불 보듯하다가 어부지리를 얻을려 하고 있다.

미국의 동아시아지역 안보정책의 목표는 무엇인가? 바로 자신의 주도적 지위가 도전 당하지 않도록 하는 것인데, 이를 위해서 한일 동맹국을 통제, 동맹국의 힘을 빌어 중국과 러시아의 영향력을 억제하는 것이다. 어떻게 하면 한 일을 더욱 잘 통제할 것인가? 오직 한국과 일본이 압력과 위협에 직면할 때만이 미국을 필요로 하고 기꺼이 자신의 국토에 미군을 주둔하게 한다. 만약 북한 핵문제가 해결되고 중일 댜오위댜오 분쟁이 사라진다면 미국은 한 일의 민족주의를 누르고 군사존재를 받아드리도록 하기 힘들며 이렇게 된다면 중국과 러시아를 억제할 수 있는 동아시아에서의 최전방 진지를 잃게 된다. 북한의 핵이나 미사일 능력이 미국에 대하여 위협을 줄 수는 없지만 일본과 한국을 놓고 볼 때 여전히 불안하다. 미국의 북한 위협론은 여전히 시장이 있다. 물론, 북한의 핵무기와 미사일 능력도 무제한으로 향상되는 것이 아니기에 위협을 표방하는 게임도 어느 정도까지만 가능하다. 남북충돌이든 중일 대결이든 모두 폭발하지 않는 선에서 통제하여야 한다. 가장 좋기는 중 일 양국이 상호 소모하고 편안할 날이 없도록 하여야 한다. 이는 동맹국을 통제하는데 유리할 뿐만 아니라 상대를 제압하는데도 유리하다. 동맹국에게 연루되어 전쟁속에 빠져드는 것은 미국의 이익에 부합되지 않는다. 불평등 연맹 관계로써 맹주를 위하여 희생만 할 수 있을 뿐, 맹주에게 손실을 안겨줄 수는 없다.

외적 요소는 사물 변화의 조건이고 내적 요소는 사물 변화의 근거이다. 동아시아의 두개 당사국인 일본과 한국은 중일한 안보 위험에 대해 모두 어느 정도의 책임이 있다. 일본은 역사적으로 중국을 침략했었고 현실속에서 중국의 영토인 댜오위댜오를 강점한 국가로써 중일 안보 신뢰결핍면에서 주요한 책임이 있다. 중국을 포함한 아시아 이웃 나라들은 모두 역사적 착오를 직시하지 못하는 민족에 대해 안심할 수 없다. 2차 대전의 공동 인식을 위배, 즉 일본 국토는 혼슈 4개섬에 제한된다는 것을 위배하고 한 중과 영토 분쟁을 일으켰는 데 이 또한 그 침략 확장 야심에 대한 경각성을 불러 일으킨다. 비록

2 차대전후 , 일본에도 진심으로 평화를 사랑하는 사람들이 있지만 강경정책을 실시하는 아베에 대한 지속적인 높은 지지율은 일본 우익세력들의 사회적 기초가 아주 광범위하며 , 우익 세력 지지자들은 우리가 알고 있는 것처럼 소수가 아니라 적어도 현재로써는 적지 않음을 설명해준다 . 회피나 소홀히 하는 태도는 군국주의로 하여금 다시 머리를 쳐들게 할 수 있다 . 중국의 과열된 상승 추세는 일본의 불안을 어느 정도 초래하였다 . 동아시아에서의 원톱 지위가 중국에 차츰 추월당하던 일본은 우려 끝에 미국의 아시아 재균형 전략을 꼭 붙잡고 필사의 발악을 시작하였다 . 중일 경제는 서로 보충하고 보완한다 . 과거 10 년간 중국은 일본의 최대 해외시장으로 일본의 경제 복구에 큰 공헌을 하였다 . 허나 일본의 좁은 안목은 중국과 일본이 정치만 냉각되고 경제는 여전히 활발하던데로부터 정치와 경제가 모두 냉각된 국면을 초래하였다 . 현재까지 미국의 수많은 동맹중에 일본만이 AIIB 에 가입하지 않았는데 이는 표면적으로는 미국에 대한 충성이지만 , 암암리에는 가입하고 싶지만 중국을 인정하기 싫은 것인데 , 이 또한 중국과 일본의 원한이 점점 깊어져가고 있음을 보여준다 .

중국과 한국 경제 무역 및 인원 왕래는 전례없는 수준에 이르렀지만 정치 안보면에서의 상호 신뢰는 아직도 너무 취약하다 . 중국과 한국의 안보 협력에는 직접적 저애력이 존재하지 않으며 두개의 간접적 저애가 존재하는데 바로 미국과 북한이다 . 한국은 미국의 동아시아 중요 동맹중의 하나로써 북한 군사위협에 직면하여 미국의 보호에 의지한다 . 허나 미국의 동아시아 정책의 목표는 북한과 중국 두 나라이다 . 그 결과 , 한국은 경제적으로 중국에 의지하고 안보면에서 미국에 의지하는 양난의 위태로운 경지에 처했다 . 중국과의 거액의 무역순차를 통해 돈을 벌어 자신을 겨냥하는 군사동맹을 강화하는 것을 베이징은 계속하여 용납할수 없으며 언젠가는 중국과 미국사이에서 모두 이익을 보는 한국과 정리를 하게 될 것이다 . 사실이 입증하다 싶이 한미 군사동맹의 강화는 종래로 한국에게 예기했던 안전을 가져다 주지 못했다 . 관건적 시각에 미국은 뺑소니쳐 동아시아의 동맹국들에게 손해를 안겨 준 일이 역사적으로 한두번이 아니다 . 현실적으로 미군의 위협을 포함한 한미 군사 고압 정책은 북한이 선군정치의 길을 걷게 된 주요 요인이며 이는 한반도의 안전과 최종적 통일이라는 목표와 서로 어긋난다 . 만약 한국이 중미 대국사이에서 선택할 수 없다면 , 반드시 남북관계에 있어서 더욱 큰 자유가 있어야 한다 . 예전의 햇빛 정책은 비록 기대했던 효과를 거두지는 못했지만 화해와 통일을 위하여 한 발 더 나아간 것은 사실이며 그 후의 정책들은 퇴보라고 말할 수 밖에 없다. 한국은 통일을 실현함에 있어서 중국의 도움을 기대하지만 실망하게 된다면 중국에 화풀이를 한다. 이는 중국 능력에 대한 과대평가라 할수 있다. 중국은 자체 통일도 실현하지 못한 상황에서 어떻게 주권 국가인 북한에 그토록 큰 영향력을 끼칠 수 있단 말인가? 지역 대국으로써 중국은 영향력을 제고하고 그에 알맞는 책임을 가져야 하며 반도의 평화와 안정을 더욱 잘 수호하여야 한다.

　　중일한 협력의 당사국으로써 주동적이든 피동적이든, 중국은 모종의 역할을 맡아야 하고 어느 정도의 영향력을 발휘하여야 한다. 시진핑 집권이래, 중국 외교는 더욱 적극적이고 진취적인 인상을 심어주었으며 도광양회의 구호도 이젠 자주 들리지 않는다. 이에 대하여 일부 사람들은 강력하다고 생각하기도 하지만, 이는 과거 20년간 과도한 양보와 치욕을 참아가면서까지 견지해온 외교에 대한 필요한 시정이다. 만약 과거를 신흥 대국의 새로운 정상 상태라고 한다면 이는 불공정한 것이고 각주구검의 심리가 장난 치는 것이다. 이런 외부적 불공정과 중국 국력의 지속적인 강화는 중국 민족주의 정서를 자극하였는데 인테넷 언론에서 많이 찾아 볼 수 있다. 중국의 덩치만으로도 압력을 느낄 수 있어 주변 국가들은 일시적으로 심리 적응이 안될 수 있다. 특히 일본의 위기감이 더 커 미국의 아태 복귀라는 마지막 기회를 잡고 영토 등 문제에서 최후의 발악을 하고 있다. 허나 중국은 총체적으로 평화적 공존의 5개 원칙을 견결히 준수하고 정부 지도자들은 명석한 두뇌로 현재의 성과를 바라보고 있다. 한국과 일본 (미국 포함) 도 자신의 심리를 조절할 필요가 있다. 중국은 평화적 방식으로 국력의 증장을 실현하였으며 이는 전쟁수단보다 더욱 더 세계의 존중을 받아야 한다. 허나 전쟁 무력으로의 궐기를 우러러 보는 세인들의 태도는 중국에 의해서 쉽게 변하지 않을 것이며 중국은 이를 타파하기 위하여 더욱 험난한 길을 걸어야 한다. 허나 중국은 한미일때문에 궐기의 진척을 멈추지 않을 것이다.

　　상술한 문제로부터 중일한 안보 도전의 그 심각성을 알 수 있다. 손벽도 마주쳐야 소리가 난다고 사람들은 관련된 쌍방을 모두 책임이 있다고 하지만 필경 미국이 중러조의 문앞에 와서 사단을 일으키고 북한을 자극하고 중국까지 자극하였으며 한국과 일본을 통하여 아태지역의 패권을 실현하려 하고 있다. 엄청 멀리 떨어져 있는 미국은 동아시아의 평화와 안정 따원 관심도 없고 지역의 안정과 우환에도 관심조차 없다. 한미 동맹이 군사적 압력을 가할 때마다 북한을 자극하여 반항을 불어일으키기에 한국의 안보 목표와는 어긋난다. 두개의 사실에 의한 대립 집단인 중국과 일본의 대항은 자연적인 것이고 필연적인 것이며 선택 불가한 것이다. 물론 한국과 일본도 갈등이 있지만 미국 동맹의 체계내에서 조절이 가능하다. 그러나 중국과 일본의 대항은 미국 동아시아전략에 포함되어 있던 것이다. 중국과 일본의 상호 경쟁은 필연코 대가를 치르게 될 것이며 남북한도 같은 것이며 최종적으로는 미국만이 어부지리를 얻게 될 것이다.

3. 중일한 안보 협력의 출로

중일한 안보 협력의 출로는 자신의 노력에 달린 동시에 완전 그렇지도 않다. 이는 진정으로 동아시아인들의 비애이다. 한국과 일본이 자신의 운명을 장악할 수 없기에 그 협력 대상으로써 중국도 큰 역할을 할 수 없다. 이런 배경에서 중일한은 비범한 용기와 지혜로 자신의 안보 이익과 관련되는 문제에서 목표만을 위해 최선을 다해야 한다.

우선, 미국의 개입과 3국 안보 협력을 파괴하는 데 대해 어떻게 대응할 것인가이다. 역사와 현실적 요소를 기초로 볼 때, 한미일 군사 동맹관계 및 미군이 한반도와 일본에서의 주둔은 단시일내에 개변하기 힘들며 한국과 일본이 미국이라는 맹주의 염원을 위배하고 독립 자주적인 외교를 추구한다는 것도 실현하기 힘든 객관적 현실이다. 중일한 안보협력의 마지노선은 한 미 일 동맹체계의 틀안에서 중국의 역할을 받아들이고 적응하는 것이지 미국을 따라 중국을 억제하는 것이 아니다. 미국의 이익과 한일의 이익은 어디까지나 완전 일치한 것이 아니며 때로는 심지어 충돌된다. 미국이 관심을 두고 있는 것은 동아시아의 지도적 지위에 있지 정세의 안정이나 경제의 번영이 아니다. 이를 위하여 지역적 충돌과 국세의 긴장을 조성하여도 마다하지만 이는 한일의 경제발전 이익과 일치하지 않는다. 한국은 안보 이익과 미래의 통일을 전부 미국에 의존해서는 안된다. 사실이 입증하다싶이 의존할 수도 없다. 일본도 오로지 미국 동아시아 전략의 졸개뿐이다. 이는 미국의 이익이 자신의 이익과 다름을 한국과 일본은 명확히 알고 적당한 거리를 유지하여야지 미국에 묶여져서는 안된다. 왜냐하면 미국도 일본의 최종적 정상화와 한국 외교의 진정한 독립은 어느 날인가 꼭 오게 될 현실임을 알고 있기 때문이다.

한국과 일본도 자신의 이익이 미국의 이익위에 군림하는 환상을 해서는 안되며 미국 세력을 이용하여 자신의 이익을 도모할려는 그 어떤 비현실적인 생각도 하지 말아야 한다. 약세에 처한 일본과 한국은 중조러에 직면하여 미국을 빌어 평형을 찾으려 하며 심지어는 예상외의 이익을 얻어 소국이 대국을 "납치" 하고 손 쉽게 이익을 얻는 위험한 게임을 할려고 한다. 한국과 일본이 반드시 직시하여야 할 현실은 미국과 중국사이에서 선회할 공간은 그리 크지 않으며 댜오위댜오 충돌이든지, THAAD 반미사일시스템이든지, 일본과 한국은 대국을 농락하는 불장난속에서 화를 부르게 될 것이다. 대국의 경쟁속에서 작은 맹우들도 불운을 겪게 될 것이다. 미국이 리드하는 동북아 군사연맹은 이미 중일한 이익의 걸림돌로 되었다. 과거에 3국 지도자들이 지역의 블럭화 목표를 위하여 추진할 때 3국관계는 이런 저런 문제 혹은 일본 정치 동란에 부딪치게 되는데 3국 자체 요소도 배제할 수 없지만 미국이 장난치는 영향도 아주 크다. 왜냐하면 일본과 한국이 중국과 가까워 진다면 미국은 이들에 대한 통제력을 잃기 때문이다. 이에 한국과 일본은 미국이라는 맹우에 지나친 기대를 하지 않는 동시에 중국과의 협력기회도 다잡아야 한다. 왜냐하면 이는 더 많은 선택을 의미하기 때문이다.

중일한은 마찰을 통제하고 역사적 높이에서 미래를 내다 보아야 한다. 중미와 모두 양호한 관계를 가지고 있는 한국은 대국관계를 소통하는 다리로 되어야지 안보면에서 한측에 붙어서 다른 한측을 배척해서는 안된다. 현재 한국이 직면한 시련은 미국이 추진하고 있는 싸드 반미사일체계이다. 만약 이것이 중러조에 대한 미국의 더 한층의 위협이라면 한국은 3국 보복 타격의 타겟으로 업그레이드되어 대국 경쟁의 총알받이로 될 것이다[①]. 사실 미국이 한국에 줄 수 있는 것은 중국도 줄 수 있으며 오히려 더 잘 줄수 있다. 미국이 과거를 대표한다면 중국은 미래를 대표하며 한국은 미국과 함께 중국을 억압할 것이 아니라 미국과 중국사이에서 여지를 두어야 한다. 한국은 한중 FTA 와 AIIB 가입을 계기로 동아시아 경제 블럭화 목표를 중국과 함께 추진하고, 안보면에서 양국의 FTA 를 조속히 현실화, 중국과의 안보 협력을 강화, 특히는 군사 상호 신뢰 기제를 설립하여야 한다. 이는 한국이 이중 보험을 든 것을 의미하기도 한다. 미국을 바싹 좇아가지 않으면 잠시적인 징계를 받게 되겠지만 멀리 볼 때는 가치가 있는 것이다. 중국과 일본의 실력을 볼 때, 양국관계는 동아시아 안보 협력의 승패를 결정하게 되는데 이는 일본이 2차대전 역사를 바라보는 태도와 중미 두 대국사이에서의 관계를 어떻게

---

① 인줘 (尹卓) 소장이 중국 CCTV 취재시 THAAD가 위협을 구성한다면 중국은 제거할 것이라 표함.

대하는가에 달려있다. 만약 일본이 과거를 대표하는 미국을 붙잡고 미래를 대표하는 중국과 대립한다면 일본이 잃는 것은 자신의 경제적 이익 뿐만 아니라 아시아지역에서의 미래의 지위이다.

결국, 동아시아의 미래는 중일한 3국이 공동으로 장악하여야 한다. 중국 국가 주석 시진핑이 2014년 아시아신뢰회의에서 말했듯이 유럽과 미국 등 외부 세력이 아시아인들의 사무를 주재하던 시대는 이미 과거로 되었다. 아시아 사무는 아시아 사람들이 결정하여야지 주도권을 남들에게 주어서는 안된다. 동아시아의 성원으로써 중국은 지역 국세가 외부 세력에 엄중히 좌우지 되는 사실에 아주 큰 유감을 표하며 지역에 더욱 큰 안보 보장을 가져다주지 못한데 대해 아주 큰 압력을 느낀다. 중국과 미국이 동아시아지역에서의 이익 수요와 정책 목적이 근본적으로 달라 지역에 대한 정책 결과도 자연적으로 다르다. 주변 지역의 안정은 자신의 외부 환경과 발전 목표와 직접적인 관계가 있다는 점을 중국은 잘 알고 있으며 평화와 안정적인 지역 환경이 없다면 지역의 경제발전과 번영도 있을 수 없다는 점을 잘 알고 있다. 때문에 지역 정세의 긴장을 원하지 않으며 지역의 평화를 위하여 힘이 닿는 데까지 노력할 것이다. 예를 들면 안보의제의 발전이 힘들어질때 각국의 이익과 관련되어 있는 동아시아자유무역구 설립 등을 추진하는 것이다. 미국의 수요는 상반된다. 이는 한반도 문제에서 주객이 전도 될만큼 많은 개입을 하고 중일 댜오위댜오문제에서도 일본의 편을 들어주는데, 표면적으로는 일본과 한국의 이익을 위한 것 같지만 실제적으로는 동아시아지역 정세를 통제하고 최종적으로는 중국과 러시아와 경쟁할려는 데 목적을 두고 있다. 때문에 미국의 동아시아 전략은 중국, 북한, 러시아에 직접적인 위해를 안겨 줄 뿐만 아니라 일본과 한국의 이익에도 손해를 주게 된다.

아시아인들이 아시아의 사무를 주관한다는 것이 맹목적인 외부 요소 배척을 뜻하는 것이 아니지만 그 역할이 전도되어서도 안된다. 냉전종식직후 동아시아지역의 안보 사무는 미국을 위수로 진행되었는데 이는 미국 이익을 위한 지역적 안보 배치를 확고히 할 뿐이다. 중일한 3국은 경제력과 영향력이 모두 향상되어 협력을 통해 자주적으로 자신의 안보 이익을 확보할 만큼의 능력을 구비하였다. 3국의 기존의 경제와 이원 왕래는 미래 정치와 안보 협력의 튼튼한 기반으로 될 것이다.

(金文学 번역)

安全合作与国民舆论

——以日本国民舆论为例

[日] 加茂具树 *

比较政治研究讨论的内容是，无论何种政治体制，为了长期维持政权稳定，执政党（者）都不能不关心民意动向，需要思考如何才能获得更广泛的国民支持。而政治过程研究则是要弄清，不仅包括行政机构及立法机构这些政府角色，还有利益团体、媒体，以及国民舆论这些非政府角色在决策过程中发挥了怎样的重要作用。严格来说，国民舆论本身不会直接成为政治过程中的角色，但是舆论是形成让人不能无视主要政治过程中的各种角色这一环境的重要因素。在理解了上述内容以后，本文打算试着讨论有关东北亚地区安全合作的问题。

1. 国民舆论与外交政策

如何促进东北亚各国之间的安全合作呢？在同一个地区，"一个国家总是将本国的安全放在首位，但强化本国安全又会给他国带来不安，那么他国也会强化自身安全，所以结果是双方为强化安全所作的努力有时会导致两国关系变得不稳定"，如何防止这个安全上的两难困境产生，以及如果这一困境产生了又该如何去缓和它呢？要回答这个问题，可能不得不对国民舆论做一了解。

如前所述，舆论是形成让人不能无视主要政治过程中的各种角色这一环境的重要因素。尤其在民主主义国家，反映国民心声的决策才是最理想的。如果将民主的外交定义为代表主权所有者——国民的外交的话，那么外交就必须遵从国民的意志。而支撑民主外交的基础就是国民舆论。不仅如此，如果执政党不顾舆论的强烈反对一意孤行，那么不仅执政党的多数议员会面临无法再次当选的危险，而且执政党内的反

---

* 加茂具树：日本庆应义塾大学当代中国研究中心副主任、教授。

对势力也会抬头，基于这种影响，因此执政党的领导班子会仔细观察舆论的动向。

当然，反映国民舆论的外交政策并不总是恰当的。很多时候，国民对外交的理解程度较低，或者即使有正确的理解但距离能够正确判断外交及安全问题尚需时日。由此，据称试图明确对外政策与国民舆论之间关系的先行研究发现了一个结论，即国民舆论在短期内对外交政策产生影响力的情况比较罕见。但与此同时，从长期来看外交政策是反映了国民舆论的，这一点也已成为定论。

实际上日本的决策者对国民舆论动向并非无动于衷。例如，日本政府非常关注国民对外界及安全问题的舆论动向，这从内阁自1975年以来坚持每年都进行舆论调查就可以明显看出。本文的目的是为大家讨论东北亚地区安全合作问题提供材料，叙述日本国民关于中国的舆论情况。

2. 日本国民关于中国的舆论

在讨论中日关系之际，可以说一定会被提及的数据是内阁实施的"关于外交的舆论调查"。该调查自1975年来一直持续到现在，而1978年以后出现了一道题："你对中国是否感到亲近呢"，对此要求从以下四个选项中选择一项作为回答：（1）有亲近感；（2）一定要说的话有亲近感；（3）一定要说的话没有亲近感；（4）没有亲近感。

该调查对这个一贯保持不变的问题，从日本全国抽取3000人作为对象，通过两段分层无差别抽取的办法进行了样本分析，调查的特色是能够相当准确地观察到日本人对中国所持印象的变化。

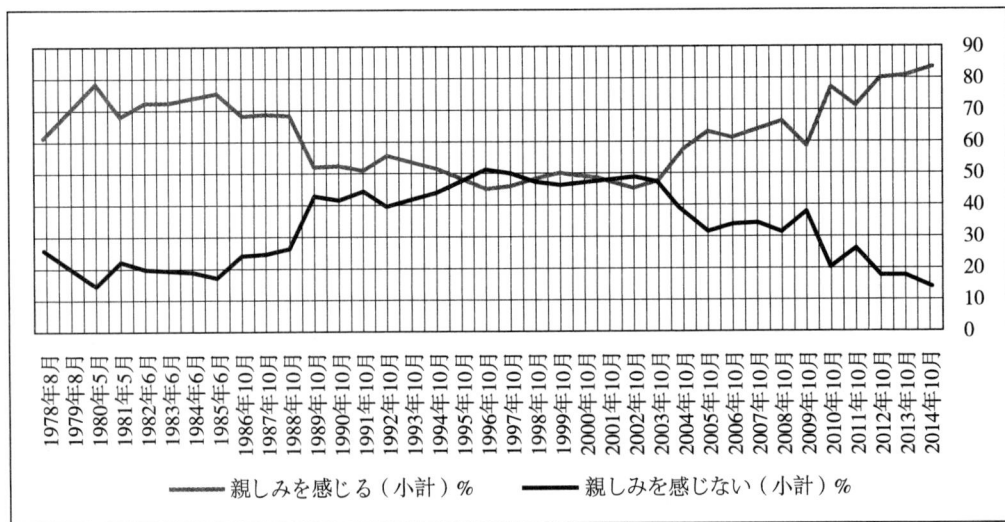

图 1　对中国的亲近感

290

如图 1 所示，如果以日本社会对中国的亲近感为指标来分析的话，那么日本社会对中国的认识经历了三个阶段。第一个阶段是 1988 年之前，"有亲近感"的回答比"无亲近感"的回答高出近四十个百分点。在这个时期，日本社会对中国的亲近感非常高。

第二个阶段是从 1989 年到 2003 年为止。在这一期间，"有亲近感"的回答与"无亲近感"的回答基本持平，各占 50% 左右。日本社会对中国并不像之前那样抱有极其强烈的亲近感，但也并没有强烈的批判性的感情。

第三个阶段是从 2004 年直到现在。在这一时期，日本社会对中国"无亲近感"的回答占了近六成，"有亲近感"的回答与过去哪个时期相比都低。"有亲近感"的回答在 2003 年 10 月是 47.9%，而在 2014 年 10 月减少到了 14.8%。

那么，为什么日本对中国的认识会不断恶化呢？时常有人指出，恶化的理由在于迄今中日关系之间发生的具体事件；也有分析认为，中国政府的国内政策（爱国主义教育的展开、历史认识问题的提出等）诱发了日本社会对中国感情的恶化。

选项"有亲近感"或"没有亲近感"中的"亲近感"是一种回答者极其强烈的主观感觉，不具备作为判断基准的严格的客观性。而且这种感情的变化完全不是用单一的原因就能说明的，过去近三十年的"亲近感"数值变化非常难以解释。尽管如此，内阁实施的"关于外交的舆论调查"还是公布了一些意味深长的调查结果。

3. 不同年龄段的亲近感差异

举例来说，近年来，不同年龄阶段的人对中国的"亲近感"程度产生了很大的差异。图 2 和图 3 分别是 2002 年和 2003 年的调查结果，2003 年是"有亲近感"和"无亲近感"数值持平的最后一年。图 4 和图 5 分别是 2013 年和 2014 年的数值。

在 2002 年和 2003 年，无论是"有亲近感"的数值还是"无亲近感"的数值，在年龄段上都没有明显的差异。但在 10 年以后的 2013 年和 2014 年，该数值在年龄段上产生了巨大的差异。年青一代对中国的亲近感数值颇佳，而年龄越大的人对中国的感情就越差。

我们应该如何认识这种不同年龄段的"亲近感"差异呢？

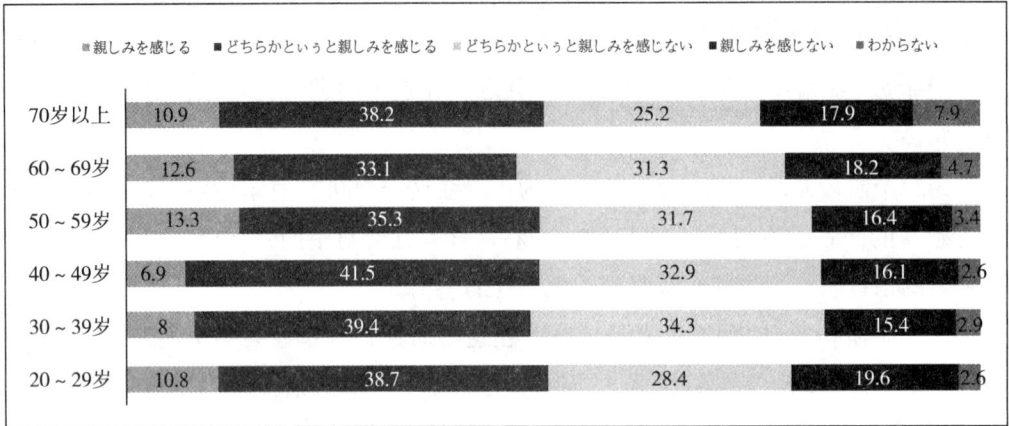

图 2　对中国的亲近感·不同年龄段（2002 年 10 月调查）

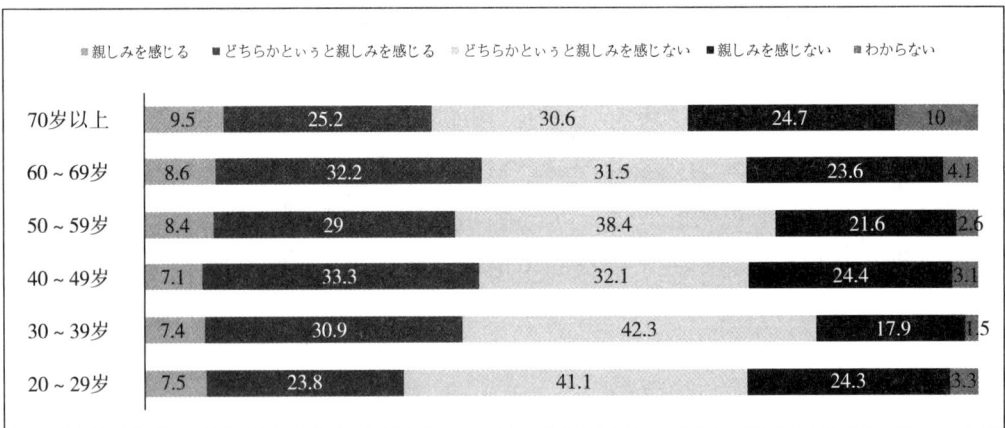

图 3　对中国的亲近感·不同年龄段（2003 年 10 月调查）

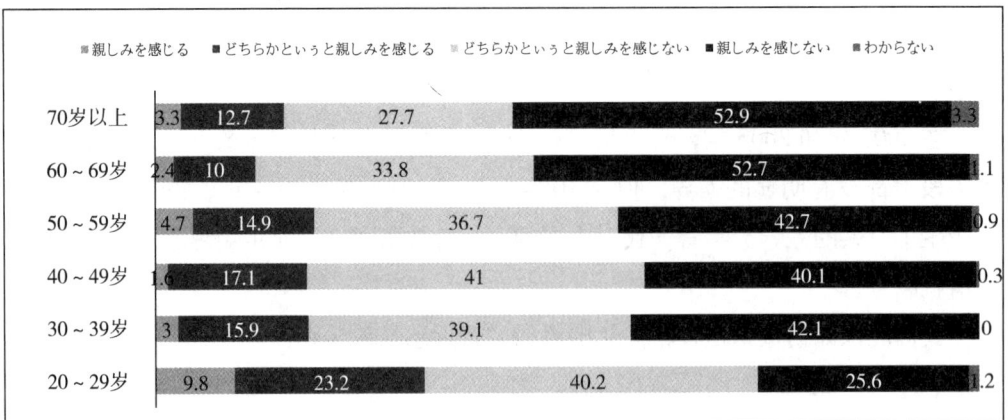

图 4　对中国的亲近感·不同年龄段（2013 年 10 月调查）

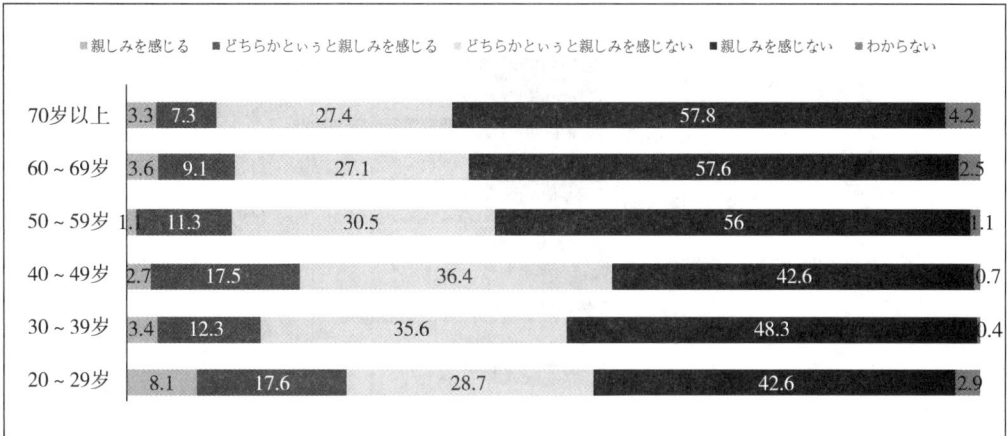

图 5　对中国的亲近感·不同年龄段（2014 年 10 月调查）

4. 与"亲近感"恶化相关的指标

通过"关于外交的舆论调查"能够观察到日本社会对中国认识的变化，另外还有一项舆论调查对于探讨其中的原因有着重要的意义。

这就是"关于自卫队·防卫问题的舆论调查"，同样也是内阁实施的。这项调查从 2006 年 1 月起每隔 3 年进行一次，至今一共进行了 4 次。该调查也是针对同一个问题，从日本全国抽取 3000 人作为对象，通过两段分层无差别抽取的办法进行样本分析，调查的特色是能够相当准确地观察到日本人对安保及和平的认识的变化。据该项调查可以得知，日本社会在认识日本的安全与和平问题时，对与美国的安保合作表现出极高程度的信赖，同时对中国这一要素也抱持极大的关心（图 6 至图 10）。这向我们展示了日本对外政策行为者们所无法忽视的环境是什么样子的。

在讨论加强东北亚地区安全合作问题之际，我们应该首先了解的一个信息是各国国民的相互认知情况，也就是了解国民舆论的情况。国民舆论虽未成为决策过程中的重要因素，但却塑造了决策者们所无法忽视的外部环境。如果同一个地区的各国国民对彼此的好感度很差，则探讨其中的原因应该是各国政府领导人推进安全合作时的基础工作。

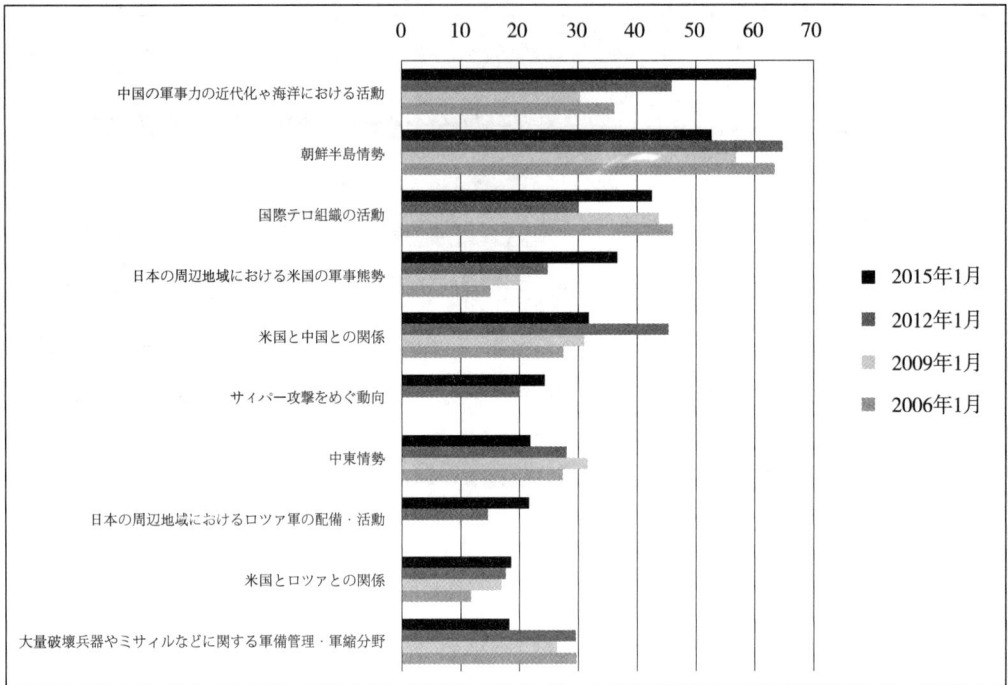

图 6　对日本和平与安全方面的关心情况

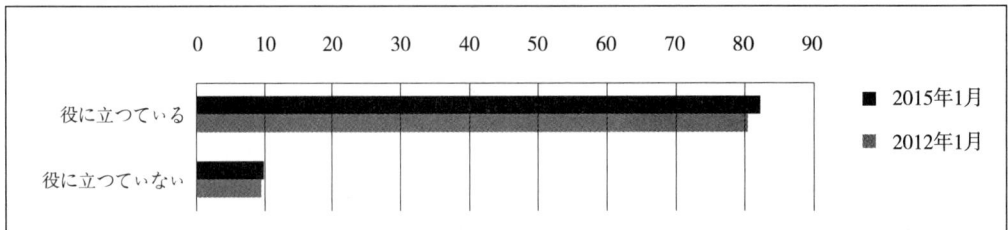

图 7　你认为推进与同盟国美国之外的国家之间的防卫合作与交流，会有益于
日本的和平与安全吗

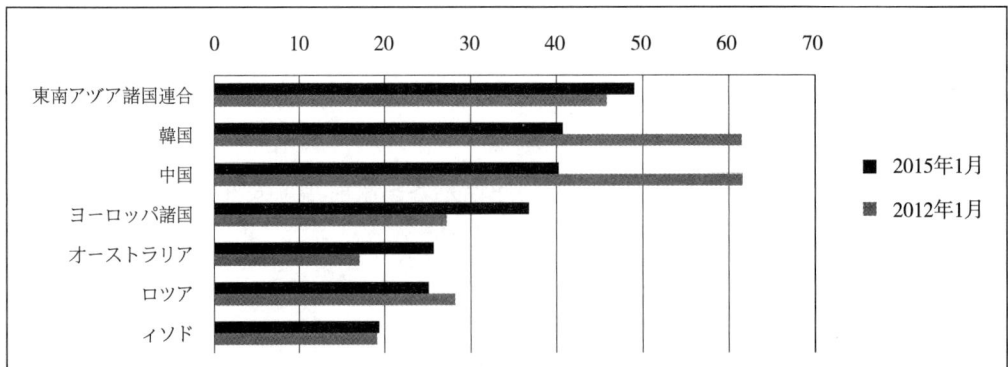

图 8　日本应该与哪些国家和地区加深交流呢（多项选择）

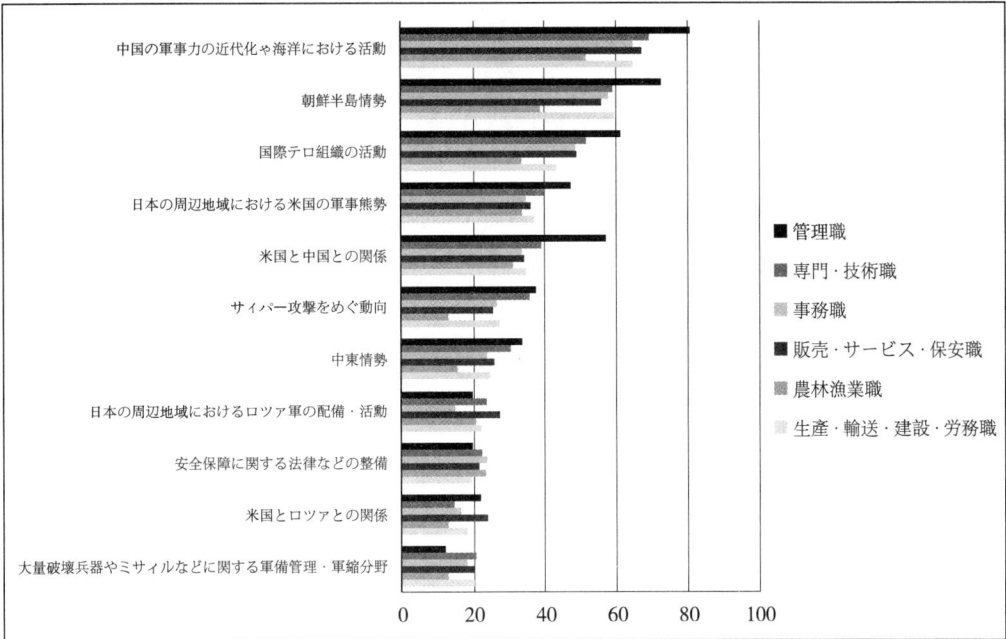

图 9　对日本和平与安全方面的关心情况（2015 年 1 月实施）

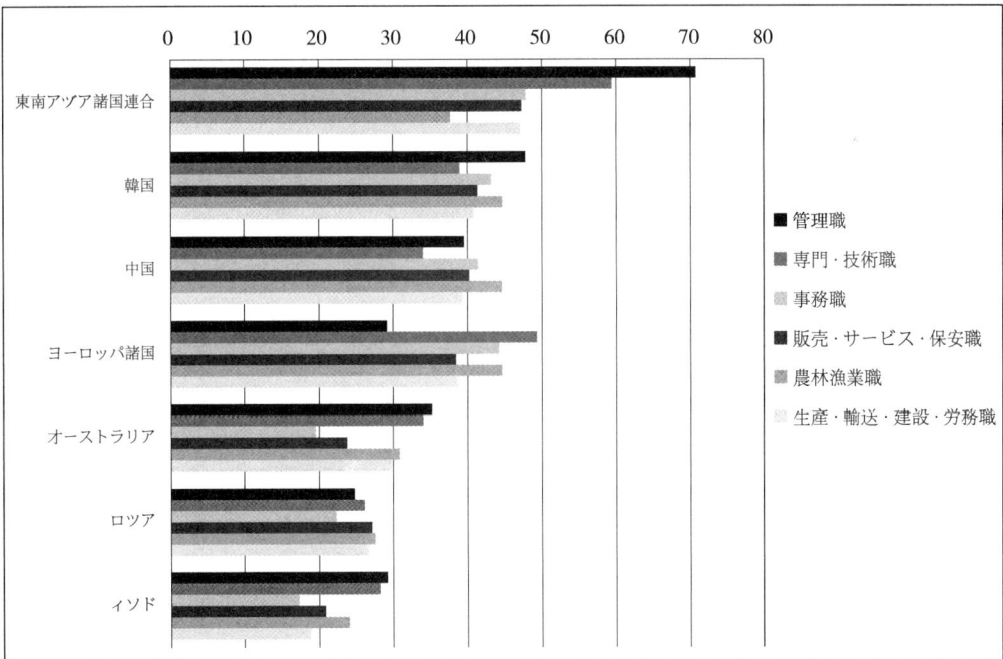

图 10　日本应该与哪些国家和地区加深交流呢（2015 年 1 月实施）

（刘丽娇　译）

安全保障協力と国民世論

——日本の国民世論を例に

加茂具樹 *

　比較政治研究は、政治体制の種類にかかわらず、支配政党（者）が長期にわたって政権を安定的に維持するためには、民意の動向に無関心であってはならず、幅広い国民の支持を如何にして獲得するのかを考える必要があると論じている。また政治過程研究は、行政府や立法府といった政府アクターだけでなく、利益団体やマスメディア、そして国民の世論といった非政府アクターが政策決定の過程で重要な役割を果たすことを確認している。厳密に言えば国民の世論そのものは政治過程におけるアクターとはなり得ないが、世論は、主要な政治過程におけるアクターたちが決して無視することが出来ないような環境を形成する重要な要因である（信田智人、2006）。こうした理解をふまえて、本稿は、北東アジア地域の安全保障協力に関する問題を検討してみたい。

1. 国民の世論と外交政策

　北東アジア地域諸国の間で安全保障協力を如何にすすめてゆくのか。同地域において「国家は自国の安全を最優先するが、自国の安全強化は、他国の不安を招くことがあり、その場合は他国も安全を強化するから、結果として双方の安全強化のための努力が両国関係を不安定にすることがある」というセキュリティー・ディレンマの問題を生じさせず、またたとえ生じてもこれを緩和するためにどうする必要があるのか（土山實男、2014）。この問いに答えるためには、国民の世論に対する理解が不可欠ではないだろうか。

＊　日本慶応義塾大學現代中国研究センター副主任、教授。

　前述したとおり、世論というのは、主要な政治過程におけるアクターたちが決して無視することが出来ないような環境を形成する重要な要因としての役割を担っている。とくに民主主義国家である場合、国民の声を反映した政策決定が望ましい。民主的な外交を主権者である国民を代表している外交と定義するのであれば、外交は国民の意思に従わなければならない。民主的な外交を支えるものは世論ということになる。加えて、政権党が世論の強い反対を押し切って政策を実行することは、政権党の議員の多くが再選を脅かされるだけでなく、与党内での反対勢力が台頭することに影響するため、政権党の指導部は、世論の動向に細心の注意を払う。

　もちろん、国民（の世論）が主張する外交政策が、常に適切であるわけではない。国民の外交に対する理解の程度は低く、また理解が出来たとしても外交や安全保障問題について正確な判断が下せるようになるまで時間がかかることが多い。そうした点から、対外政策と国民の世論との間の関係を明らかにしようとした先行研究は、国民の世論が短期的に対外政策に影響力をおよぼすことは比較的少ないという結論を見出しているという。しかし同時に、一般論として、長期的に見れば外交政策は世論を反映しているというのが通説となっているという（信田智人、2006）。

　実際の日本の政策決定者は、国民の世論の動向に無関心ではないと思われる。例えば、日本政府は外交や安全保障問題に関する世論の動向に注目していることは、内閣府が 1975 年年以来、毎年続けて世論調査を行っていることからも明らかである。本稿は、北東アジア地域における安全保障協力に関する問題を議論するための材料を提供することを目的として、日本国民の中国に対する世論について叙述する。

2. 日本国民の中国に関する世論

　日中関係を論じる際に、必ずといってよいほど言及されるデータに内閣府が実施している「外交に関する世論調査」がある。同調査は 1975 年からほど毎年実施されているものである。そして 1978 年からは、「あなたは中国に親しみを感じますか、感じませんか」という問いに、以下の選択肢から回答者に 1 つを選ぶ調査を実施してきた。選択肢は（1）親しみを感じる、（2）どちらかといえば親しみを感じる、（3）どちらかというと親しみを感じない、（4）親しみを感じない、の 4 つである。

　本調査は、質問が一貫して同じであること、日本全国から 3000 名を対象に層化二段階無作為抽出法によるサンプリングをおこなっていることから、かなり正確に日本人の対中イメージの変化を観察できるという特徴を持つ。

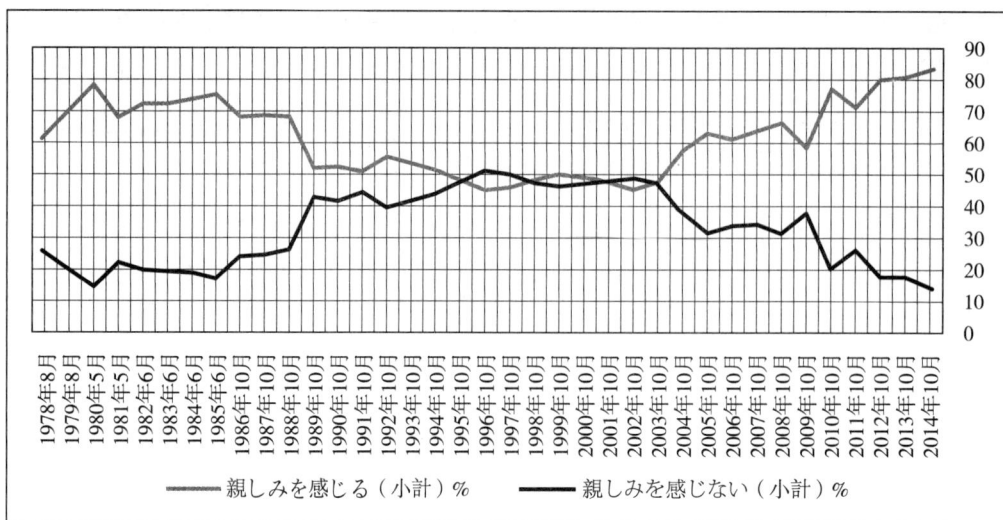

——— 親しみを感じる（小計）%　　　　　 親しみを感じない（小計）%

図1　中国に対する親近感

　図1に明らかのように、日本社会の中国認識は、日本社会の中国に対する親近感を指標にして分析すると、3つの期間を経験してきた。第一の段階は、1988年までの「親しみを感じる」とする回答が、「親しみを感じない」とする回答を40ポイント近く上待っている時期である。この時期の日本社会の中国に対する親近感は極めて高い。

　第二の段階は、1989年から2003年までの時期である。この期間は、「親しみを感じる」という回答と「親しみを感じない」という回答がそれぞれ50%ずつである。日本社会の中国に対する親近感は、かつてのように極めて強い親しみの感情を抱いているわけではないが、かといって批判的な感情を強く持っているわけではない。

　第三の段階は、2004年から現在までの時期である。この時期の日本社会は中国に対して「親しみを感じない」という回答が6割近くを占め、「親しみを感じる」とする回答は、過去のどの時期と比較しても低い。「親しみを感じる」との回答は2003年10月には47.9ポイントであったが、2014年10月には14.8ポイントにまで減少した。

　それでは、なぜ日本の中国に対する認識は悪化しているのか。例えば、しばしば悪化してきた理由として、これまでに日中関係の間で生じた具体的な事件が指摘されてきた。あるいは、中国政府の国内政策（愛国主義教育の展開、歴史認識問題の提起）が日本社会の中国認識の悪化を誘発したという分析もあった（園田茂人、2012年；毛里和子、2006年；清水美和、2003）。

　「親しみを感じる」、「親しみを感じない」という選択肢にある「親しみ」とは、回答者の極めて強い主観が働いた感覚であり、判断基準の客観性は不確かである。加えて、この感情の変化は決して単一の要因だけでは説明することは出来ないだろう。過去30年近くの「親近感」の数値の変化を、説明することは極めて難しい。それでも、内閣府が実施している「外交に関する世論調査」は、いくつかの興味深い調査結果を公表している。

3. 年齢層別の親近感の相違

　例えば、近年、年齢別に「親近感」が大きく異なってきたということである。図2および図3は、それぞれ2002年と2003年の調査結果である。2003年は「親しみを感じる」と「親しみを感じない」という数値が均衡した最後の年である。図4と図5は、それぞれ2013年と2014年の数値である。

　2002年と2003年の「親近感を感じる」の数値にしろ、「親近感を感じない」という数値にしろ、年齢層（世代間）に大きな差はない。しかし、それから約10年が経過した2013年と2014年の同数値は、年齢層（世代間）に大きな差が生じている。若い世代の親近感はよく、年齢が上がるにつれて親近感は悪化している。

　この親近感の世代別の相違をどの様に理解すればよいのだろうか。

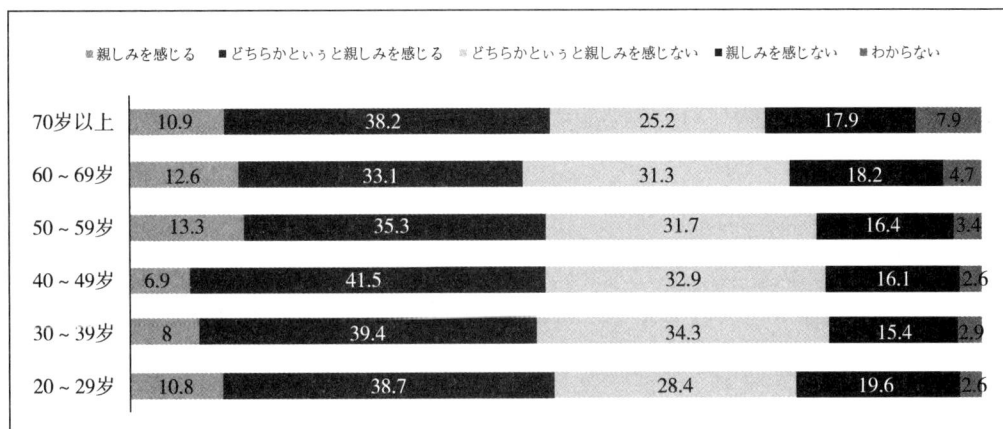

図2　中国に対する親近感・年齢層別（2002年10月調査）

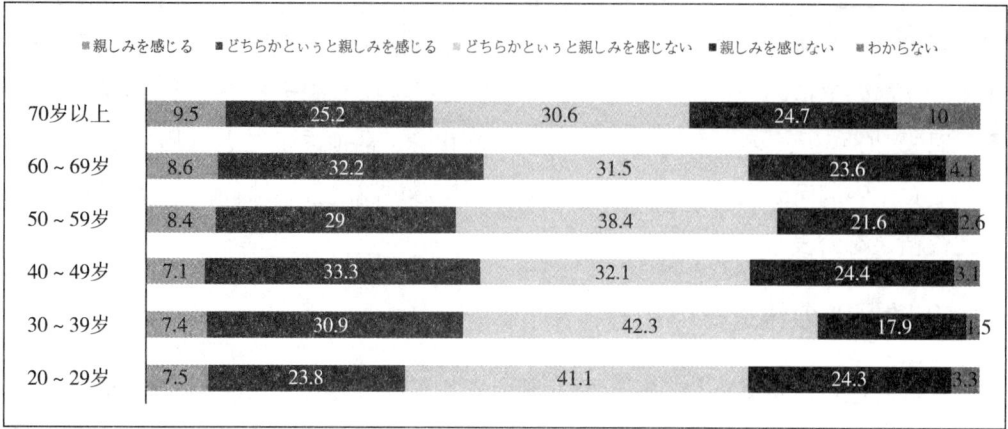

図3　中国に対する親近感・年齢層別（2003 年 10 月調査）

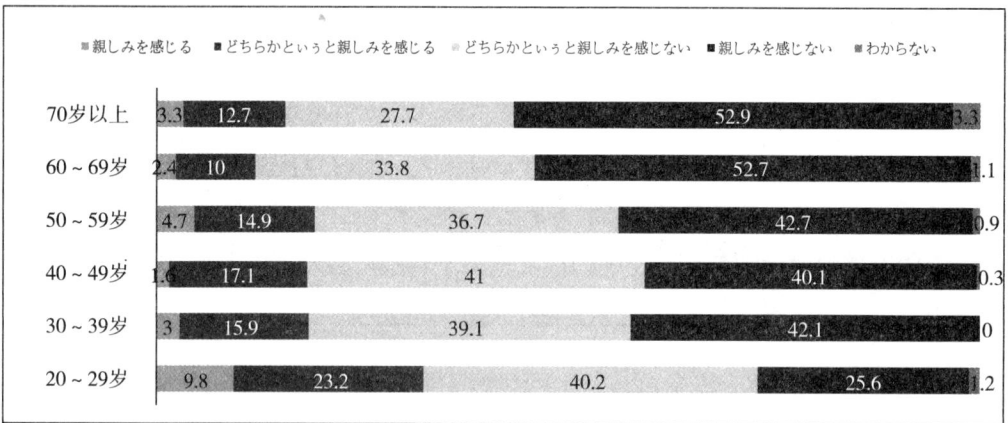

図4　中国に対する親近感・年齢層別（2013 年 10 月調査）

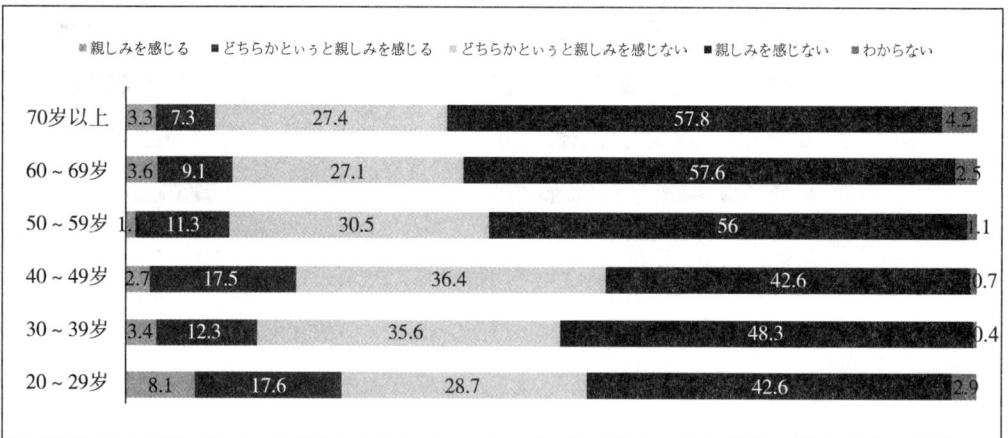

図5　中国に対する親近感・年齢層別（2014 年 10 月調査）

4.「親近感」が悪化と相関している指標

「外交に関する世論調査」をつうじて観察することが出来る日本社会の中国認識の変化の要因を、検討するうえで重要な意味を持つ別の世論調査がある。

同じく内閣府が実施している「自衛隊・防衛問題に関する世論調査」である。この調査は、2006 年 1 月から 3 年おきに過去 4 回実施されてきた。本調査もまた、質問が一貫して同じであること、日本全国から 3000 名を対象に層化二段階無作為抽出法によるサンプリングをおこなっていることから、かなり正確に日本人の安全保障や平和に関する認識の変化を観察できるという特徴を持つ。同調査によれば、日本社会は、日本の安全と平和に関する問題を認識する際、米国との安全保障協力に極めて高い信頼を寄せているのと同時に、中国というファクターに極めて大きな関心をもっていることが理解できる（図 6 から 10）。日本の対外政策にかんする主要なアクターたちが決して無視することが出来ない環境がどの様なものであるのか、示唆している。

北東アジア地域における安全保障協力の強化をめぐる問題を議論するにあたって、理解しておくべき 1 つの情報は、各国国民の相互認識にある。すなわち、政治過程におけるアァクターとはなり得ないが、主要な政治過程におけるアクターたちが決して無視することが出来ないような環境を形成する重要な要因である国民の世論の状況に対する理解である。同地域の各国国民の相互認識は悪い。この悪さの要因を検討することは、安全保障協力を各国の政府指導者が推進してゆくうえでの基礎的な作業といえるだろう。

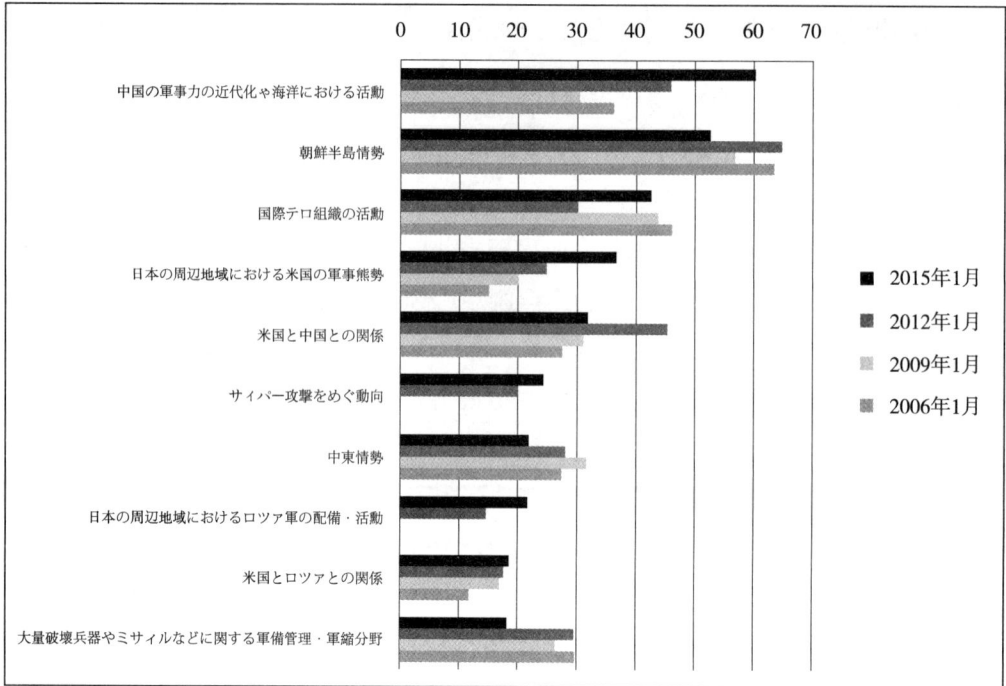

図6　日本の平和と安全の面から関心を持っていること

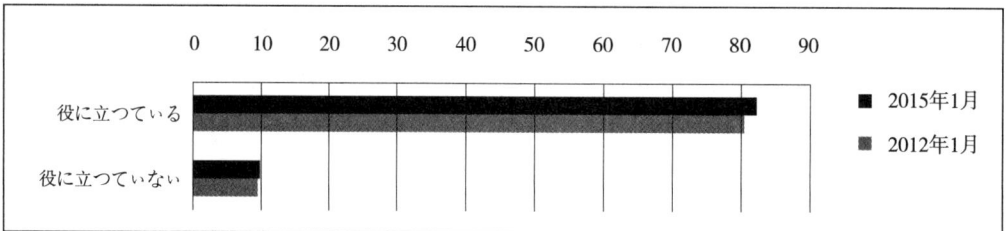

図7　同盟国であるアメリカ以外の国とも防衛協力・交流を進展させるニと
は，日本の平和と安全に役立っていると思うか

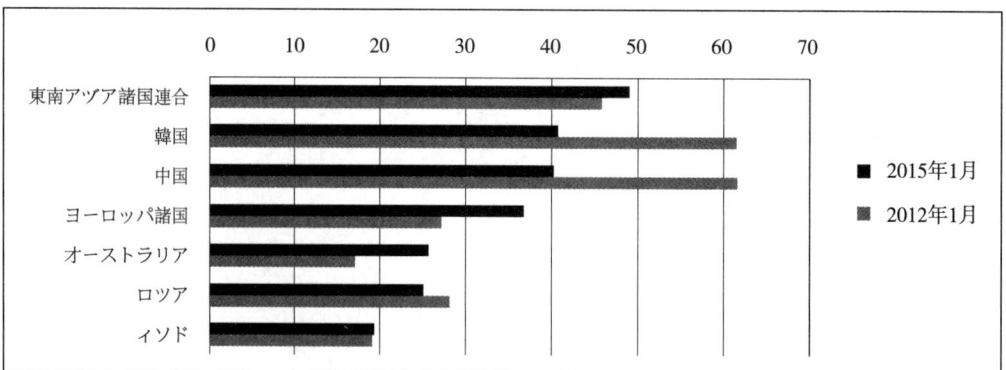

図8　日本は何処の国・地域と交流を深めるべきか（複数回答）

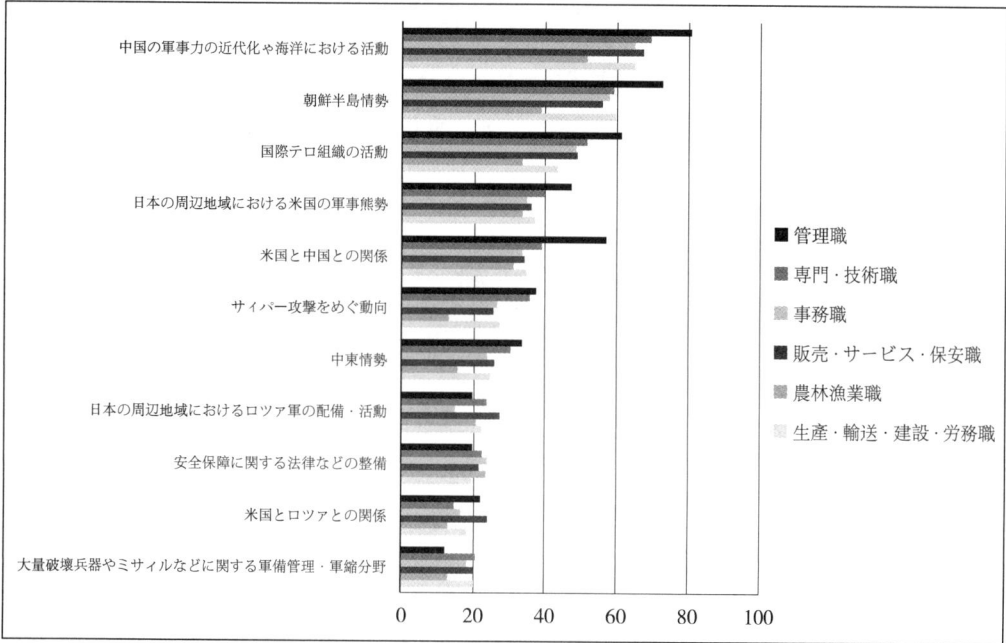

図9　日本の平和と安全の面から関心を持っていること（2015年1月実施）

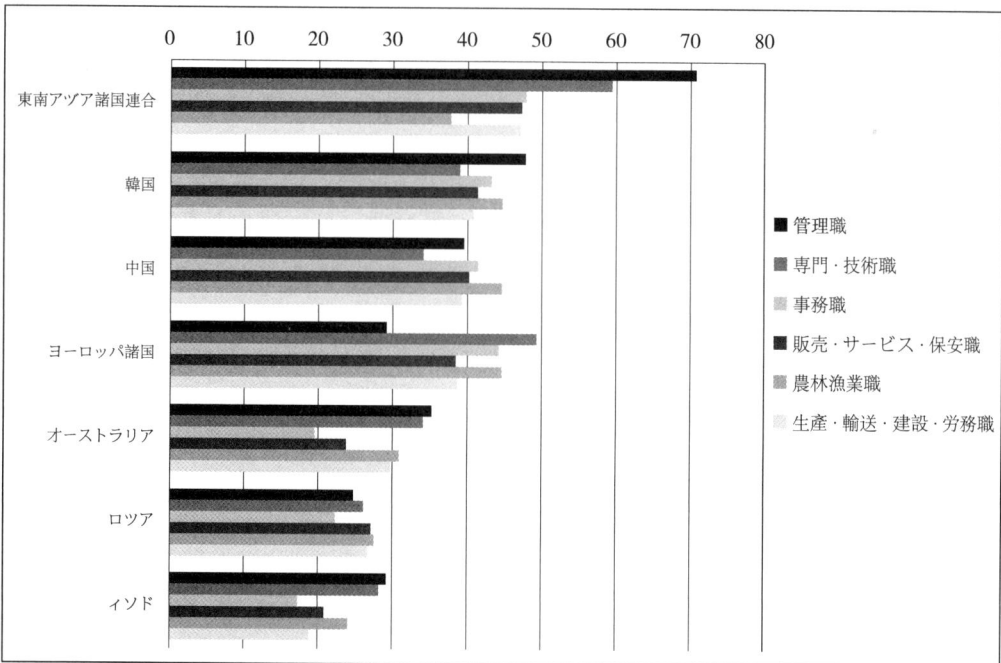

図10　日本は何処の国・地域と交流を深めるべきか（2015年1月実施）

안보 협력과 국민 여론——일본국민여론을 예로

加茂具樹 *

비교 정치 연구 토론의 내용은 그 어떤 정치체제든, 집권당(자)는정권의 장기적 안정을 유지하기 위하여민심의 동향을 중시하고 높은 국민 지지율을 얻기 위해 머리를 짜야 한다는 것이다. 정치 과정 연구는 행정기구와 입법기구과 같은 정부 역할은 물론, 이익 단체, 언론 및 국민 여론과 같은 비정부 역할이 결책 과정중 어떤 중요한 역할을 발휘하는 가를 파악하는 것이다. 엄격히 말해서 국민 여론 자체는 직접적으로 정치 과정중의 역할로 될 수 없다. 허나 여론은 사람들로 하여끔 주요 정치 과정중의 각종 역할에 대하여 관심을 가지게 하는 중요 요소이다(시노다도모히토, 2006). 상술한 내용을 언급한 뒤 본 문은 동북아지역 안보 협력에 관해 토론해볼려 한다.

1. 국민 여론과 외교 정책

동북아 각 국간의 안보 협력을 어떻게 추진할 것인가? 같은 지역에서 "한 개 국가는 항상 자국의 안보를 첫자리에 놓는다. 허나 자국 안보의 강화는 타국의 불안감을 조성하고 따라서 타국도 자신의 안보를 강화하게 된다. 결과적으로 쌍방의 안보강화는 때로는 양국 관계의 불안정을 초래하게 된다." 안보면에서의 이런 양난의 곤경을 어떻게 방지할 것인가? 이런 곤경에 처한다면 어떻게 해결할 것인가(土山实男, 2014)? 이 문제에 해답할려면 우선 국민 여론을 요해해야 한다.

상술한 바와 같이, 여론은 사람들로 하여끔 주요 정치 과정중의 각종

---

* 일본게이오대학 당대중국연구센터 부센터장, 교수.

역할에 대해 관심을 가지게 하는 중요한 요소이다. 특히 민주주의 국가에서 국민들의 목소리를 반영하는 결책만이 가장 이상적인 것이다. 민주 외교란 주권 소유자를 대표하는 국민들의 외교라 정의내린다면 외교는 반드시 국민들의 의지를 따라야 한다. 민주 외교의 기초가 바로 국민 여론이다. 집권당이 여론의 강한 반대를 무릅쓰고 독단적으로 움직인다면 집권당의 많은 의원들이 다시는 당선되지 못 할 위험에 처하게 될 뿐만 아니라 집권당내의 반대 세력들도 점차 머리를 쳐들게 된다. 이런 영향으로 말미암아 집권당 지도층은 여론의 동향을 세밀히 관찰한다.

물론, 국민 여론을 반영하는 외교 정책이 항상 적절한 것은 아니다. 많이는 국민들이 외교에 대한 이해 정도가 낮고 정확히 이해를 했을 지라도 외교 및 안보 문제에 대해 정확한 판단을 내리기에는 아직 이르다. 대외 정책과 국민 여론사이의 관계를 명확히 알아보려고 진행된 모 선행 연구에 따르면 국민 여론은 단기적으로 대외 정책에 영향을 주는 일은 아주 드물지만 장기적으로 볼 때 외교 정책은 국민 여론을 반영한다. 이는 이미 정론으로 되었다. (시노다 도모히토, 2006)

사실 일본의 정책 제정 기관은 국민 여론의 동향에 대하여 무관심하지 않다. 일본 정부는 외부 및 안보 문제에 대한 국민들의 여론 동향에 아주 많은 관심을 가진다. 이는 내각이 1975년부터 해마다 진행해오던 여론 조사로부터 알 수 있다. 본 문의 목적은 여러 분들이 동북아지역 안보 협력 문제를 토론하는 데 자료를 제공하고 중국에 대한 일본 국민들의 여론 상황을 서술하는 데 있다.

2. 중국에 대한 일본 국민 여론

중일관계를 토론함에 있어서 꼭 언급하게 될 데이터가 바로 내각이 진행하고 있는 "외교에 대한 여론 조사"이다. 1975년부터 지금까지 지속된 이 조사에는 1978년부터 "중국에 대해 당신은 친근감이 있는가"란 새로운 문제가 나타났다. 하기 네가지 선택항에서 한가지 답을 선택할 수 있다. (1) 친근감이 있다. (2) 꼭 말하자면 친근감이 있다. (3) 꼭 말하자면 친근감이 없다. (4) 친근감이 없다.

이런 고정불면한 문제에 대하여 전국범위에서 3000개의 샘플을 랜덤으로 추첨하여 분석하였다. 이 조사의 특점은 일본 국민이 중국에 대한 인상의 변화를 더욱 정확하게 알아볼 수 있는 것이다.

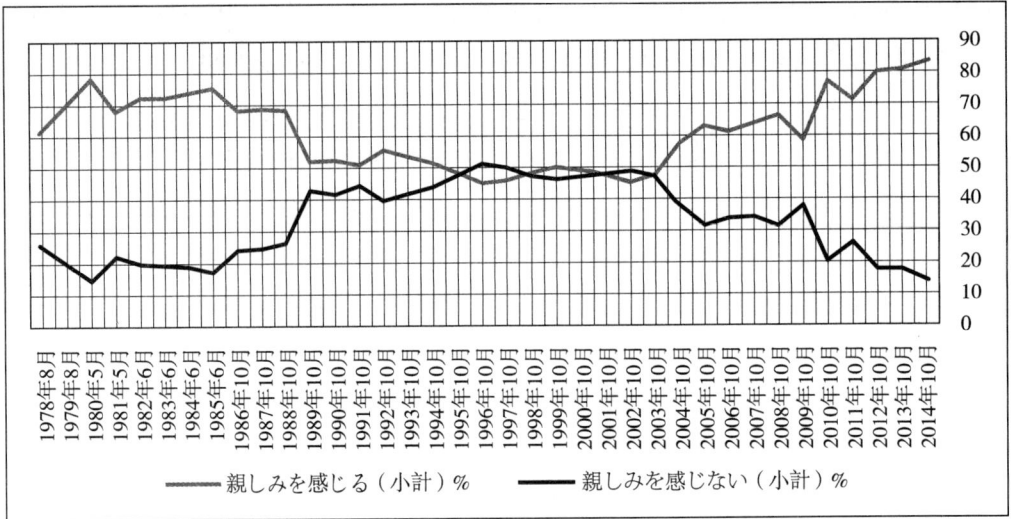

도표 1 중국에 대한 친근감

도표 1 에서 중국에 대한 일본 사회의 친근감을 분석해 본다면 중국에 대한 일본 사회의 인식은 세개 단계로 나뉜다. 첫 단계는 1988년 전이다. "친근감이 있다"는 "친근감이 없다"보다 40%가까이 높다. 이 단계에서 일본 사회는 중국에 대한 친근감이 아주 높았다.

두번째 단계는 1989년부터 2003년까지이다. 이 기간 "친근감이 있다"와 "친근감이 없다"는 기본적으로 50 : 50 이다. 일본 사회는 중국에 대해 극히 강렬한 친근감도 없었고 강렬한 비판적 감정도 없었다.

세번째 단계는 2004년부터 지금까지이다. 이 기간 "친근감이 없다"가 60%가까이 점했고 "친근감이 있다"는 그 어느 시기보다도 적었다. "친근감이 있다"는 2003년 10월의 47.9%에서 2014년 10월의 14%로 감소하였다.

중국에 대한 일본의 인식은 왜서 줄곧 악화되었는 가? 현재까지 중일사이에 발생한 구체적 사건때문이라는 사람들도 있고 중국 정부의 국내 정책(애국주의 교육의 실시와 역사문제 제기 등)이 중국에 대한 일본 사회의 감정을 악화시켰다는 사람들도 있다.(소노다 시게토, 2012. 모오리 카즈노, 2006. 시미즈 미와, 2003)

"친근감이 있다" 혹은 "친근감이 없다" 중 "친근감"은 대답하는 사람들의 강렬한 주관 감정으로써 엄격하고 객관적인 판단 기준이 없다. 또한 이런 감정의 변화는 한가지 원인으로 설명할 수 있는 것이 아니여서 과거 30년간의 "친근감" 데이터 변화는 해석하기 아주 어렵다. 하지만 내각이 실시한

"외교에 대한 여론 조사"는 그럼에도 불구하고 아주 의미심장한 조사 결과를 발표하였다.

3. 각이한 연령대의 서로 다른 친근감

최근 몇년, 각이한 연령대의 사람들은 중국에 대해 서로 다른 "친근감" 정도를 나타냈다. 도표 2 와 도표 3 은 2002 년도와 2003 년의 조사결과인 데, 2003 년은 "친근감이 있다"와 "친근감이 없다"가 균형을 이룬 마지막 해이다. 도표 4 와 도표 5 는 2013 년과 2014 년의 데이터이다.

2002 년과 2003 년의 데이터에서 볼 수 있다싶이 "친근감이 있다"와 "친근감이 없다"는 연령별로 현저한 차이가 없다. 허나 10 년후의 2013 년과 2014 년의 데이터를 볼 때 연령별에 따라 아주 큰 차이가 있다. 젊은 층은 중국에 대한 친근감이 아주 컸고 나이가 있는 사람들은 중국에 대한 감정이 약했다.

우리는 이런 연령대별 "친근감" 차이를 어떻게 이해해야 하는 가 ?

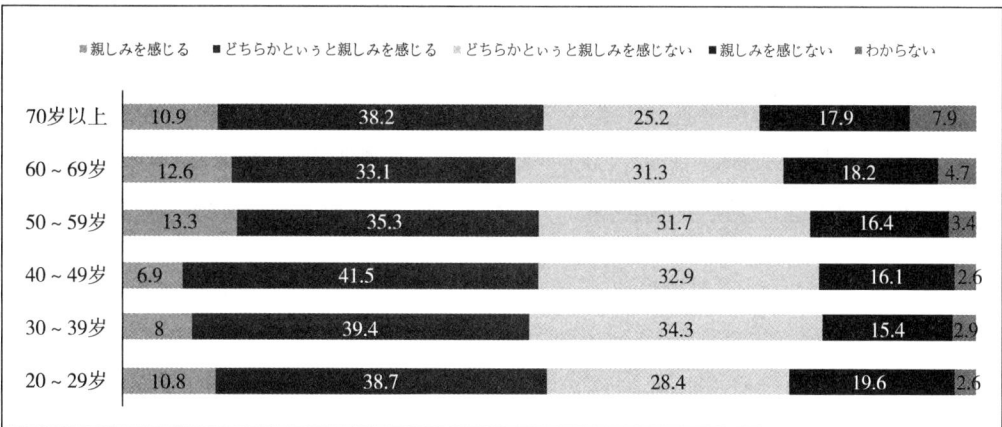

	▪親しみを感じる	▪どちらかというと親しみを感じる	▪どちらかというと親しみを感じない	▪親しみを感じない	▪わからない
70岁以上	10.9	38.2	25.2	17.9	7.9
60～69岁	12.6	33.1	31.3	18.2	4.7
50～59岁	13.3	35.3	31.7	16.4	3.4
40～49岁	6.9	41.5	32.9	16.1	2.6
30～39岁	8	39.4	34.3	15.4	2.9
20～29岁	10.8	38.7	28.4	19.6	2.6

도표 2　중국에 대한 친근감·감이한 연령데 (2002 년 10 월 조사)

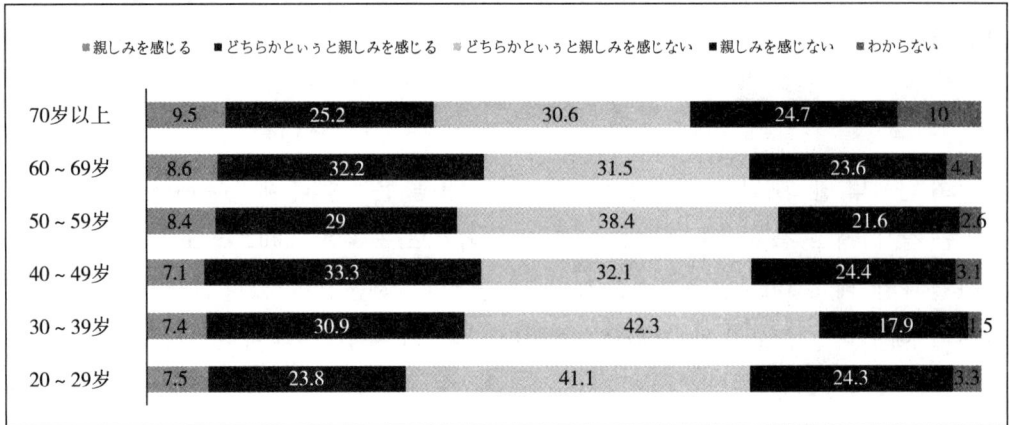

	親しみを感じる	どちらかというと親しみを感じる	どちらかというと親しみを感じない	親しみを感じない	わからない
70岁以上	9.5	25.2	30.6	24.7	10
60～69岁	8.6	32.2	31.5	23.6	4.1
50～59岁	8.4	29	38.4	21.6	2.6
40～49岁	7.1	33.3	32.1	24.4	3.1
30～39岁	7.4	30.9	42.3	17.9	1.5
20～29岁	7.5	23.8	41.1	24.3	3.3

도표 3　중국에 대한 친근감·감이한 연령데 (2003 년 10 월 조사)

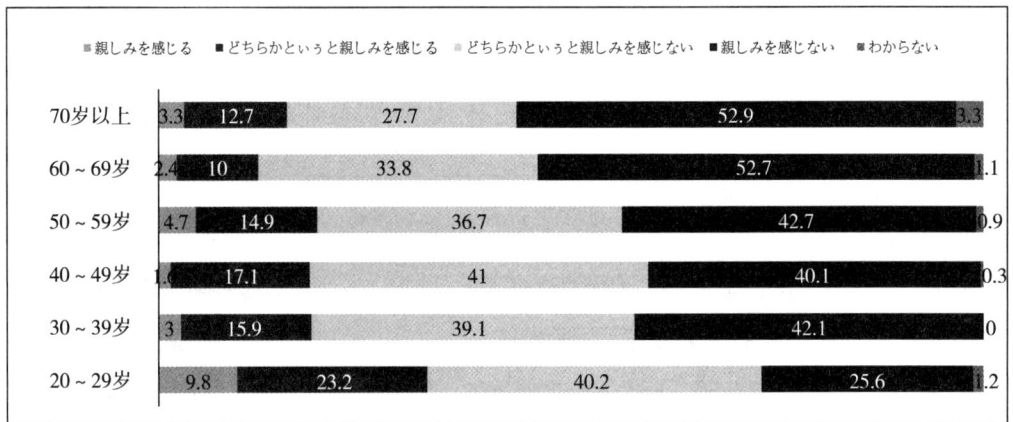

	親しみを感じる	どちらかというと親しみを感じる	どちらかというと親しみを感じない	親しみを感じない	わからない
70岁以上	3.3	12.7	27.7	52.9	3.3
60～69岁	2.4	10	33.8	52.7	1.1
50～59岁	4.7	14.9	36.7	42.7	0.9
40～49岁	1.6	17.1	41	40.1	0.3
30～39岁	3	15.9	39.1	42.1	0
20～29岁	9.8	23.2	40.2	25.6	1.2

도표 4　중국에 대한 친근감·감이한 연령데 (2013 년 10 월 조사)

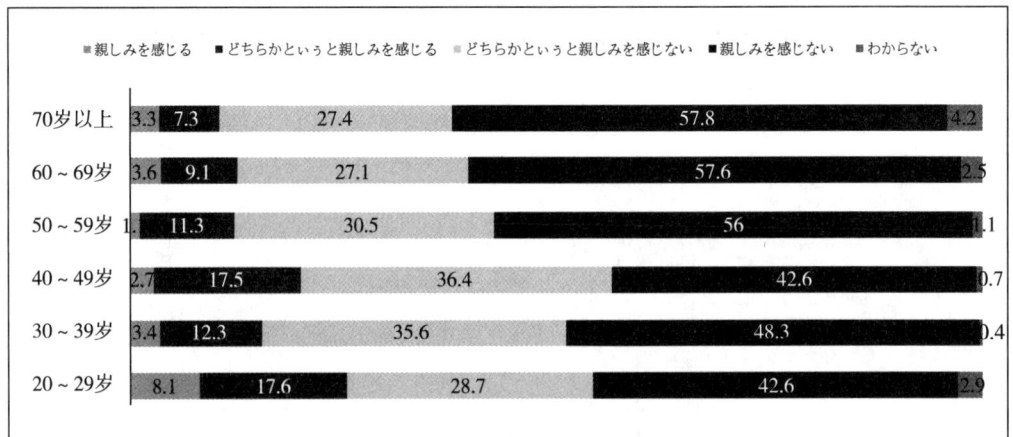

	親しみを感じる	どちらかというと親しみを感じる	どちらかというと親しみを感じない	親しみを感じない	わからない
70岁以上	3.3	7.3	27.4	57.8	4.2
60～69岁	3.6	9.1	27.1	57.6	2.5
50～59岁	1	11.3	30.5	56	1.1
40～49岁	2.7	17.5	36.4	42.6	0.7
30～39岁	3.4	12.3	35.6	48.3	0.4
20～29岁	8.1	17.6	28.7	42.6	2.9

도표 5　중국에 대한 친근감·감이한 연령데 (2014 년 10 월 조사)

4."친근감" 악화와 관련된 데이터

"외교에 대한 여론 조사"를 통해 중국에 대한 일본 사회의 인식 변화를 알 수 있다. 다른 한 여론 조사는 그 원인을 파악하는 데 아주 중요한 의미가 있다.

바로 내각이 실시한 "자위대・방위문제에 대한 여론 조사"이다. 이 조사는 2006년 1월부터 3년에 한번씩 모두 4번 진행되었다. 이 조사도 같은 문제를 전국범위에서 3000개의 샘플을 랜덤으로 추첨하여 분석하였다. 이 조사를 통해 일본인들이 안보 및 평화에 대한 인식 변화를 알 수 있다. 이 조사를 통해 일본의 안보와 평화문제에 대해 일본 사회는 미국과의 안보 협력에 대한 의존도가 아주 높은 동시에 중국에 대해서도 아주 큰 관심을 가지고 있다는 점을 알 수 있다 (도표 6~10). 이를 통해 우리는 어떤 환경이야말로 일본 대외 정책의 각종 역할에 모두 신경써야 하는 환경인가를 잘 알 수 있다.

동북아지역 안보협력 강화와 관련된 문제를 토론하기 전, 우리는 우선 각 국 국민들의 상호 인식 상황을 요해하여야 한다. 즉 국민 여론 상황인 데, 이는 결책 과정에 직접 참여하지 않지만 주요 결책 과정중의 각종 역할에 대해 홀시할 수 없게 만든다. 안보 협력 추진 시, 같은 지역의 각 국 국민들의 서로에 대한 호감도가 아주 낮다면, 그 원인을 알아 보는 것이 각 국 정부 지도자들의 우선 작업이다.

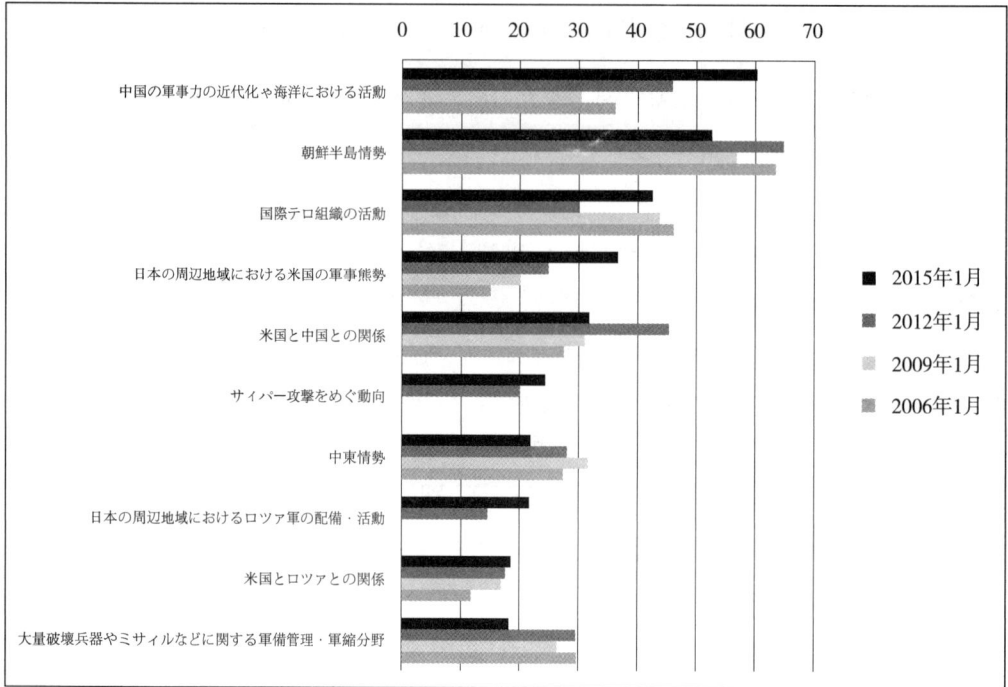

도표6 일본 평화와 안보면에 대한 관심 상황

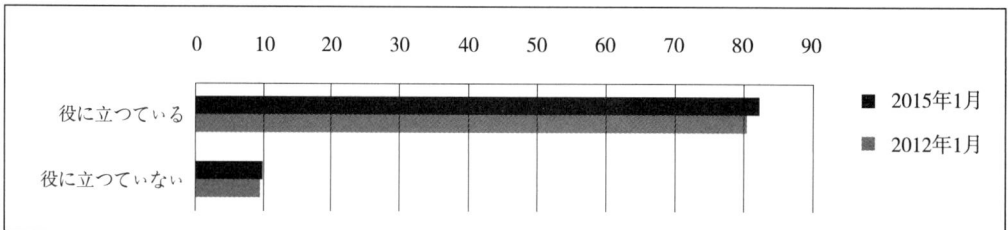

도표7 동맹국 미국을 제외한 국가와의 방위 협력과 교류 추진은 일본의
평화와 안보에 유리할 것인가?

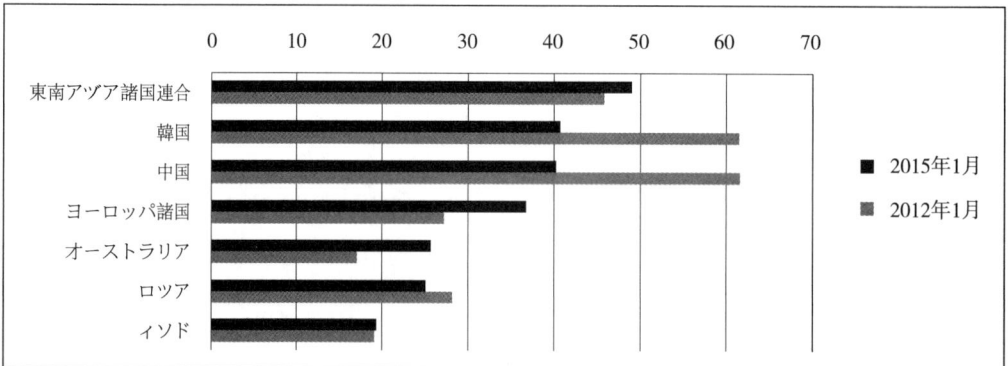

도표8 일본은 어떤 국가와 지역과 교류를 강화하여야 하는가(다항선택)

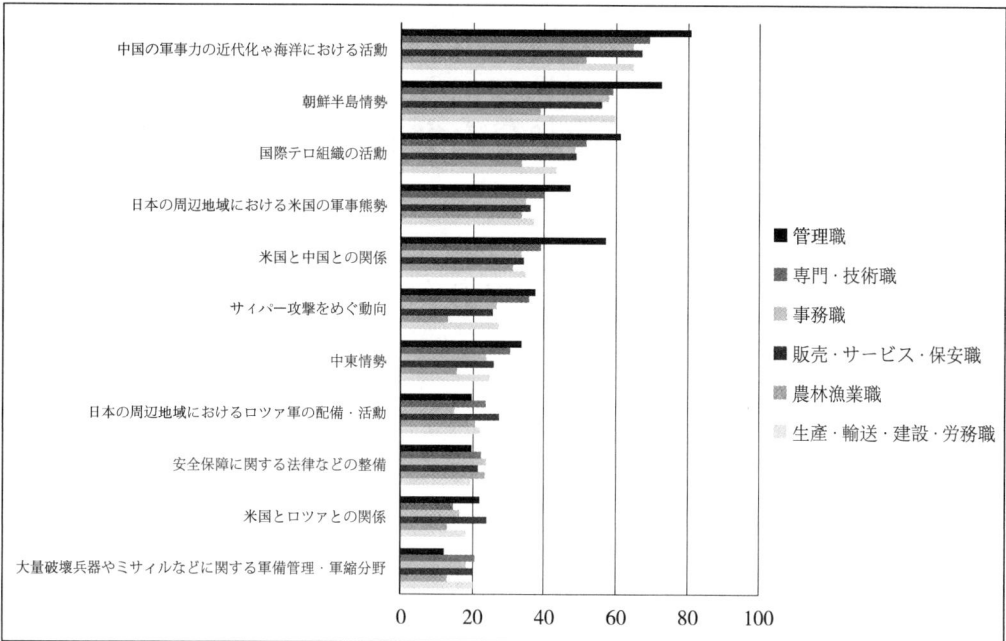

図表9　일본 평화와 안보면에 대한 관심 상황 (2015년 1월 실시)

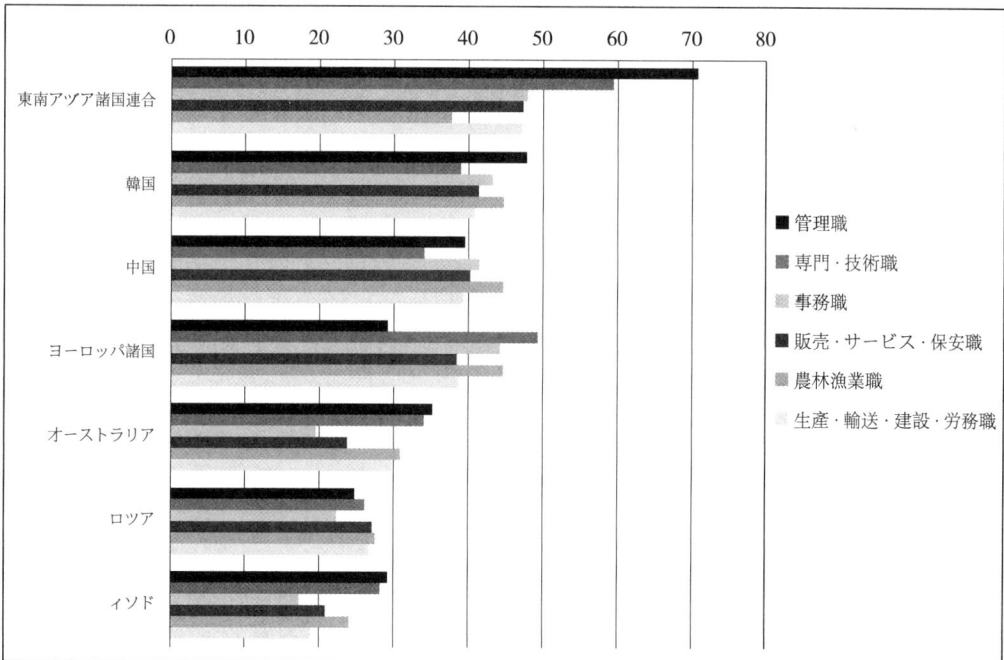

図表10　일본은 어떤 국가와 지역과 교류를 강화해야 하는가 (2015년 1월 실시)

(陈治国 중역본 번역)

谈谈日中韩三国安全合作的困难和优势

[日] 前田宏子 *

在 1999 年的东盟与中日韩领导人会议上，中日韩三国首脑首次聚首会谈。2008 年以后，中日韩首脑会谈开始独立进行。随着全球性冷战结构崩塌（尽管东亚还残留着朝鲜半岛及两岸关系的结构对立等悬而未决的问题）以及世界局势的风云变幻，东亚地区各国需要加强合作的共识在日益扩大。不仅如此，现阶段日中韩各国的目标是重新探讨本国在国际政治中扮演的角色，并争取发挥更积极的作用。在东亚拥有巨大影响力的三个国家为了地区安定与发展而保持对话、共同合作，这是值得欢迎的作为。即便日中韩之间的合作关系没有急剧的进展，但在本地区那些令人担忧的事项问题上，各国有机会介绍各自的视角和对策，这本身就是建立信任的环节之一。

重新开启 2012 年 5 月以来一直中断的日中韩对话，这对于地区安定而言是件令人期待的事情。只是，即使在对话中断的期间，东亚地区局势也在时刻变化，坦率地说，地区安全问题不但没有朝着解决的方向取得进展，反而呈现出更加复杂的态势。日中韩在安全领域能够进行怎样的合作，这是各国业内人士及专家应倾尽智慧全力对待否则难以前行的课题。

1. 三国关系的利与弊

近三年来，随着日中和日韩关系的恶化，日中韩对话处于停滞状态。此前，与经济、环境、社会及文化等相比，安全保障合作是最落后的领域。目前，安全方面具体化的成果只有反恐协议（2011 年、2012 年）和非传统安全方面的灾害应对，而关于亚洲地区局势的意见交流只在 2012 年有过一次。

---

* 前田宏子：日本 PHP 研究所研究员。

一般来说，三国关系比两国关系更容易形成更加缓和的框架，在三国对话中很难涉及生死攸关的重要利益或战略利益，因为在三国关系中很容易产生怀疑，怀疑另外两国会不会合谋制造对我方不利的情况，而且也有可能发生被迫在另外两国反目的问题上鲜明表示我方态度的状况。与经济和非传统安全方面相比，在传统安全领域，对利益的认知和处理容易陷入"零和"思维，对敏感问题的讨论是有局限的。

尽管如此，世界上三国合作关系仍在不断增多，这是因为三国框架存在自身的优点，即当两国关系走入死胡同时，通过引入第三国设置对话机会，有助于缓和两国的紧张关系，打破僵局。

不仅如此，三国合作虽然不具备同盟那么强大的可运用的力量，但它远比缔结同盟关系更容易启动合作。在现代世界，各国间的相互依存度不断提升，"敌人"和"伙伴"的明确界定变得越发困难，大规模战争爆发的可能性也越来越小，但是安全上的不确定要素仍在扩散和流动。三国间的合作也许不具备强大的抑制纷争或紧张的力量，然而通过不断累积"缓慢牵制"，这种预防措施也可以为维持安定作贡献。

2. 日中韩三国在认识上的差异

日中韩之间存在安全问题认识上的差异，下面列举特别重要的三个问题，一是对朝政策，二是对中国崛起的认识，三是对日本安保政策的认识。

（1）对朝政策

关于朝鲜问题，日中韩在不允许其保留核武器、希望其发展经济和获得安定（软着陆）这点上达成了一致。但是，谈到具体政策时就存在不同意见，中国将中朝关系以及朝鲜的安定放在首位，而日韩则将阻止其开发核武器放在首位。

不过，自金正恩体制诞生以来，中朝关系陷入停滞，相反中韩之间却正在建立可谓史上最佳的关系。这种情况是否会对各国的对朝政策带来某些新动向，日中韩又是如何分析现在的朝鲜局势的，各国应该对自己的认识和政策进行说明，让三国能够协力推进有效的对朝政策。

（2）对中国崛起的认识

如何认识中国崛起，以及其对国际政治的影响，这不仅是东亚，更是世界正在热议的课题之一。中国一直表示本国的发展是和平的，对他国不构成威胁。然而，日本和韩国都对此感到了忧虑，而且两国还表现出不同程度的担忧。对于中国的崛起，坦白地说，日本存在广泛的担忧，而韩国似乎有着各种不同的意见，相对来说，肯定性

的看法应该比日本多。

日本对中国感到担忧的程度增强了，最近的原因主要还是因为围绕钓鱼岛导致了一触即发的紧张局势，日中关系整体冷却下来。在此之前，虽然日中之间也存在历史和安全方面的相左意见，但是它们引起物理性冲突的可能性非常微小。然而，围绕钓鱼岛的对立和紧张局势表明，日中对立不仅停留于争论层面，更是进入了可能引发争端的新阶段。

中国崛起是不可阻挡的趋势，日本也希望中国能在国际社会上承担更积极的角色和责任。伴随着中国经济的发展和综合国力的提升，其军事力量的增强也并不出人意料。只是军事实力不比经济实力，其扩大不可避免地会招致邻国的戒备。中国不仅需要强调本国和平发展的意图，以及提高其军事战略和军事方面决策过程的透明度，还应该讨论如何在日益增强的军事力量和既存的军事力量之间取得平衡以及如何维持东亚和平等问题。

（3）对日本安保政策的认识

现在，日本正在如火如荼地进行着对安保方面各种政策的重新审视。安倍政权打出了日本应该在安全方面发挥更积极作用的旗帜（"积极和平主义"），这项重新审视的工作在民主党取得政权的时候就已经开始了。

在中国和韩国，对于日本正在进行的安全政策改革感到担忧的呼声似乎很高。在世界上，日本的积极和平主义不是受到肯定评价，就是受到冷漠对待，而中国和韩国的反应可以说是正常的。从过去的历史经历来说，中韩容易对日本抱有特别强烈的警戒心也是无可厚非的，只是用二战前的日本来谈论现在的日本是错误的。

某位研究者曾说过："日本是世界上最讲求和平主义的国家，但是为什么在中国和韩国会有着日本是军事主义的论调呢？如果是出于国内政治方面的原因，明知事实并非如此还是在批判日本的话，那还可以。但是如果是真心地这么相信的话，那就很危险了。这可能会招来基于误解的相互不信任和军备竞赛。"

在中国和韩国广泛存在着对日本的错误印象，从日方的解释和传达能力不够这点上讲，日方也应该反省，应该就日本安保政策回答来自中韩的提问，并讨论新的合作可能的问题。

3. 日中韩共同的战略利益

日本、中国和韩国之间虽然存在关于安全权益和认识上的差异，但是在根本利益方面达成了共识，即维持和平是地区、国家、国民之所期望的利益。无论哪个国家都不希望发生争端，都很重视经济增长和生活安定。世界上存在许多战争频发的地区、

恐怖分子嚣张肆虐的危险地带，与这些地区相比，东亚即使发生一些摩擦或问题，也依然是能享受和平、安定的地区。和平是一种习惯，一旦其存在就容易觉得它是理所当然的事物，因此日本、中国和韩国的领导人和国民应该共同去深切地感受和平的宝贵和维持和平的责任。

（刘丽娇　译）

三国の安全保障協力の困難と利点：
日中韓の場合

前田宏子 *

　1999 年の ASEAN ＋ 3 首脳会議で初めて日中韓三国の首脳がそろって会談を行い、2008 年からは日中韓の会談が独立して開催されるようになった。グローバルな冷戦構造が崩壊し（東アジアでは、朝鮮半島や両岸関係の対立構造が解決されないまま残されているが）、世界情勢が変動していく中、東アジア地域でも多国間の協力を強化する必要があるという認識が広がった。さらに、この時期には日中韓それぞれの国が、国際政治における自国の役割を再検討し、より積極的な役割を果たすことを目指すようになった。東アジアにおいて大きな影響力をもつ 3 カ国が、地域の安定と発展のために、対話をもち、共働することは、歓迎すべき動きである。日中韓の協力に劇的な進展がなくとも、地域における懸念材料について、各国の視点と対策を紹介する機会を持つこと自体が、信頼醸成の一環となる。

　2012 年 5 月以降、中断されていた日中韓の対話が再開しつつあるのは地域の安定にとって望ましい。ただし、中断されていた間にも、東アジア地域情勢は刻々と変化し、率直に言って、地域内の安全保障上の問題は、解決に向かって進むどころか、より複雑化の様相を呈するようになっている。日中韓が安全保障においてどのような協力を行えるかというのは、各国の実務家や専門家が知恵を絞り、真剣に取り組まなければ、前進しにくいテーマである。

1. 三国関係の利点と欠点

　この三年間、日中、日韓関係の悪化により、日中韓対話は停滞したが、それ以前

---

* 日本 PHP 研究所研究員。

から、経済や環境、社会、文化などに比べ、安全保障はもっとも協力が遅れている分野であった。目下のところ、安全保障に関して具体化しているのはテロ対策協議（2011年、2012年）と、非伝統的安全保障である災害対策で、アジア地域情勢に関する意見交換は2012年に一度持たれたのみである。

　日中韓に限らず、三国関係が、二国間関係に比べより緩やかな枠組みとなりやすいというのは一般的に言えることで、三国対話では、死活的に重要な利益や戦略的利益は扱われにくい。三国関係では、他の二国が結託し自国に不利な状況を作るのではという疑念が生まれやすい。また、他の二国が反目している問題について自国の旗色を鮮明にするよう迫られる状況も発生しうる。経済や非伝統的安全保障に比べ、安全保障では利益の捉え型がゼロサム的になりやすく、敏感な問題について議論するには限界がある。

　にもかかわらず、世界で三国協力が増え続けているのは、その三カ国の枠組みの長所が存在するからである。それは二国間関係が行き詰まってしまったときに、第三国を交えて対話の機会を設定することで、二国間の緊張を緩和し、行き詰まりを打破するのに役立つ。

　さらに、三国協力は、同盟ほど強力な実力措置をもたないが、同盟関係を締結するよりはるかに容易に協力を開始できる。現代の世界では、相互依存が進み、「敵」と「味方」を明確に識別することが困難になり、大規模戦争は起こりにくくなっているものの、安全保障上の不確定要素は拡散・流動化している。三国協力は、紛争や緊張に対する強力な抑止力を持たないかもしれないが、緩やかな牽制という予防措置をいくつも重ねることで、安定の維持に寄与することが期待される。

2. 日中韓における認識の相違

　日本、中国、韓国の間には安全保障に関して異なる認識が存在するが、特に重要な問題として、下記の3つが挙げられる。一つ目は、対北朝鮮政策、二つ目は、中国の台頭をどう捉えるか、三つ目は、日本の安全保障政策をどう捉えるか、である。

1）対北朝鮮政策

　北朝鮮については、その核保有を許さず、経済の発展と安定（ソフト・ランディング）を望んでいるという点で、日中韓は一致している。しかし、具体的な政策となると、中国が中朝関係や北朝鮮の安定を最優先にするのに対し、日韓は核開発の阻止を最優先とし、意見の相違が存在してきた。

　しかし、金正恩体制の発足以後、中朝関係は停滞し、反して中韓は史上もっとも

良好と言われるほどの関係を築きつつある。この状況は、各国の対北朝鮮政策に何らかの新しい動きをもたらすことになるのか、日本、中国、韓国は現在の北朝鮮情勢をどのように分析しているのかなど、各国が自国の認識と政策を説明し、三国が協力して有効な対北朝鮮政策を推進できるための素地を形成していくべきである。

2）中国の台頭に対する見方

中国の台頭をどう捉えるか、それが国際政治にどのような影響を及ぼすかというのは、東アジアに限らず、いまや世界で熱く議論されているテーマの一つである。

中国は、自国の発展は平和的であり、他国にとっての脅威とはならないと説明している。しかし、日本と韓国には懸念が存在し、日本と韓国の間でも、懸念の強さにおいて違いが見られる。中国の台頭に対し、率直に言えば、日本では懸念をもって見る見方が広がっており、韓国では、さまざまな意見が存在するようだが、相対的に見ると、日本に比べ肯定的な見方も多いように思われる。

日本において、中国に対する懸念が強まった直近の原因としては、やはり尖閣諸島（中国では釣魚島）をめぐり一触即発の緊張状態が発生し、日中関係全体が冷却化した影響が大きい。それ以前にも、もちろん日中間には歴史や安全保障をめぐる意見の相違が存在したが、それらが物理的な衝突を引き起こす可能性は極めて小さかった。しかし、尖閣をめぐって起こった対立・緊張状態は、日中間の対立が、議論上にとどまらず、紛争を引き起こすかもしれない新局面に入ったことを示したのである。

中国の台頭は、止めることができない趨勢であり、日本も中国がより積極的な役割と責任を国際社会で果たすことを求めてきた。中国の経済が発展し、その総合国力が上がるにつれ、軍事力も強化されるのは驚くべきことではない。ただし、軍事力は経済力と違い、その拡大が近隣国の警戒を招くのもまた不可避である。中国は自国の平和発展の意図を強調するだけでなく、軍事戦略、軍事に関する政策決定過程などでの透明性を増す必要があり、また増強する軍事力と既存の軍事力の間で、既存の勢力とどのようにバランスをとり、東アジアにおける平和を維持していくか議論していくべきである。

3）日本の安全保障政策に対する捉え方

日本では、現在、安全保障に関するさまざまな政策面での見直しが進められている最中である。安倍政権は、日本が安全保障においてもより積極的な役割を果たしていくべきという方針（「積極的平和主義」）を打ち出しているが、その見直し作業の多くは、民主党が政権を取っている時に始められたものである。

　　中国と韓国では、日本で進行中の安全保障における変化を懸念する声が大きいようである。日本の積極的平和主義は、世界では肯定的に評価されるか、無関心で迎えられるかのどちらかであり、中国と韓国の受け止め方は特異といえよう。過去の歴史的経緯から、中韓が日本に対し特に強い警戒心を抱きがちなのは仕方のない部分もある。ただし、戦前の日本のイメージで、現在の日本を論じるのは間違いである。

　　ある地外の安全保障研究者は、「日本は世界でももっとも平和主義的な国であるが、中国と韓国において、日本が軍事主義であるという論調があるのはなぜなのか。国内政治上の理由から、実際はそうでないと分かっていながら、日本を批判しているのならまだ良い。しかし、もし本気でそう信じているのなら危険である。それは誤解に基づいた相互不信と軍拡競争を招く可能性がある」と述べた。

　　日本に対する誤ったイメージが中国と韓国で広がっているのは、日本側の説明や発信能力が十分でないという点で、日本側も反省すべきだが、日本の安全保障政策について中韓からの疑問に答え、新た協力の可能性についても議論すべきである。

3. 日中韓に共通の戦略的利益

　　日本、中国、韓国の間には、安全保障上の権益や認識について相違が存在するが、根本的な利益、すなわち平和の維持が地域、国家、国民の望むところであり、利益であるという認識を共有する点では一致している。いずれの国も紛争の発生を望んでおらず、経済成長と生活の安定が重視されている。世界には、実際に戦闘行為が頻発している紛争地域や、テロリストが跋扈する危険な地域が多く存在する。摩擦や問題があるといっても、そのような地域に比べれば、東アジアははるかに平和で安定を享受している地域である。平和も、その存在に慣れてしまうと、それを当たり前と感じるようになりがちであるが、日本、中国、韓国の指導者・国民ともに、それが維持されていることの貴重さと責任を痛感すべきである。

3국 안보 협력의 난제와 우세 : 일중한 실례

前田宏子 *

    1999 년 아세안과 일중한 지도자 회의에서 일중한 3국 수뇌자는 처음으로 모여 회담을 가졌다. 2008 년이후, 일중한 수뇌자회담은 독자적으로 소집되기 시작하였다. 세계 냉전 구조의 붕괴 (비록 동아시아에 아직도 한반도 및 양안관계의 구조적 대립 등 해결하지 못한 문제들이 잔류되어 있지만), 세계 정세의 변화에 따라 동아시아지역도 각 국 협력에 대한 인식을 날따라 강화하여야 한다. 현단계에 있어서 일중한 각 국의 목표는 국제 정치에 대한 본 국의 역할을 재토론하고 더욱 적극적인 역할을 발휘할려 하고 있다. 동아시아에서 거대한 영향력을 가지고 있는 3개 국가의 지역 안정과 발전을 위한 대화 유지와 공통 협력은 모두가 반가워 할 일이다. 비록 일중한간의 협력 관계가 극적인 발전을 가져 오지는 못했지만 지역에서 우려하는 요소들에 대한 각 국의 시각과 대책을 서로 소개할 수 있는 기회도 신뢰 구축의 일환으로 될 수 있다.

    2012 년 5 월이후 줄곧 중단되었던 일중한 대화의 재개는 지역 안정면에서 기대해 볼만한 일이다. 대화가 중단되었던 기간에도 동아시아지역정세는 시시각각 변화하였다. 솔직히 지역 안보 문제는 해결되는 방향으로 발전한 것이 아니라 더욱 복잡해졌다. 일중한은 안보분야에서 어떤 협력을 진행할 수 있는가, 이는 각 국 전문가들이 모두 머리를 짜서 생각해야 할 과제이다.

    3국관계의 장단점

    최근 3년, 중일과 한중관계가 악화됨에 따라 일중한 대화도 침체 상태에

---

* 일본 PHP 연구소 국제전략연구센터 주임연구원.

처하게 되었다 . 허나 과거부터 경제 , 환경 , 사회 , 문화와 비교할 때 , 안보보장은 항상 가장 낙후한 협력 분야였다 . 현재 안보면에서 구체화된 성과는 오직 반테러협의 (2011 년 , 2012 년) 와 비전통안보면의 재해 대책밖에 없으며 아시아 지역 정세에 관한 의견 교류는 2012 년에 한번밖에 없었다 .

일중한 관계를 포함한 3 국관계는 양국관계보다 더욱 완화된 구조를 형성할 수 있다 . 3 국 대화에서 생사와 관련된 중요 이익과 전략 이익을 언급하기 힘들다 . 3 국관계는 아주 쉽게 의심이 갈 수 있기 때문이다 . 즉 기타 양국이 짜고들어 나에게 불리한 상황을 만들지 않을 까 의심하게 된다 . 또한 기타 양국이 반목한 상황에서 부득이하게 자신의 태도를 밝혀야 하는 상황이 발생할 수도 있다 . 경제 , 비전통안보와 비교할 때 , 안보분야는 민감한 문제를 토론하기에 많은 제약이 있다 .

허나 세계적으로 3 국 협력 관계는 여전히 증가하고 있다 . 왜냐하면 3 국 구조는 양국 관계가 막다른 골목에 이르렀을 때 제 3 국을 인입하여 대화 기회를 만들어 양국의 긴장 관계를 완화하고 대치 국면을 타파할 수 있는 자신만의 장점을 가지고 있기 때문이다 .

비록 3 국 협력은 동맹과 같은 강한 운용력을 가지고 있지 않지만 동맹관계를 맺는 것보다 더욱 쉽게 협력을 시작할 수 있다 . 현재 각 국간의 상호 의존도가 끊임없이 높아지고 '적' 과 '파트너' 의 명확한 구별이 날따라 어려워지고 있다 . 대규모 전쟁 폭발의 가능성이 점점 낮아지지만 안보면에서의 불확정 요소들은 여전히 확산되고 있다 . 3 국간의 협력은 분쟁과 긴장에 강한 억제력을 보유하지 않지만 '완만한 견제' 도 예방 조치로써 안정 유지를 위해 기여할 수 있다 .

일중한 3 국의 인식 차이

일중한은 안보문제에서 인식 차이가 존재한다 . 대북 정책 , 중국 궐기에 대한 인식 , 일본 안보 정책에 대한 인식이 바로 가장 중요한 세가지 문제이다 .

1) 대북정책

북한문제에 대하여 일중한은 비핵화와 경제발전으로 안정을 취하는 데 동의하였다 . 허나 구체적 정책에 대하여 이견이 존재한다 . 중국은 중국과 북한의 관계 및 북한의 안정을 첫자리에 놓고 한국은 핵무기 개발 저지를 첫자리에 놓는다 .

허나 김정은이 집권한 뒤 중국과 북한의 관계는 침체되었고 한중관계는 역사상의 정점을 찍었다 . 이런 상황은 각 국의 대북정책에 새로운 동향을 가져다 줄 것인지 , 일중한은 어떻게 현재의 북한정세를 분석하고 있는지 등에 대해 각 국은 자신의 인식과 정책을 설명하여 3국이 협력하여 대북정책을 효과적으로 추진하기 위해 기초를 마련하여야 한다 .

2) 중국의 궐기에 대한 견해

중국 세력의 부상을 어떻게 이해할 것이고 이는 국제 정치에 대해 어떠한 영향이 있는가는 동아시아뿐만 아니라 세계적인 이슈로 되었다 .

중국은 줄곧 평화적인 발전으로 타국에 위협을 조성하지 않는다고 한다 . 허나 일본과 한국은 모두 우려하고 있다 . 하지만 양국의 우려 정도는 다르다 . 중국의 부상에 대하여 일본은 광범위하게 우려를 보이고 있다 . 허나 한국은 각종 이견들이 있으며 긍정적인 견해가 일본보다 상대적으로 많다 .

중국에 대한 일본의 우려는 증가하였다 . 최근의 주요 원인은 댜오위다오로 인한 일촉즉발의 긴장 정세로하여 중일관계가 전체적으로 냉각된 데 있다 . 비록 그전에도 중일간에는 역사와 안보면에서 이견이 있었지만 이로 인한 물리적 충돌의 가능성은 아주 모호하였다 . 허나 댜오위다오로 인한 대립과 긴장정세는 중일대립이 쟁론이 아닌 쟁단을 일으킬 수 있는 새로운 단계에 진입하였음을 말해준다 .

중국 세력의 부상은 필연적 흐름으로서 일본도 중국이 국제 사회에서의 더욱 적극적인 역활과 책임을 희망한다 . 중국 경제의 발전과 종합 국력의 향상으로 군사력 강화도 예상했던 결과이다 . 허나 군사실력의 확대는 주변 인접국의 경계를 불러올 수 밖에 없다 . 중국은 자국의 평화 발전 및 군사 전략과 군사 결책 과정의 투명도를 제고할 뿐만 아니라 날따라 강화되는 군사력과 기존의 군사력간의 균형을 어떻게 실현하고 어떻게 동아시아의 평화를 유지할 것인가에 대하여 토론하여야 한다 .

3) 일본 안보정책에 대한 견해

현재 일본은 안보면의 각종 정책을 재심사하고 있다 . 아베정부는 일본은 반드시 안보면에서 더욱 적극적인 역할을 하여야 한다고 주장 (적극적 평화주의) 하였는 데 이런 재심사는 민주당이 집권할 때 이미 시작되었다 .

일본이 진행하고 있는 안보정책개혁에 대한 중국과 한국의 우려는 날따라 증가되고 있다 . 일본의 적극적 평화주의는 세계적으로 긍정적인 평가를 받지 않으면 그냥 냉대를 받게 된다 . 허나 중국과 한국의 반응은 너무 강하다 . 과거사를 볼 때 중한은 일본에 대해 강한 경계심을 가지고 있었다 . 2차대전전의 일본으로 현재의 일본을 담론한다는 것은 그릇된 일이다 .

　　모 기타 지역의 안보 연구자는 "일본은 세계적으로 가장 평화주의를 도모하는 국가이다. 허나 한국과 중국에는 왜서 일본이 군사주의라는 논조가 있을 까? 국내 정치 원인으로 하여 사실이 아닌 것을 알면서도 일본을 비판하는 것은 괜찮지만, 진정으로 그렇게 믿고 있다면 아주 위험한 일이다. 이는 오해로 인한 상호 불신과 군비 경쟁을 초래할 수 있다"고 말한 적이 있다.

　　중국과 한국에는 일본에 대한 착오적인 인상이 많이 남아있다. 일본의 해석과 전달능력이 미흡한 점은 일본이 반성해야 한다. 일본 안보 정책에 대한 중국과 한국의 질문에 해답하고 새로운 협력 가능성에 관해 토론하여야 한다.

　　일중한 공통 전략 이익

　　일중한은 안보 권익과 인식면에서 차이가 있지만 근본적 이익면에서 일치를 달성하였다. 즉 평화 유지는 지역, 국가와 국민이 원하는 이익이라는 데 모두 동의하였다. 어느 나라든지 모두 쟁단을 희망하지 않고 모두 경제 성장과 생활 안정을 가장 원한다. 세계에는 아직도 전쟁이 빈번하거나 테러분자들이 활동하는 위험지역들이 아주 많다. 이런 지역과 비길 때, 일부 마찰이나 문제들이 있을 지라도 동아시아는 평화와 안정을 향수할 수 있는 지역이다. 평화는 일단 적응되기만 하면 당연한 일이라고 생각하기 쉽다. 일중한 지도자와 국민들은 반드시 평화 유지의 소중함과 책임성을 인식하여야 한다.

（陈治国 중역본 번역）

第四章

深化中日韩安全合作的思路与建议

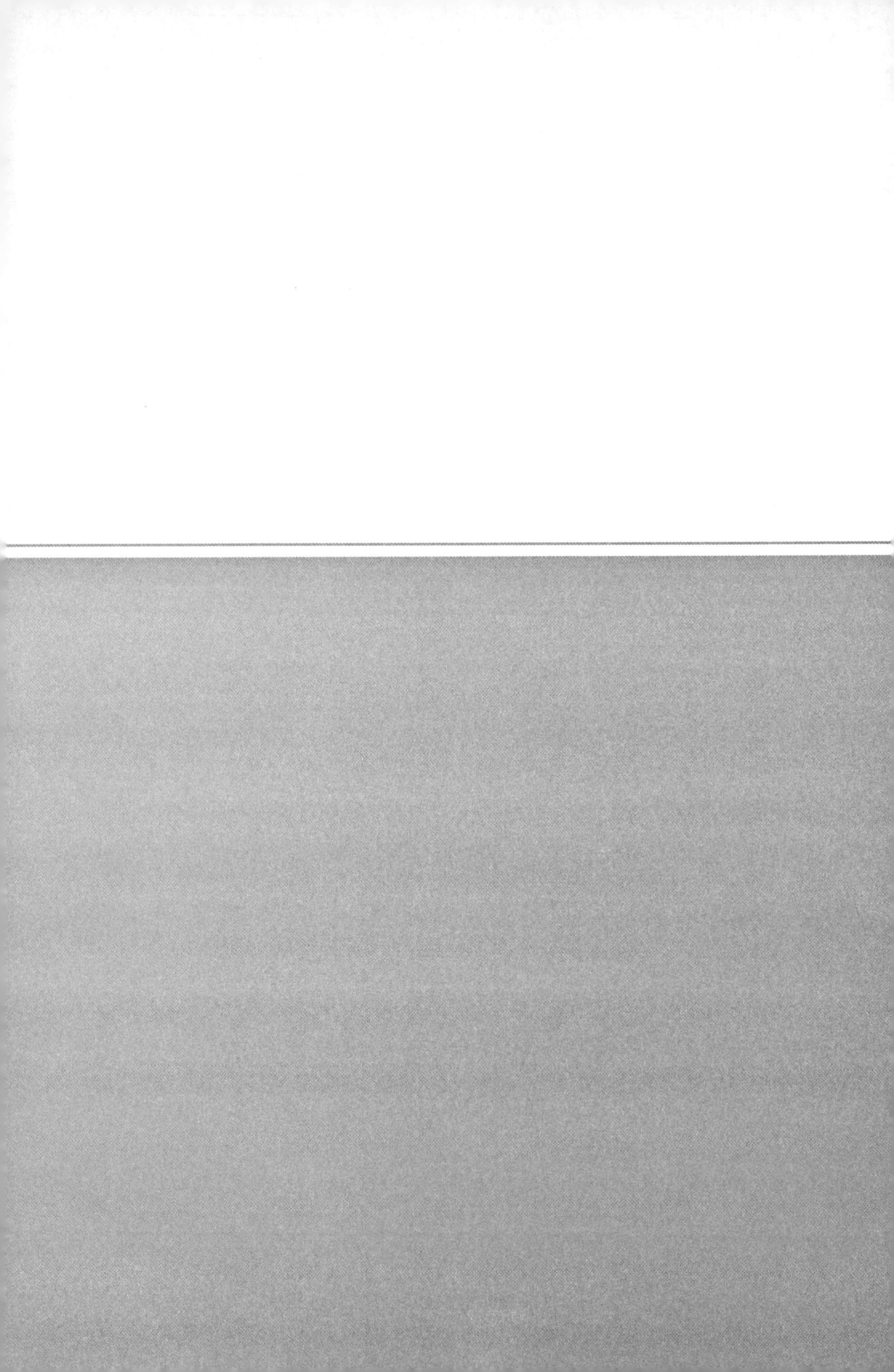

中日韩三国军事领域信任构建方案

［韩］赵南熏[*]

从目前来看，2015 年东北亚中日韩三国实现和解和合作似乎还遥遥无期。近年来，因历史问题和领土纷争，紧张和对峙氛围仍然笼罩着这一地区。其结果，中日关系仍处于僵持状态，韩日关系也因历史问题未能取得任何发展。

在如此环境下，已看不到对话和协商，只有军事紧张和对峙的氛围。其实，开展军演的大部分国家都会为了避免军演过程中所发生的误会，允许周边国家参演或观战。但是，中国允许周边国家参演及观战的同时，却暴露了以日本为军演假想敌的事实，似乎是不担心紧张氛围恶化、两国外交矛盾升级的风险等问题。

同时，日本也好像为非常时期做着各种准备。例如，日本表示计划在琉球群岛末端的与那国岛上部署雷达基地和陆上自卫队，可以看出这也是准备中的一环。与那国岛离钓鱼岛只有 150 千米，是日本最南端的岛屿，在此地部署雷达基地就是为了应对与中国的领土纷争。依据流程，日本于 2 月 22 日就基地建设进行了投票，并获得了居民们的赞成。可以预判，日本将会以此为背景积极推进雷达部署及陆上自卫队驻扎等事宜。[②]

对于韩国和日本来说，虽然相互之间没有严峻的军事对峙，但是在国内一直在开展与领土纷争相关的军事演练。尤其在最近，日本对独岛归属权的主张日趋强烈，韩国对此也加强了外交措施及独岛周边的军事演练。作为措施的一部分，2014 年 11 月，韩国在举行"护国联合登陆演习"的过程中，开展了由海军和海军陆战队参加的"独岛防御演习"和"独岛登陆演习"。

---

[*]　赵南熏：韩国国防研究院高级研究员。

[②]　The Japan News, 2015.2.23, http://www.the-japan-news.com/article/0001955813.

　　面对近期东北亚军事对峙，我们不得不提及"防空识别区（ADIZ）"问题。2013年11月23日，中国单方面发布了在东海划设"防空识别区"的声明。这引发了韩国扩张防空识别区，并导致了中国、韩国、日本东北亚三国防空识别区的重叠。因此，三国的飞机，尤其是中日战机发生过多次一触即发的险情。据某日本学者统计，在2013年11月中国宣布中国东海防空识别区后的1年间，即2013年10月至2014年9月，为了对应中国飞机，日本航空自卫队出击次数达472次，与ADIZ宣布前的1年相比，增加了23%。① 由此可见，最近在东北亚区域，三国之间危机发生的可能性大增。

　　那么就没有能够缓和危机、提高东北亚三国合作氛围的措施吗？当然有很多。其实，区域内各国从很久以前就开始为缓和紧张、避免冲突采取过很多措施。其中，最具代表性的措施就是构建政治及军事信任机制。通过措施营造控制军备或裁军的环境，从而让对立国家之间消除误解、降低警惕。即使无法带动裁减军备，这种措施也会为掌握对方的军事活动、促进交流及解除相互之间的紧张和对立起到积极作用。发生危机时，可利用现有的通道快速确保区域稳定。② 具体措施包括努力提升军事建设过程中的透明度，努力增进区域内各国之间的军事交流合作，努力构建危机管理体系。中韩日三国日后须在上述方面作出不懈的努力，详细实施方案如下：

　　第一，作为构建信任机制的基本措施，首先必须强化区域内各国间的军事交换项目。如今，区域内各国间已经实现了海军舰艇互访及军事人员交换等，同时也在进行着救灾联合训练。但这一切仍处于初级阶段，而且会随着各国间的政局时而中断。然而，构建信任措施必须无中断地一直持续下去。特别是在信任构建初期，过程如同结果一般十分重要。只有积累了相互信任，才可能会有更好的结果。所以必须无中断地将信任构建持续下去。③

　　第二，需要构建区域内危机管理体制，尤其是为了防止海上和空中偶发性冲突，急需共同努力构建联络体制。其实，东北亚三国在以前就已对危机管理体系的必要性达成了共识，作为第一阶段，试图构建防止偶发性冲突的联络机制。但是，因近期三国之间的对峙，这种努力也中断了好几年。这种努力必须重新开始，并且要活跃地开

① Tetsuo Kotani, "Reviewing the First Year of China's ADIZ:A Japanese Perspective", *AMTI Brief*, Nov25,2014, The Asia Maritime Transparency Initiative and The Center for Strategic and International Studies.

② QMG 时事常识编辑部，时事常识词典，QMG,2010。

③ CSCAP Memorandum No.2-Asia Pacific Confidence and Security Building Measures,Council for Security Cooperation in the Asia-Pacific.Nopublication datalisted.

展下去。值得庆幸的是，从 2014 年 APEC 召开前后，三国间的对话氛围开始逐渐复苏。例如，2014 年 9 月 23 日，中国和日本就中国东海相关问题及海上合作交换了意见，而且双方就重启中国东海海上联络机制构建的协商达成了共识。因中日两国之间的不和，这种会议直到 2 年后才得以重启。2015 年 1 月 22 日，中日为了解决海上分歧，在日本横滨举行了"日中海洋事务高级别磋商第三轮磋商会"，并就防止海空冲突，构建双边协商机制达成了共识。接着在部分领域，三国之间的合作氛围也开始渐渐复苏，但这种努力必须在日后无中断地持续下去。

另外，各国高层持续开展高级安保对话也是极为重要的。其间，因区域内各国之间的对立，东北亚地区的双边及多边安保对话一度中断。韩国和日本之间也同样如此。但最近韩日之间的会议一度重启，即以不久前在首尔举办的中日韩外交部长会议时的协商为基础，韩日于 4 月 14 日在首尔举行了两国外交部及国防部部长参加的安保政策会议。自从 2009 年 12 月以来，此次会议是 5 年来第一次举办。

同时，中日也准备在 2015 年 4 月中旬重启双边安保对话。预计会谈的重点将是日本的集体自卫权和中国的军备扩张等，但最重要的一点是，无论在任何情况下，这种安保对话都不能中断。两国之间的首脑会谈虽然不是军事领域会谈，但就缓和紧张和增进信任能起到很大的作用。例如，2014 年 11 月举行的中日首脑会谈为中日开设国防直通电话的协商提供了契机。[①]

以上主要是构建东亚信任措施之一的构建双边信任方面的内容。这种双边措施如果在多边框架内实施，效果将会更加显著。其实东北亚各国之间的军事问题大部分都会牵涉三国以上，最具代表性的例子就是与中日韩都相关的防空识别区问题。而且包括专属经济区在内的海洋划界问题在形式上虽然属于双边问题，但是与一个国家的协议会给第三方国家带来影响，因此实质上也属于多边问题。尤其是中国在东海和南海拥有非常长的海岸线，基于中国的立场，中国东海的海洋划界问题将会对中国南海问题产生影响，因此不可能单纯地定论为双边问题。为了解决诸多国家之间错综复杂的问题，须构建能够促进双边会议和加强双边信任的多边框架。

从这一角度来看，韩国倡导的"东北亚和平合作构想"（Northeast Asia Peaceand Cooperation Initiatives NAPCI）将会就东北亚安保问题提供相互协商、相互讨论的平台。虽然"东北亚和平合作构想"的目标在于让区域内所有的国家，即韩国、中国、日本、美国、俄罗斯及蒙古参与，但是在大范围内的区域内安保合作最终将会为中韩日三国的安保合作提供良好的基础和环境。相反，中韩日之间的安保合作的促进也

---

① 　IanE.Rinehart & Bart Elias，"China's Air Defense Identification Zone," *CRS Report, Jan 30,2015.*

会为区域内六国之间的合作及包括朝鲜在内的东北亚国家之间的安保合作起到推动作用。

"东北亚和平合作构想"有助于为东北亚各国提供更多的合作机会，建立互信。因为"东北亚和平合作构想"致力于促进区域内各国间有意义的安保合作，在东北亚地区构建多边合作秩序，并非是要马上成立特定的多边合作机构。[①] 但这仅仅是一个过程，绝非是安保合作的结果。在构建信任环境成熟，区域内各国的政治意志集结后，就可建立所有的东北亚国家都能参与的国际安保机构，协商包括军事问题在内的所有区域内安保热点问题。

但在现阶段，包括中国、韩国和日本在内的东北亚各国之间的构建信任氛围尚未成熟，在此之前，控制军备等实质性的军事合作很难实现，东北亚三国的安保合作的重点也只能局限于能源安保、灾难应对及核能安全等软性安保问题上。核能安全合作虽然是软性安保问题，它却将为中韩日三国提供军队直接参与合作的平台，从这一角度来看，这将成为三国军事合作的试点项目。2013 年，日本福岛核电厂事故带来的痛苦让我们刻骨铭心，但这样的核能事故问题并不仅仅局限于日本。拥有诸多核能发电站的中国和韩国也同样存在着隐患。因此，中日韩三国共享福岛核电厂事故处理及应对经验也将为东北亚地区安保及安全环境的提升带来积极影响。尤其福岛核电厂事故的善后处理很大一部分是由日本陆上自卫队来负责的，而韩国或中国如果遭遇此种事故也必须由本国的军队负责处理，因此，该领域的合作将促进三国的军事合作。需要强调的是，三国的军事合作须在这样的实质性领域寻找契机并推动下去。

但是，不得不说历史问题对以上措施具有很大的影响。因为军事、政治信任措施的持续实施虽然在理论上十分容易，但实际上，因三国之间的历史问题成为几乎不可能的事情。试想，是否需要让东北亚所有国家齐聚一堂，举行一次告别过去的象征性的举动呢，即东北亚地区各国齐聚一堂，针对历史大脉络达成一致，发表共同宣言书，并作出"大妥协"，承诺不再论及已达成协议的历史认识标准问题。为此，三国需要构建像 1970 年欧洲赫尔辛基会议那样的组织，在组织内进行深刻的讨论，并努力在达成共识的适当标准下整理过去。

最后，中美合作在东北亚地区信任构建过程中也起着十分重要的作用。因为中国和美国作为 G2 国家，对国际秩序的影响很大，两国的合作将对区域内的安保环境及其他国家产生很大的影响。中美在 1972 年建交后，以 1980 年美国国防部长访问

---

① 外交部，东北亚和平合作构想，2015。

中国为契机，开始了部长级军事安保交流。[①] 但这种交流随着国际政治要素，反复地进化和停滞。但两国在 2014 年 APEC 后，在安保合作及信任构建方面取得了实质性进展。中美签署的"关于海空相遇安全行为准则备忘录"及"主要军事行动相互通报及信任措施机制的谅解备忘录"等便是最具代表性的例子。事实上，中国和美国在很长时间内，都没能在军事安保领域达成最终共识。1998 年，中美为了促进海上冲突相关协商，签署了"中美海上军事安全磋商协定（Military Maritime Consultative Agreement）"，至今却未能达成最终共识。但是，在十余年后的 2014 年年末，在两国的努力下，终于收获了相关事宜的第一个果实。预计在 2015 年，中美将会进行更加具体的协商，尤其可期待在采取军事活动时，事先通报及防止偶发性冲突的行动规则（coded of conduct）方面的相关协商。最终，中国和美国会在军事领域信任构建方面迈出实质性的一步。预计军事领域的透明度也会提升，矛盾协调方面也会有长足的发展。[②] 若得如此趋势，以中美两国间的军事安保合作为背景，韩美日军事安保合作也将更易取得进展。

2015 年是二战及太平洋战争结束 70 周年。因此，我们比任何时候都更能深刻地回味和解与合作带来的意义。在这样的一年，如果中韩日之间能够缔造合作氛围、促进预防冲突及分歧的措施建立的话，将会为构建东北亚和平合作秩序打下坚实的基础。

（陈治国　译）

---

① Toshmichi Nagaiwa & Jun Kuhihara,"Japan-China Military Confidence Building Measures（part2），" *Tokyo-Cambridge Gazette:Politico-Economic Commentaries No.11*, Sep.1, 2014.

② 韩国国防研究院：《变化的中美关系：从竞争和对立到和解和合作》，《东北亚安保形势分析》2015 年 2 月 6 日。

北東アジア三国の軍事領域における
信頼構築方案

趙南熏 [*]

　現在の状況から見れば、2015 年に北東アジアの中日韓三国間の和解と協力の実現はまだ前途遼遠である。近年以来、歴史問題と領土紛争によって、この地域はずっと緊張と対峙の雰囲気におおわれている。その結果、中日関係は長いこと対峙しているし、韓日関係も歴史問題でいささかな進捗もない。

　このような環境で、軍事の緊張と対峙の雰囲気だけあり、もう対話と協議が見えない。例えば、中国広州軍区が 12 月に行った大規模な総合軍事演習において、日本航空自衛隊の F2 航空機を当時の仮想敵機として設定し、日本との敵対関係を全然隠さなかった。[②] 実は、大部分の国家は軍事演習の過程に発生可能な誤解を避けるため、周辺国家の演習参加または観戦を許すのである。しかし、中国は演習参加と観戦を許す同時に、日本を軍事演習の仮想敵国にする事実が暴露される。中国は緊張雰囲気の悪化、両国の外交矛盾のエスカレーションのリスクなどを心配しないようである。

　それと同時に、日本も非常時期のために各種の準備をしているようである。例えば、日本は琉球諸島末端の与那国島にレーダー基地と陸上自衛隊を部署する計画があると表示した。これも準備の一環である。与那国島は魚釣島諸島と 150 キロメートルだけ離れていて、日本最南端の島である。ここでレーダー基地を部署することは中国との領土紛争に対応するためである。事業促進の流れとして、日本は 2 月 22 日に基地の建設について投票を実施し、住民の賛成を得た。日本はこれを背

＊　韓国国防研究院高級研究員。

②　ASIATODAY, 2014.12.14 インターネット報道 http://www.asiatoday.co.kr/view.php?key=20141214010008280.

景に積極的にレーダー部署と陸上自衛隊駐屯等を推進するに決まっていると予想できる。①

　韓国と日本との間、厳しい軍事対峙がないが、国内でずっと領土紛争関連の軍事訓練をしている。特に最近、日本側は独島の帰属権に対する主張が日を追って強くなるが、韓国側もこれに対する外交措置と独島周辺での軍事訓練を強化している。措置の一部分として、2014 年 11 月に韓国は「護国連合上陸演習」を行う過程に、海軍と海軍陸戦隊が連合して「独島防御演習」と「独島上陸演習」をした。

　近年以来の北東アジアの軍事対峙に関して、「防空識別圏（ADIZ）」の問題を言及しなければならない。2013 年 11 月 23 日、中国は一方的に中国東海で「防空識別圏」を設定する声明を出した。これで、韓国も防空識別圏を拡張し、中国、韓国、日本という北東アジア三国防空識別圏の重なりを引き起こした。三国の飛行機、特に中国と日本の戦機は何回も一触即発の危機にあった。ある日本学者の発表によれば、2013 年 11 月に中国が中国東海防空識別圏を公布した後の一年間、即ち 2013 年 10 月から 2014 年 9 月までの間、中国の飛行機に対する日本航空自衛隊の出撃回数は 472 回であり、ADIZ 公布前の一年と比べれば、23％も増えた。② よって、最近、北東アジアにおける三国間の危機発生の可能性は既にクライマックスに達したといえる。

　それで、危機を緩和して北東アジア三国の協力を強化する措置がないか？もちろんいろいろあるのである。実は、区域内の各国はずっと前から緊張の緩和と紛争の防止のため、たくさんの措置を取った。そのうち、もっとも代表的な措置は政治及び軍事信頼メカニズムの構築である。措置によって軍備の制御または軍縮の環境を作って、対立国家間の誤解を解いて、警戒心をゆるめる。軍縮に達しなくても、このような措置を通じて相手の軍事活動を把握できるため、交流の促進と相互の緊張と対立の解消に積極的な働きをする。危機発生の時、現有のルートを利用して快速的に区域安定を確保することができる。③ 具体的な措置をいえば、軍事建設の透明度の高め、区域内の各国の軍事交流・協力の促進、または危機管理システムの建立等がある。詳細な実施法案は下記の通りである。

　第一、信頼メカニズム構築の基本措置として、先ず区域内の各国間の軍事交換プ

---

① 　The Japan News,2015.2.23 インターネット報道 ,http://www.the-japan-news.com/article/0001955813

② 　Tetsuo Kotani,"Reviewing the First Year of China's ADIZ:A Japanese Perspective", *A MTI Brief*, Nov 25,2014, The Asia Maritime Transparency Initiative and The Center for Strategicand International Studies.

③ 　QMG 時事常識編集部、時事常識辞典、QMG,2010。

ロジェクトを強化しなければならない。現在、区域内の各国は既に海軍艦艇の相互訪問と軍事人力の相互交換等を実現している。同時に、災難救援の連合訓練も行っている。でも、これは全て初級段階にあり、且つ各国間の政局によって中断することもある。信頼建築の基本措置は中断しないでずっと持続しなければならない。特に信頼建築の初期において、その過程は結果と同じ重要である。相互信頼を積んでこそ初めてよりよい結果になる可能である。したがって、中断なしに信頼構築を持続しなければならない。①

　第二、区域内の危機管理システムを構築すること。特に、海空の偶発的な衝突を防止するため、共同に連絡システムの構築に努力する必要がある。実は、北東アジアの三国は前にも危機管理システムの必要性に対して共通認識を持ったので、第一段階として偶発的な衝突を防止するための連絡システムを構築しようと努力した。但し、最近の三国間の対峙のせいで、この努力はもう何年間も中断している。この努力は新たに始めて、活躍的に展開しなければならない。幸いに、2014年のAPEC前後から、三国間の対話環境がだんだんよくなる。例えば、2014年9月23日、中国と日本は中国東海の関連問題及び海上協力について意見を交換した。それに、両方は中国東海の海上連絡システム構築の協商のリスタートについて共通認識を達成した。中日両国の不和で、このような会議は2年ぶりに再び起動させたのである。2015年1月22日、中日両国は海の紛争を解決するため、日本の横浜で「日中海洋事務高レベル協議第3回全体会議」を開催した。海空の衝突を防止するため、両方の協議メカニズムについて共通認識を達成した。それに、一部分の領域において、三国間の協力雰囲気もだんだんよみがえるが、このような努力はこれからも中断なしに持続しなければならないのである。

　また、各国首脳レベルの高級安保対話の持続展開も非常に重要である。区域内の各国間の対立により、北東アジアの両国又は多国間の安保対話は中断されたこともある。韓国と日本の間も同じである。最近、韓日間の会議は一度リスタートされた。即ち、ソウルで行われた中日韓外交部長会議での協議に基づき、中日は4月14日にソウルで両国の外交部と国防部の部長が参加した韓日安保政策会議を開催した。これは2009年12月から五年ぶりの安保会議であった。

　それと同時に、中日も今年の4月中旬に両国の安保対話を再起動するつもりが

---

① CSCAP Memorandum No.2-Asia Pacific Confidence and Security Building Measures, Council for Security Cooperation in the Asia-Pacific. *Nopublication datalisted*.

ある。会談のキーワードは日本の集団的自衛権と中国の軍拡であると予測できる。どんな状況があっても、このような安保対話は中断してはいけない。これは一番重要なのである。両国間の首脳会談は軍事領域の会談ではないが、緊張の緩和と信頼の促進に大きく役立っている。例えば、2014 年 11 月に行われた中日首脳会談は中日間の国防直通電話を開設する協議にきっかけを作った。①

　以上は主に両国間の信頼醸成に関する内容であり、アジア信頼構築措置の一つである。もしこの両国間の措置は多国間に実施されれば、より顕著な効果が出られる。実は、北東アジアの各国間の軍事問題は殆ど三国以上の国々に関わっている。最も典型な例は三国に関わる防空識別圏の問題である。また、専属経済区を含んだ海洋境界線の画定は形式上の両国間問題であるが、ある国との協議は第三国との協議にも影響しているので、実質において変わりやすい問題である。特に、中国は東海と南海で非常に長い海岸線を持っている。中国の立場に基づけば、中国東海の海洋境界線問題は中国南海の問題にも影響しているので、単純に両国間の問題であると決めてはいけない。諸国間の複雑な問題を解決するため、両国間の会議と信頼醸成を促進できる多国間のシステムを構築すべきである。

　この立場から見ると、韓国の提唱した「東北アジア平和協力イニシャティブ」（Northeast Asia Peaceand Cooperation Initiatives:NAPCI）は東北アジアの安保問題について相互協商、相互検討の舞台を提供できるのである。「東北アジア平和協力イニシャティブ」の目標は区域内におけるすべての国家、つまり、韓国、中国、日本、アメリカ、ロシア及びモンゴル等、みんな参与させることであるが、大範囲の区域内の安保協力は必ず中韓日三国の安保協力によい基礎と環境を与えるに違いない。逆に言えば、中韓日の間の安保協力の推進は区域内の六国間の協力及び北朝鮮を含んだ北東アジアの諸国間の安保協力を促せるのである。

　「東北アジア平和協力イニシャティブ」は北東アジアの諸国へより多くの協力チャンスをもたらし、相互信頼醸成に役立つのである。「東北アジア平和協力イニシャティブ」は区域内の各国間の実質的な安保協力の推進に仕込んで、北東アジア区域内の多国協力秩序の形成に努力するが、ただちに特定的な多国協力機構を成立することではない。② 但し、これはただの過程であり、絶対に安保協力の結果ではな

① IanE.Rinehart & BartElias, "China's Air Defense Identification Zone," CRS Report, Jan 30,2015.
② 外交部、北東アジア平和協力イニシャティブ、2015。

い。信頼醸成の環境が完備して、区域内各国の政治意思が集中された後、すべての
北東アジア国家が参加する国際安保機構を設立して、軍事問題を含んだすべての区
域内の安保問題を協商できるようになると望む。

　しかし、現段階において、中国、韓国、日本を含んだ北東アジア諸国間の信頼
醸成の雰囲気はまだ形成されていないので、軍縮などの実質的な軍事協力は実現
しがたい。北東アジア三国間の安保協力の重点はエネルギー安保、災害災難応対
及び原子力安全等のソフトな安保問題だけに限っている。原子力安全の協力はソ
フトな安保問題であるけど、韓米日三国に軍隊が直接に参加・協力する舞台を与
えるので、これは三国の軍事協力の試験的なプロジェクトになる可能性が高い。
2013年に日本福島原子力発電所事故の苦痛は深く心にとどめている。このよう
な原子力事故の問題は日本だけにあるのではない。多くの原子力発電所を持って
いる中国と韓国にも同じ危険が隠れている。したがって、中日韓三国の福島原子
力発電所事故の処理と応対経験を共有することも北東アジア地域の安保と安全環
境の強化に積極的な影響を与えられる。特に、福島原子力発電所事故の大きい部
分は日本陸上自衛隊に担当されている。韓国または中国は当該種類の事故がある
場合も、必ず本国の軍隊に担当・処理される。したがって、当該領域の協力も三
国の軍事協力を促進でき、相互信頼強化の舞台を与えられる。三国の軍事協力は
このような実質的な領域できっかけを求めて推進すべきであることを強調しよう
と思う。

　しかし、歴史問題は上記の措置に多大な影響を及ぼしていると言わざるを得な
い。軍事と政治信任措置の持続実施が理論上しやすいが、実際の国際政治舞台で、
三国間の歴史問題があるため、実施不可能な状況に近づく。下記の場面を想像して
ください。北東アジアのすべての国家を集めて、過去を置くような象徴的な儀式を
行う必要があるか。即ち、北東アジアの各国が一堂に集まり、歴史の大脈動に対
して意見が一致して共同宣言を発表するとともに、「多大な妥協」をして、協議が
まとまった歴史認識の標準問題を再び論究しないと承諾する。そのため、三国は
1970年の欧州ヘルシンキ会議のような組織を成立して、組織内で深く検討し、共
通的適当的な標準で過去を整理する必要がある。

　最後に、中米協力も北東アジアの信頼構築にとって重要な働きを有する。中国と
アメリカはG2国家として、国際秩序に大きな影響を及ぼし、両国の協力は区域内
の安保環境及びその他の国にも大きく影響している。中国とアメリカは1972年に
国交を樹立した後、1980年のアメリカ国防部長の中国訪問をきっかけに、部長レ

ベルの軍事安保交流を始めた。^① しかし、この交流は国際政治要素により進展したり停滞したりしている。2014 年 APEC の後、両国は安保協力と信頼醸成の面で実質的進展を得た。中国とアメリカと署名した「海空で会う時の安全行為準則に関するメモ」と「主な軍事行為に対する相互通報及び信頼措置メカニズムの諒解に関するメモ」などは代表的な例である。実は、中国とアメリカは長い時間に軍事安保領域における共通認識を持っていなかった。1998 年、中米は海洋衝突関連の協商を促進するため、「中米の海洋軍事安全協議協定（Military Maritime Consultative Agreement)」にサインしたが、現在でも最終的な共通認識にならない。しかし、十数年後の 2014 年末、両国の努力で当該問題に関する初めての成果を得た。2015 年に中米はより具体的な協議と協商を行うと予測できる。特に、軍事活動を取る時の事前通報と偶発的な衝突の防止に関する行動規範（coded of conduct）についての協議は期待される。最終に中米は必ず軍事領域の信頼醸成について実質的な一歩を出る。軍事領域の透明度も高くなり、紛争協調の方も著しい進展を遂げると予測できる。^② 当該趨向でいけば、中米両国の軍事安保協力を背景に、韓米日の安保協力もより進展しやすいと思う。

　今年は第二次世界大戦と太平洋戦争終結 70 周年である。したがって、以前の年よりもっと深く和解と協力のもたらした意味を味わえる。このような一年に、もし中韓日は協力の雰囲気を醸成して、衝突と紛争の予防措置を締結できれば、北東アジアの平和と協力秩序の構築に固い基礎を築けると思われる。

（中訳文から　郭曉麗　訳）

---

① Toshmichi Nagaiwa & Jun Kuhihara, "Japan-China Military Confidence Building Measures（part2)," Tokyo-Cambridge Gazette:Politico-Economic Commentaries No.11，Sep.1，2014.

② 韓国国防研究院、「変動的な中米関係: 競争と対立から和解と協力へ」、北東アジアの安保形勢に関する分析、2015.2.6。

동북아시아 3국의 군사적 신뢰구축 방안

赵南熏[*]

2015년 한국, 중국 및 일본 등 동북아 삼국의 **화해**와 **협력**은 아직도 요원해 보인다. 과거사 문제와 영토분쟁에서 촉발되어 최근 몇 년 간 지속되어온 긴장 및 대결 분위기가 아직도 이 지역을 지배하고 있기 때문이다. 그 결과 중일관계는 여전히 교착상태에 **빠져** 있으며 한일관계 또한 과거사 굴레에 갇혀서 한 발자국도 진전되지 못하는 형편이다.

이러한 환경 속에서 대화와 협상은 사라지고 오히려 군사적 긴장과 대치 분위기만이 횡행하고 있다. 예를 들어 작년 12월 중국은 광저우군구에서 대규모 종합군사훈련을 실시한 바 있는데 훈련 당시에 일본 항공자위대 F2 항공기를 가상 적기로 설정함으로써 일본과의 적대적 관계를 숨기지 않은 바 있다.[②] 사실상 군사훈련을 실시하는 국가들 대부분은 훈련과정에서 발생하는 쓸데없는 오해를 피하기 위해서 일반적으로 주변 국가들의 훈련 참여 및 관전을 허용하곤 한다. 그런데 중국은 참여 및 관전을 허용하는 대신에 오히려 일본을 훈련의 가상적국으로 상정했다는 사실을 노출시킨 것이다. 긴장 분위기 고조 가능성과 양국 간 외교적 갈등의 문제는 전혀 괘념하지 않는 모습이다.

한편 일본도 유사시에 대비하여 만반의 준비를 하는 듯이 보인다. 예를 들면, 일본은 류큐(서남)군도 끝자락에 위치한 요나구니(Yonaguni)섬에 레이더기지를 설치하고 육상자위대를 주둔시킬 계획을 발표한 바 있는데 이러한 것이 그 준비의 일환으로 보인다. 사실 요나구니섬은 센카쿠/다이아오유

---

* 한국 국방연구원 고급연구원.

② 아시아투데이, 2014.12.14 자 인터넷기사, ttp://www.asiatoday.co.kr/view.php?key=20141214010008280

열도에서 150km 밖에 떨어져 있지 않은 일본의 최남단 섬으로서 이곳에 레이더기지를 설치하려는 것은 중국과의 영토분쟁에 대비하기 위함이다. 일본은 사업 추진의 일환으로 지난 2월 22일 기지건설에 대한 찬반투표를 실시하여 주민들의 찬성을 얻은 바 있는데 이를 바탕으로 향후 레이더 설치 및 육상자위대 주둔 등을 적극 추진할 것이라고 판단된다.[1]

　　한편 한국과 일본의 경우 비록 상호간 심각한 군사적 대치는 없으나 영토분쟁과 관련된 군사 훈련 및 연습 등이 자국 내에서 이어지고 있다. 특히, 최근 들어 일본의 독도 영유권 주장이 더욱 거세지는 추세인데 이에 대응하여 한국은 외교적 조치와 더불어 독도 주변에서의 군사 훈련에도 힘쓰고 있는 실정이다. 이러한 조치의 일환으로 한국은 2014년 11월에 실시한 '호국합동상륙훈련' 과정 중에 해군 및 해병대가 참가하는 '독도방어훈련' 및 '독도상륙훈련' 등을 실시한 바 있다.

　　한편, 최근 동북아시아의 군사적 대치를 논하는 데 있어서 '방공식별구역(ADIZ) 문제를 빼놓고 이야기할 수 없다. 중국은 2013년 11월 23일 동중국해에 대한 '방공식별구역'을 일방적으로 선포한바 있는데 이는 한국의 방공식별구역 확장을 촉발시켰으며 그 결과로 한국, 일본 및 중국 등 동북아 삼국의 방공식별구역이 중첩되는 현상을 초래하였다. 이로 인해서 삼국의 항공기, 특히 중국과 일본의 군항기가 상호 충돌 직전까지 가는 상황이 여러 번 연출되었다. 한 일본학자의 발표에 의하면 중국이 동중국해에서 방공식별구역을 선포한 2013년 11월 즈음 이후 1년 동안, 즉, 2013년 10월부터 2014년 9월까지의 기간 동안 중국 항공기에 대한 일본 항공자위대의 대응출격은 총 473번에 이르렀는데 이는 ADIZ 선포 전 1년 동안의 수치와 비교해 볼 때 약 23%가 증가한 것이라고 한다.[2] 이러한 사실을 통해 우리는 최근 동북아시아 지역에서 삼국 간 위기상황 발생 가능성이 고조되고 있다는 것을 확인할 수 있다.

　　그러면 이러한 위기 발생 가능성을 완화시키고 동북아시아에서 삼국 간의 협력분위기를 제고할 수 있는 조치는 없는가? 아마도 다양한 조치가 가능할 것이다. 사실 역내 국가들은 예로부터 군사적 긴장을 완화하고 상호충돌을

---

① 　The Japan News, 2015.2.23 자 인터넷기사, http://www.the-japan-news.com/article/0001955813

② 　Tetsuo Kotani, "Reviewing the First Year of China's ADIZ: A Japanese Perspective", AMTI Brief, Nov 25, 2014, The Asia Maritime Transparency Initiative and The Center for Strategic and International Studies.

피하기 위해서 다양한 협력 조치들을 강구해 왔다. 그 중 대표적인 것이 정치적 및 군사적 신뢰구축조치들이다. 이는 대립적 관계를 형성하는 국가들 간의 오해를 해소하고 경계심을 누그러뜨리기 위해서 군비 통제 또는 군축 환경을 조성하려는 조치들을 말한다. 그런데 이러한 조치들은 반드시 군비 축소를 동반하지 않더라도 상대방의 군사 활동을 파악하고 의사소통을 촉진시킴으로써 상호 간의 긴장과 대립을 해소하는 데에 공헌한다. 또한 위기발생 시에 기존에 구축된 통로를 활용함으로써 역내 안정을 빠르게 확보할 수 있도록 한다.① 구체적으로 이러한 조치들에는 군사력 건설 과정 중의 투명성 강화 노력, 역내 국가 간의 군사교류협력 증진 노력 및 위기관리체계 구축 노력 등이 있는데 한중일 삼국은 향후 이러한 노력들이 지속적으로 이루어지도록 해야 한다. 그 구체적 추진 방안을 살펴보면 아래와 같다.

첫째, 신뢰구축을 위한 가장 기본적인 조치로서 역내 국가 간의 군사교환프로그램이 강화되어야 한다. 현재 역내 국가들 간에는 해군함정의 상호방문 및 군 인력 교환 등이 이루어지고 있다. 한편 공동재난구조훈련 참여 등도 이루어지고 있다. 하지만 이러한 노력은 여전히 초보적 수준에 머무르고 있으며 그나마 그것도 각 국의 정치적 상황에 떠밀려서 종종 중단되는 실정이다. 따라서 이러한 신뢰구축을 위한 기본적 조치들이 중단 없이 계속되어야만 한다. 특히 신뢰구축이란 적어도 초기 과정에서는 과정이 결과만큼 중요하고 종국에는 과정 중에 누적된 상호 믿음을 바탕으로 의미 있는 결과가 도출되기 때문에 중단 없는 신뢰구축 노력이 반드시 필요하다.②

둘째로 역내 위기관리체계 구축이 필요한데 특히 해상 및 공중에서의 우발적 충돌 방지를 위한 연락체계구축 노력이 절실하다. 사실 동북아 삼국은 오래 전부터 위기관리체계의 필요성을 공감하고 그 첫 번째 단계로서 우발적 충동방지를 위한 연락체계구축을 시도해 왔다. 하지만 최근 삼국의 대치로 말미암아 이러한 노력은 몇 년 동안 중단된 상태이다. 이러한 노력이 빨리 재개되고 다시금 활발히 추진되어야 한다. 그런데 매우 다행스러운 점은 2014년 APEC을 전후하여서 삼국 간 대화 분위기가 조금씩 되살아나고 있다는 것이다. 예를 들면 중국과 일본은 2014년 9월 23에 해양 관련 고위급

---

① 박문각 시사상식편집부, 시사상식사전, 박문각, 2010.

② CSCAP Memorandum No. 2-Asia Pacific Confidence and Security Building Measures, Council for Security Cooperation in the Asia -Pacific. No publication data listed.

회담을 중국 칭다오에서 개최하여서 동중국해 관련 문제 및 해상협력에 관한 의견을 나눈 바 있다. 또한 동중국해에서의 해상연락체계구축협상 재개에도 합의하였다. 그런데 이러한 중일 간 회의는 양국 간의 불화로 인하여 2년 만에 재개된 것이다. 또한 중국과 일본은 2015년 1월 22일에도 해상분쟁 해결을 위한 제3차 고위급회담을 일본 요코하마에서 개최함으로써 해상 및 공중에서의 충돌방지를 위한 양자협의체 구성에 합의한 바 있다. 따라서 일부 분야에서 삼국 간 협력의 분위기가 되살아나고 있는데 이러한 삼국의 노력은 향후에도 중단 없이 지속되어야 한다.

한편 상위레벨에서 이루어지는 각 국 고위급 간의 안보대화를 지속하는 것도 매우 중요하다. 그 동안 역내 국가 간의 대립으로 인하여 동북아지역의 양자 또는 다자 간 안보대화 역시 단절되어 왔다. 예를 들어 2011년 1월 이후 중국과 일본은 국방 및 외교부서가 참가하는 안보대화를 개최하지 않았다. 이는 한국과 일본 간에 있어서도 마찬가지이다. 하지만 최근 한일 간의 회의가 재개된 바 있다. 즉, 얼마 전 서울에서 한중일 외교장관회의가 개최되었는데 당시의 한일 간 합의를 바탕으로 한국과 일본 양국 외교부 및 국방부의 국장급 관리가 참여하는 한일 안보정책협의회가 4월 14일에 서울에서 열렸다. 2009년 12월 이후 5년 만에 개최되는 회의였다.

한편, 중국과 일본도 금년 4월 중에 양자 안보대화를 재개하려고 준비 중이다. 회담의 주요 이슈는 일본의 집단 자위권 행사, 미일 가이드라인 개정 및 중국의 군비확장 등이 될 것으로 전망되는 데, 중요한 점은 어떠한 상황이 발생하든지 이러한 안보대화가 단절되어서는 안 된다는 것이다. 덧붙여서 비록 군사 분야는 아니나 양국 간 정상회담도 상호간의 긴장을 완화시키고 신뢰를 증진시키는데 큰 역할을 할 수 있다. 예를 들어, 2014년 11월에 개최된 중일 정상회담은 중일 국방직통라인 개설협의 시작의 계기를 제공하였다.[①]

우리는 이상에서 동아시아 신뢰구축조치 중의 하나로 양자 간 신뢰구축에 대해서 살펴보았다. 그런데 이러한 양자 조치는 다자적 틀 안에서 이루어질 때에 좀 더 효율적으로 추진될 수 있을 것이다. 사실 동북아 국가들 간의 군사적 문제는 세 나라 이상이 관련된 경우가 많다. 한중일 3개국 모두가 관련된 방공식별구역 문제가 그 대표적 예이다. 또한 자유경제수역 (EEZ) 을 포함하는 해양경계획정 문제도 형식적으로는 양자 간 문제이나 한 국가와의

---

① Ian E. Rinehart & Bart Elias, "China's Air Defense Identification Zone," CRS Report, Jan 30, 2015.

협정이 다른 국가와의 협정 체결에도 영향을 미친다는 측면에서 실질적으로는 다자간의 문제라고 할 수 있다. 특히 황해에서 동중국해를 거쳐 남중국해에 이르는 매우 긴 해안선을 보유한 중국의 입장에서는 동중국해에서의 해양경계획정 문제가 남중국해 문제에도 영향을 미칠 수 있기 때문에 이를 단지 양자 간 문제로 치부할 수만은 없을 것이다. 따라서 이처럼 여러 국가들이 복잡하게 얽힌 문제들을 해결하기 위해서는 양자 회의와 더불어 신뢰구축을 촉진하도록 만드는 다자적 틀이 필요하다고 생각된다.

　　이러한 의미에서 한국이 주장하는 '동북아평화협력구상(Northeast Asia Peace and Cooperation Initiatives; NAPCI)'은 동북아의 안보문제를 상호 논의할 수 있는 토론의 장을 제공할 수 있을 것이다. 비록 '동북아평화협력구상'이 역내 모든 관련 국가, 즉, 한국, 중국, 일본, 미국, 러시아 및 몽골 등의 참여를 목표로 하나 이러한 큰 범위의 역내 안보협력은 종국적으로는 한중일 삼국의 안보협력에 대한 호의적인 기반과 환경을 제공해줄 것이다. 반대로 한중일 간의 안보협력 촉진은 역내 6개국 간의 협력, 나아가 북한을 포함하는 동북아 국가들 간 안보협력 촉진의 매개체 역할을 할 수 있다.

　　'동북아평화협력 구상'은 동북아 국가들에게 더 많은 협력의 기회를 제공하고 그 과정을 통하여 상호 신뢰를 축적하는 데에 도움을 줄 것이다. 왜냐하면 '동북아평화협력 구상'은 특정 다자협력기구를 지금 당장 설치하는 것보다는 역내 국가의 의미 있는 안보협력을 촉진시킴으로써 동북아 지역 내에서 다자협력질서를 구축하는 과정에 초점을 두고 있기 때문이다.[①] 그럼에도 불구하고 이러한 과정 자체가 결코 안보협력의 끝은 아니다. 신뢰구축 환경이 무르익고 역내 국가들의 정치적 의지가 결집된 이후에는 종국적으로 동북아 모든 국가들이 참여하여 군사 문제를 포함한 모든 역내 안보이슈를 논의하는 국제안보기구를 만들 수도 있다.

　　하지만 현 단계에서 한국, 중국 및 일본을 포함하는 동북아 국가 사이에 신뢰구축 분위기가 충분히 무르익기 전에는 군비통제 등과 같은 본격적인 군사협력이 쉽지 않으므로 동북아 3국의 안보협력은 당분간 에너지 안보, 재난재해 대응 및 원자력 안전 등의 연성안보 문제에 중점을 두고 추진될 수밖에 없다. 이러한 의미에서 한미일 3국의 원자력 안전에 관한 협력 추진은

---

① 　　외교부, 동북아 평화협력구상, 2015.

연성안보 이슈임에도 불구하고 삼국의 군대가 직접 참여하는 협력의 장을 제공할 수 있다는 점에서 삼국 군사협력의 파이롯 프로그램이 될 수 있을 것으로 기대한다. 지난 2013년 일본은 후쿠시마 원자력 사고를 통해서 원자력 재해의 고통을 경험한 바 있다. 그런데 이러한 원자력 사고의 문제는 사실상 일본에만 국한된 문제가 아니다. 이는 상당수의 원자력 발전소를 운영하는 중국과 한국에서도 발생 가능한 문제이다. 따라서 한국, 중국 및 일본이 후쿠시마 원전사고의 처리 및 대응 경험을 공유하는 것은 동북아 지역의 안보 및 안전 환경 제고를 위해서 매우 중요한 일일 것이다. 특히 후쿠시마 원전사고 대응의 상당 부분을 일본 육상자위대가 수행하였는데 이러한 사고가 한국 또는 중국에서 발생할 경우에도 자국의 군대가 나설 수밖에 없다는 측면에서 이 분야의 협력은 삼국 군대의 협력을 촉진하고 상호 신뢰를 제고하는 장을 제공해 줄 수 있으리라 판단된다. 강조하고 싶은 점은 삼국의 군사적 협력은 이처럼 실질적인 분야에서 발굴되고 추진되어야 할 것이라는 점이다.

그런데, 이러한 조치들에 있어서 과거사 문제의 중요성을 지적하지 않을 수 없다. 왜냐하면 군사적 및 정치적 신뢰조치들의 중단 없는 지속을 외치는 것이 이론적으로는 쉬우나 실제 국제정치에 있어서는 삼국 간의 과거사 문제로 인하여 거의 불가능한 일이기 때문이다. 따라서 동북아시아의 모든 나라가 참여하여 과거를 단절시키는 상징적인 시도가 한 번은 반드시 필요한 것이 아닌가 하는 생각이 든다. 즉, 동북아시아 모든 국가들이 함께 모여서 과거사의 큰 줄기에 대해서 합의한 후 공동선언문을 발표하고 합의된 수준의 역사적 인식에 대해서는 다시는 거론하지 않는 대타협이 필요한 것이다. 이를 위해 1970년 당시 유럽의 헬싱키회의와 같은 협의체를 구성하고 협의체 내에서의 심도 깊은 논의를 바탕으로 합의된 적정 수준에서 과거를 정리할 수 있는 기회를 창출하려는 노력이 삼국 간에 필요하다.

마지막으로 강조하고 싶은 것은 동북아지역의 신뢰구축을 위해서는 미국과 중국 간의 협력이 매우 중요하다는 것이다. 왜냐하면 미국과 중국은 국제질서에 상당한 영향을 미치는 G2 국가로서 양 국의 협력이 역내 안보환경 및 여타 국가의 행태에 영향을 미칠 수 있기 때문이다. 사실 미국과 중국은 1972년의 미중 국교정상화 이후 1980년 미 국방장관의 중국 방문을 계기로 장관급 군사안보교류를 시작한 바 있다.[①] 하지만 이러한 교류는 국제정치 요소에 따라서 그동안 진화와 정체를 반복해 왔다. 그럼에도 불구하고 양국은 최근 2014년 APEC 이후에 안보협력과 신뢰구축을 위한 의미 있는 진전을 이룬 바 있다. 그 중 대표적인 것이 '공중 및 해양에서의 조우 시 행동규칙 양해각서' 및 '주요 군사행위 통보 및 신뢰구축조치 양해각서' 등을 체결한 것이다. 사실상 미국과 중국은 오랜 기간 동안 군사안보분야에서의 최종적인 협력환경 조성에 합의하지 못하였다. 양국이 1998년 해양충돌 관련 협의를 촉진시키자는 내용의 '군사해양협의협정(Military Maritime Consultative Agreement)'을 체결했음에도 불구하고 최근까지 그 최종 합의에 도달하지 못하였던 것이다. 하지만 15년 이상이 경과된 지난 2014년 말 관련 사안에 대한 최초의 결실이 양국의 노력을 바탕으로 드디어 맺어지게 되었다. 그 결과로 2015년에는 미중 간에 좀 더 구체적인 협의 및 협상이 이루어질 전망이다. 특히, 군사 활동 시 사전 통보 및 우발충돌 방지를 위한 행동규칙(coded of conduct) 작성에 관한 협의가 예상된다. 결과적으로 미국과 중국은 군사 분야의 본격적인 신뢰조치 구축을 위한 첫발을 이제 막 내딛게 되었다고 할 수 있다. 따라서 향후 군사 분야에서의 투명성 제고 및 갈등 조정이 좀 더 진전되리라고 전망된다.[②] 이러한 추세가 계속된다면 미중 양국 간의 군사안보협력을 바탕으로 한미일 군사안보협력도 좀 더 수월하게 진전될 수 있을 것이다.

올해는 세계 2차대전 및 태평양전쟁이 종료된 지 70주년이 되는 해이다. 그 어느 해보다도 화해와 협력의 의미를 되새길 수 있는 해이다. 이러한 해에 한중일 간의 협력분위기가 조성되고 충동과 분쟁을 예방할 수 있는 조치들이 추진될 수 있다면 동북아에서 평화협력적인 질서를 구축하는 데에 좋은 밑거름이 될 것이다.

---

① Toshmichi Nagaiwa & Jun Kuhihara, "Japan-China Military Confidence Building Measures (part2)," *Tokyo-Cambridge Gazette: Politico-Economic Commentaries No.11*, Sep.1, 2014.

② 한국국방연구원, "변화하는 미중관계 : 경쟁과 대립에서 화해와 협력으로", 동북아안보정세분석, 2015.2.6.

中日韩区域安全合作方案：建立
东北亚防务对话机制

[韩]　朴昌熙 *

1. 建立东北亚防务对话机制的必要性

目前，东北亚国际安全环境日渐处于一种不稳定状态。这其中至少存在两个核心的变数，给东北亚安全环境带来影响。

一是中国的崛起。中国作为强国将来是为区域团结繁荣创造机会，还是成为区域不稳定的根源，这个问题由来已久。最近，中国提出"一带一路"构想，筹建亚投行（AIIB）并阐述新安全观，为区域和谐作出了巨大的努力。但同时，中国在南海地区建设人工岛屿，在越南专属经济区（EEZ）内进行石油勘探作业等行为，使周边国家感到恐慌。另外，中国对朝鲜核问题和导弹危机的不明朗态度更加重了这种忧虑。

二是日本的右倾化和对历史的歪曲。日本为应对中国的崛起和建设强大的日本，提出了断绝过去的"普通国家化"战略。在此过程中，日本对历史问题选择了掩盖，而不是反省和谢罪。周边国家虽然期待和欢迎日本发展带来的积极影响，但由于日本的不道歉、不反省，很难对其产生信赖。在这个过程中，区域国家间深陷安全困境，彼此不信任加剧，从而导致敌对的民族主义情绪蔓延。

事实上，东北亚三国在区域安全合作上面临诸多挑战，例如历史问题、领土问题、对其他国家安保政策的负面认识等，而且对朝核问题和对朝政策的态度及政策差异使三国之间产生了不和谐的声音。在中日韩区域安全合作还未顺利达成的情况下，中国和日本就近期美日修改的《美日防卫合作指针》产生了巨大的分歧，从而使三国的安全合作变得更加困难。

---

* 　朴昌熙：韩国国防大学军事战略系教授。

即便如此，中日韩区域安全合作也需要继续协商和发展下去。此次由中国国际问题研究院主办的会议为三国在安全领域的合作提供了非常有意义的平台。为促进区域稳定和共同繁荣须强化三国安全合作，对此三国都持肯定态度，因为东亚目前的安全形势并不明朗，若就此放任，三国关系极可能会恶化。因此，三国自身应当更加积极地摸索中日韩合作方案。也正是出于这样的考虑，笔者提出了"建立东北亚防务对话机制"的方案。

防务领域在三国之间建立相互信任及安全合作方面发挥着中流砥柱的作用，因此笔者提出了防务对话，而不是安全合作对话。虽然外交安全对话也非常重要，但是不以军事领域的信任和合作为前提，三国所作出的努力将不过是纸上谈兵。

2. 东北亚防务对话机制的目标和特征

东北亚防务对话机制的目的在于将目前双边化色彩浓郁的东北亚国家间的军事合作推向多边化，最终构建各国国防部长（或协同参谋部长）共同参与的定期型组织。这不仅是国防部长间的单纯对话机制，更意味着构建制度化的常设机构，即设立办事处定期准备会议、议题，对达成一致的议题提供具体的实施方案，并对方案的执行情况进行评价。多边合作发展的概念大致如下：

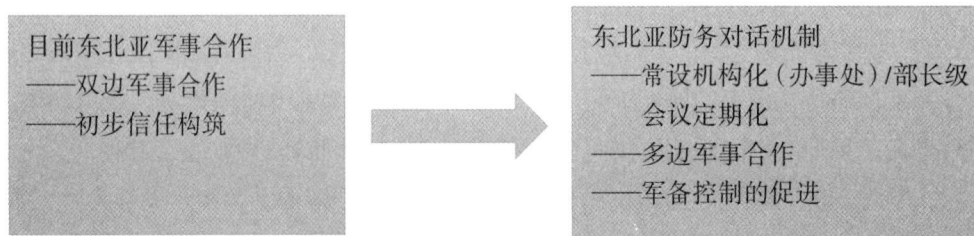

目前东北亚军事合作
——双边军事合作
——初步信任构筑

→

东北亚防务对话机制
——常设机构化（办事处）/部长级
会议定期化
——多边军事合作
——军备控制的促进

从转型的角度上讲，建立东北亚防务对话机制有利于拉动区域安全合作。这其中一个最重要的议题是"东亚军备控制"。国际社会在1922年华盛顿会议上曾经通过有关军备控制的协议。美国、英国、日本、法国、意大利等国家在限制潜艇排水量和潜艇数量上达成了一致。虽然华盛顿会议由于某些国家违反协定最终失败，但我们可以以史为鉴，在当下尝试这种类型的军备控制。现在，发达国家之间正受到沟通网络、监视体系和国际社会压力的影响，亚洲主要国家的军备控制方案若能达成一致，将为防止军备竞赛、维持和平、稳定现状提供一个大好的机会。

东北亚防务对话机制的特征如下：第一，东北亚防务对话机制并不是为了代替现存的双边同盟，也不是为应对传统威胁而构建的集体安全组织，而是为完善目前的安保体系所构建的协商组织。因此，并不针对区域内特定的国家或者群体，而通过否认

目前的同盟体制来建立这种对话机制是不现实的。所以，在维持韩美同盟和美日同盟关系的前提下，建立中日韩三国的多边对话机制，并以此为基础建立信任措施是最优先的选择。

第二，防务对话的议题范围并不是解决特定国家间的军事安全问题和摩擦，而是优先讨论共同关注的安全问题，为追求共同利益提供平台。如果能灵活运用防务对话机制，那么各国间将会交换非传统安全威胁相关信息，进而增进相互合作，为共同应对恐怖主义、传染病、海盗、自然灾害、海上共同搜索救援、非战斗人员护送等议题构建紧密的合作机制。当然，随着国家间信任程度的提高，军事信息的交换或者有关"军备控制"等议题的讨论也会慢慢展开。

第三，建立防务对话机制的意义并不在于谋求形式上的成果，而在于通过提高国家间的相互理解和军事透明度来逐渐增进相互信任。根据议题的不同，并不一定需要提出切实可行的方案或得出结论，而是致力于通过对话增进对相互立场的理解，通过这种方式来化解在双边同盟体系下不可避免会产生的误会和不信任。

第四，通过防务安全研讨会及二轨会议并行的方式开展对话，就领土纷争、朝鲜半岛和平体制的构建等区域间共同关注的议题进行深度的讨论。各国国防部代表就会议中的难题通过研讨会或者非公开会议的方式表明各自立场，调节分歧，进行讨论，这种方式是十分必要的。

简而言之，国防对话机制可以从局长级到部长级、从简单问题到难题、从普通安全领域到传统安全领域、从协商的层次到协商并执行的层次逐步发展下去。

3. 东北亚防务对话机制的构成方案

（1）构造

为推进"东北亚防务对话"的国防部长对话机制的建立，首先应建立办事处、军事交流室、综合安保室、训练／演习室等。

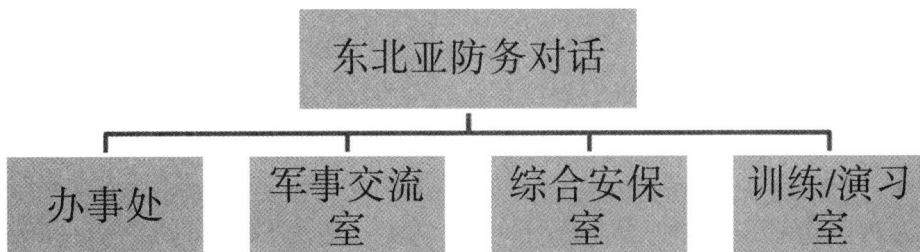

第一，办事处主要负责防务对话开展前的准备工作、会议开展、会后监督措施实

施情况等。办事处还应在会前收集和确定将要在防务对话上讨论的议题和各个国家的要求，议题主要包括军事交流、综合安保、各国间的双边/多边联合训练等。办事处作为常设机构应设立在中日韩三国中的某个国家，三国各自派代表驻办事处工作。

第二，军事交流室主要负责军事安保研讨会、多边信息交流、军事机构的交流等。军队间的交流和合作对增进彼此间军事信任起着重要的作用。针对多种多样的军事安保议题开展多边研讨会，就军事活动提供必要的相关信息，监督和促进各军队间的交流等，对三国间军事交流的顺畅进行起到后勤支持的作用。

第三，综合安保室主要负责各个国家关于综合性安全议题的协作、调解和控制等。为了使三国间的安全合作达到立竿见影的效果，相对于军事议题，对于非军事领域议题的解决也非常必要。三国应该共同构筑应对恐怖主义、传染病、海盗、自然灾害、海上共同搜索救援、非战斗人员护送等议题的紧密合作机制。在这些情况实际发生时，通过共同应对来增进实质上的安全合作。

第四，训练/演习室主要负责有关多边军事训练、演习等方面的协作和实施。当然，在初期阶段主要进行非传统安全领域有限内容的训练或演习。

（2）促进方案

在宏观上，同时推进自上而下（Top-down）战略（政府层面氛围的形成）和自下而上（Bottom-up）战略（始于军队自身业务一线），并发挥两个战略的优点，修正缺点。首先，针对国家和政府层面实施 Top-down 战略，其目的在于使国家高层间达成共识，具体措施如下：首先，同时从外交和军事两方面入手，就区域国家间多边军事合作问题达成共识，为在亚洲区域多边安全协定、双边正常会谈和国际会议等外交舞台上构筑东北亚多边防务对话机制提供正当性，并形成共鸣；为香格里拉对话等防务领域的国防部长会谈、AFR 国防大学校长会议、军队高层人士交流等防务对话机制的创设提供必要条件。从下游层面来说，促进协同参谋部以下各军队总部和作战部队与周边国家的军事交流、军事训练/演习和军事合作，同时如上所述，致力于让对方国家认识到多边合作的必要性和正当性。

其次，适当地运用二轨会议方式。从过去到现在，军事合作主要以军人为主体，范围也被限定在了双边军事关系的发展上，结果就造成了综合性的安保概念虽然已经普及，但将非传统领域纳入军事合作的范围，并谋求多边化发展转型的努力仍然不足。因此，日后应当积极地运用二轨或 1.5 轨会议的方式，举办多边军事合作方案、有关跨国性威胁的研讨会、军事安全研讨会，积极地采纳外部专家的意见，积极摸索有关综合安保议题的多边合作方案。

最后，Bottom-up 战略则是通过国防部和协同参谋部层面的推动，在下游层面上

建立信任，增进相互理解，以此为多边军事合作奠定基础，促进高层间达成共识。在东北亚防务对话机制构筑的过程中，应按步骤首先构建多边战略会议，之后再升级为国防部长会谈。我们可以模仿现在已经定期化的韩美日部长级 J-5 战略会议，构建中日韩 J-5 战略会议，并进一步将中日韩部长级 J-5 会议升级为本部长级-协同参谋部议长级，或国防部长级会议。甚至在合适的时机下，以此为基础，邀请美国、俄罗斯、蒙古、朝鲜创立整个东北亚所有国家共同参与的部长级防务对话机制。

在此过程中，国防部和协同参谋部可以举办应对恐怖主义、海盗、自然灾害等综合安全问题的国际军事安全研讨会。研讨会可以由中日韩三国国防部及协同参谋部每年轮流举办。研讨会如果与部长级 J-5 战略会议一同举办效果会更好。同样的，也可以升级为本部长级、议长级、部长级战略会议。国防对话机制的构筑可以将双边演习扩展并推进到多边演习。各国演习时，可以相互参观，进行 SAREX 共同演习，也可以进行应对跨国威胁的共同演习。

4. 结论

建立东北亚防务对话机制的目标在于，通过构筑中日韩三国共同参与的部长级防务对话机制，增进国家间相互信任，促进军事安全领域的合作，最终创建包括美、俄、蒙等国家在内的东北亚组织。东北亚防务对话机制一旦确立，以后在适当的时机，可以推进召开像"华盛顿会议"一样的东亚版本的军备控制会议。

东北亚防务对话机制并不是为了代替现存的双边同盟，也不是为应对传统威胁而构建的集体安全组织，而是为完善目前的安保体系所构建的协商组织。它不能在短时间内解决国家间军事安全问题和军事摩擦，但它为国家间讨论共同关心的安保问题提供了一个对话平台。防务对话机制创设的意义，并不在于谋求形式上的成果，而在于明确和理解相互立场，构筑军事信任。该组织一旦确立，讨论更加敏感的议题也将成为可能。

中日韩三国从协同参谋部 J-5 战略会议开始，在中长期过程中逐步发展为本部长级、议长级会议，最终建立部长级防务对话机制。相关议题也应该从简单的、可行性高的领域着手，日后针对多边合作的难题预先研究推动方案，事前准备总体方案等。从这个角度来讲，应同时进行二轨会议。

中日韩安全合作的核心是军事领域的合作，比起外交上或政治上往来的次数，军事上能否建立相互信任，更能衡量国家间的信任程度。从这个角度来讲，中日韩三国东北亚防务对话机制的创设对日后增进安全合作将提供强大的动力。

（金文学 译）

韓中日地域安全協力方案：
北東アジア国防対話メカニズムの確立

朴昌熙 *

1. 北東アジア国防対話メカニズム確立の必要性

　現在、北東アジア国際安全保障の環境は、不安定な状態にある。このうち少なくとも二つの核心的な変数が存在し、北東アジア安全保障の環境にマイナス影響を与えている。その一つは中国の台頭である。中国は強国として将来、地域の団結繁栄に機会を作るか、地域の不安定な根源となるかは、指摘されて久しくたつ。最近、中国が提出した「一帯一路」構想は、アジアインフラ投資銀行（AIIB）の計画、また新しい安全観の論述、地域を調和するための巨大な努力をした。しかし同時に、中国が南シナ海地域での人工島建設、ベトナムの専属経済区（EEZ）内での石油採掘作業などの行為は周辺国にパニックをもたらした。また、中国の北朝鮮の核問題やミサイル危機に対する不透明態度が更にこの憂慮を重くした。

　そして、もう一つは日本の右翼化と歴史の歪曲である。日本は中国の台頭への対応と、強大な日本を作るために過去を断絶する「普通国家化」という戦略を出した。その過程に、日本の歴史問題について反省と謝罪ではなく、隠すことを選んだのである。周辺国は日本の発展がもたらす積極的な影響を期待し、歓迎するが、日本の謝罪しない、反省しない態度に、なかなか信頼し難い気持ちが生まれる。この過程の中で、地域、国家間で安全は苦境に陥り、互いの不信が深まり、敵対する民族主義感情の蔓延に達した。

　事実上、北東アジア三国は地域安全提携では多くの課題が残っている。例えば歴

---

　*　韓国国防大学軍事戦略学部教授。

史問題、領土問題、その他の国家安全保障政策への負の認識などがある。しかも北朝鮮核問題および対朝鮮政策の態度と政策の違いで三国間に不調和な声が生まれた。中国と日本は最近日米改定の「日米防衛協力のための指針」で発生した巨大な分岐が中日韓地域安全協力がまだ順調に合意していない場合、このような協力の礎を固めることはもっと難しくなるでしょう。

　それでも、中日韓の地域安全協力は協議、発展していかなければならない。今回、中国国際問題研究院主催の会議は三国が安全分野での提携にとって、とても意義のある出発点である。地域の安定と共同繁栄の促進のため、三国は安全保障提携を強化しなければならない。このことに対して、三国ともに肯定的な態度をとっている。現在の北東アジアの安全情勢ははっきりしていなくて、もしこのまま放任すれば、三国の関係が悪化するでしょう。だから、三国自身がもっと積極的に中日韓協力方案を模索していかなければならない。このような考えがゆえ、筆者は「北東アジア国防対話メカニズム」方案を提出した。

　国防分野で、三ヶ国の間に相互信頼と安全協力をたてることは中流砥柱のような作用を発揮する。よって、安全協力対話ではなく、国防対話を提出したのである。外交安全保障対話もとても重要だが、軍事分野での信頼と協力を前提としていないと、三国間が出した努力はただの机上の空論となる。

2.北東アジア国防対話メカニズムの目標と特徴

　東北アジア国防対話メカニズムの目的は現在二国間化の特徴が顕著な北東アジア国家間の軍事協力を多角化に向かわせることにある。最終的な構築は各国国防長官（または協同参謀本部議長）が共同参加できる定期的な組織にすること。これは国防相間が単純に対話できるメカニズムだけではなく、もっと制度化された常設機構を作ることを意味する。即ち、事務所を設立し、定期的に会議や議題を準備し、合意した議題には具体的な実施方案を提供し、方案の実行状況を評価すること。多国間提携発展の概念は大まか以下のように。

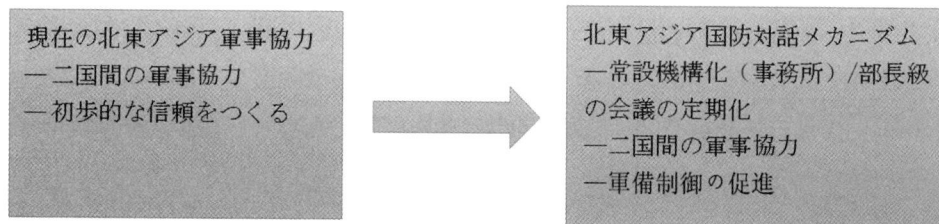

現在の北東アジア軍事協力
―二国間の軍事協力
―初歩的な信頼をつくる

→

北東アジア国防対話メカニズム
―常設機構化（事務所）/部長級の会議の定期化
―二国間の軍事協力
―軍備制御の促進

転換の角度からいえば、北東アジア国防対話メカニズムは地域安全提携を動かすのに有利である。この中で一番重要の議題は「東アジア軍備の制御」である。国際社会では 1922 年のワシントン会議でかつて軍備制御に関する協議が通過した。アメリカ、イギリス、日本、フランス、イタリアなどの国家は潜水艦排水量や潜水艦数量の制限で一致した。ワシントン会議はある国の協定違反で失敗に終わったが、私達は歴史を鑑にし、今にこのタイプの軍備制御を試してみていいと思う。今、先進国同士は正に交流ネットワーク、監視システムと国際社会の圧力を受けている。アジアの主要国家の軍備制御方案が一致して合意すれば、軍備競争の防止、平和維持、安定した現状に絶好のチャンス与えてくれるでしょう。

北東アジア国防対話メカニズムの特徴は次の通りである。第一に、北東アジア国防対話メカニズムは現存の二国間同盟を変えるものではなく、伝統的な脅威に対応して構築された集団安全組織でもない。現在の安保体制を整えるために構築された協議組織である。よって、地域内の特定の国や団体に焦点を合わせたものではない。現在の同盟体制を否定して、このような対話メカニズムを確立させるのは現実的ではない。だから韓米同盟と日米同盟関係を維持しながら、中日韓三ヶ国の多国間対話メカニズムを確立するには、それを基礎に相互信頼の方法を作ることが最優先すべき選択である。

第二に、国防対話の議題の範囲は特定な国家間の軍事安全問題や摩擦を解決するものではなく、共に注目する安全問題の討論を優先し、共同利益を求めるステージ提供するためなのです。もし適切に国防対話メカニズムを活用できれば、各国間は非伝統的な安全脅威に関する情報を交換し、相互提携を推し進め、共にテロリスト、伝染病、海賊、自然災害、共同海上捜索救助、非戦闘員護送などの議題に対応できる緊密な提携メカニズムを構築することができるだろう。もちろん、国家間の信頼増進につれ、軍事情報の交換や「軍備制御」等に関する議論の討論も徐々に発展していくだろう。

第三に、国防対話メカニズムを確立する意義は、形式上の成果を求めるのではなく、国家間の相互理解と軍事透明度を高めることで少しずつ相互信頼を促進させることである。議題の違いによって、必ずしも適切で実行可能な方案或いは結論を出す必要はなく、対話を努めることで、相互における立場を進めて理解することが大切である。この方法を通して、二国間同盟体系のもとで避けられない誤解と不信を解くことができる。

第四に、国防安全セミナー及び双軌道会議をしながら対話を展開していく。領土

紛争問題、朝鮮半島平和体制の構築問題などの地域間の共に注目する議題を掘り下げて討論する。各国の国防部代表はセミナーや非公開会議の方式で会議中の難題に対し各自の立場で発表し、分岐を調節し、討論を行う。このような方法も必要なのである。

　簡単に言えば、国防対話メカニズムは局長級から部長級まで、簡単な問題から難しい問題まで、普通安全分野から伝統安全分野まで、協議の段取りから協議して執行する段取りまで徐々に発展していくべきである。

3. 北東アジア国防対話メカニズムを確立する方案

1）構造

　国防対話メカニズムの役割分担は以下の通りである。「北東アジア国防対話」という国防部長対話メカニズムの確立を推し進めるため、まず事務所、軍事交流室、総合安保室、訓練及び練習室などを建てる必要がある。

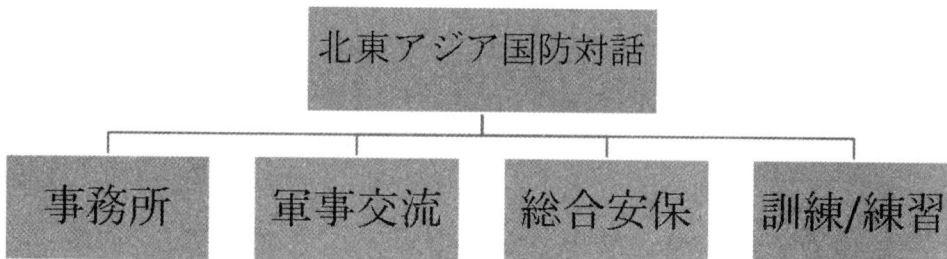

　第一、事務所は主に国防対話展開前の準備作業、会議開催、会議後の措置実施状況の監督などの仕事をする。事務所は事前に国防対話での討論議題と各の国家の要求を収集し確定しなければならない。議題は主に軍事交流、総合安保、二国間／多国間の合同訓練などを含む。事務所は常設機構として、中日韓三国の一つに設置しなければ、それぞれ代表を派遣し、事務所に駐在させる。

　第二、軍事交流室は主に軍事安保セミナー、多国間の情報交換、軍事機関との交流などを展開する機構である。各国軍の間の交流と協力で互いに軍事信頼の増進に重要な働きを発揮する。多種多様な軍事安保議題について多国間セミナーを展開し、軍事活動に必要な情報を提供し、各軍隊の間の交流の監督と促進など、三国間の軍事交流をスムーズにし後方支援を行う役割を演じるのである。

　第三、総合安保室主は主に各国関する総合的な安全議題の協力、調停及び制御などの仕事をする。三国間の安全提携に即効性な効果を起こすため、軍事議題に対し

て、非軍事分野の議題の解決も大変必要である。三国は共にテロリスト、伝染病、海賊、自然災害、共同海上捜索救助、非戦闘員護送などの議題に対応できる緊密な協力メカニズムを構築すべきである。これらの状況が実際に発生した時は、共同対応を通して実質的な安全保障提携を増進させる。

第四、訓練／練習室は主に多国間の軍事訓練、練習などの面で協力と実施をする。もちろん、初期段階では主に非伝統的な安全保障分野で制限された訓練や練習をすべきである。

2）促進方案

巨視的に見ると、同時に Top-down 戦略（政府レベルの雰囲気の形成）と Bottom-up 戦略（軍隊自身業務の第一線より）を推進し、二つの戦略の長所を発揮させ、欠点を完成させる。まず、国家や政府レベルに対して Top-down 戦略を実施し、その目的は国のトップ間で合意させる。具体的な措置は次の通りである。第一、同時に外交と軍事の両方から取り掛かり、地域国家間の軍事協力問題で合意させる。アジア地域多国間安全協定のために、二国通常会談と国際会議などの外交舞台で東北アジア多国間国防対話メカニズムの構築に正当性を与え、共感させる。シャングリラ対話などの国防分野での国防大臣会談、AFR 国防大学の学長会議、軍の高官間の交流などの国防対話メカニズムの創設に必要条件を提供する。下級からすれば、一方で参謀部以下の各軍本部と協力し作戦部隊と周辺国の軍事交流、軍事訓練／練習と軍事協力を促進すると同時に上述のように、相手国に多国間提携の必要性と正当性を認識させることに尽くす。

第二に、適切に双軌道会議方式を運用する。過去から現在まで、軍事協力は主に軍人を主体とし、範囲も二国間の軍事関係の発展に限定されていた。結果として総合的な安全保障概念が形成し、普及しているが、非伝統的分野を軍事協力の範囲にいれ、多国化の発展への転換を求める努力が不足であった。だから、将来は積極的に双軌道或いは 1.5 軌道会議の方法を運用し、多国間の軍事協力方案、多国籍の脅威に関するセミナー、軍事安全セミナーを開催する。積極的に外部の専門家の意見を受け入れ、積極的に総合安保議題に関する多国間協力方案を模索すべきである。

次に、Bottom-up 戦略は、国防部と参謀部レベルとの協力推進を通して、下級から信頼を構築し、相互理解を深め、これをもって多国間軍事協力の基礎を固め、トップ間での合意達成を促進させる。まず、北東アジア国防対話メカニズムを構築する過程に、順を追って先に多国間の戦略会議を構想し、次に国防長官会談へとアッ

プグレードさせる。私達は現在定期化した韓米日部長級 J-5 戦略会議に倣い、中日韓 J-5 戦略会議を構築する。そして、中日韓部長級 J-5 会議を本部長級―協同参謀本部議長級、或いは国防閣僚級会議にアップグレードさせる。さらに適切なタイミングで、それを基礎にアメリカ、ロシア、モンゴル、朝鮮を招待し、北東アジアすべての国が一緒に参加できる部長級国防対話メカニズムをつくる。

その過程に、国防部と協同参謀部は対テロ、海賊、自然災害などの総合安全問題の国際軍事安全セミナーを開くことができる。シンポジウムは中日韓三国国防部及び協同参謀部が毎年交代で開催することができる。もし、セミナーが部長級 J-5 戦略会議と一緒に開催すればよりよい効果が得られる。同様に、本部長級、議長級、部長級戦略会議にアップグレードすることもできる。国防対話メカニズムの構築は二国間訓練を拡張し、多国練習を推し進めることができる。各国が訓練すると同時に、互いに見学し、SAREX 共同訓練を行い、多国籍脅威の共同訓練にも対応できる。

4. 結論

北東アジア国防対話メカニズムを構築する目標は、中日韓三国共同参画の部長級国防対話メカニズムを通して、国家間の相互信頼を増進させ、軍事安全分野の協力を促進させ、最終的にはアメリカ、ロシア、モンゴルなどの国を含む北東アジア組織をつくることである。北東アジア国防対話メカニズムが一旦確立すれば、適切な時期に、「ワシントン会議」のような東アジアバージョンの軍備制御会議の開催を推進することができる。

北東アジア国防対話メカニズムは現存の二国間同盟に代わるものではなく、伝統的な脅威対応するために構築される集団的安全組織でもない。現在の安保体制を完備させるために構築する協議組織である。それは短期間で国家間の軍事安全問題や軍事摩擦を解決することができないが、国家間で共通の関心ある安保問題を討論するのに対話できるステージをを提供する。国防対話メカニズム創設の意義は、形式上の成果を求めるものではなくて、互いの立場を明確し、理解し、軍事信頼を構築する。組織が一旦確立すれば、更に敏感な議題を検討することができるかもしれない。

中日韓三国は協同参謀部 J-5 戦略会議から発足し、中長期の過程でにしだいに本部長級、議長級会議に発展し、最終的からは部長級国防対話メカニズムを確立する。関係議題も簡単で実行性の高い分野から着手し、今後は、多国間協力に関する難題をあらかじめ研究計画し、事前に全体方案を準備する。この角度から言えば、

同時に双軌道会議が行われるべきである。

　中日韓の安全保障協力の核心は軍事分野の協力である。外交上或いは政治上の交流の回数に比べ、軍事上で相互信頼できるかどうかは、更に国家間の信頼度を測定することができる。この角度から言えば、中日韓三国の北東アジア国防対話メカニズムの創設は今後の安全協力の増進に大きいな動力を提供することができるだろう。

（中訳文から　海村佳惟　訳）

한중일 지역안보협력방안 :
동북아국방대화체의 창설

朴昌熙 [*]

1. 동북아 국방대화체 창설의 필요성

동북아 안보환경은 매우 불안정하게 변화하고 있다. 적어도 두 가지의 핵심 변수가 동북아 안보환경에 부정적 영향을 주고 있다. 하나는 중국의 부상이다. 강대국으로 부상하는 중국이 지역통합과 번영의 기회를 가져다 줄 것인가, 아니면 지역불안정의 근원이 될 것인가의 문제는 오래 전부터 제기되어 왔다. 최근 중국은 '일대일로' 구상, AIIB 창설, 그리고 신안보관을 제시하며 지역통합을 위한 각고의 노력을 경주하고 있다. 그럼에도 불구하고 남중국해에서의 인공섬 건설이나 베트남 EEZ 내에서의 석유시추 등은 중국이 주변국에 위협이 될 수 있다는 불안감을 심어주고 있다. 북한의 핵 및 미사일 개발에 대해 미온적 태도를 취하는 것도 이러한 우려를 가중시키고 있다.

다른 하나는 일본 정치의 우경화와 역사왜곡이다. 일본의 아베 내각은 중국의 부상에 대비하고 강한 일본을 건설하기 위해 과거와 단절된 '보통국가'를 지향하고 있다. 그리고 이 과정에서 '반성과 사죄라는 역사의 한 페이지'를 넘기기보다는 이를 묻어버리고자 하는 경향을 보이고 있다. 주변국은 건설적인 일본의 역할을 기대하고 환영하지만 과거에 대한 명백한 사과와 반성을 보이지 않는 한 일본을 신뢰하기 어렵다. 이러한 과정에서 역내 국가들 간에는 안보딜레마와 함께 불신이 심화되고 있으며, 적대적 민족주의 감정이 누그러들지 않고 있다.

---

[*]　한국 국방대학 군사전략학부 교수.

　　사실상 동북아 3 국 간 지역안보협력에는 많은 도전요인이 도사리고 있다.
역사적 문제, 영토문제, 상대국가의 안보정책에 대한 부정적 인식이 존재한다.
북핵문제나 대북정책에 대한 접근과 정책도 상이하여 불협화음이 발생하고
있다. 최근 합의된 미일 간의 '미일방위협력지침' 개정에 대해서도 중일
간에 커다란 이견을 보이고 있다. 지금까지 한중일 지역안보협력이 제대로
이루어지지 않은 상황에서 앞으로 이러한 협력을 위한 토대를 마련하기는 더욱
어려워 보이는 것이 현실이다.

　　그럼에도 불구하고 한중일 지역안보협력은 어떠한 형태로든 논의되고
발전되어야 한다. 이번에 중국국제문제연구원에서 주최한 회의는 이러한
노력의 의미있는 출발점을 제공하고 있다. 한중일 3 국은 지역안정과
공동번영을 위해 3 국의 안보협력을 강화해야 한다는 인식을 갖고 있음이
분명하다. 그것은 현재 동아시아 안보상황이 녹록치 않으며, 그대로 방치할
경우 한중일 3 국의 관계는 더욱 악화될 가능성이 높기 때문이다. 따라서
3 국은 차제에 한중일 협력방안을 보다 적극적으로 모색할 필요가 있으며,
이러한 측면에서 필자는 '동북아 국방대화체 창설' 방안을 제의하고자 한다.

　　외교안보대화가 아닌 국방대화를 제안하는 이유는 국방분야가 3 국의
신뢰구축 및 안보협력에 가장 중추적인 역할을 담당할 수 있기 때문이다.
외교안보대화도 중요하지만 군사분야의 신뢰와 협력이 전제되지 않으면 3 국
간의 노력은 립서비스 (lip service) 에 불과할 수 있기 때문이다.

2. 동북아 국방대화체의 목표와 성격

　　동북아 국방대화체는 현재 쌍무적 성격이 강한 동북아지역 국가들 간의
군사협력을 다자화하는 것으로, 최종적인 엔드 스테이트 (end state) 는 각국
국방장관 (또는 합참의장) 이 참여하는 정례화된 기구를 창설하는 것이다.
이는 국방장관 간의 단순한 대화체가 아니라 제도화된 상설기구를 의미한다.
즉, 사무국을 두어 정기적 회의를 준비하고, 의제를 준비하며, 합의된 의제에
대해서는 구체적 이행방안을 마련하고 각 국가들의 이행 여부를 평가한다.
개략적인 다자협력 발전 개념은 다음 표와 같다.

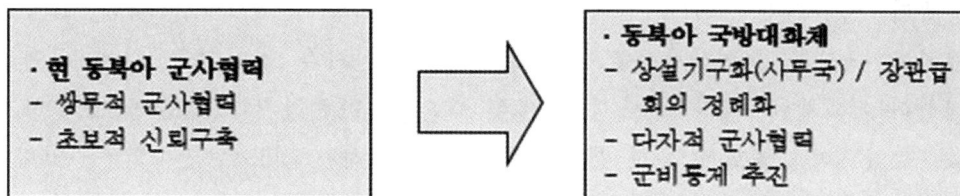

　　동북아 국방대화체가 창설된다면 보다 전향적인 차원에서의 지역안보협력을 견인할 수 있다. 가장 중요한 의제 가운데 하나는 '동아시아 군비통제'가 될 것이다. 국제사회는 1922년 '워싱턴 컨퍼런스(Washington Conference)'라고 하는 군비통제에 합의한 경험이 있다. 미국, 영국, 일본, 프랑스, 이탈리아 등의 국가들이 각국의 함정 배수량 및 함정 수를 제한하기로 합의한 것이다. 비록 '워싱턴 컨퍼런스'는 국가들의 합의 위반으로 인해 실패로 돌아갔지만, 과거의 사례를 교훈삼아 오늘날 이러한 유형의 군비통제를 시도해 볼 수 있다. 현대에는 보다 발전된 국가들간의 의사소통 네트워크, 감시체계, 그리고 국제사회의 압력이 작용하고 있는 만큼 아시아 주요 국가들 간의 군비통제가 합의될 수 있다면 군비경쟁을 막고 현상을 유지할 수 있는 좋은 기회가 될 것이다.

　　동북아 국방대화체의 성격을 제시하면 다음과 같다. 첫째, 동북아 국방대화체는 기존의 쌍무동맹을 대체하거나 전통적 위협에 대처하기 위한 집단안보기구가 아니라, 기존의 안보구조를 보완하는 차원에서의 협의기구이다. 따라서 역내 특정 국가 또는 국가군을 대상으로 하거나 겨냥하지 않아야 한다. 이러한 대화체 창설의 조건으로 현재의 동맹체제를 부인하는 것은 현실적으로 불가능하다. 한미동맹과 미일동맹을 그대로 둔 상태에서 한중일 3국의 다자간 대화체를 구성하고, 이를 토대로 신뢰를 구축해 나가는 것이 우선이다.

　　둘째, 국방대화의 이슈 범위는 특정 국가 간 군사안보 현안이나 갈등을 해결하려는 것이 아니라 공동의 안보관심사를 논의하고 공동의 이익을 추구할 수 있는 장을 제공하는 데 우선을 둔다. 가령, 비전통적 안보위협 관련 정보를 교환하고 상호협력을 증진할 수 있는 기회로 활용할 수 있을 것이며, 테러, 전염성 질병, 해적, 재해재난, 해상공동수색구조, 비전투원후송 등에 공동으로 대처하기 위한 긴밀한 협조체제를 구축할 수 있을 것이다. 물론, 국가들 간의 신뢰가 증진됨에 따라 군사정보 교환이나 '군비통제'와 같은 민감한 이슈도 논의될 수 있을 것이다.

셋째, 가시적 성과에 집착하기 보다는 국가들 간의 서로 다른 입장을 이해하고 군사적 투명성을 제고함으로써 점차 신뢰를 쌓아가는 것에 의미를 부여한다. 의제에 따라 반드시 확실한 대안을 마련하거나 결론을 도출하지 않을 수 있으며, 대화를 통한 서로의 입장을 이해하는 것으로 만족할 수 있다. 그럼으로써 쌍무동맹 메커니즘에서 불가피하게 발생할 수 있는 오해와 불신의 벽을 낮출 수 있을 것이다.

넷째, 국방안보세미나 및 트랙 2 회의를 병행하여 대화를 진행함으로써 영토분쟁이나 한반도 평화체제 구축과 같은 역내 공동의 현안에 대한 심도있는 논의도 가능하다. 각국 국방부 대표자들 간의 회의에서 논의하기 어려운 주제들에 대해서는 세미나 혹은 비공개 회의를 통해 서로의 입장을 발표하고 조율하기 위한 토론의 장을 마련하는 것이 필요하다.

요약하면 국방대화체는 국장급에서 장관급으로 단계적으로 격상시키되, 쉬운 것부터 어려운 것으로, 비전통 안보의 영역에서 전통적 안보의 영역으로, 협의 수준에서 합의 및 이행의 수준으로 발전시켜 나갈 수 있다.

3. 동북아 국방대화체 구성 방안

가. 구조

국방대화체의 구조(안)는 대략 기능별로 다음과 같은 구조를 갖게 될 것이다. 국방부장관의 대화체인 '동북아 국방대화'를 지원하기 위해 사무국, 군사교류실, 포괄안보실, 훈련 및 연습실을 둔다.

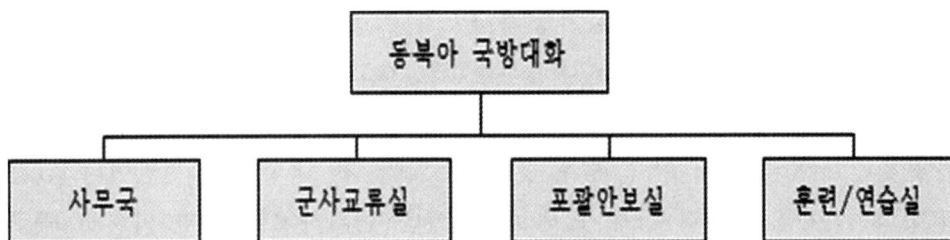

첫째로 사무국은 국방대화를 준비하고, 회의를 진행하며, 회의 후 사후조치를 감독하는 역할을 한다. 사무국은 국방대화에서 다룰 의제를 각 국가의 요구를 수렴하여 사전에 확정한다. 의제에는 군사교류, 포괄안보, 각국 간의 양자/다자훈련 등을 포함한다. 사무국은 상설조직으로서 3국 가운데 한 국가에 위치하며, 3국의 대표들이 파견되어 근무하게 된다.

　　둘째로 군사교류실은 군사안보세미나, 다자간 정보교류, 군기관 간 교류를 담당한다. 군 간의 교류와 협력은 군사적 신뢰구축을 증진하는데 긴요하다. 다양한 군사안보 이슈에 대한 다자간 세미나, 군사활동에 필요한 정보제공, 그리고 각 군 간 교류를 모니터하고 촉진함으로써 3국간 군사교류가 원활하게 이루어지도록 지원한다.

　　셋째로 포괄안보실은 포괄적 안보 의제 관련 국가 간 협조 및 조정, 통제를 담당한다. 3국이 당장 안보협력을 추진하기 위해서는 군사적 이슈보다는 비군사적 이슈 영역에 대해 접근하는 것이 바람직하다. 테러, 전염성 질병, 해적, 재해재난, 해상공동수색구조, 비전투원후송 등에 공동으로 대처할 수 있는 긴밀한 협조체제를 구축해야 한다. 그리고 실제 상황이 발생할 경우 공동으로 대응함으로써 실질적인 안보협력을 증진할 수 있다.

　　넷째로 훈련/연습실은 다자간 군사훈련 및 연습 관련 협조 및 실시를 담당한다. 물론, 초기에는 비전통적 안보분야에 한정된 훈련/연습을 실시한다.

나. 추진방안

　　거시적으로 Top-down 전략(정부차원에서 분위기 형성)과 Bottom-up 전략(군 자체적으로 실무선에서부터 시작)을 동시에 추구하면서 두 전략이 갖는 장점을 활용하고 단점을 보완할 필요가 있다. 우선 국가 및 범정부 차원에서의 Top-down 전략은 역내 국가간 상위차원에서의 공감대를 형성하는 데 목적을 두고 다음과 같이 추진할 수 있다. 첫째, 외교 및 국방 채널을 동시에 가동하여 역내 역내 국가들 사이에 다자간 군사협력에 대한 공감대를 형성한다. 아시아 지역 다자간 안보협의체, 양자간 정상회담, 국제회의 등 외교무대에서 동북아 다자간 국방대화체 구축을 위한 당위성을 제기하고 공감대를 형성한다. 국방채널로서 샹그릴라 대화와 같은 국방장관 회담, AFR 국방대 총장 회의, 그리고 군 고위급 인사 교류시 국방대화체의 필요성을 제기한다. 하위차원에서는 합참 이하 각군본부 및 작전사에서 주변국과의 군사교류, 군사훈련 및 연습, 군사협력을 추진하면서 이와 같은 다자간 협력의 필요성과 당위성을 상대국가에 인식시키는 노력을 병행한다.

　　둘째, 트랙 2 회의를 적절히 활용한다. 지금까지 군사협력은 주로 군인이 주체가 되고 그 범위는 쌍무적 군사관계 발전에 한정되어 이루어졌다. 그 결과 이미 포괄적 안보개념이 보편화되었음에도 불구하고 군사협력 분야를 비전통적 영역까지 포함하여 전향적으로 발전시키고 다자화하려는 노력이 부족했다. 따라서 앞으로는 트랙 2 회의 또는 트랙 1.5 회의를 적극 활용하여 다자간 군사협력 발전방안, 초국가적 위협 관련 세미나, 군사안보세미나 등을 개최하고 외부 전문가들의 견해를 수용하는 가운데 포괄안보 의제에 대한 다자간 군사협력 방안을 적극 모색할 필요가 있다.

다음으로 Bottom-up 전략은 국방부 및 합참 차원에서 추진하는 것으로 하위차원에서의 신뢰구축과 이해증진을 통해 군사협력을 다자화하기 위한 기반을 마련하고 상위차원에서의 공감대 형성을 촉진한다. 우선 동북아 국방대화체를 구축하는 과정으로서 먼저 다자간 전략회의 구성 후 국방장관 회담으로 단계적으로 격상한다. 현재 정례화되어 추진하고 있는 한미일 부장급 J-5 전략회의를 모방하여 한중일 J-5 전략회의를 시작할 수 있다. 그리고 한중일 부장급 J-5 회의를 본부장급-합참의장 또는 국방장관급으로 격상할 수 있다. 적정 시기에 맞추어 미국, 러시아, 몽골, 북한을 초청하고 이를 바탕으로 동북아 전체 국가가 참여하는 장관급의 국방대화체를 발족할 수도 있다.

이 과정에서 국방부 및 합참 차원에서 테러리즘, 해적, 재해재난 등 포괄적 안보관련 국제군사안보세미나를 실시한다. 세미나는 한중일 3국 국방부 및 합참이 매년 순환하여 주최할 수 있다. 세미나는 부장급 J-5 전략회의와 병행하여 실시하는 것이 효과적이며, 향후 본부장급, 의장급, 장관급 전략회의로 격상되더라도 마찬가지이다. 또한 국방대화체 구성 노력 간 양자간 훈련을 다자간 연습으로 확대하여 추진할 수 있다. 각국 훈련시 상호 참관, SAREX 등 공동훈련을 실시하며, 초국가적 위협 대비 공동훈련을 실시한다.

4. 결론

동북아 국방대화체의 목표는 한중일 3국이 참여하는 장관급 국방대화체로서 국가들 간의 신뢰를 구축하고 군사안보협력을 증진하며, 최종적으로 미, 러, 몽골 등을 포함한 동북아 차원의 기구를 만드는 것이다. 동북아 국방대화체가 정착되면 향후 적절한 시점에서 '워싱턴 컨퍼런스'와 같은 동아시아 버전의 군비통제 회의를 추진할 수 있다.

동북아 국방대화체는 기존의 쌍무동맹을 대체하거나 전통적 위협에 대처하기 위한 집단안보기구가 아니라, 기존의 안보구조를 보완하는 차원의 장관급 협의기구이다 . 이는 당분간 국가간 군사안보 현안이나 갈등을 해결하는 기구가 아니라 공동의 안보관심사를 논의하는 대화의 장을 제공할 것이며 , 가시적 성과에 집착하기보다는 동북아 안보이슈에 대한 서로 다른 입장을 확인하고 이해하며 군사적 신뢰를 구축하는 데 의미를 부여할 수 있다 . 그리고 기구가 정착되면 보다 민감한 이슈에 대해서도 논의가 가능할 것이다 .

한중일 3 국의 합참 J-5 전략회의로부터 시작하여 중장기적으로 본부장급 , 의장급 전략회의로 확대한 후 , 최종적으로 장관급 국방대화체로 발전시킬 수 있다 . 의제와 관련해서는 쉽고 실행 가능한 분야부터 추진하는 것이 바람직하며 , 다자간 협력이 어려운 사안에 대해서는 향후 추진방안을 미리 연구하여 사전에 마스터플랜을 준비해야 한다 . 이러한 측면에서 트랙 2 회의가 병행되어야 한다 .

한중일 안보협력의 핵심은 군사분야이다 . 국가간 신뢰구축의 정도를 가늠할 수 있는 척도는 외교적으로나 정치적으로 오가는 수사보다도 군사적 신뢰구축 여부가 될 것이다 . 이러한 측면에서 한중일 3 국의 동북아 국방대화체 창설은 향후 안보협력을 증진할 수 있는 중요한 모멘텀을 제공할 것이다 .

试论中日韩传统与非传统安全领域合作①

[日] 增田雅之 *

1. 中日韩安全关系的构图

在安全领域讨论中日韩合作的可能性伴随着诸多的困难。如果将国家安全 (National Security) 理解为"减少对国家间价值分配现状的威胁"②, 那么关于将什么视为安全威胁或挑战的问题, 中日韩三国的认识和实现安全的方法论都不一致。

就日本而言, 2013 年 12 月公布的国家安全保障战略指明了日本安全领域的课题③, 即六个世界性安全课题: (1) 势力均衡的变化; (2) 大规模杀伤性武器的扩散; (3) 国际恐怖主义; (4) 全球公域 (Global Commons); (5) 人类安全相关课题; (6) 全球经济危机。还指出了三个亚太地区安全课题: (1) 势力均衡变化带来的战略环境不确定性; (2) 朝鲜的军事威胁; (3) 中国的崛起与积极进入各种政策领域。从这一连串叙述中可以确认的是, 这一战略强烈意识到了中国崛起给传统安全带来了风险。

此外, 中国提高了对日美政策动向的戒备感。中国政府在 2013 年 4 月发布了题为《中国武装力量的多样化运用》白皮书, 它是如此看待目前局势的, "中国仍面临多元复杂的安全威胁和挑战, 生存安全问题和发展安全问题、传统安全威胁和非传

---

① 文是笔者个人见解, 不代表日本防卫省防卫研究所以及日本政府的立场。

 * 增田雅之: 日本防卫省防卫研究所地域研究部东亚研究室研究员。

② 石田淳:《安全保障的政治基础》(「安全保障の政治的基盤」), 收于远藤诚治·远藤乾编:《何为安全保障》(『安全保障とは何か』), 东京: 岩波书店, 2014 年, 第 67 页。

③ 《国家安全保障战略》(平成 25 年 12 月 17 日、国家安全保障会议·内阁决议), 内阁官房主页 (http://www.cas.go.jp/jp/siryou/131217anzenhoshou/nss-j.pdf, 2015 年 4 月 15 日阅览)。

统安全威胁相互交织，维护国家统一、维护领土完整、维护发展利益的任务艰巨繁重"①。在此基础上，白皮书还指出了四个传统威胁：(1)（美国）"深化亚太军事同盟"、"扩大军事存在"；(2)（日本、越南及菲律宾等）"在涉及中国领土主权和海洋权益上采取使问题复杂化、扩大化的举动"；(3) 恐怖主义、分裂主义、极端主义"三股势力"威胁；(4)"台独"分裂势力及其分裂活动。另外，关于非传统威胁，白皮书中也列举了"自然灾害、安全事故和公共卫生事件频发"以及"国家海外利益安全风险上升"等。

处于中日两国威胁认识之间的应该是韩国。2015 年 1 月，韩国外交部向朴槿惠总统报告了与国防部及统一部联合起草的该年度外交部工作计划②。该报告指出 2014 年韩国外交的成果是"构筑了史上最好的韩美·韩中关系"，并在此基础上提出了 2015 年的外交目标，即让最好关系"贡献到统一环境的形成"中来。只是，韩国要使美韩关系和中韩关系并存也不是件简单的事情。中国在批评有的国家"深化亚太军事同盟"以及"扩大军事存在"时，其中就包括美韩同盟和在韩美军。中国政府批判性地提到美韩同盟是"历史的遗留物"，同时中国领导人也时常指出，朝鲜半岛应该实现的目标是（不以在韩美军驻留为前提的）"自主和平的统一"③。中方这类言论与韩国现行的"美韩全面战略同盟化"的政策是有潜在矛盾的，"全面战略同盟"不仅要将美韩同盟范围扩大到朝鲜半岛以外，还要将美韩合作推广到军事以外的领域。朴槿惠政权似乎正在打算缓和中国对韩国加入美日共同对抗中国的担忧，可以说此举削弱了韩国缓和韩日关系以及推进韩美日安全合作的动力④。

此处要指出的是，尤其从传统安全主线来看，日本将中国崛起视为安全风险的倾向很强，归结到政策上就是强化日美同盟；另外，中国提出对传统安全构成最大威胁的是美国在本地区"深化军事同盟"，以及随之而来的"扩大军事存在"。而韩国也与

---

① 《中国武装力量的多样化运用》，载《解放军报》2013 年 4 月 17 日。

② 「통일시대를여는글로벌신뢰외교:2015 년외교부연두업무보고（통일준비부문합동업무보고）」（《开启统一时代的全球性信赖外交》：2015 年外交部年初报告、统一准备部门联合工作报告，参见韩国外交通商部报道资料 15-24 号，2015 年 1 月 19 日）。

③ 《习近平会见韩国候任总统特使》，载《人民日报》2013 年 1 月 24 日；《习近平同韩国总统朴槿惠会谈》，载《人民日报》2014 年 7 月 4 日；《习近平在韩国国立首尔大学发表重要演讲》，载《人民日报》2014 年 7 月 5 日。另外，关于这一点，笔者在与防卫研究所地区研究部主任研究员渡边武交谈时受到了启发。

④ Jennifer Lind，"Making Up Isn't Hard to Do:How Japan and South Korea Can Move On,"*Foreign Affairs*，March 5，2015. Available at http://www.foreignaffairs.com/articles/143228/jennifer-lind/making-up-isnt-hard-to-do，accessed 12，April 2015.

中国之间存在潜在的对立要素，但它为了不突出对立而试图调和大国关系即与美国、中国和日本的关系。换言之，根据对中国崛起定位的不同，以同盟关系为中心的美国要素可能被视为安全问题的促进要素，也可能被视为阻碍要素，对此中日韩三国有着不同的立场。因此，三国在传统安全领域的合作必然是有限的或有选择性的。

2. 国防当局和军队间在非传统安全领域的合作

当然，中日韩三国并非在安全问题上没有共同利益。例如，能源、气候变化、自然灾害、反恐等非传统安全问题是三国共同面临的威胁，也是有合作可能性的领域。事实上，中日韩三国在自然灾害相关领域举行了各种会谈，如负责防灾的部长级会议、关于减轻地震灾害的部长级会议、核安全监管高管会等。在反恐领域，2011年局长级别的中日韩三国反恐合作会议在韩国济州岛召开[1]。

对于推进非传统安全领域的合作，相关国家应该没有异议。韩国总统朴槿惠倡导创建东北亚和平协作，其目标也是不断积累地区内各国在非传统领域的合作，和以此来发展东北亚未来共同的蓝图[2]。然而，非传统安全领域的合作并不能直接帮助传统领域即军事安全领域关系的稳定化和发展。

首先，在非传统安全问题上，究竟军队与何种具体领域相关以及如何相关，这个问题本身并不明确。所谓非传统安全，其中心课题主要是从政治、外交、经济、社会各方面来处理不属于传统安全范围的非军事威胁，而牵涉其中的主体也不仅是军队等国家要素，还包括或者说更包括非国家要素。因此，军队在非传统安全领域中的作用虽说近年来有扩大的倾向，但基本上还是相对性的事物。

的确，以2004年印度洋大地震为契机，东盟地区论坛（ARF）从2009年以后开始举行大规模救灾演习[3]。始于2010年的东盟国防部长扩大会议（ADMM Plus）组织也力图在海洋安全、反恐、人道援助和灾害救助（HA/DR）、维和活动、军事医学五个领域推进各国防部之间的合作[4]。2013年6月在文莱举行人道援助和灾害救助以及

[1] 中日韩三国合作秘书处，http://jp.tcs-asia.org/dnb/board/list.php？board_name=3_1_1_politics，2015年4月14日阅览。

[2] Ministry of Foreign Affairs[ROK]，Northeast Asia Peace and Cooperation Initiative:Moving beyond the Asian Paradox towards Peace and Cooperation in Northeast Asia（MOFA,2014），p.9.

[3] "Background," ARFDiREx2015. Available at，http://arfdirex2015.my/index.php/about/background，accessed 16 April，2015.

[4] "ASEAN Defence Ministers' Meeting-Plus（ADMM-Plus）：Establishment an Experts' Working Group–Concept Paper–," as of 28 April，2011.

军事医学演习，同年 9 月，在印尼举行反恐演习，同年 10 月在澳洲举行海上安全实兵演习，2014 年 2 月在菲律宾举行了维和活动桌上模拟演习等①。从各国国防当局及军队开始非传统安全领域合作这点来看，这些事件具有重要的意义。例如，在人道援助和灾害救助以及军事演习中，预先制定了灾害救助中医疗救援方面的标准操作程序（SOP），力图通过在演习中检验这一标准操作程序来提高相关的运用能力②。

其次，军队中负责非传统安全国际合作的主体与负责对外军事安全的主体在根本上是不同的。因此，不断养成非传统安全领域的"合作习惯"（Habit of Cooperation），并不意味着能直接缓和与发展各国在传统安全领域的合作关系。事实上，就在国防部及军队在非传统安全领域的地区合作开始取得进展的同时，中国和地区内其他国家在东海及南海围绕领土和海洋权益等传统安全问题进一步加深对立。

3. 传统安全领域中的风险管理

如果说非传统安全领域的合作不会对传统安全领域产生直接的积极影响，那么军事安全方面的争取并存的努力也就不可或缺了。如前文所指出的那样，中日韩三国对传统安全威胁的认识和实现安全的方法论有着不同意见，难以在三者之间达成一致。因此，当前的政策目标并不是寻求这个领域的政策一致，而且我们应该承认这种不一致以及潜在的对立，同时将目标定位于如何防止和控制它们不要表现在军事行动上。换言之，即是建立信任措施（CBM）及危机管理。

一般来说，建立信任措施原本就是以敌对国之间的相互不信任为前提，为了避免无意之纷争而采取的具体措施，包括军事演习的事先通知、一定的军事行动限制及开设热线等。当然，长期目标是建立本文所说的传统安全领域的合作习惯和国家之间的互信关系，但目前的着眼点是通过在军队行动方面的情报互换及规则共有来防止不必要的冲突③。换言之，至少在初期阶段，建立信任措施不是要求对方改变政策（Policy），而是相互提高行动（Operation）的可预测性，抽象地说就是追求"security"而不是"safety"的行为。

这也不是说本地区不存在追求军事行动安全（Safety）的行为。2014 年 4 月，第

---

① "Past Meetings and Events（2006—2014），" as of 24 December 2014.Available at https://admm.asean. org/index.php/events/past-meetings-and-events.html,accessed16 April, 2015.

② 防卫省编：《平成 26 年版日本防卫（防卫白皮书）》（『平成 26 年版日本の防衛（防衛白書)』），东京：日经印刷，2014 年，第 270 页。

③ Volker Rittberger, Manfred Efinger and Martin Mendler,"Toward an East-West Security Regime:The Case of Confidence-and Security-Building Measures," *Journal of Peace Research*, Vol.27 No.1（February1990),p.58.

十四届西太平洋海军论坛（WPNS）年会在中国青岛召开，会议通过了《海上意外相遇规则》(CUES)①。《海上意外相遇规则》即所谓的绅士协定，是否受此规则约束根本上要看参与国的自主意愿②。而且，该规则是对迄今安全行动方面的国家规则和习惯的确认，并不意味着达成了新的一致意见。不过，因为这一规则的通过，至少在西太平洋海军论坛的参与国之间形成了安全行动方面最低限度的共同认识，从这点上说，它的意义不可谓不重大。事实上，2014 年 11 月，中美国防当局之间交换了关于海空领域安全行动规则的备忘录（MOU），备忘录依据的就是包括《海上意外相遇规则》在内的既存国际规则及国际协议③。当下的希望就是，即使是两国之间也能够根据《海上意外相遇规则》这种统一基准来推进共有安全行动规则的进程。再者，要让《海上意外相遇规则》具有意义，还须通过演习等方式谋求该规则在部队运用方面被确认和固定化④。

不过，《海上意外相遇规则》基本上就是"在海上遭遇意外情况时"的行为基准，其范围不包含空中的安全行动。如同日本防卫相小野寺五典所指出的那样，"《海上意外相遇规则》结成了海与海的关系，那么考虑一个类似的联结空与空的规则也是个办法"⑤，在航空领域也必须在地区各国间谋求依据国际规则及习惯的规则共有。

此外，《海上意外相遇规则》的适用范围不包括海军以外的海洋活动主体⑥。但是从东海及南海的现状来看，主要的权力主张主体是海上执法机构，发生事故可能性很

① "Naval Symposium Endorses CUES to Reduce Uncertainty," Xinhua, 22 April 2014 ; "Navy Leaders Agreeto CUES at 14th WPNS," NNS140423-02，23 April 2014.

② Mark E.Redden and Phillip C.Saunders, Managing Sino-U.S.Air and Naval Interactions: Cold War Lessons and New Avenue of Approach, China Strategic Perspectives 5（Washington, D.C.:NDU Press, 2012），p.9.

③ "Memorandum of Understanding between the Department of Defense of United States of America and the Ministry of National Defense of the People's Republic of China Regarding the Rules of Behavior for Safety of Air and Maritime Encounters,"(signed at Washington and Beijing, on November 10 and November1 1,2014).

④ 防卫省：《第 19 届东京防卫论坛主会场（结果概要)》(「第 19 回東京ディフェンス・フォーラム本会合（結果概要)」)，2015 年 3 月 10 日。

⑤ 《大臣会见概要》，2014 年 5 月 27 日（防卫省主页，http://www.mod.go.jp/j/press/kisha/2014/05/27.pdf，2015 年 4 月 17 日阅览)。

⑥ 防卫省：《第 19 届东京防卫论坛主会场（结果概要)》，2015 年 3 月 10 日。据称 2012 年和 2013 年的西太平洋海军论坛年会就打算通过《海上意外相遇规则》，但因中国的反对而未获通过。当时，中国反对通过《海上意外相遇规则》的理由之一是，使用"code"一词给人有强硬约束力的印象，而且该规则的适用范围还包括海军以外的政务船。也就是说，中国当时担心它可能会限制中国在领土纷争上采取的政策手段。Jonathan Greenert, "Asia-Pacific Rebalance:Strengthening Regional Maritime Security," (Center for a New American Security, 21 May 2013)，p.7;Jonathan Greenert,"IMDEX Remarks," (International Maritime Defence Exhibition and Conference, Singapore,15 May 2013)，p.3.

高的不是海军。因此，这又给我们留下一个讨论课题，就是如何在地区各国之间共有海上执法机构安全行为规则。也就是说，我们应该讨论是否将《海上意外相遇规则》的适用范围扩大到海上执法机构，或者在北太平洋地区海岸警备执法机构论坛等既存的国际框架中谋求安全行为规则共有等问题[1]。

最后要指出的是，规则不能是单个国家的规则，它存在于两国关系、地区框架或不同主体之间。海空领域根本上是开放的领域，是多国飞机、船舶往来的空间，因此运用基于既存的国际协定及习惯的统一安全行为规则是不可或缺的。

（刘丽娇　译）

---

[1] "Maritime Confidence Building Measures in the South China Sea Conference," *Australian Strategic Policy Institute (ASPI) Special Report*, September 2013, p.36.

伝統的安全保障と非伝統的安全保障[①]

——日中韓安全保障協力に向けた試論

増田雅之[*]

1．日中韓安全保障関係の構図

　日中韓協力の可能性を、とくに安全保障分野で論じることには、多くの困難を伴う。国家の安全保障（national security）を「国家間の価値配分の現状に対する脅威の削減」としてとらえるならば[②]、何を安全保障上の脅威やチャレンジとみなすのかについて、日中韓3国間の認識と安全を実現する方法論は一致してはいない。

　日本について言えば、2013年12月に公表された国家安全保障戦略が日本の安全保障上の課題を明示している[③]。グローバルな安全保障上の課題として、（1）パワーバランスの変化、（2）大量破壊兵器等の拡散、（3）国際テロ、（4）国際公共財（global commons）に関するリスク、（5）人間の安全保障に関する課題、（6）グローバル経済のリスク、という6つの課題が指摘されている。アジア太平洋地域については、（1）パワーバランスの変化がもたらす戦略環境の不確実性、（2）北朝鮮の軍事的脅威、（3）中国の台頭と各政策領域への積極的進出、との3点が安全保障上の課題とされている。一連の記述から言えることは、中国の台頭がもたらす伝統的な安全保障リスクが強く意識されているということである。

[①]　本稿は個人的見解であり、防衛省防衛研究所や日本政府の立場を示すものではない。

[*]　日本防衛省防衛研究所地域研究部北東アジア研究室研究員。

[②]　石田淳「安全保障の政治的基盤」、遠藤誠治、遠藤乾編『安全保障とは何か』（東京：岩波書店、2014年）67頁。

[③]　「国家安全保障戦略」（平成25年12月17日、国家安全保障会議・閣議決定）、内閣官房ホームページ（http://www.cas.go.jp/jp/siryou/131217anzenhoshou/nss-j.pdf、2015年4月15日アクセス）。

　その一方で、中国は日米の政策動向に対して警戒感を高めているようにみえる。中国政府が 2013 年 4 月に公表した『中国の武装力の多様な運用』と題する国防白書は「中国は依然として多元的で複雑な安全上の脅威と挑戦に直面しており、生存のための安全保障と発展のための安全保障、伝統的脅威と非伝統的脅威が相互にからまりあう中で、国家の統一を守り、領土を保全し、発展の利益を守ることはきわめて困難で重い任務である」との情勢認識を示した[①]。そのうえで、(1)（米国による）「アジア太平洋地域における軍事同盟の深化」や「軍事プレゼンスの強化」、(2)（日本、ベトナムやフィリピン等による）「中国の領土主権や海洋権益にかかわる問題での、それを複雑化・拡大する動き」、(3) テロリズム、分裂主義、過激主義という「3 つの勢力」の脅威、(4)「台湾独立」の分裂勢力及びその分裂活動、という伝統的な脅威が指摘された。また、非伝統的な脅威については「自然災害や事故、公共衛生事件の頻発」や「中国の海外利益の安全上リスクの高まり」が例示された。

　日中両国の脅威認識の中間に位置するのが韓国であろう。2015 年 1 月に韓国外交部は国防部や統一部と合同で同年の外交部業務計画を朴槿恵大統領に報告した[②]。同報告は、2014 年の韓国外交の成果として「これまでで最良の韓米・韓中関係を構築した」ことを指摘したうえで、そうした最良の関係を「統一環境の醸成に寄与させる」ことを 2015 年の外交目標に掲げた。しかし、米韓関係と中韓関係を韓国が両立させることはそう簡単ではない。中国が「アジア太平洋地域における軍事同盟の深化」や「軍事プレゼンスの強化」を批判する時、そこには米韓同盟や在韓米軍が含まれる。中国政府は米韓同盟を「歴史の遺物」と批判的に言及するとともに、朝鮮半島で実現されるべきは、（在韓米軍の駐留を前提としない）「<u>自主平和統一</u>」（下線筆者）であることを中国指導部はつねづね指摘している[③]。こうした中国の論理は、米韓同盟の範囲を朝鮮半島以外にも拡大させるとともに、米韓協力を軍事以外の領域にも広げる「包括的戦略同盟」化という現行の政策とは潜在的に矛

---

① 「中国武装力量的多様化運用」『解放軍報』2013 年 4 月 17 日。

② 「통일시대를여는글로벌신뢰외교 : 2015 년외교부연두업무보고（통일준비부문합동업무보고）」（「『統一時代を開くグローバル信頼外交』：2015 年外交部年頭報告、統一準備部門合同業務報告」）、韓国外交通商部報道資料 15-24 号（2015 年 1 月 19 日）。

③ 「習近平会見韓国候任総統特使」『人民日報』2013 年 1 月 24 日、「習近平同韓国総統朴槿恵会談」『人民日報』2014 年 7 月 4 日、及び「習近平在韓国国立首爾大学発表重要演講」『人民日報』2014 年 7 月 5 日。なお、この点については、防衛研究所地域研究部の渡邊武主任研究官との議論から示唆を得た。

盾する。韓国が米国や日本とともに中国への対抗的な協力を進めるのではないかという中国の懸念を緩和させることを、朴槿恵政権は意図しているようであるが、それによって、日本との関係緩和や日米との安全保障協力を進める動機が削がれていると言ってよい①。

　ここで指摘すべきは、とくに伝統的な安全保障という文脈で言えば、日本が中国の台頭を安全保障上のリスクととらえる傾向が強く、一つの政策上の帰結として日米同盟の強化に動いている一方で、中国は米国のこの地域における「軍事同盟の深化」とそれに伴う米国の「軍事プレゼンスの強化」を伝統的脅威の第1に掲げているということである。そして韓国も中国との間で潜在的な対立要素を抱えながらも、それが表面化しないように米国、中国そして日本との関係、すなわち大国関係の調和を図ろうとしている。換言すれば、中国の台頭の位置付け如何によって、同盟関係を中心とする米国ファクターをそれぞれの安全保障上の促進要素とみるのか、あるいは阻害要素とみるのかについて、日中韓3国は立場を異にしているのである。そのため、伝統的な分野における3国間の安全保障協力は限定的あるいは選択的なものとならざるを得ない。

2. 国防当局・軍隊間の非伝統的安全保障協力

　もちろん、日中韓3国間に安全保障上の共通利益がないわけではない。例えば、エネルギーや気候変動、自然災害、テロ等の非伝統的な安全保障問題は3国に共通する脅威であり、協力が可能な分野である。事実、自然災害の分野については、日中韓3国間でも防災担当閣僚級会合（2008年～）、地震災害軽減に関する長官級会合（2004年～）、原子力安全分野における上級規制者会合（2008年～）が開かれている。対テロ分野においては、2011年に審議官・局長級の日中韓3国間のテロ対策協議が韓国の済州島で開かれた②。

　非伝統的な安全保障分野における協力を進めることについて、関係諸国間で異論はないだろう。韓国の朴槿恵大統領は北東アジア協力平和イニシアチブを提唱しているが、それも非伝統的な分野での地域諸国間での協力の積み重ねと、それによ

---

① Jennifer Lind, "Making UpIsn't Hard to Do:How Japan and South Korea Can Move On," *Foreign Affairs*, March5, 2015. Available at http://www.foreignaffairs.com/articles/143228/jennifer-lind/making-upisnt-hard-to-do, accessed 12 April 2015.

② 日中韓三国協力事務局ホームページ（http://jp.tcs-asia.org/dnb/board/list.php?board_name=3_1_1_politics、2015年4月14日アクセス）。

って北東アジアの将来への共通のヴィジョンを発展させることを目指すものである^①。しかし、非伝統的安全保障での協力が、伝統的な分野すなわち軍事安全保障での関係の安定化や発展に直接的に寄与するというわけではない。

　第1に、非伝統的な安全保障という場合、如何なる具体的な政策領域に軍隊が関わるのか、またその関わり方は必ずしも自明ではない。非伝統的安全保障とは、おもに伝統的安全保障に含まれない非軍事的脅威に対して政治的、外交的、経済的、社会的な側面から対処することが中心的な課題とされる。そこにかかわる主体も、軍隊等の国家アクターだけではなく（あるいは国家アクターよりも）、非国家アクターを含む。その結果、非伝統的安全保障分野における軍隊の役割は、近年拡大傾向にあるとは言え、基本的には相対的なものである。

　確かに、2004年のスマトラ沖大地震を契機として、東南アジア諸国連合（ASEAN）地域フォーラム（ARF）においては災害救援の実動演習が2009年以降実施されるようになった^②。2010年から開かれている拡大ASEAN国防相会議（ADMMPlus）の枠組みでも、海洋安全保障、対テロ、人道支援・災害救援（HA/DR）、平和維持活動、軍事医学の5つの分野での国防当局間の協力の進展が目指され^③、2013年6月にブルネイでHA/DR及び軍事医学演習、同年9月にインドネシアで対テロ演習、同年10月に豪州で海上安全保障実動演習、2014年2月にはフィリピンで平和維持活動の机上演習がそれぞれ実施された^④。これらの事例は、非伝統的安全保障分野における国防当局や軍隊間の協力が実行されたという点で画期的なものであった。例えばADMMPlusにおけるHA/DR・軍事医学合同演習では、災害救援の医療支援に関する標準作業手順（SOP）が事前に作成され、演習におけるSOPの検証を通じて、関連する運用能力の向上が図られたのである^⑤。

　しかし、指摘すべき第2の点として、非伝統的安全保障における国際協力を担う軍隊内のアクターと対外的な軍事安全保障を担うアクターは基本的に異なる

---

① Ministry of Foreign Affairs［ROK］，Northeast Asia Peaceand Cooperation Initiative: Moving beyond the Asian Paradox to wards Peace and Cooperationin Northeast Asia（MOFA, 2014），p.9.

② "Background，" ARFDiREx2015.Availableathttp://arfdirex2015.my/index.php/about/background，accessed 16 April 2015.

③ "ASEAN Defence Ministers' Meeting-Plus（ADMM-Plus）: Establishmentan Establishingan Experts' Working Group–Concept Paper–," as of 28 April 2011.

④ "Past Meetings and Events（2006-2014），"asof 24 December 2014. Available at https://admm.asean.org/index.php/events/past-meetings-and-events.html，accessed 16 April 2015.

⑤ 防衛省編『平成26年版日本の防衛（防衛白書）』（東京: 日経印刷、2014年）270頁。

ということである。従って、非伝統的安全保障分野での「協力の習慣」(habit of cooperation)の積み重ねが、伝統的な安全保障分野での当該関係の緩和や発展に直接的につながるというわけではない。事実、非伝統的安全保障分野での国防当局や軍隊間の地域協力が進み始める一方で、東シナ海や南シナ海では中国と地域諸国との間で、領土や権益をめぐる伝統的安全保障面での対立が深まった。

3. 伝統的安全保障分野におけるリスク・マネージメント

非伝統的安全保障分野における協力の伝統的安全保障への積極的な波及効果が直接的でないとするならば、軍事安全保障面での並行的な取り組みも不可欠となる。すでに指摘したように、伝統的安全保障分野で日中韓3国の脅威認識や安全を実現する方法論は異なり、それらを3者間で一致させることは難しい。したがって、この分野における当面の政策目標は政策の一致を求めることではない。むしろ、不一致や潜在的な対立を認識しつつ、それが軍隊行動において顕在化することを防止し管理することに政策目標は置かれるべきであろう。換言すれば、信頼醸成措置(CBM)や危機管理ということである。

CBM は、そもそも敵対国間の相互不信を前提として、意図しない紛争を回避するために具体的な措置を講じることであり、軍事演習の事前通告、一定の軍事行動の規制やホットライン開設等が CBM の取り組みとして理解される。もちろん、長期的には本稿でいう伝統的安全保障分野での協力の習慣を構築し、国家間の信頼を醸成することが目標とされるが、当面は軍隊行動(operation of military forces)に関する情報交換やルールの共有によって、不必要な衝突を防止することが主眼となる[1]。つまり CBM とは、少なくともその初期的段階において、政策(policy)の変更を相手国に求めるのではなく、行動(operation)の予測可能性を相互に高めることであり、抽象的に言うならば、security ではなく safety を追求する行為のことである。

軍事行動の安全(safety)を追求する動きがこの地域にないわけではない。2014年4月に中国・青島で開催された西太平洋海軍シンポジウム(WPNS)第14回年次会合では、「洋上で不慮の遭遇をした場合の行動基準」(CUES)が採択された[2]。

---

[1]　Volker Rittberger, Manfred Efinger and Martin Mendler, "Towardan East-West Security Regime: The Case ofConfidence-and Security-Building Measures," *Journal of Peace Research*, Vol.27 No.1 (February1990), p.58.

[2]　"Naval Symposium Endorses CUES to Reduce Uncertainty," Xinhua, 22 April 2014; "Navy Leaders Agree-to CUES at 14th WPNS," NNS140423-02, 23 April 2014.

CUES は言わば紳士協定であり、それに拘束されるか否かは基本的には参加国の自発的な意思に拠る①。また、CUES はこれまで蓄積されてきた安全行動に関する国際規則や慣習を確認するものであり、必ずしも目新しい合意が形成されたというわけではない。しかし、その採択によって、少なくとも WPNS への参加国の間で、安全行動に関する最低限の共通認識が構築された意義は決して小さくはない。事実、2014 年 11 月には米中国防当局間で、海空域における安全行動のルールに関する覚書（MOU）が交わされたが、この MOU が依拠したのは CUES を含む既存の国際規則や国際合意である②。当面は CUES という統一的な基準に基づいて、二国間ベースでも安全行動のルールの共有が進められることが望ましい。加えて、CUES は意味をなすためには、演習等によって部隊運用面で CUES の確認と定着を図ることも必要だろう③。

但し、2014 年 4 月の WPNS 第 14 回年次会合で採択された CUES は、基本的には「洋上で不慮の遭遇をした場合」の行動基準であり、空域の安全行動はその射程に含まれていない。日本の小野寺五典・防衛相（当時）が指摘していたように「CUES のような海と海との関係で結べたようなものを空の中でも結ぶことも一つの考え方」であり④、空域というドメインにおいても、国際規則や慣習に依拠したルールの共有を地域諸国で図ることが不可欠だろう。

いま一つに、CUES の適用範囲には海軍以外の海洋アクターは含まれていない⑤。

---

① Mark E.Redden and PhillipC.Saunders, *Managing Sino-U.S. Airand Naval Interactions: Cold War Lessonsand New Avenue of Approach*, China Strategic Perspectives 5（Washington, D.C.:NDUPress，2012），p.9.

② "Memorandum of Understanding between the Department of Defense of United States of America and the Ministry of National Defense of the People's Republic of China Regarding the Rules of Behavior for Safety of Air and Maritime Encounters,"（signedat Washington and Beijing，on November 10 and November 11，2014）.

③ 防衛省「第 19 回東京ディフェンス・フォーラム本会合（結果概要）」2015 年 3 月 10 日。

④ 「大臣会見概要」2014 年 5 月 27 日（防衛省ホームページ、http://www.mod.go.jp/j/press/kisha/2014/05/27.pdf、2015 年 4 月 17 日アクセス）。

⑤ 防衛省「第 19 回東京ディフェンス・フォーラム本会合（結果概要）」2015 年 3 月 10 日。CUES は 2012 年や 2013 年の WPNS 年次会合でも採択が目指されたが、中国の反対により採択できなかったとされる。中国が CUES の採択に反対した理由の一つは、Code という言葉が使用されており拘束力の強いイメージがあったこと、また CUES の適用範囲に海軍以外の政府公船等が含まれることがあったとされる。つまり、領土紛争での中国の政策手段を限定する可能性を中国は危惧していたと言ってよい。Jonathan Greenert,"Asia-Pacific Rebalance: Strengthening Regional MaritimeSecurity,"（Centerfora New American Security,21 May 2013），p.7; Jonathan Greenert,"IMDEXR emarks,"（International Maritime Defence Exhibition and Conference, Singapore,15 May 2013），p.3.

しかし、東シナ海や南シナ海等の現状をみれば、権利主張の中心的アクターは海上法執行機関であり、事故の発生可能性が高いのは海軍でない。したがって、海上法執行機関の安全行動のルールを地域諸国間で如何に共有していくのかが検討課題として残されている。つまり、CUES の適用範囲を海上法執行機関に拡大していくのか、あるいは、北太平洋海上保安フォーラム等の海上保安機関間の既存の多国間枠組みにおいて安全行動のルール共有を図っていくのか等について議論すべきであろう①。

　最後に指摘すべきは、ルールは各二国間関係や地域枠組み、あるいはアクターの区別において、個別的であってはならないということである。海域や空域は基本的にはオープンなドメインであり、多くの国の航空機や船舶が往来する空間である。従って、既存の国際的な合意や慣習に依拠した安全行動の統一的なルールの適用が不可欠である。

---

① "Maritime Confidence Building Measures in the South China Sea Conference," *Australian Strategic Policy Institute (ASPI) Special Report*, September 2013, p.36.

전통안보분야와 비전통안보분야[①]

——한중일 안보협력에 대하여

增田雅子 [*]

1. 일중한 안보관계 구조

안보분야의 일중한 협력에는 많은 어려움들이 따른다. 만약 국가안보를 "국가간의 가치 분배 현황에 대한 위협 감소"로 이해한다면[②] 안보 위협 혹은 도전에 대한 일중한의 인식과 안보 실현 방법은 각이하다.

2013년 12일에 공개한 국가안보보장전략은 안보분야에서의 일본의 과제를 제기하였는데[③] 하기 6개 세계적 안보 과제가 그 것이다. (1) 세력 균형의 변화, (2) 대량 파괴적 무기 확산, (3) 국제 터러주의, (4) 국제공공제품 (global commons), (5) 인류 안보 관련 과제, (6) 세계 경제위기. 또한 3가지 아태지역 안보 과제를 제기하였는데 (1) 세력 균형 변화가 가져 온 전략 환경의 불확정성, (2) 북한의 군사위협, (3) 중국의 부상과 각종 정책분야에로의 적극 진입이 그 것이다. 상술한 내용에서 알 수 있는 바, 이 전략은 중국의 부상이 전통안보에 위험을 가져다 주었음을 강렬하게 인식하고 있다.

다른 한편 미일정책 동향에 대한 중국의 경계감이 높아졌다. 중국 정부가 2013년 4월에 공개한 "중국무장역량의 다양화 운용"이란 백서에는 "중국은

---

① 본 문은 필자의 개인적 견해로서 방위성 방위연구소 및 일본 정부의 입장이 아님.

* 일본 방위성 방위연구소 지역연구부 동북아연구실 연구원.

② 이시다 준: "인보보장의 정치기초"(「安全保障の政治的基盤」), 엔도 세이지·엔도 켄의 "안보보장이란"에수록(『安全保障とは何か』), 도꾜: 이와나미출판사, 2014년, 67페지.

③ 《국가안보보장전략》(平成 25년 12월 17일, 국가안보보장회의·내각결의), 내각관방 홈페이지(http://www.cas.go.jp/jp/siryou/131217anzenhoshou/nss-j.pdf，2015년 4월 15일)

다양하고 복잡한 안보 위협과 도전에 직면하고 있다. 생존 안보문제와 발전 안보문제, 전통안보 위협과 비전통안보 위협이 상호 교차되어 국가 통일, 영토 완정과 발전 이익을 수호할 임무가 더욱 무거워졌다"①. 이 기초위에 백서는 4가지 전통 위협을 제기하였다. (1) (미국) '아태군사동맹 심화' '군사존재 확대', (2) (일본, 베트남 및 필리핀 등) '중국 영토 주권과 해양권익과 관련되어 문제를 복잡화, 확대화하는 행위를 취함', (3) 테러리즘, 분렬주의 극단주의 '세가지 세력'의 위협, (4) '대만 독립' 분열세력 및 그 분열활동이라는 전통적 위협이 지적되었다. 비전통위협에 있어서는 "자연재해나 사고, 공공위생사건의 빈번한 발생" 및 "중국의 해외 이익 안보 위험이 커져가는" 등을 열거하였다.

일중 양국 위협 인식 사이에 처한 나라는 한국일 것이다. 2001년 1월, 한국 외교부는 국방부 및 통일부와 함께 초안한 연도 외교부 사업계획을 박근혜 대통령에게 올렸다.② 이 보고서는 2014년 한국 외교의 성과는 "역사상 가장 좋은 한미 · 한중관계를 구축한 것"이라 지적하고 이 기초에서 가장 좋은 관계를 "통일 환경 형성에 기여"한다는 2015년 외교 목표를 제기하였다. 한국이 한미관계와 한중관계를 병존시킬려는 것은 쉬운 일이 아니다. 중국은 일부 국가들의 "아태 군사동맹 심화" 및 "군사 존재 확대"를 비판하였는 데 이에는 한미동맹과 주한미군이 포함되었다. 중국 정부는 한미동맹을 "역사 잔여물"이라고 비평하였고 중국 지도자들은 한반도의 목표는 (주한미군의 주둔을 전제로 하지 않는)"자주 평화 통일"을 실현하여야 한다고 말하였다.③ 이런 중국측의 론리와 한국이 실시하는 "한미 포괄적 전략동맹화" 사이에는 잠재적 갈등이 존재한다. "포괄적 전략 동맹"은 한미동맹의 범위를 한반도 이외까지 확대할 뿐만 아니라 한미협력을 군사이외의 분야에로 확대하여야 한다. 박근혜정부는 한국이 미일과 함께 중국에 대항할수 있는 중국의 우려를 완화시키려 하고 있다. 이런 거동은 한일관계 및 한미일

---

① '중국무장역량의 다양화 운용', '해방군보'에 실림, 2013년 4월 17일.

② 「통일 시대를 여는 글로벌 신뢰외교: 2015년 외교부 연두업무보고 (통일준비 부문 합동 업무 보고)」 참조: 한국 외교통상부 보도 자료 15-24번, 2015년 1월 19일

③ '시진핑이 한국 대통령당선자 특사를 회견', '인민일보'에 실림, 2013년 1월 24일. '시 진핑과 한국 박근혜대통령 회담'. '인민일보' 2014년 7월 4일. '시진핑이 한국국립서울대 에서의 중요 강연', '인민일보' 2014년 7월 5일. 이외 필자는 방위연구소 지역연구부 주임 연구원 와타나베 타케시와의 대화에서 계발을 받음.

안보 협력을 추진하는 동력을 약화시켰다 .[①]

일본은 중국의 궐기를 안보 위험으로 보는 경향이 아주 많아 정책적으로 미일동맹을 강화하게 된다 . 다른 한편으로 중국은 전통 안보에 대한 최대의 위협은 미국이 본 지역에서의 "군사동맹 심화"와 이에 따른 "군사 존재 확대"라고ㅇ 제기하였다 . 한국과 중국사이에도 잠재적 대립 요소들이 존재한다 . 허나 한국은 대립을 돌출히 하지 않고 대국관계인 미국 , 중국과 일본의 관계를 조화하려 노력하고 있다 . 중국의 궐기에 대한 평가가 각이함에 따라 동맹관계를 중심으로 하는 미국은 안보문제를 추진하는 요소거나 저애하는 요소로 될 수 있는 데 일중한의 입장은 서로 각이하다 . 전통 안보분야에서의 3 국 협력은 필연적으로 제약성이 있거나 선택성이 있게 된다 .

2. 국방당국과 군대사이의 비전통안보분야 협력

일중한 3 국은 안보문제에서 여전히 공통 이익이 있다 . 예를 들어 에네지 , 기후 변화 , 자연 재해 , 반테러 등 비전통안보문제는 3 국이 공통으로 직면한 위협이며 협력 가능한 분야이다 . 사실 , 자연재해 관련 분야에서 일중한은 각종 회담을 소집하였다 . 재해 방지 장관급 회의 (2008 년 ~), 지진으로 인한 손실을 감소할 데 관한 장관급 회의 (2004 년 ~), 핵안보 감독관리 고위층회의 (2008 년 ~) 등이다 . 반테러분야에서 2011 년 장관급 일중한 3 국 반테러 협력회의가 한국 제주도에서 소집되었다 .[②]

비전통안보분야에서의 협력을 추진할 데 관해 관련 국가들은 반대 의견이 없을 것이다 . 박근혜 대통령은 동북아평화협력을 제창하였는 데 그 목적은 지역내 각 국의 비전통분야 협력을 강화하여 동북아 공통의 미래를 위해 노력하는 것이다 .[③] 허나 비전통안보분야에서의 협력은 전통분야 즉 군사안보분야에서의 관계 안정화와 발전을 직접적으로 추진시킬 수 없다 .

우선 비전통안보문제에서 군대는 어떠한 구체적 분야와 연관되어 있고 , 어떠한 연관이 있는 가하는 문제가 아직 명확하지 못하다 .

---

① Jennifer Lind, "Making Up Isn't Hard to Do: How Japan and South Korea Can Move On," *Foreign Affairs*, March 5, 2015. Available at http://www.foreignaffairs.com/articles/143228/jennifer-lind/making-up-isnt-hard-to-do, accessed 12 April 2015.

② 한중일 3 국 협력사무국 홈페이지 (http://jp.tcs-asia.org/dnb/board/list.php?board_name=3_1_1_politics、2015 년 4 월 14 일)。

③ Ministry of Foreign Affairs [ROK], Northeast Asia Peace and Cooperation Initiative: Moving beyond the Asian Paradox towards Peace and Cooperation in Northeast Asia (MOFA, 2014), p.9.

비전통안보중의 새로운 과제는 주요하게 정치, 외교, 사회 등 전통안보범위에 속하지 않는 비군사위협을 처리하는 것을 말한다. 이에 관련된 주체는 군대 등 국가요소가 아니라 비국가요소이다. 비전통안보분야에서의 군대의 역할은 비록 최근 몇년 확대의 흐름을 보이고 있지만 기본적으로 상대적이다.

2004년 수마트라 대지진을 계기로 아세안지역포럼(ARF)은 2009년부터 대규모 재난구조연습을 진행해왔다.[①] 2010년부터 시작된 ADMM Plus는 해양안보, 테러, 인도 구제와 재난 구조(HA/DR), 평화유지활동, 군사 의학 등 5개 분야에서 국방부간의 협력을 추진해왔다.[②] 2013년 6월 브루나이에서 가진 인도 구조와 재난 구조 및 군사 의학 연습, 2013년 9월 인도네시아에서 가진 반테러연습, 2013년 10월 호주에서 가진 해상안보실전연습, 2014년 2월 필리핀에서 가진 평화유지데스크연습 등이 있다.[③] 각 국 국방부와 군대는 비전통안보분야에서 협력을 시작했다는 점에서 이런 활동들은 아주 큰 시대적 의미를 가진다. 예를 들어 ADMM Plus가 소집한 인도 구조와 재난 구조 및 군사연습중 의료구조방면의 SOP를 사전 제정하여 연습을 통해 이런 기준 조작절차의 관련 운용 능력을 향상시킬려 했다.[④]

군대중 비전통안보 국제 협력을 책임지는 주체와 대외 군사안보를 책임지는 주체는 근본적으로 다르다. 때문에 비전통안보분야에서의 "협력 습관(habit of cooperation)"은 각 국이 전통안보분야에서의 협력 관계를 직접적으로 완화시키거나 발전시킬 수 없다. 사실 국방부와 군대는 비전통안보분야 지역 협력에서 진전을 가져왔지만 동해 및 남해에서의 영토 및 권익에 대한 중국과 지역내 국가들의 전통안보분야 대립은 더 한층 심화되었다.

3. 전통안보분야에서의 리스크 관리

비전통안보분야의 협력이 전통안보분야에 직접적으로 적극적 영향을 줄 수 없다면 군사안보면에서 병존을 실현하려는 노력은 필수적이다. 상술한 내용과

① "Background," ARF DiREx 2015. Available at http://arfdirex2015.my/index.php/about/background, accessed 16 April 2015.
② "ASEAN Defence Ministers' Meeting-Plus (ADMM-Plus): Establishment an Establishing an Experts' Working Group – Concept Paper –," as of 28 April 2011.
③ "Past Meetings and Events (2006-2014)," as of 24 December 2014. Available at https://admm.asean.org/index.php/events/past-meetings-and-events.html, accessed 16 April 2015.
④ 방위성 편 : '平成 26년판 일본방위(방위백서)' 도쿄, 닛케이 인쇄, 2014년 270페지

같이 일중한 3국은 전통안보위협의 인식과 안보 실현 방법론에 대하여 서로 다른 견해가 있어 3자간에는 일치를 달성하기 힘들다 . 때문에 현재 정책은 이 분야의 정책 일치를 도모하는 것이 아니라 이런 불일치와 잠재적 대립을 인정하는 동시에 이 표현을 군사적 행위에 옮기지 않도록 방지하고 통제하는 데 목적을 두어야 한다 . 즉 신뢰 구축 조치 (CBM) 및 위기 관리이다 .

일반적으로 신뢰구축조치는 적대국간의 상호 불신을 전제로 하고 뜻밖의 분쟁을 방지하기 위한 조치로서 군사 연습의 사전 통지 , 일정한 군사 행위 제약 및 직통전화 등이 있다 . 장기적 목표는 물론 전통안보분야에서의 협력 습관과 국가간의 상호 신뢰 관계이다 . 허나 현재의 입각점은 군사 행위면의 정보 교환 규칙 공유를 통해 불필요한 충돌을 방지하는 것이다 .[1] 다시 말하자면 적어도 초기 단계에서 신뢰 구축 조치는 상대방의 정책 (policy) 개변을 요구하지 말고 상호 행위 (operation) 예측 가능성을 제고하여 safety 행위가 아니라 추상적 security 를 추구하여야 한다 .

이는 본 지역에서 군사행동안보 (safety) 행위를 추구하지 않는 것이 아니다 . 2014년 4월 , 제14회 서태평양해군포럼 (WPNS) 연회가 중국 칭다오에서 소집되었으며 회의는 "해상 의외 조우 규칙" (CUES) 을 통과하였다 .[2] 즉 소위 말하는 신사협정인 데 이 규칙의 제약을 받는 가는 근본적으로 참여국의 자주적 의향에 의해 결정된다 . 이 규칙은 안보면에서의 지금까지의 국가 규칙과 습관에 대한 확인이지 새로운 의견 일치가 아니다 . 허나 이런 규칙의 통과는 적어도 서태평양해군포럼에 참여한 국가간에 최저한도의 안보행위 공통 인식이 형성되었음을 의미한다 . 이는 아주 큰 의의가 있다 . 사실 2014년 11월 중미는 해공분야 안보행위규칙에 관한 MOU 를 체결하였는 데 이 양해각서는 "해상 의외 조우 규칙" 을 포함한 기존의 국제 규칙 및 국제 협의에 의존하였다 .[3] 현재로써의 희망이라면 양국이 "해상 의외 조우 규칙" 이라는 통일 기준에 따라 안보 규칙 공유를 추진하는 것이다 . "해상

---

① Volker Rittberger, Manfred Efinger and Martin Mendler, "Toward an East-West Security Regime: The Case of Confidence- and Security-Building Measures," *Journal of Peace Research*, Vol. 27 No. 1 (February 1990), p. 58.

② "Naval Symposium Endorses CUES to Reduce Uncertainty," *Xinhua*, 22 April 2014; "Navy Leaders Agree to CUES at 14th WPNS," NNS140423-02, 23 April 2014.

③ "Memorandum of Understanding between the Department of Defense of United States of America and the Ministry of National Defense of the People's Republic of China Regarding the Rules of Behavior for Safety of Air and Maritime Encounters," (signed at Washington and Beijing, on November 10 and November 11, 2014).

의외 조우 규칙"에 의미를 부여할려면 연습 등 방식을 통해 해당 규칙이 부대 운용면에서의 확인과 고착화를 도모하여야 한다 .①

허나 "해상 의외 조우 규칙"은 기본적으로 "해상에서 의외 상황에 조우했을 시"의 행위 기준으로서 공중에서의 안보 행위가 포함되지 않았다 . 일본 방위상 오노데라 이쓰노리가 제기한 것처럼 "'해상 의외 조우 규칙'은 해양과 해양의 관계를 맺어주었다 . 유사한 공중 대 공중의 규칙을 고민해 보는 것도 한가지 방법이다".② 항공분야에서도 반드시 지역 각국의 국제 규칙 및 습관에 의거한 규칙 공유를 도모하여야 한다 .

다른 한 가지라면 "해상 의외 조우 규칙"의 적용 범위에는 해군이외의 해양 활동 주체를 포함하지 않았다 .③ 허나 동해 및 남해의 현황을 볼 때 , 중심 권력 주장 주체는 해상 집법 기구이지 사고 발생 가능성이 아주 높은 것은 해군이 아니다 . 이로하여 우리 앞에 또 하나의 토론 과제가 남겨졌다 . 바로 지역내 각 국사이의 해상 집법 기구 안보 행위 규칙을 어떻게 공유할 것인가이다 . 다시 말하자면 우리는 "해상 의외 조우 규칙"의 적용 범위를 해상 집법 기구까지 확대할지 , 혹은 북태평양지역 해안 경비 집법 기구 포럼 등 기존의 국제 구조를 통해 안보 행위 규칙 공유 등 문제를 도모할지 하는 것이다 .④

마지막으로 지적할 것은 규칙은 한 개 국가의 규칙이 아니라 양국관계나 지역 구조 혹은 서로 다른 주체사이에 존재한다 . 해공은 근본적으로 개방된 분야로써 많은 나라 비행기와 선박이 왕래하는 공간이기에 기존 국제 협정 및 습관에 기초한 통일 안보 행위 규칙은 필수적이다 .

(金文学 중역본 번역)

---

① 방위성 : '제 19 회 도쿄방위포럼 주회장 (결과 개요)', 2015 년 3 월 10 일 .

② '대신 회견 개요', 2014 년 5 월 27 일 (방위성 홈페이지 , http://www.mod.go.jp/j/press/kisha/2014/05/27.pdf, 2015 년 4 월 17 일)

③ 방위성 : '제 19 회 도쿄 방위포럼 주회장 (결과 개요)', 2015 년 3 월 10 일 . 2012 년과 2013 년 서태평양해군포럼 연회에서 '해상 의외 조우 규칙'을 통과하려 했으나 중국의 반대로 통과하지 못했다 . 중국이 '해상 의외 조우 규칙'을 반대한 이유중의 하나가 바로 'code'란 단어가 사람들에게 강력한 제약력을 주며 이 규칙의 적용범위가 해군이외의 정부 선박도 포함되기때문이다 . Jonathan Greenert, "Asia-Pacific Rebalance: Strengthening Regional Maritime Security," (Center for a New American Security, 21 May 2013), p. 7; Jonathan Greenert, "IMDEX Remarks," (International Maritime Defence Exhibition and Conference, Singapore, 15 May 2013), p. 3.

④ "Maritime Confidence Building Measures in the South China Sea Conference," *Australian Strategic Policy Institute (ASPI) Special Report*, September 2013, p.36.

构建朝鲜半岛多边安全机制以解决
朝鲜半岛安全困境

[韩] 郑载兴 *

1. 绪论

最近中国的崛起加速了美国实施"重返亚洲"政策，也逐渐深化了中美彼此的竞争和对立。① 目前在局部地区，中美间的权力转移已经发生，以后将有逐步深化的趋势。② 由于这种权力转移的发生，现在面对中美间的竞争和对立局面，韩国将逐渐陷入安全困境，即韩国依旧与美国保持军事同盟关系、与中国保持经济往来关系、与朝鲜保持敌对关系，朝鲜与中国形成了特殊的党（中国共产党）对党（朝鲜劳动党）关系。③ 现在朝鲜半岛安全领域最核心的问题就是朝鲜核问题。众所周知，2013 年 2 月，

---

* 郑载兴：韩国庆南大学极东问题研究所地域研究部东北亚研究室研究员。

① 现在中国的领导层和战略家们认为美国的重返亚洲（pivottoasia）战略是以粉碎中国为核心的，因此中国一直致力于阻止美国对亚洲的介入。而奥巴马政府十分依赖固有的同盟网络，重视与友邦国家的关系（linkage）。因此，现在中美两国在地区层面上存在着战略推进和反推进的竞争。有关奥巴马重返亚洲战略的综合分析和报告详见 Mark E.Manyin, Stephen Dagget, Ben Dolven, Susan V.Lawrence, Michael F.Martin, Ronald O.Rourke, BruceVaughn," Pivot to the Pacific？ The Obama Administration's Rebalancing To ward Asia," CRS Report for Congress,（March 28,2012）。

② 对中美权力转移（power transition）理论的主要研究有 Jack S.Levy,"Power Transition Theory and the Rise of China," in Robert S.Rossand ZhuFeng, eds., *China's Ascent:Power, Security, and the Future of International Politics*（Ithaca:Cornell University Press,2008）,pp.11-33 and Steve Chan, *China, the U.S. and the Power-Transition Theory:A Critique*（London:Routledge, 2008）。

③ 1992 年中韩建交的第一年，中韩的贸易量只有 50 亿美元，但截至 2014 年中韩贸易规模增长 60 倍，达到 2905 亿美元，比美韩（1156 亿美元）和美日（859.52 亿美元）贸易量的总和还要多。中国是韩国最大的贸易国，韩国是中国第三大贸易国。

朝鲜不顾国际社会的强烈反对，强行进行第三次核试验。[①] 对此联合国安理会向朝鲜下达了第 2094 号朝鲜核问题制裁决议，但朝鲜紧接着实施了导弹发射演练、关闭开城工业园，这接连的动作造成了朝鲜半岛局势紧张。[②] 朝鲜已经解决了核弹头的小型化、轻量化、大众化等技术性的难题，实际上已经拥有核武器，[③] 也就是说虽然朝鲜并不是国际法认可的拥有核武器国家（nuclear weapon state），但事实上是拥有核武装能力的国家。朝鲜阶段性地高调开发核武器的目的在于最终在与包括韩国在内的各方协商中争取有利地位、谋求朝美关系正常化、构建和平体制等。朝鲜已经提及了第四次核试验的可能性，并不断地致力于向韩国和美国提出本国的谈判要求。因此，如果朝韩关系、中美关系形成严峻的对立和竞争的话，朝鲜半岛必将处于一种非常危险的安全困境中。[④]

朝鲜核问题的未来发展将是决定朝鲜半岛安全秩序方向的核心变数。特别是为了实现朝鲜半岛的和平稳定、朝韩关系的改善和朝鲜半岛的和平进程，韩国与中国的合作将至关重要。但是目前，韩中间存在着一系列难以解决的问题，如在六方会谈和解决朝核问题上立场的不同、看待韩美同盟认识上的差异等。不仅如此，朝鲜半岛在地缘政治学上处于非常敏感的位置，时至今日，冷战因素仍未消失。归根结底，为了解决这种尖锐的安全问题，如何将朝鲜半岛不稳定的冷战状态转变为和平状态是至关重要的。因此，目前首先需要朝鲜半岛多边安全机制的制度化构建。其次，国内外在对待如何制度化推进朝韩关系的发展、如何达成和平统一等问题上必须达成共识。考虑到现在的中朝关系和中美关系，武力统一或吸收统一事实上是不可能实现的，因此稳步地、逐渐地通过对话和协商的方式实现和平统一是最合理，也是实现可能性最高的方案。因此，本文将围绕朝鲜半岛中美间权力转移的问题，推究朝鲜半岛安全困境的本质，并试图摸索出可行性强的新朝鲜半岛安全机制构建方向。特别是在目前相当复

---

① 据推测，朝鲜的第一次核试验当量为 1kt，第二次核试验为 2-6kt，而第三次核试验当量达到 5-12kt，5-12kt 就十分接近于 1945 年 8 月 6 日美国在广岛投下的 HEU 核弹头的威力（15kt）。

② 在对外方面，朝鲜阶段性地高调发展核武器就是为了最终在与韩国和美国的双边谈判中获得有利地位，最终促进朝美（朝日）建交和关系正常化，促进朝鲜半岛和平体制的构建。

③ 朝鲜实施第三次核试验之后，对外披露地下核试验成功实施，称已经实现核弹头的小型化、轻量化，完成核弹头设计，开始使用高浓缩铀，而非过去的钚。大多数安全专家认为，今后两三年以内，朝鲜就能实战部署核导弹。如果以后朝鲜继续进行核试验，将会针对钚的改良或铀的核试验进行，据发布，2015 年 5 月朝鲜核聚变试验成功，因此接下来小规模氢弹试验将可能开启。全城熏"第三次核试验以后朝鲜的核政策：分析与展望"『OnlineSeries』（2013）。

④ 2010 年中美关系处于严重的对立状况时，天安舰事件发生，一时间美国和中国各自拥护自己的同盟国——韩国和朝鲜。韩美同盟和中朝同盟间新冷战的对立格局形成。

杂的安全环境下，韩中在谋求真正意义上合作和发展的同时，如何找到实现朝鲜半岛和平和安全的方案也是本文的着眼点。最后在此基础上，寻求能解决朝鲜半岛安全困境，并改善划时代朝韩关系的方案，探讨构建朝鲜半岛多边安全机制的可能性和方向。

2. 多边安全机制的概念探讨

在构建朝鲜半岛多边安全机制方面，多边主义为我们提供了一个理论框架。就像在各种研究中提及的一样，多边主义（multilateralism）一般是不可分的，全面互惠的，有一套一般化的行为准则，它的这种属性适用于全世界或某地区范围内，多边主义就是使这种属性制度化的过程。[①] 多边主义通过调整国家间关系，构建组织化甚至制度化的多边形态，一般分为名义上的多边主义和实质上的多边主义。对此，基欧汉（Robert O.Kohane）将名义上的多边主义解释为：三个以上的国家以集团的形式调整国家政策的方式。[②] 同时，鲁吉（John Ruggie）和卡波拉索（James Caporaso）从实际意义上对多边主义进行了定义。实际意义上的多边主义是指三个以上的国家制定某种原则、规范或国际性的标准，并据此相互调节国家政策。[③] 也就是说，基欧汉更加强调多边主义合作的形态，而鲁吉和卡波拉索更强调构成多边主义国家必须遵守的原则、规范和这种原则的制度化过程。[④] 因此，在多边主义的基础上，积极地结合冷战结束后国际政局和安全概念，便形成了"多边安全合作（Multilateral Security Cooperation）"的概念，这一概念旨在就区域内国家间政治、经济、外交、军事等各方面的问题进行协商，事前消除国际纷争因素，同时谋求纷争预防及和平解决的方案。特别是在一些多边安全对话和合作不明确、潜在不稳定性强的地区，多边安全合作机制作为一种预防外交（Preventive Diplomacy）能通过非军事手段消除纷争产生的

---

① John G.Ruggie, "Multilateralism: The Autonomy of an Institution," *International Organizations*, vol.46（Summer1992）, pp.573-574.

② J Robert O.Keohane, "Multilateralism:An Agendaf or Research," *International Journal*, Vol.45（Autumn, 1990）, pp.730-731.

③ 郑振伟《东北亚秩序和朝鲜半岛》（首尔：法文社, 2000）, pp.53-54；James A.Caporaso," International Relations Theory and Multilateralism: The Search for Foundations," John Ruggie（eds.）, Multilateralism Matters（New York:Columbia University Press, 1993）, pp.50-53。

④ 依据实质上的多边主义，当各国共同承认全面互惠性（diffuse reciprocity）的效果时，合作的可能性就会大大增加。依据这种观点，多边合作是以全面互惠性的效果为基础的，因此才能全面解决多种议题。金荣浩：《双边主义和多边主义：东亚现状和展望》,《环东海圈合作和国际政治经济研讨会报告》, 首尔：外交安全研究院 1998 年, 第 11-14 页。

可能和不稳定因素。[①] 各国代表能够齐聚一堂通过多边安全对话体制互相交换信息、了解对方的防御意图，就能增加国家活动的透明性，在事前抑制纷争爆发的可能。也就是说，安全合作作为一种预防外交，重点不在于纷争发生后的处理措施，而着眼于成员国之间通过构建政治、外交、军事上的相互信任，在纷争产生之前进行预防，即以安全合作概念为基础的多边安全合作就是指拥有同等权利的成员国之间为了相互的利益共同制定规范和制度的过程。

冷战结束后，由于存在各种传统的、综合性的安全威胁，以构建区域稳定和平体制为目标通过多边安全合作建立区域性机构的必要性就越发显著。特别是在朝鲜半岛地区，朝韩间尖锐的军事对立、朝鲜大规模杀伤性武器的存在、意识形态的对立、军事纷争、领土纷争等各种不稳定因素一直存在。应对这样的多重安全威胁最有效的方案就是通过构建类似于朝鲜半岛多边安全机制的多边安全合作机构，来谋求地区的稳定。特别是在急剧变幻的朝鲜半岛安全环境中，朝鲜、韩国、美国、中国、日本、俄罗斯等国家不再依靠单边的、力量的优劣关系，而是通过平等的、均衡的多边安全对话协议，共同解决区域内各种安全问题。冷战结束后，为防止国家利益相互交织、矛盾尖锐的区域内矛盾的进一步深化，将会越来越多地依靠多边安全合作机制来发挥作用。

3. 朝鲜半岛安全困境解析

现在，中国一方面着重和韩国构建经济通商关系，同时和朝鲜维持传统的社会主义纽带关系。即使朝鲜继续进行核试验，国际社会对中国施加压力，要求中国制裁朝鲜，中国也一直不明确表态。从中国的立场来看，朝鲜作为社会主义体制国家，在战略上处于缓冲地带，一直发挥着重要作用。虽然与过去相比这种战略缓冲作用大大降低，并且朝鲜的未来并不明确，其自身的影响力也十分有限，但朝鲜对于中国来说依然有重要的战略价值。[②] 最终如果连中国都放弃朝鲜，那么朝鲜将永远被国际社会孤立，朝核问题将不会得到解决，朝鲜将陷入失去自我控制的状态。这将极大地破坏朝

---

① 罗启山：《安全环境的变化和相互安全论》，《军事研究报告 95-2》，城南：韩国军事问题研究院 1995 年，第 14-15 页；韩东万：《冷战结束后安全环境的变化和多边安全合作》，《外交通商部报告》，首尔：外交通商部 2002 年，第 109-110 页。

② 目前，中国握有朝鲜经济的命脉，因此，手中握有对朝鲜施压的王牌。朝鲜原油的 90%、生活必需品的 80% 都是由中国供给。目前，朝鲜的对外贸易中 80% 也是与中国的贸易。由于美国对朝鲜实行经济金融制裁，中国的作用则更加突出。朝鲜大部分的海外账户都集中在香港、澳门和中国大陆。因此如果没有中国的协助，就无法对朝鲜进行直接的经济打击。

鲜半岛整体的和平和稳定。另外，对于韩美同盟的强化而言，朝鲜是冷战时期的产物，也是实施对中国封锁战略的一环。因此，中国绝对没有理由领头制裁朝鲜或转换对朝政策的基础。①

这是目前在朝鲜问题上中韩最大的冲突，是一种认识上的冲突。从习近平领导集体的对韩政策可以看出，在日趋激化的美中权力竞争中，中国通过强化中韩战略合作伙伴关系，努力促使韩国脱离美国的对中国包围圈。特别是最近，在韩日、中日间产生领土主权纷争的情况下，中国与韩国积极合作，共同在外交上给日本施加压力。美国通过强化韩美日同盟体系，形成的对中国包围圈也因中韩的合作伙伴关系产生裂痕，这使中国越发认识到韩国重要的战略位置。② 特别是2013年朴槿惠总统开展对中国的访问，这次访问被称为心信之旅（真诚沟通和增进互信的旅程），两国通过领导人会谈进一步强化韩中战略合作伙伴关系，并为此提出了合作促进朝鲜半岛和东北亚和平稳定；强化政治、经济、社会、文化等各方面的合作；讨论地区和国际问题领域的合作方案。领导人会谈之后缔结《韩中面向未来联合声明及附属协议书》；通过协议书的签订，在政治安全领域全面增进沟通；在经济社会领域扩大合作；在人文领域增强纽带意识等，共提出三大重点领域的促进方案并提出了长期维持高层领导人间的交流渠道，以及增强经济通商合作等多项具体执行计划等。韩中两国领导人签订了朝鲜半岛未来展望共同声明，认为为半岛无核化和维持半岛和平稳定两国应作出共同的努力。③

近年来，中国促进了与朝韩两国的等距离外交，即在维持与朝鲜同盟关系的同时，全面发展与韩国的战略合作伙伴关系。但是，中美间权力转移的时代正式拉开帷幕，中国不得不对朝鲜的战略价值进行再评价。事实上，朝鲜持续进行核武器试验和导弹开发给中国带来了极大的压力，但在中美间权力转移不透明的时代，中国仍然视朝鲜为同盟国，认为朝鲜作为缓冲国家仍具有战略上的价值。因此，针对朝核等朝鲜问题，中国不得不向其他相关当事国强调冷静和慎重的应对措施。中国的这种立场也

① 2008年5月，李明博总统访问北京，中国外交部发言人秦刚通过非正式的评论，公然批评韩美同盟是旧时代的产物。尤其是当时李明博政府在访问之前将韩美军事同盟升级为21世纪价值同盟，并且强化了与日本的关系。中国对韩国的对外政策强烈不满，在战略合作的落实上，立场十分消极。文兴浩：《韩中战略合作关系和朝鲜半岛信任进程》，《中苏研究》第37集3号（2013），第2—3页。
② 在纪念中韩建交20周年的欢迎会上，已经被确定为下届中国最高领导人的习近平作为当时的副主席出席了欢迎会，第十八次党代会结束之后，习近平向韩国派遣访问团，向韩国通报新政府的对外政策方向，这说明了习近平领导集体对韩国的重视。李其贤：《中国共产党第十八次全国代表大会与新政府的登场：意义和展望》『OnlineSeries12-40』（2012）。
③ 郑载兴：《朴槿惠总统访中和韩中合作增进方案》，《朝鲜半岛焦点》24号（2013）。

最终被解释为拥护朝鲜，因此韩中战略合作伙伴关系也面临冷却期。[1] 尤其是随着时间的推移，在美中权力转移不稳定的时代背景下，为了牵制朝鲜的军事冒险主义，韩美同盟有必要增大军事和外交上的合作。但如果这种合作得不到中国的理解，便很容易触发中朝同盟的强化，最终导致韩美同盟和中朝同盟的相互对立，进而引发新一轮冷战。因此，要最终解决朝鲜问题，就要同时解开如何调节韩美同盟和韩中关系、改善朝美关系、朝韩关系等三次方程、四次方程，因此韩国面临着艰难的处境。事实上，中国对于朝鲜问题的不满在于，韩国政府没有尽全力改善朝韩关系，当敏感复杂的朝鲜问题发生时，韩国还会过度要求中国发挥作用。特别是李明博政府的对朝政策将朝韩关系推向了对立，对此中国非常不满和不信任。[2] 因此，韩国有必要理解中国固有对朝政策中的处事方式、程序和速度。如果韩国以与朝鲜的对立政策为借口，持续实施对朝强硬政策的话，在朝鲜问题上中国就不得不大大弱化其意愿和能力，最终韩中对朝政策的互助合作将变得名存实亡。[3]

如上所述，韩中、朝中、朝韩的三边关系是相互关联的，如果任何一个关系发生变化，其他两者也会立刻改变，并且这种关系无一例外都有非常复杂的历史、地缘政治方面的渊源，包含着许多现阶段无法解决的问题。因此，如果在这种三边关系内部形成良性循环的话，那么三边关系的出发点将最终落在增进朝韩关系的改善和交流上。近年来，韩中战略合作一直未能促成，其最重要的原因就在于朝韩关系长期不畅，持续断绝，在朝鲜社会主义体制持续存续的前提下，中国在对朝战略上优先考虑的还是朝鲜体制的稳定。如果韩国不能正确理解中国的对朝政策和战略，继续强化朝韩间军事上的紧张和对立，必将严重制约韩中战略合作的空间。因此，即使是为了强化韩中间的战略合作，韩国也必须摆脱对朝鲜的压迫和对立，积极地促进对话和协商

---

[1] 中国在对于朝鲜的核试验和各种军事挑衅中或多或少扮演着仲裁者的角色。对此，韩国国民表示了强烈的失望。这是因为虽然中韩成为战略合作伙伴关系，但中国不仅没有支持韩国，相反的，竟然作出了袒护朝鲜的行动。但是，从中国的立场来看，在权力转移的时代，不可否认，强化中朝同盟有利于维护中国的现实国家利益，朝鲜的稳定是中国的核心利益。请参考金兴圭：《21世纪变化中的中美关系和朝核问题》，《韩国和国际政治》第27集1号（2011）。

[2] 现在为了改善朝韩关系、解决朝鲜半岛问题，如果不以朝韩的合作为前提，中韩间很难形成深度的信任关系。对此，赵永南认为，要掌握主导权，谋求朝鲜问题的解决方案，将朝韩关系引入稳定局面，韩国就要：第一，获得中国战略上的信任；第二，中美间的对立和摩擦给韩国施加了很多压力，因此对于中美间的对立和摩擦要防患于未然；第三，强调中国对韩国的东北亚多边政策带来的积极影响。赵永南：《中国梦：习近平的领导力和中国的未来》，首尔：美音社2013年版，第360—361页。

[3] 对于中国的对朝政策、中国的意愿和能力的问题具体论文参考，金妍哲等：《朝鲜，该去向何方》，首尔：planetmedia2009年版。

等新的对朝政策方式。

表 1　韩中间重要的安全困境问题

主要事项	韩国的认识	中国的认识
朝鲜半岛统一问题	——需要认识韩中间具体问题的差异 ——应对朝鲜剧变事态做好准备和沟通 ——事先讨论统一后友好关系的维持问题	——支持自主的和平统一 ——相较于统一更希望平衡稳定 ——强调朝鲜政权的稳定
脱北者问题	——认为是普遍的人权问题 ——为了防止脱北者被强制送还，请求中国的协助 ——共同参与到以联合国为首的西方国际舆论中	——认为是中国的主权、领土、少数民族问题 ——认为是中朝间的问题，韩国不能介入 ——应依据国内法、国际法和人道主义原则处理
驻韩美军问题	——认为是韩美间安全协定事项 ——强调驻韩美军对朝鲜半岛稳定的贡献 ——强调朝鲜半岛统一后驻韩美军的性质是地区安保	——反对一国在他国驻军 ——承认驻韩美军的历史背景 ——关注驻韩美军对中国的作用
朝核问题	——遵守朝韩基本协议书和朝鲜无核化 ——强调朝鲜的先核措施 ——如果不解决朝核问题，对朝关系无法恢复正常化	——主张朝鲜半岛绝对的无核化 ——支持和平解决，反对对朝制裁 ——希望朝鲜政权无核武器
防空识别区问题	——不承认中国在和韩国防空识别区域重叠的苏岩礁区域有管辖权 ——东海偶发性冲突事件发生可能性增大，区域内安保情况恶化	——对于作为中日领土纷争地区的东海钓鱼台列岛等地实施军事压迫措施，强调武力化 ——强势应对美日对中国牵制政策 ——确保西太平洋海上出口，强化对东海的支配
部署THAAD问题	——对朝核尖端化和非对称武器开发的应对 ——THAAD是防卫手段，而非攻击武器 ——X-波段雷达只作为短距离使用，不得监视中国	——区域内军备竞争加速，可能会带来朝鲜核导弹挑衅的威胁 ——在朝鲜半岛有可能出现新冷战 ——认为是美国对中国的军事包围战略 ——绝对不允许THAAD在韩国部署

4. 对朝鲜半岛多边安全机制的探索

近年来，由于朝韩两国相互间不信任深化、对立状况持续以及朝鲜核武器状况恶化等原因，朝韩关系持续紧张，围绕着朝鲜半岛问题的东北亚政局等国内外环境比过去任何时期都要复杂。对此，为启动朴槿惠政府的朝鲜半岛信任进程，在六方会谈怀

疑论兴起和张成泽处刑后，韩国有必要从朝鲜剧变的事态和崩溃论中摆脱出来，利用灵活的方式积极地促进对朝政策的转型，同时通过与中国切实对话，预防性地管理朝鲜的不安定因素。最近，虽然中国提出新型大国关系，但中美间政治、外交、军事上的矛盾和日本的极右化问题导致了韩日、中日间的矛盾，以及中日围绕领土问题的纷争，另外美国加紧实施亚太再平衡战略，这些都使得朝韩关系和统一的基础越发复杂化。[①] 特别是对韩国来说，最敏感的安全困境在于韩国会以非自愿的形式介入到中美矛盾中。在未来，依据韩美相互防卫条约，驻韩美军为了守卫韩国，与中国在台湾问题或者钓鱼岛问题上发生纷争时，可以离开韩国境内参加地区作战，这时韩国将面临相当复杂和困惑的安全状况。

如上所述，处在这种复杂的环境中，2013 年朴槿惠政府在开城工业园问题上展示出对朝态度的变化不能归结为对朝原则主义的成功。首先，中国强烈要求，朝鲜若想改善与美国的关系就必须展现出姿态的变化。2013 年 5 月崔龙海访华后，朝鲜接受这种要求的可能性很高。其次，对朝原则主义的结果将引起处于危险中心的朝核问题产生溢出效应（spill-over）。在这里，最重要的问题和困难是，当我们用对朝原则主义对朝鲜施压的时候，朝鲜并不会放弃核武器，反而提高核武器生产的数量或质量，改善核武器生产。事实上，过去李明博政府实施的"非核、开放 3000 构想"和美国奥巴马实施的"战略性忍耐（strategic patience）"最终都以失败告终。在这种状况下，一味埋头于怎么驯服朝鲜，反而会让自己陷入危险的境地。因此，要想解决朝核问题，韩国就必须摆脱通过中国向朝鲜施压的想法。如上所述，从过去到现在，中国基于一种包围心理，惯用传统的地缘政治学思考方式，对美国的霸权有强烈的抵抗意识和不信任，并且随着美国亚太再平衡战略的实施，美日同盟的强化引起了中国在政治、军事和心理上的紧张。考虑到这点，想让中国顺应韩国等国际社会的力度和方向对朝鲜施压，完全是一种不了解中国的历史、战略文化和中朝关系结构的痴心妄想（wishful thinking）。如果朝鲜强行进行第四次核试验，同坐在一条船上的中国即使对朝鲜施压也不会对朝鲜造成威胁，因此朝鲜无视中国警告的可能性很高。所以，虽然国际社会对中国抱有期待，但要求其对朝进行经济制裁是不会奏效的。朝鲜的学习能力和忍耐性的增加也是对朝制裁效果弱化的主要原因。2014 年，朝鲜经济连续两年持续增长，对外贸易规模相较于 2013 年增加 4.5 亿美元，出口增加 28.8 亿美元，相较于 2013 年增长 3.3%。[②] 因此，最终要解决朝核问题，谋求朝鲜半岛的和平和稳定，

---

① 朴尚义：《朴槿惠政府朝鲜半岛信赖进程的争论焦点》近视发展研究第七集 1 号（2013），第 109-110 页。

② 朴建英：《奥巴马的算盘和长波长》，《韩国和国际社会》第 29 集 3 号（2013），第 36-37 页。

就应该从既有的依靠中国解决朝核问题和一边倒的对朝制裁的思维中跳出来，摸索新的应对方案。

日后，为了消除朝韩间的战争和纷争，维持和睦和平状况，不能将对方的危机和不幸当做自己的机会和幸福，不能为了自身利益强求对方或令对方屈服。必须摆脱这种零和（zero-sum）逻辑，在尊重自身利益的同时尊重对方的利益，推动实施有利于相互间利益最大化的双赢（positive-sum）的解决措施，即选择多种方案中现实性最强的方案重新构建朝鲜半岛区域安全模式。不再是像过去一样构建权力均衡、集团同盟、价值同盟等传统安全模式，而是构建以共同安全或合作安全为基础的朝鲜半岛多边安全机制。事实上，安全问题不应该是排他的或损人利己的，而应该体现相关国共有的公用资产性和非零和性的价值，也就是说，在维护本国安全的同时也维护对方国家的安全，只有这样才有可能真正解决安全问题。[①] 当不顾他国的安全，一味排他性地追求本国安全，所谓的安全困境就会产生。因此，能够解决安全困境的唯一的根本性方案就是构建追求共同安全和合作安全的朝鲜半岛多边安全机制。通过构建这种多边安全机制，朝韩、中美、中日、朝美、朝日间的各种摩擦和不信任将会消除，从而最终获得区域内的和平与稳定。在构建朝鲜半岛多边安全机制和制度化进程中，迫切需要韩国政府强大的政治外交意愿。事实上，由于存在朝核问题、周边国家的领土问题、历史问题、导弹防御系统（MD）问题、民族主义问题、区域国家间多边接触的不信任、双边同盟的维系问题等，现阶段还无法构建多边安全机制。目前，对于我们倡导的朝鲜半岛信任进程和东北亚和平合作构想，周边国家正在表示原则性共识。虽然事实上这种构想似乎停留在外交辞令和书面上，但是韩国面向未来的战略位置重置会给朝韩关系、韩中关系、韩日关系的改善以及地区安全环境带来稳定的变化。韩国将会在国际关系新的起点上抢占先机，并依托这种创造外交构建区域内和平稳定的环境。[②] 另外，尤其要充分利用以实现朝鲜半岛无核化为目标的六方会谈。在六方会谈上将朝韩问题分离，尝试构建低阶段、低水平的区域内多边安全合作机制。这与在六方会谈上达成的"9·19"共同声明的内容和展望完全一致。朝鲜半岛无核化的

[①] 2014 年 5 月 21 号，习近平主席在亚信会议（CICA）上，提出了创设亚洲地区安全合作机构的提案，强调在亚洲地区建立起普遍的、相互理解、持续合作的多边安全组织的重要性。特别是，他在主题演讲中提到，要尊重和保护各个国家的安全，不能为了追求本国的绝对安全牺牲其他国家的利益。《联合新闻》2014 年 5 月 22 日。

[②] 所谓的创造外交，是指从外交对象的角度将国际政治规范和现实有机地结合起来。如果韩国积极斡旋和平崛起的中国，使之利用多边安全合作的核心方式——沟通和共存，改善对日关系以得到国际领导能力的话，就能揭示和说明中国的利益。

共同目标达成之后，各国就停战及和平体制、军费控制等问题也会自然而然地展开讨论。①

日后，为实现朝鲜半岛的和平和稳定，周边国家间的多边安全合作体制将会分领域在整体意识的指导下得到一一推进。因此，在选择多边合作体制的主要议题时，需要采取广泛灵活的措施。欧洲正是通过政治、军事、经济、科学、技术、人权、环境等多领域合作建立了全面的信任关系。而与之相反，由于朝鲜半岛的周边大国存在着不同的，甚至相互冲突的利益和利害关系，想要构建平等互惠的全面合作或多或少存在困难。但如果不顾整体性，片面促进多边安全合作的话，将会产生对特定国家有利的不平等、不均衡的制度。为了消除这种忧虑，促进朝鲜半岛和平和稳定发展，需要做到以下几点：第一，获得针对朝鲜半岛和平协商的国际支持和保障；第二，在朝鲜半岛和平统一的进程中，营造良好的周边环境，使得朝韩两当事国可以行使主导权；第三，营造良好的周边环境，防止周边大国妨碍甚至军事介入朝鲜半岛和平体制构建的过程中；第四，为防止朝鲜的突然崩溃，应对周边政局的剧变，应促进区域内安全合作，设立协调机构。如果在这样的基础上朝鲜半岛多边安全机制形成的话，就可以有效地防止某些国家在朝鲜半岛和平进程中行使压倒性的影响力或压力。对于与朝鲜半岛和平相关的周边大国之间的利害关系和立场的协调也十分有利。从朝韩两国交叉承认开始到实现朝鲜半岛统一的过程中，周边国家固有的距离感和忧虑将得以消除。最终，朝鲜半岛周边国家间的多边安全机制构建如果成功的话，朝韩间已经缔结的基本协议书等双边协定，在地区合作的框架下将得到保障和强化，朝韩两国间较难解决的安全问题在多边安全机制的框架下将会通过达成协议，得到积极的解决。在这种情况下，韩国政府应引导朝鲜积极参与，通过建立互信、军备控制等措施，为朝鲜半岛的和平统一、和平体制的构建创造条件。②

目前，围绕着朝鲜半岛存在着许多不稳定因素，持反对通过多边安全机制的构建实现和平理论主张的大有人在。但从长远来看，朝鲜半岛的和平和稳定必将实现，同时不稳定和不确定的安全局势等安全威胁也必将消除。因此，为改善对立的朝韩关系，进一步谋求友好的韩中关系应做到以下几点：第一，在朝韩交流、合作上，必须

---

① 将六方会谈扩大重组为多边安全机构的提议早在 2003 年 8 月 1 日第一届六方会谈召开前后，当时的外务部长官尹永宽和俄中青瓦台国家安全辅佐官就已经提出，认为将六方会谈发展为多边安全合作体制的方案是正确的，并提出除朝鲜之外的其他五个国家的安保官员也持类似想法。金有恩：《试论东北亚安全共同体：以构成主义的视角为中心》，《国际经济论丛》第 44 集 4 号（2004），第 84-85 页。

② 金继东：《朝鲜半岛和平和东北亚多边安全机制的构想》，《外交安全研究》第八卷 1 号（2012），第 219-221 页。

超越现在的非正式和偶发性阶段，进一步向着制度化和稳定的方向发展，为使相互交流合作的发展更高效且没有副作用，应构建政治、军事上的信任，并以此为基础摸索构建多边体制。第二，将包括中国在内的周边国家的利益和作用与朝韩关系的改善相调和，通过全面的方法实现区域内信任的构建。如果通过这样的艰苦努力，最终实现区域间的互信，就能从制度上有效地促进构建和保障朝鲜半岛和平体制的执行。纵观历史，通过协商和对话的方式将矛盾、危机等各种挑战逐渐变成新的机会，国际秩序才得以持续稳定至今。现在，朝鲜半岛最尖锐、最敏感的安全问题是朝核问题。为了解决朝核问题，六方会谈已经召开。我们盼望着在不久的将来，朝鲜半岛也能像欧洲的 CSCE、中亚的 SCO 等一样建立多边安全机制，讨论并解决与各国利害紧密相关的朝核问题、统一问题、领土主权纷争等问题。

5. 结论

韩国外交的最大困境就是如何消除中韩两国对韩美同盟和中朝关系的战略怀疑。自 1992 年中韩建交以来，两国经济往来持续增长，但在外交安全领域却还未形成实质性的关系。这其中最大的原因就是韩国更重视与美国的关系，而中国更重视与朝鲜的关系，从而造成了韩中两国在认识领域的不信任和隔阂。如今美国加速了"亚太再平衡"（Rebalancing）战略的实施，中美间激烈的竞争更加剧了韩中战略上的不信任。为了牵制中国的崛起，美国试图强化韩美同盟，而中国为了抵制美国对中国的包围战略，开始更加重视与朝鲜的关系，最终使得中美间的矛盾升级扩大为韩美同盟与中朝同盟间的矛盾。为了改善这种结构，韩国应该摒弃"中国威胁论"而更加关注"中国机会论"，全面促进韩中关系的发展，消除矛盾因素。回首过往，我们可以发现，事实上中国的稳定对周边国家的稳定、和平与共同繁荣产生了巨大的积极影响。同时，现在中国主张做负责任大国、和平崛起、和平发展、构建和谐世界等口号并没有仅仅停留在外交辞令的层面上，对于朝鲜半岛问题的解决，中国将会发挥更加积极的作用。这就要求韩国少花力气维持韩美同盟，在不侵犯中国核心利益的前提下采取慎重的极简主义或功能主义的解决方案。

要通过发展韩中关系来解决朝核问题，韩国必须尊重中国的核心利益（主权、安全、发展），谋求韩中关系的发展。首先是要克制可能侵犯中国核心利益的对外行动。比如，摒弃对朝吸收统一论、减少大规模韩美联合训练和 THAAD 的部署、减少由驻韩美军战略上的灵活安排引起的地区干涉等。其次，立足于战略实用主义，开展联美协中战略，在维持韩美同盟的同时全方位扩大、强化韩中中长期战略合作伙伴关系，防止摩擦的产生。再次，对朝的强硬政策不仅会给朝韩两国带来军事上的紧张和冲

突，也会招来周边大国的介入，因此这种强硬政策会导致朝鲜半岛问题国际化，甚至阻碍东北亚地区的和平和稳定。因此，必须认识到朝鲜半岛的安全困境，恢复强化朝鲜半岛问题的向心力，通过对话和合作的方式摸索出自主解决朝鲜半岛问题的方案。最后，为了解决朝核问题我们必须持续作出努力，开始转变朝鲜最为担心的安全保障体制和对朝强硬政策，促进朝鲜的改革开放，恢复朝美、朝日关系正常化。

　　同时，从历史和地缘政治学的角度来看，虽然朝鲜半岛的和平与稳定必须由朝韩两国主导才能得以实现，但如果没有周边国家的保障也很难维持。因此，为保障朝鲜半岛的和平与稳定，必须切实地将周边国家和朝韩两国的双边关系升级为多边合作。为此，首先，朝鲜半岛周边国家必须形成多边关系的基本框架，即达到韩国对中俄关系和朝鲜对美日关系的平衡。其次，需要形成区域内国家间整体的多边关系。虽然由于国家利益和目标彼此异质、不同，也存在许多困难的地方，但正是因为如此才需要建立多边安全合作体制。再次，朝鲜半岛最大的安全威胁是朝鲜的危机，所以必须解决朝鲜危机才能获得安定。最后，在重组朝鲜半岛秩序的过程中，必须阻止由于中美竞争和对立而强行实施政策的状况的发生。为了探索协作、和平的朝鲜半岛安全秩序，应当进一步促进六方会谈，最终构建朝鲜半岛多边安全机制，并以此为基础促进朝鲜半岛的和平与稳定。

（金文学　译）

朝鮮半島多国間安全メカニズムを構築して朝鮮半島の安全苦境を解決する

鄭載興[*]

1.序論

　最近、中国の崛起はアメリカの「アジア回帰」戦略の実施を加速させて、中米間の競争と対立をも深化させている。[①] 目下、一部の地域における中米間の権力移行は既に発生し、これから次第に深化する趨勢がある。[②] 当該権力移行が発生しているため、現在の中米間の競争と対立の局面に面して、韓国は安全上の苦境に陥る恐れがある。つまり、韓国は依然としてアメリカと軍事同盟関係を保持し、中国と経済上の往来関係を有し、北朝鮮と敵対関係を持っているが、北朝鮮と中国は特殊な党（中国共産党）と党（北朝鮮労働党）の関係を形成し

＊　韓国慶南大學極東問題研究所朝鮮半島安全研究センター研究員。

①　アメリカのアジア回帰（pivottoasia）戦略が中国粉砕を核心にするものであると現在の中国指導層と戦略家は思うため、中国はアメリカのアジアへの介入をずっと阻止している。然もオバマ政府は固有の同盟ネットワークに依拠して、友好国との連合（linkage）を非常に重視している。従い、現在の中米両国は地域上の戦略推進と反推進の競争をしている。オバマのアジア回帰戦略に関する総合的分析と報告の詳細は下記をご参照ください。Mark E.Manyin, Stephen Dagget, Ben Dolven, Susan V.Lawrence, Michael F.Martin, Ronald O.Rourke, Bruce Vaughn," Pivot to the Pacific? The Obama Administration's Rebalancing Toward Asia," CRS Report for Congress,（March 28,2012）。

②　中米間の権力移行（powertransition）理論についての主な研究は下記の通りである。JackS. Levy,"Power Transition Theory and the Rise of China," in Robert S.Ross andZhuFeng,eds.,*China's Ascent:Power, Security, and the Futureof International Politics*（Ithaca:Cornell University Press,2008）, pp.11-33and Steve Chan, *China, the U.S.and thePower-TransitionTheory:ACritique*（London: Routledge, 2008）。

ている。① 現在、朝鮮半島の安全領域に一番肝心な問題は北朝鮮の核問題である。周知のように、北朝鮮は国際社会の激しい反対を無視して 2013 年 2 月に第三回の核実験を強引に実施した。② これに対して、国連安保理は北朝鮮に対して北朝鮮の核問題の制裁決議 2094 号を伝達したが、北朝鮮は続いて四回目の核実験の試射とミサイル発射演習、開城工業団地の閉鎖などをした。これら一連の動作は朝鮮半島の緊張局面を来した。③ 北朝鮮は既に核爆弾の小型化、軽量化、大衆化等の技術問題を解決して、実際に核兵器を保有している。④ 即ち、北朝鮮は国際法に認可される核保有国家（nuclearweaponstate）ではないが、事実上の核保有国家である。従い、北朝鮮が段階的に明確に核兵器を開発する目的は韓国とアメリカとの談判で有利な地位を得て、最終に朝米関係正常化を求めて、平和システムを構築することである。北朝鮮は既に四回目の核実験の可能性を言及し、絶えず韓国とアメリカに自分の協商要求を提出している。⑤ 従い、朝韓関係、中米関係が厳しい対立と競争関係になる場合、朝鮮半島は非常に危険な

---

① 1992 年、つまり中韓の外交関係を結んだ年に、中韓の貿易額が米ドル 50 億しかなかったが、2014 年までに中韓の貿易規模が 60 倍も増加し、米ドル 2905 億に達し、米韓（米ドル 1156 億）と米日（米ドル 859 億 5 千 200）の貿易総和よりも多かった。中国は韓国の最大な貿易相手国であり、韓国は中国の三番目の貿易相手国である。

② 推測により、北朝鮮の一回目の核実験の当量が 1kt であり、二回目が 2-6kt であったが、三回目の核実験の当量が 5-12kt に達した。5-12kt は 1945 年 8 月 6 日に広島に投下した HEU 原子爆弾の破壊力（15kt）に非常に近い。

③ 対外について、北朝鮮が段階的に明確に核兵器を発展する目的は韓国と米国との談判で有利な地位を得て、最終に朝米（朝日）外交関係の結びと国交正常化を促して、朝鮮半島の平和システムの構築を促進することである。

④ 北朝鮮は三回目の核実験実施後、対外に地下核実験の成功実施を報じ、既に核爆弾の小型化、軽量化、大衆化を実現し、核爆弾のデザインも完成し、過去のプルトニウムではなく、高濃縮ウランを使用始めたと揚言した。以降の二、三年間に、北朝鮮は実戦的な核ミサイル配備を実現できると多くの安全専門家は主張する。北朝鮮はこれから継続に核実験を行う場合、プルトニウムの改良又はウランの核実験を巡って実行すると思われる。公布により、2015 年 5 月の核融合実験が成功後、小規模の水素爆弾実験が続いて始まるということである。全城熏「三回目核実験以降の北朝鮮の核戦略：分析と展望」『OnlineSeries』（2013）.

⑤ 北朝鮮はこれから継続に核実験を行う場合、プルトニウムの改良又はウランの核実験を巡って実行すると思われる。公布により、2015 年 5 月の核融合実験が成功後、小規模の水素爆弾実験が続いて始まるということである。

安全苦境に陥るに決まっている。①

　将来の北朝鮮核問題の発展状況は朝鮮半島の安全秩序の方向を決定する核心的な変数である。特に朝鮮半島の平和安定、朝韓関係の改善及び朝鮮半島の平和プロセスを実現するには、韓国と中国の協力はとても重要である。しかし現在、韓中の間に一連の解決しがたい問題がある。例えば、六者会合と北朝鮮核問題の解決における立場が違い、韓米同盟に対する認識も異なっている。それだけではなく、朝鮮半島が地政学的に非常に敏感な位置にあり、冷戦という要素が現在にもまだ存在している。結局、この鋭い安全問題を解決するため、如何にして朝鮮半島の不安定な冷戦状態を平和状態に変更させるかということがとても重要である。従い、目下は朝鮮半島多国間安全メカニズムを制度的に構築することが差し迫っている。その次、如何に制度的に朝韓関係の発展を推進するか、如何に平和統一を達成するか等の問題について、国内外が共通認識を形成しなければならない。現在の中朝関係と中米関係を考慮すれば、武力統一又は吸収統一が事実上実現不可能であるため、着実に逐次に対話と協商を通じて平和統一を実現するのは最も合理的、実現する可能性が高い方案であると思われる。上述を踏まえ、本稿は朝鮮半島における中米間の権力移行問題を巡って、朝鮮半島の安全苦境の本質を探究して、朝鮮半島の新安全メカニズムの実行可能な構築方法を模索したい。特に現在の相当複雑な安全環境にて、韓中両国は本当の意味での協力と発展を求める同時に、如何に朝鮮半島の平和・安全を実現する方案を探すかということも本稿の着目点である。その基礎で、最後に朝鮮半島の安全苦境を解決し、画期的な朝韓関係を改善する方案を求め、朝鮮半島多国間安全メカニズムを構築する可能性と方向を検討したい。

2. 多国間安全メカニズムの概念について

　朝鮮半島多国間安全メカニズムの構築について、多国間主義が理論上の枠組みを提供してくれる。各研究理論に言及されるように、多国間主義（multilateralism）は普通分けられず、全体互恵であり、一般的な行為準則を有する。この性格は全世界又はある地域範囲にも適用でき、多国間主義は当該属性を制度化させるプロセス

---

① 2010年に中米関係が厳しい対立状況にあった時、天安艦沈没事件が発生した。アメリカと中国はそれぞれに自分の同盟国——韓国と北朝鮮を擁護した。韓米同盟と中朝同盟の間に新たな冷戦対立構造が形成した。

である。① 多国間主義は国家間の関係を調整することを通じて、組織化乃至制度化の多国形態を構築するが、普通は名目上の多国間主義と実質上の多国間主義に分けられている。これについて、ロバート・コヘイン（Robert O.Kohane）は名目上の多国間主義を３カ国以上の国家がグループの形式で国家政策を調整する方式であると解釈した。② それと同時に、ジョン・G・ラギー（John Ruggie）とジェームス・カポラソ（James Caporaso）は実際意味上の多国間主義を定義した。実際意味上の多国間主義とは、３カ国以上の国家がある原則、規範又は国際的な標準を制定してそれに基づいて互いに国家政策を調整することであるとされる。③ 即ち、コヘインは多国間主義の協力形態を強調するが、ラギーとカポラソは多国間主義の国家が守るべき原則、規範及び当該原則の制度化プロセスを強調する。④ 従い、多国間主義の基礎で、積極に冷戦終結後の国際政局と安全概念と結んで、「多国間安全協力（multilateral security cooperation）」の概念が出ている。この概念は地域内の国家間の政治、経済、外交、軍事等各方面の問題について協商して、事前に国際紛争の要素を取り除き、紛争予防と平和解決の方案を求めることを旨とする。特に、多国間の安全対話と安全協力が不明瞭で、潜在的な不安定性が高い地域で、多国間安全協力メカニズムは予防外交（preventive diplomacy）として、非軍事的手段で紛争の可能性と不安定要素を取り除ける。⑤ 各国の代表が一堂に会して多国間の安全対話メカニズムで互いに情報を交換して、相手の防御意図を了解できれば、国家活動の透明度を増加して、事前に紛争発生の可能性を低くすると思われる。即ち、安全

① John G.Ruggie,"Multilateralism: The Autonomy of an Institution,"*International Organizations*, vol.46（Summer 1992），pp.573-574.

② J Robert O.Keohane,"Multilateralism: An Agenda for Research,"*International Journal*, Vol.45（Autumn,1990），pp.730-731.

③ 鄭振偉 外『新北東アジアの秩序と朝鮮半島』（ソウル：法文社、2000），pp.53-54；JamesA. Caporaso, "International Relations The oryand Multilateralism:The Search for Foundations,"John Ruggie（eds.），*Multilateralism Matters*（New York：Columbia University Press，1993），pp.50-53.

④ 実質上の多国間主義により、各国家が共同に全体互恵性（diffusereciprocity）の効果を認める場合、協力の可能性もより高くなる。当該見方によれば、多国間協力は全体互恵性の効果を基礎にするものであるため、全面的に多種の問題を解決できるのである。金栄浩、「二国間主義と多国間主義：東アジアの現状と展望」東海周辺 協力と国際政治経済シンポジュウムにおける報告（ソウル：外交安全研究院、1998），pp.11-14。

⑤ 羅啓山、「安全環境の変化と相互安全論」軍事研究報告 95-2（城南：韓国軍事問題研究院、1995），p.14-15;韓東万 「冷戦終結後の安全環境の変化と多国間安全協力」外交通商部報告（ソウル：外交通商部,2002），pp.109-110。

協力は予防外交として、そのポイントが紛争発生後の処理措置に在らず、構成メンバー国の間における政治、外交、軍事上の相互信頼の構築を通じて、紛争発生前に予防するところに置かれる。換言すれば、安全協力概念を基礎とする多国間安全協力とは、等しい権利を有するメンバー国が相互利益のため共同に規範と制度を制定するプロセスである。

　冷戦終結後、多くの伝統的、総合的な安全脅威が存在しているため、地域安定平和システムの構築を目標として、多国間安全協力を通じて地域的機構を建立する必要性がますます著しくなる。特に朝鮮半島地域で、朝韓間の鋭い軍事対立、北朝鮮の大量破壊兵器の保有、理念の対立、軍事紛争、領土紛争等の不安定要素がずっと存在している。このような多重安全脅威に対応する一番効力的な方案は朝鮮半島多国間安全メカニズムのような多国間安全協力機構を構築して地域の安定を求めることである。特に激しく変わっている朝鮮半島の安全環境において、北朝鮮、韓国、アメリカ、中国、日本、ロシアなどの国家は一国的な力の優劣関係に頼まないで、平等的、均衡的多国間安全対話協議を通じて、共同して地域内の各種の安全問題を解決するようになる。冷戦終結後、国家利益の相互交差、矛盾が鋭い地域内の矛盾深化を防止するため、いっそう多国間安全協力メカニズムの拡大作用と貢献に依頼するようになる。

3. 朝鮮半島の安全苦境に対する解析

　現在、中国は韓国との経済通商関係を重視する一方、北朝鮮との伝統的な社会主義の絆関係も継続している。北朝鮮の核実験について、国際社会が中国に圧力をかけて北朝鮮を制裁すると要求するが、中国はずっとはっきりした立場を表明しない。中国の立場から見れば、北朝鮮は社会主義国家として、戦略上の緩衝地帯にあり、ずっと重要な働きを有している。過去と比較すればこの戦略上の緩衝地帯の作用が既に小さくなり、北朝鮮の将来も明瞭ではなく、且つその自身の影響力もかなり限りがあるにもかかわらず、中国にとって北朝鮮は依然に重要な戦略価値を持っている。① もし中国まで北朝鮮を放棄すれば、北朝鮮は永遠に

---

① 目下、中国は北朝鮮の経済命脈を握っている。従い、北朝鮮へ圧力をかける切り札を持っている。北朝鮮の原油の90％、生活上の必需品の80％が中国に供給されている。北朝鮮の対外貿易額の80％は中国との貿易である。また、アメリカが北朝鮮に対して経済・金融的制裁を加えるため、中国の作用はいっそう目立つようになる。北朝鮮の海外口座の大部分は香港、マカオと中国大陸に集中している。従い、中国からの協力がなければ、北朝鮮へ直接な経済的打撃を与えられない。

国際社会に孤立されて、その核問題を解決する可能性もなくなり、北朝鮮は自我コントロールを失う状態に陥る恐れがある。これは必ず朝鮮半島の全体平和と安定を極大に破壊する。その外、韓米同盟の強化から見れば、北朝鮮は冷戦時代の産物であり、中国に対する封鎖戦略の一環でもある。従い、中国には率先して北朝鮮の核問題を制裁する理由がなく、北朝鮮に対する政策基礎を変更する理由もない。[1]

　これは現在の朝鮮問題について中韓間の最大な衝突問題であり、認識上の衝突である。習近平指導グループの対韓政策から見えるように、米中権力競争が日ごとに激化しているため、中国は中韓戦略的協力パートナーシップの深化を通じて、韓国をアメリカの対中国包囲圏を離れさせるように努力している。特に最近、韓日、中日の間に領土主権紛争が発生した状況で、中国は韓国と積極に協力して、共同して外交から日本に圧力をかける。アメリカは韓米日同盟システムの強化で形成した対中包囲網も中韓の協力パートナーシップによって裂け目が生じる。そのため、中国はますます韓国の戦略位置の重要さを認識している。[2] 特に2013年朴槿恵大統領が中国訪問した。この訪問は「信心之旅」（誠にコミュニケーションして互いの信頼を増進する旅）と称され、両国は首脳会談でさらに韓中戦略的協力パートナーシップを強化して、下記の協力方案を提出した。△協力して朝鮮半島と北東アジアの平和安定を推進；△政治、経済、社会、文化等の協力を強化；△地域と国際問題分野における協力方案を検討。首脳会談の後に「韓中未来ビジョン共同声明」とその付属の合意書にサインした。合意書で、△政治・安保分野の全面的コミュニケーション強化、△経済・社会協力拡大、△人文分野の絆意識強化、と三つの重点推進案を提出した。また、△指導者間の意思疎通を常時行う、△経済・通商協力強化等五つの細部履行計画を提出した。韓中首脳会談で、両国

---

[1] 2008年5月に、李明博大統領が北京訪問した。中国外交部スポークスマンの秦剛が非正式な評論を通じて、公然と韓米同盟が旧時代の産物であると批判した。特に、当時、李明博政府は訪問前に韓米軍事同盟を21世紀価値同盟にエスカレートし、日本との関係も強化した。中国は韓国の対外政策にとても不満であり、戦略的協力の実行に消極的な立場を取った。文興浩、「韓中戦略的協力関係と朝鮮半島の信頼進捗」『中ソ研究』、第37集3号（2013），pp.2–3。

[2] 中韓国交正常化20周年記念歓迎会で、中国の次回の最高指導者と決定された習近平は当時に副主席として歓迎会に出席した。第十八回党代会の後、習近平は韓国へ訪問団を派遣して、新政府の対外政策の方向を韓国に通報した。習近平指導グループが韓国を重視していることが示される。李其賢、「中国共産党第十八回全国代表大会と新政府の登場：意味と展望」『OnlineSeries12-40』（2012）。

の首脳は「朝鮮半島未来ビジョン共同声明」にサインして、朝鮮半島の非核化および朝鮮半島の平和・安定維持のために共同して努力すべきであると共通認識を達成した。[①]

　近年以来、中国は朝韓両国との等距離外交を展開している。即ち、北朝鮮との同盟関係を維持する同時に、全面的に韓国との戦略的協力パートナーシップを強化することである。しかし、中米間権力移行の時代が正式に始まるため、中国は北朝鮮の戦略価値を再評価しなければならない。実際、北朝鮮の持続的核兵器実験とミサイル開発が中国へ莫大な圧力を与えるが、中米間の権力移行がまだ不明瞭な状況で、中国は依然に北朝鮮を同盟国と見なして、北朝鮮が緩衝国家としての戦略価値を有すると思っている。従い、北朝鮮の核問題等について、中国はその他の関連当事国に冷静的慎重的に対応すべきであると強調しなければならない。中国のこの立場が結局北朝鮮を擁護すると解釈され、そのため、韓中戦略的協力パートナーシップも冷却期間に面する。[②] 特に、時間の推移につれ、米中権力移行が不安定である時代背景で、北朝鮮の軍事冒険主義を牽制するため、韓米同盟は軍事と外交の協力を拡大する必要がある。但し、もし当該協力が中国に理解されないと、中朝同盟の強化を引き起こす可能性が高くて、結局韓米同盟と中朝同盟との対立をもたらし、さらに新たな冷戦になる恐れもある。従い、北朝鮮問題の最終的解決には、如何に韓米同盟と韓中関係を調和するか、如何に朝米関係、朝韓関係を改善するか等、3次元又は4次元多項式を解かなければならないため、韓国は厳しい苦境にある。実際、韓国政府が朝韓関係を改善することに力を尽さなく、敏感的複雑的な北朝鮮問題が生じる場合、韓国は過度に中国の働きを要求するため、北朝鮮問題に対する中国の不満を来す。特に、李明博政府の対

---

① 鄭載興、「朴槿恵大統領の中国訪問と韓中協力促進案」朝鮮半島焦点 24 号（2013）。

② 北朝鮮の核実験と各種の軍事挑発について、中国は多少仲裁者の役をしている。これに対して、韓国国民は強烈な失望を示す。その原因は、中韓関係が戦略的協力パートナーシップであるが、中国は韓国を擁護しないだけではなく、逆に北朝鮮を庇っているからである。但し、中国の立場から見れば、権力移行の時代に、中朝同盟の強化が中国の現実的国家利益に有利であり、北朝鮮の安定は中国の核心的利益であると否定できない。金興圭、「21 世紀: 変化中の中米関係と北朝鮮の核問題」韓国と国際政治、第 27 集 1 号（2011）をご参照ください。

朝政策が朝韓関係を対立させたため、中国はそれに対して不満・不信を抱いた。[①]
従い、韓国は対朝政策における中国の固有的処理方式、手続きとスピードを理解する必要である。もし韓国は北朝鮮との対立政策を言い訳に持続に北朝鮮に対して強硬な政策を実施すれば、中国は北朝鮮問題における意欲と能力を弱くしなければならないため、結局に韓中対朝政策の互助協力が有名無実になる恐れがある。[②]

　上述のように、韓中、朝中、朝韓の三国間関係は互いに関わって、両国間関係の変化は必ず第三国との関係を影響している。また、これらの関係には非常に複雑な歴史、地政上の根源を有して、現段階に解決できない多くの問題を含んでいる。従い、この三国間の内部関係がよい循環になる場合、三国間関係の出発点が朝韓関係の改善とコミュニケーションの増進に帰せると思われる。近来の韓中戦略的協力が展開できない一番重要な原因は朝韓関係の不順調と持続的断絶である。即ち、北朝鮮の社会主義体制が持続に存在する前提で、中国の北朝鮮戦略は必ず北朝鮮体制の安定を優先に考慮するのである。もし韓国は中国の対朝政策と戦略を正確に理解できず、継続に朝韓間の軍事緊張と対立を強化すれば、韓中戦略的協力の空間がひどく制約されるに決まっている。従い、たとえ韓中間の戦略協力を強化するためであっても、韓国は北朝鮮に対する抑圧と対立を調整して、積極的に対話と協商等の新たな対朝政策を推進しなければならない。

---

① 現在、朝韓関係を改善して朝鮮半島問題を解決するには、朝韓協力を前提にしなければ中韓間の深い信頼関係も結び難い。これについて、趙永南は下記のように主張している。韓国は主導権を把握して北朝鮮問題の解決案を求めて朝韓関係を安定的局面に導くため、下記の通りしなければならない。第一、中国の戦略的信頼を得ること。第二、中米間の対立と摩擦が韓国に多くの圧力をかけるため、中米間の対立と摩擦を未然に防止すること。第三、韓国の北東アジア多国間政策に対する中国の積極的な影響を強調すること。趙永南、『中国夢：習近平のリーダーシップと中国の未来』（ソウル：美音社 2013），pp.360–361。

② 中国の対朝政策、中国の意欲・能力等の問題について下記の論文をご参照ください。　金妍哲外、『北朝鮮、何方に行くべきか』（ソウル：planetmedia，2009）。

主な事項	韓国の認識	中国の認識
朝鮮半島の統一問題	—韓中間の具体的相違を認識すべきである —北朝鮮の激変を応対するため、事前に準備とコミュニケーションをする —統一後の友好的関係の維持問題を事前に検討する	—自主的平和統一を支持する —統一より均衡・安定を希望する —北朝鮮政権の安定を強調する
脱北者問題	—普遍的な人権問題であると思う —脱北者を強制送還することを防止するため、中国の協力を請求する —共同して国連をはじめとする西側の国際世論に参与する	—中国の主権、領土、少数民族問題であると思う —中朝間の問題であり、韓国が介入できないと思う —国内法、国際法及び人道主義の原則によって処理すべきである
在韓米軍問題	—韓米間の安保協定事項であると思う —在韓米軍の朝鮮半島の安定への寄与を強調する —朝鮮半島統一後の在韓米軍の性質が地域安保であると強調する	—一国が他国で軍隊を駐留することに反対する —在韓米軍の歴史的背景を認める —在韓米軍の中国への作用に関心を持つ
北朝鮮の核問題	—朝韓基本協議書と朝鮮の非核化を守る —北朝鮮の核措置を強調する —北朝鮮の核問題が解決されなければ、対朝関係の正常化が回復できない	—朝鮮半島の絶対非核化を主張する —平和的解決を支持し、北朝鮮への制裁に反対する —北朝鮮政権が核兵器を保有しないと希望する
防空識別圏問題	—中国が韓国の防空識別圏と重なる蘇岩礁区域に対して管轄権を有することを認めない —東海で偶発的な衝突事件が発生する可能性が高くなり、地域内の安保が悪化している	—中日領土紛争地域の東海魚釣島諸島等に対して軍事抑圧措置を取り、武力を強調する —米日の中国牽制政策を強硬に対応する —西太平洋での出口を確保して東海に対する支配を強化する
THAADの配備問題	—北朝鮮の核先端化と非対称兵器開発への応対である —THAADは防御手段であり、攻撃兵器ではない —Xバンドレーダーが短距離のみに使用され、中国は監視できない	—地域内の軍備競争が加速されて、北朝鮮の核ミサイル挑発の脅威をもたらす恐れがある —朝鮮半島で新たな冷戦が出る可能性がある —アメリカの対中国軍事包囲戦略であると思う —韓国でのTHAAD配備を絶対許さない

表—1　韓中間の重要な安全苦境問題

4. 朝鮮半島多国間安全メカニズムに対する模索

近来、朝韓間の相互不信が深化していき、対立状況が持続し、北朝鮮の核兵器状況が悪化する等の原因で、朝韓関係が持続に緊張し、朝鮮半島問題を巡る北東アジアの政局等の国内外環境は過去の全ての時期よりも複雑である。これに対して、朴槿恵政府の朝鮮半島信頼プロセスを始めるため、六者会合懐疑論が現れ、張成沢が処刑された後、韓国は北朝鮮の激変と崩壊論から脱出して、弾力的な方式で積極的に対朝政策の転換を促すと同時に、中国との着実な会話を通じて、北朝鮮の不安定要素を予防的に管理する必要がある。最近、中国は新型の大国関係を提出したが、中米間の政治、外交、軍事上の矛盾及び日本の極右化が韓日、中日間の矛盾を引き起こし、中日間の領土紛争もあり、アメリカがアジア太平洋のリバランス（再均衡化）戦略を加速する等の状況で、朝韓間の関係と統一基礎がますます複雑になる。[①] 特に、韓国にとって一番敏感な安全難題は韓国が非自由意志によって中米矛盾に巻き込まれることである。韓米相互防衛条約により、在韓米軍が韓国を守るため、中国と台湾又は魚釣島問題について紛争が生じる場合、韓国国内を離れて地域作戦に参加できる。そのため、韓国は相当複雑的困惑的安全状況に面させる。

上述のように、この複雑的困難的な朝鮮半島周辺の安全環境にあって、2013年朴槿恵政府が開城工業団地の問題に関して対朝態度の変化を示したのは、対朝原則主義の成功に帰さなければならない。まず、北朝鮮がアメリカとの関係を改善したがると態度上の変化を示さなければならないと中国は強く要求した。2013年5月に崔龍海の中国訪問後、北朝鮮がこの要求を受ける可能性がとても高いのである。その次、対朝原則主義の結果として、危険センターにある北朝鮮の核問題における吹越し効果（spill-over）が生じさせる。ここで一番肝心な問題と困難は、韓国は対朝原則主義で北朝鮮へ圧力をかける場合、北朝鮮は核兵器を放棄しないだけではなく、かえって核兵器生産の数量又は質量を高くして、核兵器生産を改善するようになる。実際、李明博政府の実施した「非核・開放3000構想」とアメリカオバマ政府の実施した「戦略的忍耐（strategic patience）」が全部失敗をもって終わりを告げた。当該状況で、如何に北朝鮮を制服するかということ

---

① 朴尚義、「朴槿恵政府の朝鮮半島信頼プロセスに関する論争焦点」 近世発展研究 第七集1号（2013），pp.109–110。

に夢中になれば、かえって自分を危険な境地に置く。従い、北朝鮮の核問題を解決するため、韓国は中国を通じて北朝鮮へ圧力をかける考え方を放棄しなければならない。上述の通り、過去から現在まで、中国は包囲心理に基づき、伝統的な地政学の発想を慣用し、アメリカの覇権に対して激しい抵抗意識と不信を抱いている。また、アメリカのリバランス戦略の実施につれ、米日同盟の強化が中国の政治、軍事、心理上の緊張を引き起こす。この点から見れば、韓国などの国際社会のパワーと方向に従い、北朝鮮に圧力をかけると中国に要求するのは、まるで中国の歴史、戦略的文化と中朝関係構造を理解できない妄想（wishful thinking）である。北朝鮮が強行して四回目の核実験を行う場合、境遇を共にする中国が北朝鮮に圧力をかけても脅威にならず、北朝鮮が中国の警告を無視する可能性が高い。従い、国際社会が中国に期待を抱いているが、北朝鮮に経済的制裁を加えると中国に要求するのは良い効果を収められない。北朝鮮の学習能力と忍耐性の向上も対朝制裁の効果弱化の主な原因である。去年、北朝鮮の経済が二年間連続増加し、対外貿易規模が前の年より米ドル4億5千万増え、輸出が米ドル28億8千万も増え、前の年より3.3％増加した。[①] 従い、北朝鮮の核問題を最終的に解決して、朝鮮半島の平和と安定を求めるため、現在の中国に頼んで北朝鮮の核問題を解決する発想と一辺倒の対朝制裁の発想を放棄して、新たな応対案を模索すべきである。

　これから、朝韓間の戦争と紛争をなくして、平和状況を維持するため、相手の危機と不幸を自分のチャンスと幸福であると考えてはいけず、自分の利益のために相手に強要又は相手を屈服させてはいけない。このゼロ-サム（zero-sum）ロジックを捨てて、相互利益の最大化に役立つポジティブサム（positive-sum）の解決措置を推進する必要である。つまり、多くの方案から一番実行できる方案を選択して新たに朝鮮半島地域の安全メカニズムを構築する。過去のように権力均衡、集団同盟、価値同盟等の伝統的な安全メカニズムではなく、共同安全又は協力安全を基礎にする朝鮮半島多国間安全メカニズムを構築するのである。実際、安全問題は排他的又は他人を損ねて自分の利益をはかることではなく、関連国家の共有する公用資産的又は非ゼロサム的価値を体現すべきである。つまり、自国の安全を擁護する同時に、自国の安全を脅威する相手国家の安全も擁護すべきである。これは安全問

---

① 朴建英、「オバマのそろばんと長波長」、韓国と国際社会、第29集3号（2013），pp.36–37。

題の本当の解決方法である。① 他国の安全を無視して、排他的に自国の安全だけ追求する場合、所謂安全苦境が生じる。従い、安全苦境を解決する唯一の根本的方案は共同安全と協力安全を目指す朝鮮半島多国間安全メカニズムを構築することである。この多国間安全メカニズムの構築を通じて、朝韓、中米、中日、朝米、朝日間の摩擦と不信がなくなり、最終に地域内の平和と安定が実現できるのである。朝鮮半島多国間安全メカニズムの構築と制度化の過程において、韓国政府の強い政治外交意欲が差し迫る必要である。実際上、北朝鮮核問題の悪化、周辺国家の領土問題、歴史問題、ミサイル防衛システム（MD）問題、民族主義問題、地域国家多国間交渉の不信、両国同盟の維持などの問題があるため、現段階でまだ多国間安全メカニズムを構築できない。目下、我々が唱導する朝鮮半島の信頼醸成プロセスと北東アジア平和協力構想に対して、周辺国家は原則的共通認識を表示している。この構想は事実上まだ外交辞令と書面にとどまっているようであるが、韓国の新たな未来向けの戦略位置づけは朝韓関係、韓中関係、韓日関係の改善及び地域安全環境へ安定している変化をもたらす。韓国は国際関係における新たな起点に立って先手を取り、この創造的外交に依拠して地域内の平和・安定的環境を構築するのである。②また、特に、北朝鮮の非核化を目標とする六者会合を十分に利用すべきである。即ち、六者会合において朝韓問題を分離して低段階低レベルの地域内の多国間安全メカニズムの構築を試す。これは六者会合で合意した「9・19共同声明」の内容と展望と完全に一致である。朝鮮半島非核化の共同目的が達成後、各国は自然に続いて停戦と平和システム、軍事費削減などの問題について検討できると思われる。③

---

① 昨年5月21日、習近平主席はアジア相互協力信頼醸成措置会議（CICA）においてアジア地域安全協力機構を創設する提案をして、アジア地域で普遍的、相互理解的、持続協力的多国間安全組織を建てることの重要さを強調した。特に、習は基調講演で、各国の安全を尊重・保護すべきであり、自国の絶対安全を追求するために他国の利益を犠牲してはいけないと言及した。『連合新聞』2014年5月22日。
② 所謂創造的外交とは、外交相手の立場から国際政治規範と現実を有機的に結ぶということである。もし韓国は平和的に崛起している中国と積極的に斡旋して、中国を多国間安全協力の核心方式——コミュニケーションと共存を利用させて、対日関係を改善して国際リーダーシップを取らせると、中国の利益を披露・説明できる。
③ 2003年8月1日、第一回六者会合前後、当時の外務部長官尹英冠と露中日青瓦台国家安全補佐官が既に六者会合を多国間安全機構に拡大・再構成すると提議した。六者会合を多国間安全協力メカニズムに発展する提案が正しいと思った。北朝鮮以外の五つの国家の安保人員も類似であると提出した。金有恩、「北東アジア安全共同体を試論：構成主義の視角を中心に」 国際経済論叢 第44集4号（2004），pp.84–85。

　　将来、朝鮮半島の平和と安定を実現するため、周辺国家間の多国間安全協力メカニズムを全体意識の指導で分野ごとに一々推進すべきである。従い、多国間協力メカニズムの主な課題を選ぶ時、広範的弾性的方法を取る必要である。ヨーロッパは政治、軍事、経済、科学、技術、人権、環境などの多領域にわたって全体的信頼関係を醸成した。それと反対に、朝鮮半島の周辺大国には異なる、乃至互いに衝突する利益と利害関係があるため、平等互恵の全体協力の構築には多少困難がある。但し、もし全体性を考慮しないで、一方的に多国間安全協力を推進すると、特定的国家に有利な不平等、不均衡な制度が生じる。この恐れを無くして、朝鮮半島の平和・安定・発展を促すため、下記のようにすべきである。第一、朝鮮半島平和協商に対する国際的支持と保障を獲得する。第二、朝鮮半島の平和統一の過程に、朝韓両当事国が主導権を実施できるように、よい周辺国家環境を造る。第三、よい周辺環境を造って、周辺の強国が朝鮮半島平和メカニズムの構築過程を妨害又は軍事で介入することを防止する。第四、北朝鮮の突然の崩壊を防止し、周辺政局の激変を応対するため、地域内の安全協力を推進して、調整機構を設立する。上記のような基礎で朝鮮半島多国間安全メカニズムを形成すれば、下記の効果が得られる。第一、一部分の国家が朝鮮半島平和過程において圧倒的影響力又は圧力を与えることを効果的に防止できる。第二、朝鮮半島の平和に関連する周辺強国の間の利害関係と立場の調整に非常に有利である。第三、朝韓両国が前後に朝鮮半島の統一を認める時点から統一の実現までの過程に、周辺国家の固有する距離感と恐れが解消される。最後、朝鮮半島周辺国家間の多国間安全メカニズムの構築が成功する場合、朝韓間に締結された基本協議書等の両国協定も地域協力の枠組みで保障・強化されて、朝韓両国間の解決しがたい安全問題も多国間安全メカニズムの枠組みで協議をまとめ、積極的に解決できる。当該状況で、韓国政府は北朝鮮を積極的に参与するように導いて、相互信頼と軍縮等の措置を通じて、朝鮮半島の平和統一と平和システムの構築に必要条件を作り出す。①

　　現在、朝鮮半島を巡って多くの不安定要素があり、多国安全メカニズムの構築で平和を実現する理論・主張に反対する人も少なくない。しかし、長い目で見れば、朝鮮半島の平和・安定が必ず実現でき、不安定・不明瞭な安全局面等の安全脅威も必ずなくなる。従い、対立している朝韓関係を改善して、さらに友好的な韓中関係

① 金継東、「朝鮮半島の平和と北東アジア多国間安全メカニズムに関する構想」外交安全研究　第八巻1号（2012）, pp.219-221。

を求めるため、下記の通りすべきである。第一、朝韓の交流、協力について、現在の非正式、偶発的段階をこえて、更なる制度化と安定の方向に向いて発展すべきである。また、相互交流・協力の進捗がより効率的且つ副作用を起こさないため、政治・軍事上の信頼を醸成して、それを基礎に多国間メカニズムを模索すべきである。第二、中国を含んだ周辺国家の利益と働きを朝韓関係の改善と調和して、全面的方法で地域内の信頼醸成を実現する。このような困難な努力を通じて、最終に地域内の相互信頼を実現すれば、制度上効果的に朝鮮半島平和メカニズムの構築と実行保障を促進できる。歴史を見て分かるように、協商・対話の方式で矛盾・危機等各種の挑戦を逐次に新たなチャンスに変更したため、国際秩序が現在まで安定し続いているのである。現在、朝鮮半島で一番鋭く敏感な安全問題は北朝鮮の核問題である。北朝鮮の核問題を解決するため、六者会合は既に行われた。近い将来に、朝鮮半島でもヨーロッパのCSCE、中央アジアのSCO等のような多国間安全メカニズムを構築して、各国の利害と密着に関わっている北朝鮮の核問題、統一問題、領土主権紛争問題など多くの安全問題を検討・解決できるように望んでいる。

5. 結語

韓国外交の最大な難題は如何に韓米同盟と中朝関係に対する中韓両国の戦略的懐疑を解くことである。1992年に中韓国交を結んだ以来、両国の経済往来が持続に増長しているが、外交安全領域でまだ実質的な関係にならない。そのうち最大な原因は、韓国はアメリカとの関係をもっと重視しているが、中国は北朝鮮との関係をもっと重視しているため、韓中両国の認識領域における不信とわだかまりが生じる。現在、アメリカがアジア太平洋のリバランス（rebalancing）戦略の実施を加速しているので、中米間の激しい競争が韓中間の戦略的不信を強める。中国の崛起を牽制するため、アメリカは韓米同盟を強化したがるが、中国はアメリカの対中国包囲戦略に抵抗するため、北朝鮮との関係をもっと重視している。中米間の矛盾は最終に韓米同盟と中朝同盟の間の矛盾にエスカレート・拡大している。この構成を改善するため、韓国は中国脅威論を放棄して中国チャンス論をもっと重視し、全面的に韓中関係の発展を促し、矛盾要素を解くべきである。過去を振り返ってわかるように、事実上、中国の安定が周辺国家の安定、平和と共同繁栄に巨大な積極的な影響を与える。また、現在中国が主張している責任ある大国、平和的崛起、平和的発展、協和的世界などのスローガンが外交辞令のレベルにとどまらないで、朝鮮半島問題の解決に対して中国はより協力的、積極的な働きをするに決まっている。従

い、韓国は韓米同盟の維持に力を集中しないで、中国の核心的利益を侵犯しない前提で慎重的な最小限主義（ミニマリズム）又は機能主義の解決案を取るべきである。

　韓中関係の発展を通じて北朝鮮の核問題を解決するため、韓国は中国の核心的利益（主権、安全、発展）を尊重しなければならず、韓中関係の発展を求めるべきである。韓中関係を発展するには、特に中国の核心的利益を侵犯する可能性のある対外行動を抑える必要である。例えば、北朝鮮に対する吸収統一論の放棄、大規模の韓米合同訓練と THAAD の配備の減少、在韓米軍の戦略上の活動に引きおこされた地域干渉の減少等。その次、戦略的実用主義に基づき、韓米連合と韓中協力戦略を同時に実施し、韓米同盟を維持する同時に全方位的に韓中の中長期的な戦略的協力パートナーシップを拡大・強化して、摩擦を防止する。第三、北朝鮮に対する強硬な政策が朝韓両国に軍事上の緊張と衝突をもたらすだけではなく、周辺強国の介入も引き起こすため、この強硬な政策は朝鮮半島の問題を国際化し、北東アジア地域の平和と安定も妨害する。従い、朝鮮半島の安全苦境を認識して、朝鮮半島問題を強調する向心力を回復して、対話と協力の方式で自主に朝鮮半島問題の解決案を模索する必要である。第四、北朝鮮の核問題を解決するため、我々は持続に努力して、北朝鮮が一番心配している安全保障体制と対朝強硬政策を変えて、北朝鮮の改革開放を促進し、朝米、朝日関係の正常化を回復させる。

　また、歴史と地政学の角度から見れば、朝鮮半島の平和・安定が朝韓両国の主導ではじめて実現できるが、周辺国家の保障がなければ維持しがたいのである。従い、朝鮮半島の平和・安定を保障するため、適切に周辺国家と朝韓両国の両国関係を多国間協力にエスカレートしなければならない。そのため、まず、朝鮮半島の周辺国家が多国間関係の基本的枠組みを形成すべきである。即ち、韓国の対中関係、対露関係と北朝鮮の対米関係、対日関係のバランスを達成する。第二、地域内国家間の全体的多国間関係を形成する必要である。それぞれの国家利益と目標が相違であるため、多くの難題が存在するが、それこそ多国間安全協力メカニズムを構築する必要である。第三、朝鮮半島の最大な安全脅威要素は北朝鮮の危機であり、北朝鮮の危機を解決して初めて安定を実現できる。最後に、朝鮮半島の秩序を再調整する過程において、中米間の競争と対立で強行して政策を実施する状況の発生を防止しなければならない。協力的、平和的な朝鮮半島安全秩序を模索するため、六者会合をさらに促進して、最終に朝鮮半島多国間安全メカニズムを構築して、それを基礎に朝鮮半島の平和・安定を推進すべきである。

（中訳文から　郭曉麗　訳）

한반도 안보 딜레마 해결을 위한
한반도 다자안보체제 구축 모색

郑载兴 *

1. 서론

최근 중국의 급부상은 미국의 '아시아 회귀(pivot to asia)' 정책을 보다 가속화 시키면서 점차 경쟁과 대립이 심화되기 시작하였다. 이미 일부에서는 현재 중미간의세력전이(power transition) 일어나고 있으며 앞으로 더욱 심화될 것으로 내다보고 있다. 이러한 세력전이로 인해 현재 한국은 중미간의 경쟁과 대립구조로 인해 갈수록 안보적 딜레마에 직면하고 있다. 죽 미국과는 여전히 군사동맹관계를 맺고 있으며 중국과는 최대 경제교역관계, 북한과는 적대적인 관계, 북한과 중국은 당(중국 공산당) 대 당(북한 노동당) 특수관계를 형성하고 있기 때문이다. 현재 한반도 안보에서 가장 핵심적인 이슈는 결국 북핵문제일 것이다. 주지하다시피 지난 2013년 2월 북한은 국제사회의 강력한 반대에도 불구하고 제3차 핵실험을 강행하였다. 이에 유엔 안보리 차원에서 독자적인 대북제재인 2094호를 채택하자 북한은 추가로 4차 핵실험 시사와 미사일 발사 공언, 개성공단 폐쇄 등 연이은 한반도 긴장국면을 조성하였다. 이미 북한은 핵탄두의 소형화, 경량화, 다종화를 비롯해 몇 가지 기술적인 문제를 안고 있으나 사실상 핵무기가 실전 배치된 상황이다. 아울러 북한은 국제법적으로 인정되는 핵보유국(nuclear weapon state)는 아니지만 핵무장 능력을 가진 핵능력 국가(nuclear capable country)인 것도 사실이다. 이처럼 북한이 핵무기를 단계적으로 고조시키는 목적은 궁극적으로 한국을 비롯한

---

* 한국 경남대학 극동문제연구소 한반도안보연구센터 연구원.

미국과의 협상에서 유리한 고지를 차지하고 북미수교 정상화, 평화체제 구축 등 자국의 요구를 관찰 시키고자 하는 의도로 볼 수 있다. 이미 북한은 4 차 핵실험 가능성을 언급하면서 한국과 미국에 자국의 협상요구를 관찰시키고자 지속적으로 노력하고 있다. 따라서 남북한과 중미관계가 심각한 대결과 경쟁관계를 형성해 나간다면 한반도는 매우 위험한 안보적 딜레마와 위기에 처할 수 밖에 없는 구조이다.

향후 북핵문제 전개는 한반도 안보질서의 방향을 결정하는 핵심적 변수라고 할 수 있다. 특히 한반도의 평화와 안정, 남북한관계 개선과 한반도 평화정착을 위해서는 무엇보다 중국과의 실질적인 협력이 매우 중요하다. 그러나 현재 한중간에는 6 자회담과 북핵문제 해결에 대한 입장차이, 한미동맹을 바라보는 인식차이 등 해결하기 매우 어려운 안보적 딜레마 요소가 존재하고 있다. 이에 더해 한반도는 매우 첨예한 지정학적 속성 때문에 아직까지 냉전적 요인이 사라지지 않고 있다. 결국 이러한 첨예한 안보 문제점들을 해결하기 위해서는 무엇보다 한반도의 불안정한 냉전적 상태를 안정적 평화 상태로 전환이 필요하며 이를 위해 한반도 다자안보체제구축의 제도화가 절실히 요구되는 상황이다. 또한 남북관계의 발전을 어떻게 제도화 시키고 평화와 통일을 달성할 수 있는가에 대한 대내외적 공감대 형성구축도 매우 중요하다. 현재 북중관계, 중미관계 등을 고려할 때 무력통일이나 흡수통일은 사실상 실현 불가능한 상황으로 결국 점진적이고 단계적인 대화 및 협상 방식에 기초한 평화적 통일이 가장 합리적이고 실현 가능성이 높은 방안일 것이다. 따라서 본 논문은 한반도롤 둘러싼 중미간 세력전이 구조 속에서 한반도 안보딜레마의 본질을 규명하고 실현 가능한 새로운 한반도 다자안보체제 방향을 모색하고자 한다. 특히 현재 매우 복잡한 안보환경 속에서 한중관계의 진정한 협력적 발전을 도모하면서 한반도의 평화와 안보를 확립하는 방안을 찾는데 주안점을 두고자 한다. 마지막으로 이러한 주안점에 기초하여 한반도 안보적 딜레마들을 해결하고 동시에 획기적인 남북관계 개선을 모색할 수 있는 한반도 다자안보체제 구축 가능성과 방향 등을 살펴보고자 한다.

2. 다자안보체제의 개념적 논의

한반도 다자안보체제구축에 있어 다자주의는 이론적 분석틀을 제시하고 있다. 이미 다양한 연구에서 논의되었듯이 다자주의 (multilateralism) 는' 불가분성, 일반화된 행위원칙, 그리고 포괄적 호혜성 (diffuse reciprocity) 이라는 속성이 세계적, 지역적으로 공유되고 제도화되는 과정을 의미한다. 다자주의는 국가간 관계를 조정하여 나가는 방식으로 다자적 형태를 통해 조직화 내지 제도화하는 것으로 명목적 다자주의와 실질적 다자주의로 분류한다. 이에 코헨인 (Robert O. Kohane) 은 명목적 다자주의를 '3개 이상의 국가들이 집단적으로 국가정책을 조정해 나가는 것'으로 설명하고 있다. 한편 러기 (John Ruggie) 와 카포라소 (James Caporaso) 는 실질적 의미에서 다자주의에 대해 정의했는데 실질적 의미의 다자주의는 '3개 이상의 국가들이 어떤 원칙, 규범, 또는 국제적인 기준을 만들어 나가면서 이에 따라 국가정책을 상호 조정' 하는 것이라고 설명하고 있다. 즉 코헨인은 다자주의 협력의 행태적 측면을 더욱 강조한 반면 러기와 카포라소는 다자주의를 구성하는 국가들이 지켜야할 원칙과 규칙, 규칙의 제도화 과정의 중요성을 보다 중요시하고 있다. 이처럼 다자주의에 기초하여 탈냉전기의 국제정세와 안보를 적극적으로 수용한 개념이 '다자안보협력 (multilateral security cooperation) 인데 이는 지역 내 국가간 정치, 경제, 외교, 군사 등 모든 분야의 현안들을 협의하여 분쟁요인을 사전에 제거하고 동시에 분쟁예방과 분쟁의 평화적 해결을 도모하는 '협력안보 (cooperation security)' 를 의미한다. 특히 다자간 안보대화 및 협력안보는 대입구조가 불명확하고 안보적 불안정이 잠재하는 지역에서 분쟁의 발생소지 및 불안요인을 비군사적 수단에 의해 사전방지 및 제거 등을 도모하는 예방외교 (preventive diplomacy) 이다. 이는 각국대표들이 모여 다자안보대화 체제를 통해 정보교환 및 상대방의 의도를 파악할 수 있다면 국가 활동의 투명성 증대와 분쟁발생을 사전에 억제가능하다는 것이다. 즉 협력안보는 분쟁 발생 이후의 대처보다는 구성국간의 정치 / 외교 / 군사적 신뢰를 구축하여 각종 분쟁을 사전에 예방하는 예방외교에 모든 초점을 두고 있다. 즉 협력안보개념에 기초한 다자안보협력은 개별국가가 동등한 권리를 갖고 상호이익 차원에서 공동으로 적용되는 규칙과 제도들을 창출하는 과정을 의미한다.

탈냉전기 다양한 전통적 및 포괄적 안보위협의 요인으로 인해 지역의 안정과평화 체제 형성이라는 목표 아래 다자안보협력에 기반을 두는 지역기구의 필요성이 더욱 강조되는 계기가 되었다. 특히 한반도 지역은 남북간의 첨예한 군사적 대치, 북한의 대량파괴살상무기 (WMD) 문제, 이념적 대결, 군비경쟁, 영토분쟁 등 다양한 안보 불안정성이 존재하고 있는 지역이다. 이러한 각종 안보위협에 대처하는 가장 효과적인 방안은 결국 한반도 다자안보체제와 같은 다자안보협력 기구 창설을 통해 지역안정을 도모하는 것이다. 특히 급변하는 한반도 안보환경 속에서 남북한, 미국, 중국, 일본, 러시아 국가들은 일방적인 힘의 우위관계가 아닌 보다 평등하고 균형적인 다자적 안보대화협의를 통해 역내지역의 각종 안보적 문제를 해결해 나갈 필요성이 제기된다. 또한 탈냉전 시기 어느 지역보다 국가이익이 첨예하게 상호 교차하는 역내 지역에서 갈등이 심화되지 않도록 방지할 수 있는 다자간 안보협의체 역할 확대와 기여는 갈수록 중요해지고 있다.

3. 한반도 안보딜레마 고찰

현재 중국은 한국과는 경제통상관계에 중점을 두는 방면 북한과는 전통적인 사회주의적 유대관계를 지속적으로 유지하고 있다. 이러한 이유로 중국은 북한의 핵실험에도 불구하고 국제사회의 대북제재와 압박 요구에 다소 미온적으로 대응하고 있다. 즉 중국의 입장에서 보면 여전히 북한은 사회주의체제의 전략적 완충지대로서 역할을 하고 있는 중이다. 비록 과거에 비해 전략적 완충지대로서 역할이 많이 사라졌지만 그렇다고 불확실한 미래의 북한보다는 비록 자신들의 영향력 한계가 나타나고는 있으나 여전히 북한은 중국으로서는 중요한 전략적 가치를 지닌다. 결국 중국의 북한 껴안기는 중국마저 북한을 버린다면 북한은 영원히 국제사회에서 고립될 것이며 북핵문제 해결은 난망하고 북한 스스로 통제 불능 상태에 빠져 한반도 전체의 평화와 안정이 파괴될 수 밖에 없다는 논리로 귀결되고 있다. 또한 한미동맹 강화에 대해 과거 냉전시대의 유산물이며 대중국 봉쇄 전략의 일환으로 인식하고 있다. 결국 중국이 북한제재에 앞장서거나 대북정책 기조를 전환할 이유는 거의 없다.

이것이 현재 북한문제를 두고 한중간이 부딪히는 가장 큰 딜레마이자 인식의 충돌인 것이다. 아울러 향후 시진핑 지도부의 대한정책은 전략적 협력동반자 관계 강화를 통하여 갈수록 격화되고 있는 미중간 세력경쟁에서 한국이 미국의 대중포위망에 불참하도록 유도하기 위해 노력할 것으로 보인다. 특히, 최근 한일, 중일간 영토주권 문제를 둘러싼 갈등 상황에서 한국과 적극 협력하여 일본을 외교적으로 압박하고 미국의 한미일 동맹체제 강화를 통한 대중 포위망체제에 균열을 야기할 수 있는 협력적 파트너로서 한국의 전략적 위치를 인식하고 있다. 특히 2013년 박근혜 대통령의 중국방문을 심신지려 (信心之旅 : 마음과믿음을 쌓아가는 여정) 으로 표방하고 양국정상회담을 통해 한중전략적 협력 동반자관계를 보다 강화해 나가기 위한 차원에서 △한반도 및 동북아 평화와 안정을 위한 협조, △정치, 경제, 사회, 문화 등 제반분야 협력강화, △지역 및 국제문대에서 협력방안 등을 논의하였으며 정상회담 직후 한중정상은 '한중미래비전공동성명 및 부속합의서' 채택을 통해 △정치안보분야 전략적 소통제고, △경제사회분야 협력확대, △인문분야 유대강화 추진이라는 3대 중점 추진방안과 △지도자간 소통채널 상시 유지, △경제통상 협력강화 등을 내용으로 하는 5대 세부이행계획까지 발표하였다. 또한 한중 정상회담에서 양국정상은 한반도 미래비전 공동성명을 통해 한반도 비핵화와 평화안정 유지를 위해 함께 노력한다는데 기본적인 합의를 이루었다.

　　그동안 중국은 남북한에 대한 등거리 외교를 추진하였다. 즉 북한과의 동맹관계를 유지하면서도 한국과 전략적 협력 동반자 관계를 발전시켜 나갈 수 있었다. 그러나 중미간의 세력전이시대가 본격화되면서 중국은 북한의 전략적 가치를 재평가하지 않을 수 없게 되었다. 사실 북한의 지속적인 핵무기 실험과 미사일 개발은 중국에게 부담이 되고는 있으나 중미간 세력전이의 불투명한 시대에 중국은 북한을 여전히 동맹국가이자 완충국가로서 지니는 전략적 자산으로 인식하고 있다. 따라서 중국은 북핵문제와 같은 북한문제 모든 관련 당사국들의 냉정하고도 신중한 대응을 강조하지 않을 수 없었고 그것은 결국 북한을 옹호하는 입장으로 해석되면서 한중 전략적 협력동반자관계도 다소 냉각되는 상황에 직면하게 되었다. 특히 시간이 갈수록 불안정한 미중 세력전이 시대에 북한의 군사모험주의를 견제하기 위해서는 군사적・외교적 차원에서 한미동맹의 확대 강화가 필요하지만 중국의 이해를 얻지 못하고 한미동맹 강화만 강조하면 오히려 중국을 자극하여 북중동맹 강화를 촉발하고 한미동맹과 북중동맹이 상호 대립적으로 추진되는 신 냉전적 상황을 초래할 위험성도 매우 높게 존재한다. 결국 북한의 문제를 해결하기 위해서는 무엇보다 한미동맹과 한중관계의 조화, 북미관계와 남북관계 개선 등이라는 3차방정식, 4차방정식의 해법을 동시에 풀어나가야 하는 매우 어려운 딜레마적 상황에 직면하고 있다. 사실 북한문제에 있어 중국의 불만은 한국정부가 남북한 관계 개선에 최선을 다하지 않으면서 민감하고 복잡한 북한현안만 발생하면 중국의 역할을 과도하게 요구한다는 것이다. 특히 이명박 정부의 대북 강경책으로 남북관계를 대결구도로 몰고 갔다는 점에 매우 강한 불만과 불신을 가지고 있다. 따라서 한국으로서는 대북정책에 관한 중국의 고유한 방식, 절차, 속도를 이해할 필요가 있다. 만약 한국이 북한과의 대결적인 정책을 구실로 대북강경정책을 지속적으로 유지한다면 중국의 대북역할은 의지, 능력 면에서 크게 약화될 수 밖에 없고 결과적으로 한중 대북정책 공조는 유명무실화 될 수 밖에 없을 것이다.

이처럼 한중, 북중, 남북한의 삼각구도는 상호 연계되어 있는 관계로서 하나의 관계가 변화될 경우 기타 양자관계에 즉각적인 영향을 미친다. 그리고 이러한 관계는 예외 없이 매우 복잡한 역사적, 지정학적 연원을 갖고 있으며 현재 단계에서 해결 불가능한 사안을 각각 내포하고 있다. 따라서 이들 삼각구도의 긍정적 양성 순환이 이루어져야 하며 그 출발점은 결국 남북한 관계의 개선과 교류협력 증진이다. 그동안 한중 전략적 협력이 이루어지지 못한 가장 큰 이유는 남북한 관계의 장기 경색과 단절이 지속되었기 때문이다. 즉 중국이 여전히 북한체제의 지속적인 존속을 전제로 하는 이상 중국의 대북전략의 최우선 고려사항은 북한체제 안정 일수 밖에 없다. 이러한 중국의 대북정책과 전략을 정확히 이해한다면 남북한의 군사적 긴장과 대결구조 강화는 결국 한중 전략적 협력의 공간을 극도로 제약할 것이다. 이에 한중간 전략적 협력 강화를 위해서라도 한국은 북한에 대해 압박과 대립에서 벗어나 대화와 협상의 새로운 대북정책 방식을 적극 추진해 나가야 할 것이다.

<표-1> 한중간 주요 안보딜레마 이슈

4. 한반도 다자안보체제 구축 모색

작금의 남북관계경색국면 지속, 한반도를 둘러싼 동북아 정세 등 대내외 환경은 남북 상호불신 심화, 대립적 상황 지속 및 북한 핵무기 상황의 악화 등으로 그 어느 때 보다 어려운 환경에 처해 있다. 이에 박근혜 정부의 한반도 신뢰프로세스가 작동되기 위해서는 먼저 6자회담 회의론, 장성택 처형 이후 북한의 급변사태와 붕괴론에서 벗어나 좀 더 유연성을 확보하고 적극적이고 전향적인 대북정책을 추진하고 동시에 중국과 내실 있는 대화를 통해 북한의 불안정성을 선제적으로 관리해 나가야 할 필요성이 있다. 최근 중국의 신형대국관계 제의 모색에도 불구하고 중미간 정치/외교/군사적 갈등과 일본의 극우화에 따른 한일, 중일 간 갈등 및 영토를 둘러싼 중일분쟁 야기와 미국의 재균형 전략 등이 직간접적으로 우리의 남북관계와 통일환경을 갈수록 어렵고 복잡하게 만들고 있다. 특히 한국에 있어 가장 민감한 안보딜레마는 미중갈등에 한국이 원하지 않는 방식으로 개입될 수 있다는 것이다. 향후 한미상호방위조약에 따라 한국 방어를 위해 주둔하던 주한미군이 중국과의 대만 혹은 센카쿠 분쟁 발생으로 한국을 떠나 지역작전에 참가하게 될 때 한국은 상당히 어렵고 곤혹스러운 안보적 상황에 직면하게 될 수 있다.

이처럼 복잡하고 어려운 한반도 주변 안보구조 속에서 박근혜 정부는 2013년 개성공단에서 보여준 북한의 태도변화를 대북 원칙주의 성공으로 규정해서는 안된다. 첫째로 미국과의 관계개선을 원하면 자세변화를 보이라는 중국의 강한 요구를 2013년 5월 최룡해 방중을 통해 북한이 수용했을 가능성이 높다. 둘째, 대북원칙주의 결과가 위협의 핵심인 핵문제에 대한 낙수효과(spill-over)을 내긴 어렵기 때문이다. 여기서 가장 중요한 문제이자 딜레마는 우리가 대북원칙주의로 압박하는 동안 북한은 핵무기를 포기하지 않고 오히려 양적 혹은 질적으로 늘리고 개선시키고 있다는 것이다. 사실 과거 이명박 정부의 '비핵/개방 3000구상'과 미국의 오바마의 '전략적 인내(strategic patience)' 모두 성공하지 못했다. 이러한 상황에서 북한을 길들이는 데만 몰두한다면 오히려 우리의 안보가 위태롭게 될 수도 있을 것이다. 북핵문제 해결의 해법이 있다면 한국은 중국을 통해 북한에 압력을 행사한다는 개념에서 벗어나야 할 것이다. 위에서 지적한 대로 과거로부터 중국은 포위심리에 기초한 전통적인 지정학적 사고, 미국 패권에 강한 저항감과 불신감, 그리고 미국 재균형에 따른 미일동맹 강화 등 정치적, 군사적, 심리적 긴장구도 등을 감안할 때 중국이 한국을 포함한 국제사회가 바라는 정도와 방향으로 북한에 압력을 가하리라 판단한다면 이는 중국의 역사와 전략문화, 북중 이해관계구조를 모르는 순진한 희망사항(wishful thinking)이라 할 수 있다. 만약 북한이 4차 핵실험을 강행한다고 해도 중국은 북한체제에 위협이 되지 않는 선상에서 압박을 가할 것이며 북한 역시 중국의 경고를 무시할 가능성이 높다. 따라서 국제사회가 중국에 대한 기대를 갖고 요구하고 있는 대북 경제제재는 그다지 큰 효과가 없다고 보아야 할 것이다. 이미 북한의 학습효과와 내성 증가 역시 대북제재 효과를 약화시키는 주요 요인으로 지난해 북한경제는 2년 연속 성장하였고 대외교역규모는 전년대비 4억 5천만불 늘어났으며 수출도 28억 8,000만 불로 전년대비 3.3% 증가하였다. 결국 북핵문제를 해소하고 한반도의 평화와 안정을 도모하기 위해서는 기존의 중국을 통한 북핵문제 해결 및 대북제재 일변도에서 벗어나 새로운 대안적 해법을 모색해야 할 것이다 .

향후 남북한 사이 전쟁이나 분쟁 없이 화목하면서 평화를 유지하기 위해서는 상대방의 위기나 불행이 자신의 기회와 행복이라는 인식과 자신의 이익을 상대방에 강요하거나 굴복시키는 것과 같은 제로섬 (zero-sum) 적인 논리에서 벗어나 자신의 이익뿐만 아니라 상대방의 이익도 존중하면서 상호간 이익을 최대화하는 포지티브섬 (positive-sum) 적 접근방식을 추진해야 될 것이다 . 즉

여러 대안 중 가장 현실성이 높은 대안은 한반도의 지역안보 패러다임을 새롭게 구축하는 것으로 기존의 세력균형이나 집단동맹 , 가치동맹 등과 같은 전통적 안보 메커니즘을 넘어선 공동안보 또는 협력안보 개념에 기초한 한반도 다자안보체제 구축이다 . 사실 안보문제는 배타적 혹은 제로섬적 가치가 아닌 유관국들이 공유해야 할 공공재적이고 비제로섬적 가치가 되어야 한다 . 다시 말해 국가의 안보는 다른 국가로부터 안보적 위협을 느낄 수 있는 다른 국가의 안보가 동시에 추구될 때 비로소 안보문제 해결이 가능하다 . 즉 타국의 안보와 무관하게 배타적 안보를 일방적으로 추구하는 경우 소위 안보 딜레마가 발생할 수 있다 . 안보적 딜레마를 해소시킬 수 있는 유일하고 근본적 방안은 공동안보 및 협력안보를 추구하는 한반도 다자안보체제 구축이다 . 이러한 다자안보체제 구축을 통해 남북한 , 중미 , 중일 , 북미 , 북일 사이의 각종 갈등과 불신을 해소시키고 지역 내 평화와 안정을 적극 모색해 나가야 할 것이다 . 한반도 다자안보체제의 구축과 제도화를 위해서는 무엇보다 우리정부의 강한 정치 - 외교적 의지가 필요하다 . 사실 북핵문제의 악화 , 주변국들의 영토문제 , 역사문제 , 미사일 방어체제 (MD) 문제 , 민족주의 문제 , 역내 국가들간 다자적 접근의 불신 , 양자동맹 유지 등으로 다자안보협력체제가 쉽게 구축되지 못하고 있는 것이 현실이다 . 현재 우리가 주창한 한반도 신뢰프로세스와 동북아 평화협력구상에 대해 주변 국가들이 원칙적인 공감은 표시하고 있는 중이다 . 물론 다소 외교적이고 수사적인 측면을 갖고 있는 것이 사실이지만 한국의 미래지향적인 전략적 위치 재설정이 남북관계 , 한중관계 , 한일관계 등의 개선과 지역안보 환경의 안정적 변화를 가져오고 국제관계의 새로운 시작점을 선점하는 창조외교에 의해 뒷받침 될 경우 새로운 지역내 평화안정 구조를 창출할 수 있을 것이다 . 특히 북한 비핵화를 목표로 하는 6 자회담을 적극 활용할 필요가 있다 . 즉 6 자회담에서 남북문제를 분리하고 낮은 단계수준인 역내지역 간 다자안보협력 체제부터 시도해 볼 수 있다 . 이는 6 자회담을 통해 합의된

9.19 공동성명의 약속과 비전과도 완전히 일치한다. 한반도 비핵화라는 공동의 목표를 달성한다면 이후 정전 및 평화체제, 군비통제 문제등도 자연스럽게 논의가 이루어 질 수 있다.

향후 한반도 평화와 안정을 위한 주변 국가들과의 다자안보협력체제는 분야에 있어서 포괄적인 개념하에서 추진되어야 한다. 이를 위하여 다자협력체제의 주요의제를 선택하는데 있어 광범위하고 융통성 있는 접근이 필요하다. 유럽은 정치, 군사, 경제, 과학, 기술, 인권, 환경 등 다양한 분야의 접근을 하였기 때문에 포괄적인 신뢰구축을 이룰 수 있었다. 반면에 한반도를 둘러싼 주변 강대국들은 다양하고 상충되는 이익과 이해관계가 존재하기 때문에 동등하고 모두에게 도움이 되는 포괄적 접근이 다소 어려울 수 있지만 포괄적 접근 명제 없이 다자안보협력을 추진하게 된다면 특정국가에 유리한 불평등하고 불균형한 제도가 이루어질 수도 있다. 이러한 우려를 불식시키고 향후 한반도 평화와 안정을 조성하기 위해서는 무엇보다 첫째, 한반도 평화수립 합의에 대한 국제적 지지와 보장의 획득, 둘째, 한반도 평화 및 통일과정에서 남북한 당사자들이 주도권을 행사할 수 있는 우호적인 주변국 환경 조성, 셋째, 한반도 평화체제 수립과정에서 주변 강대국들의 방해 내지는 군사적 개입을 방지할 수 있는 주변 환경조성, 넷째, 북한의 급작스러운 붕괴 방지 및 주변정세의 급변에 대비한 역내 안보협력 및 조정기구 마련 등이 필요하다. 만약 이러한 기조하에 한반도 다자안보체제가 형성된다면 첫째, 어떤 특정국가가 한반도 평화수립과정에서 압도적인 영향력이나 압력을 행사하는 것을 적극 방지할 수 있다. 둘째, 한반도 평화와 관련된 주변 강대국간의 이해관계 및 입장조정에 매우 유리하다. 셋째, 남북교차승인 이후 한반도 통일까지 나아가는 과정에서 주변국들이 가지게 되는 거부감 및 우려를 해소할 수 있다. 최종적으로 한반도 주변 국가들과 다자안보체제가 구축된다면 남북한 간에 이미 체결된 기본합의서 등 양자협정이 지역협력의 틀 안에서 보장 및 강화될 수 있으며 남북한 당사자 간에 해결이 어려운 안보문제를 다자안보체제의 프레임을 통해 합의를 적극 유도해 낼 수 있다. 여기에 우리 정부가 북한이 적극 참여할 수 있도록 유도하여 신뢰구축, 군비통제 등을 실시함으로써 한반도의 평화통일을 위한 평화체제 구축 환경을 조성해 나가야 할 것이다.

물론 현재 한반도를 둘러싼 불안정한 안보환경상황에서 다자안보체제구축을 통해 평화논리를 주장하는 것에 대해 일부에서는 반박할 수도 있을 것이다.

하지만 장기적 관점에서 본다면 한반도의 평화와 안정은 반드시 이루어져야 하고 동시에 불안정하고 불확실한 안보정세로부터 비롯되는 안보위협들도 해소되어야 한다. 따라서 대립적인 남북관계를 개선하고 보다 우호적인 한중관계를 도모하기 위해서는 첫째, 남북간의 교류와 협력이 지금까지의 비공식적이고 산발적인 단계를 벗어나 보다 제도적이고 안정된 방향으로 활성화되어야 한다. 그리고 효율적이고 부작용이 없고 발전적인 상호교류협력을 위해서는 정치군사적인 신뢰구축을 이루어야 하고 이를 기반으로 다자간 체제 구축을 모색하는 것이 바람직하다. 둘째, 중국을 포함한 주변국의 이익과 역할을 남북관계 개선과 조화시키는 매우 포괄적 접근방법을 통하여 역내지역내 신뢰구축까지 발전시키는 것이 필요하다. 이러한 각고 노력을 통해 지역간 신뢰구축이 이루어진다면 제도적으로 한반도의 평화를 구축하고 보장할 수 있는 평화체제로의 이행을 적극 추진해 나갈 수 있다. 과거 역사를 살펴보면 국제질서는 갈등과 위기로 비롯된 각종 위기와 도전을 협상과 대화의 수단을 통해 새로운 기회로 탈바꿈하면서 지속적으로 발전하여 왔다. 현재 한반도의 가장 첨예하고 민감한 안보이슈인 북핵문제 해결을 위해 이미 6자회담이 열렸으며 머지않아 한반도 지역도 유럽 CSCE, 중앙아시아 SCO와 유사한 한반도 다자안보체제가 구축되어 북핵문제, 통일문제, 영유권 분쟁등과 같은 각국의 첨예한 이해관계가 걸린 다양한 안보이슈들이 함께 논의되고 해결되어 지기를 기대해 본다.

5. 결론

향후 한국 외교의 가장 큰 딜레마는 한미동맹과 북중관계에 대한 중국과 한국의 전략적인 의심을 해소하는 것이다. 지난 1992년 한중수교 이후 양국관계는 경제관계에서는 눈부신 성장을 지속하였지만 외교안보분야에서는 실질적인 관계가 구축되지 못하였다. 가장 큰 이유는 한국은 미국과의 관계를 중시하고 있다는 중국측 인식과 중국은 북한과의 관계를 중시하고 있다는 한국측 인식간의 불신과 간극 때문이다. 여기에 미국의 재균형(rebalancing) 정책이 가속화되면서 중미간의 치열한 경쟁은 한중간의 전략적 불신을 더욱 강화시켰다. 즉 중국의 급부상을 견제하기 위해 미국은 한미동맹을 강화하려 시도하고 중국은 미국의 대중국포위전략을 저지하기 위해 북한과의 관계를 더욱 중요시하면서 중미간 갈등이 결국 한미동맹과 북중동맹 간의 갈등으로 확대되는 상황을 연출하고 있는 것이다. 이러한 구조를 개선시키기 위해서는 중국 위협론 보다는 중국 기회론 관점에서 한중관계 발전을 전면적으로 추진하고 갈등요인들은 완화시켜야 한다. 돌이켜 보면 중국의 안정은 주변국가들의 안정과 평화 그리고 공동번영에 긍정적 영향을 미쳐왔다는 사실을 지적할 필요가 있다. 동시에 현재 중국이 주장하는 대국책임외교(負責人大國), 평화부상(和平崛起), 평화발전(和平發展), 조화세계(和諧世界) 구호가 단순히 외교적 수사에 그치지 않고 한반도 문제해결에 보다 협력적이고 적극적인 중국(assertive china)의 역할을 요구할 수도 있다. 이에 한국 역시 최소한 한미동맹 유지와 중국 핵심이익을 침해하지 않는 한국의 신중한 최소주의 접근법 혹은 기능주의적 접근법도 함께 요구된다.

향후 한중관계 발전을 통한 북한문제 해결을 위해서는 중국의 핵심이익(주권, 안보, 발전)을 존중하는 가운데 한중관계의 발전을 도모해야 한다. 특히 한중관계 발전을 위해서는 중국의 핵심이익을 침해하는 대외적 행동을 자제할 필요가 요구된다. 예컨대 대북흡수통일론 배제, 대규모 한미연합훈련, 사드(THAAD) 배치, 주한미군의 전략적 유연성에 따른 지역개입 최소화 등이 있다. 둘째, 전략적 실용주의에 입각한 연미협중 전략에 따라 한미동맹을 유지하면서도 중국과 중장기적 전략적 협력동반자관계를 마찰 없이 전방위적으로 확대 강화해 나갈 필요가 있다. 셋째, 남북한 군사적 긴장과 충돌 나아가 주변 강대국들의 개입을 불러올 수 있는 대북강경책은 한반도 문제의 국제화를 초래하여 한반도 뿐만 아니라 동북아의 안정과 평화를 크게 저해하였다. 따라서 한반도의 안보적 딜레마를 인식하고 남북관계 복원으로 한반도 문제의 구심력 강화와 대화와 협력을 통한 자주적인 방식으로 해결책을 모색해 나가야 할 것이다. 넷째, 북핵문제 해결을 위해서는 북한이 가장 우려하는 체제 안전보장과 함께 대북강경정책의 전환부터 시작하여 북한의 개혁개방 촉진과 북미, 북일관계 정상화를 위한 우리의 지속적인 노력도 병행되어야 한다.

아울러, 역사적, 지정학적 측면에서 살펴보면 한반도의 안정과 평화는 남북이 주도적으로 이루는 것이지만 주변국들의 보장 없이는 유지되기가 매우 어려운 구조이다. 한반도의 안정과 평화에 대한 보장은 주변국들과 남북간의 기존 쌍무적 관계에서 한 단계 더 나아가 다자간 협력이 절실히 필요하다. 이를 위해 첫째 한반도 주변국가들의 다자적 관계의 기본틀이 요구된다. 즉 한국의 대중, 대러관계와 북한의 대미, 대일관계가 균형이 필요하다. 둘째, 역내 국가들간의 총체적인 다자적 관계가 요구된다. 물론 국가이익과 목표가 서로 다르고 이질적이기 때문에 어려운 점은 있지만 오히려 그렇지 때문에 다자안보협력체제가 요구되는 것이다. 셋째, 한반도 안보의 가장 위협요소인 북한의 위기가 해결되고 안정이 필요하다. 마지막으로 한반도 질서의 재편과정에서 중미간의 경쟁과 대립에 따른 강요된 선택상황을 막고 협력적이고 평화적인 한반도 안보 질서 모색을 위해서는 6자회담을 보다 발전시켜 나가 궁극적으로는 한반도 다자안보체제를 구축하고 이를 토대로 한반도의 평화와 안정을 모색해 나가야 할 것이다.

消除战略疑虑是中日韩安全合作的前提

黄大慧 *

20 世纪 80 年代，日本曾在防卫白皮书中对中国的军事力量作出判断，认为"中国兵员多，但武器装备落后；经济建设优先，所以国防开支增加有限"。冷战结束以后，虽然中国军事开支的投入看似增速较快，但整体上是依托而非超越中国本身经济增速的，同时中国人均军费开支仍小于包括日本在内的发达国家，和美国相比则更是差距悬殊。因此，从能力建设上讲，中国的安全理念是防御性而不是攻击性或者扩张性的。

2014 年 4 月，中国国家安全委员会第一次会议指出，中国"对内求发展、求变革、求稳定、建设平安中国，对外求和平、求合作、求共赢、建设和谐世界"。会议也谈到了发展和安全的关系，指出"发展是安全的基础，安全是发展的条件"。而在 2014 年 5 月，在以"加强对话、信任与协作，共建和平、稳定与合作的新亚洲"为主题的亚信会议上，中国提出了"共同、综合、合作、可持续的亚洲安全观"。因此，从意图倾向上讲，中国的安全理念是强调合作与共赢而不是排他或敌对的。

然而，日本对中国的能力和动机却表现出强烈的质疑。从 20 世纪 90 年代提出"中国威胁论"，到现在一定程度上将中国视为"假想敌"，安全问题已成为中日关系中的一个重要困境。冷战结束后，日本初期对华是一种疑虑与观望，到 90 年代中后期开始关注、戒备，而 21 世纪以来，日本具体安全政策上则将防范中国的倾向表现得彻底明面化。

从日本政府出台的安保政策来看，《防卫白皮书》和《防卫计划大纲》总体涉华部分所用的篇幅越来越多，语气越来越重，这表示日本在安全领域对中国的关注度和

---

* 黄大慧：中国人民大学国际关系学院教授。

警戒度越来越高。2001 年，日本《防卫白皮书》首次声称，应该客观、慎重评价中国军事现代化目标是否超出本国防卫的范围，今后有必要对其动向加以关注。2004年，日本《防卫计划大纲》得到修改，除继续提到朝鲜的大规模杀伤性武器和弹道导弹等威胁外，首次特别指出应关注中国的核武器、导弹、海空军现代化建设及海洋活动扩大等动向。至于 2010 年的《防卫计划大纲》更是不仅对"中国在周边海域加强了与主权权利相关的单方面追求"表示不满，还对"中国海军在日本周边海域活动频繁，军事实力不断增强"感到担忧，为了与反华的防卫倾向相对应，新防卫大纲提出重新调整自卫队武器配置、增强运输和机动能力等。

从日本政府采取的外交行为来看，新世纪以来，除了 2009 年民主党上台执政初期（鸠山政府）致力于建立"紧密而对等的日美关系"，积极倡导"东亚共同体"，致力于"友爱外交"但迅速遭遇失败外，日本始终把对美协调合作放在首位，以日美同盟为基轴、强化日美同盟、携美自重、联美抑华依然是日本的安全取向。在具体操作上，日本再三向美国寻求安保条约覆盖钓鱼岛的承诺，现在还希望进一步修改日美防卫合作指针等。除了强化日美同盟外，日本还大搞"地球仪外交"、"价值观外交"，一方面以意识形态为界拉拢部分国家，另一方面则在世界舞台上指责中国是"修正主义"国家和现状挑战者；在海洋权益问题上与中国针锋相对，说中国是国际规则的破坏者；在历史问题上把中日关系和一战前德英关系类比，说中国是既定秩序的挑战者。这些行为都表明日本针对中国甚至对抗中国的色彩愈加明显、激烈。

这种出于冷战思维的安全理念还使得日本希望加强东北亚区域内的日韩双边合作，甚至对打造美日韩三边军事同盟显示出积极性。但是，一方面，由于历史问题和领土争端，日本不仅和中国也和韩国在上述问题上矛盾重重，双边关系基础脆弱；另一方面，日本派兵出海，解禁武器出口，通过内阁决议解禁集体自卫权，试图修改和平宪法等一系列行为与主张，又让中韩感到不安。在合作共赢才是主流思潮的今天，中韩两国也都明白具有针对性和排他性的同盟体系安全架构并不是为东北亚带来和平稳定的良药。

多年来，中国对美国在东北亚地区主导建立的双边同盟关系存有顾虑。如果日韩两国坚持以双边同盟作为安全保障的核心并且要旨之一是针对中国的话，那么东北亚地区的安全合作就始终会在战略互疑中徘徊不前。在刚刚结束的亚非会议 60 周年纪念讲话中，习近平指出要摒弃冷战思维、零和博弈的旧观念，倡导共同、综合、合作、可持续的安全新理念，建设命运共同体，走出一条共建、共享、共赢的安全新路，共同维护地区与世界和平稳定。中日韩三国都应更积极参与三边安全对话和协商。只有在开放的多边合作和协商过程中，三国才能营造出合作、平等的气氛。

中日韓安保協力の前提としてある
戦略上の疑念の払拭

黄大慧 *

20世紀80年代に日本は防衛白書の中で中国の軍事力について「中国は兵員が多いが、武器の設備が遅れている。経済の建設が優先されるので、防衛面の支出の増加が限られている」と判断している。冷戦後、中国の軍事への投入増加が割と速いようにみえるが、全体的に言えばそれが中国の経済発展の速度と一致したもので、また一人当たりの軍事支出において中国は依然と日本を含める先進国より少なく、特にアメリカとの差がさらに大きい。ゆえに、能力からいえば、中国の安保理念は攻撃的或いは拡張的ではなく、防御的なものである。

去年の4月に、中国中央国家安全委員会の第一回の会議において、中国は「内部に対して変革と安定を求めて平和かつ安定の中国を建設しようとし、外部に対して平和と協力と共同利益を求めて平和な世界を建設しようとしている」という内容が指摘された。そして、発展と安全との関係について、「発展は安全の基礎で、安全は発展の条件」だと明言された。それに、去年の5月に、「対話の強化、信頼と協力、平和で安定した協力し合う新しいアジアの建設」をテーマとするアジア相互協力信頼醸成措置会議において、中国は「共同、総合、協力と持続可能なアジア安全保障観」を提唱した。ゆえに、目的の行き先からいえば、中国の安保理念は排他的或いは敵対的ではなく、協力と共同利益を強調するものである。

しかし、日本は中国の能力と動機に対して強い質疑の態度を表現している。20世紀90年代から「中国脅威論」を打ち出し、今でもある程度中国を「仮想敵」として見なしており、安全問題は中日関係の中で深刻な問題になっている。冷戦後、

---

* 中国人民大学国際関係学院教授。

初期では日本は中国に対して疑いや成り行き眺めの態度を取っていたが、90 年代後半から注目と警戒し始め、21 世紀以来具体的な安保政策において中国に対して警備する傾向がすっかり鮮明化になっている。

　日本政府が推し出した安保政策から見れば、白書でも防衛計画の大綱でも、全体的に中国関係の部分はますます長くなり、口調も厳しくなっている。それは日本が安保領域で中国に対する注目と警戒の程度が高くなっているのを表している。2001 年に、日本の『防衛白書』が「中国の軍事現代化の目標が自国防衛の範囲を超えたかどうかを客観的で慎重に評価すべき、今後その動きに関心を払っていく必要がある」と初めて明言した。2004 年に、日本の「防衛計画の大綱」が訂正され、北朝鮮の大量破壊兵器と弾道ミサイル等の脅威を指摘し続けたほか、中国の核武器、ミサイル、海空軍の現代化建設や海洋活動の拡大化等の傾向に注目すべきだと初めて特別に指摘された。2010 年の「防衛計画の大綱」が更に「中国が周辺海域で主権権利関係の片側の求めを強化」したことに対して不満を表しただけでなく、「中国海軍の日本周辺海域における活動が頻繁になり、軍事力の絶えずに強化している」ことに対しても懸念を抱えたり、また反中国の防衛傾向と一致するために、新しい防衛大綱が自衛隊の武器装備を調整し直し、運輸と機動能力を強化しようと提出したりして、その動き方が実に多いと言わなければならない。

　日本政府の外交活動から見れば、21 世紀に入り、2009 年に民主党が執政初期（鳩山政府）で「緊密かつ対等な日米関係」の建設に取り組み、「東アジア共同体」を積極的に提唱し、「友愛外交」に力を入れたがすぐに失敗してしまったことを除いて、日本は一貫に対米協調協力を首位に置き、日米同盟を基軸として日米同盟関係を強化し、米国と手を組んで中国を抑制するのを依然と日本の安保方向としている。具体的な措置として、日本が米国に安保条約の範囲を魚釣島まで覆わせる承諾を再三求めたり、現在また日米防衛協力の指針の更なる修正を望んだりしている。日米同盟の強化のほかに、日本はまた「地球儀外交」や「価値観外交」を大いに行い、イデオロギーを仕切りとして一部の国家を仲間に入らせながら、もう一方で世界の舞台で中国が「修正主義」の国家と現状への挑戦者だと指摘して責めている。それに、海洋権益の問題で中国と鋭く対立し、中国を国際規則の破壊者と言っているし、また歴史問題で中日関係を第一次世界大戦前のドイツとイギリスの関係と類比し、中国を既存秩序の挑戦者と言っている。それらの行為は日本が中国をマトとし乃至敵とする傾向が日々に明らかかつ激しくなっていることを表明している。

　その冷戦的考え方から出た安保理念があるため、日本はまた東アジア域内の日韓

双務協力関係を強化させ、乃至米日韓三角軍事同盟の建設にも積極的な態度を打ち出した。しかし、一方では歴史問題や領土紛争で日本は中国だけでなく韓国とも多くの問題を抱えているので、双務関係の基盤が非常に弱い。もう一方では、日本は軍隊を海外に派遣したり、武器の輸出を解禁したり、内閣決議で集団自衛権を解禁したり、また平和憲法の修正を図ったりしているので、中韓という二つの隣国に不安を感じさせた。協力と共同利益の求めが思潮の主流になっている今日、中韓両国も敵対性や排他性を持つ同盟体系の安保構造が北東アジアに平和と安定をもたらす良薬ではないと分かっている。

　長年来、中国は米国が北東アジア地域で主導して建設した双務同盟関係に懸念を持っている。もし、日韓両国が双務同盟を安保の中心とする上に中国を敵に回すのを要旨の一つと堅持するならば、北東アジアの安保協力はいつまでも戦略の疑いに陥って進まないことになってしまう。終わったばかりのアジア・アフリカ会議60周年記念頭脳会議の中で、習近平主席が冷戦の考え方やゼロサムの旧い観念を捨て、共同・総合・協力と持続可能な新しい理念を提唱し、運命共同体を建設し、共同建設・共同分かち合い・ウィンウィンの新しい安保道路を創り出し、地域と世界の平和と安定を共同で維持しようと呼び掛けた。中日韓三国は三方の安保対話と交渉にさらに積極的に参加すべき、オープンな多国協力と折衝の環境にあるからこそ、三国は協力と平等の雰囲気を作り上げることができるのである。

（劉麗嬌　訳）

전략차원의 불신 해소는 중일한 안보협력의 전제

黃大慧[*]

　　1980년대 일본의 방위백서에서는 중국군사역량에 대해 다음과 같이 판단하고 있다. "중국은 군인수가 많지만 무기장비들이 낙후되어 있고 경제건설을 우선시하기 때문에 국방지출의 증가에 제한을 받고 있다." 냉전이 종식되고 중국의 군사지출은 그 증가폭이 늘어났지만 전반적으로는 여전히 중국의 경제 성장속도에 기반하여 채택되었으며 이를 초월하여 채택되지는 못하였다. 또한 중국의 일인당 군비지출은 일본을 포함한 선진국들보다 여전히 낮은 수준이었고 미국과 비교하면 그 격차는 더욱 컸었다. 이러한 군사력 수준을 감안할 때 중국의 안보이념은 공격이나 확장이 아니라 방어이었다.

　　지난해 4월, 중앙 국가안전위원회 제1차 회의에서 중국은 "대내적으로는 발전, 변혁, 안정을 도모하여 평안중국 건설에 주력하고 대외적으로는 평화, 협력, 상생을 도모하여 조화로운 세계 건설에 주력한다"고 지적하였다. 발전과 안전의 관계에 대해서는 "발전은 안전의 기초이고 안전은 발전의 전제조건이다"라고 밝혔다. 또한 지난해 5월, "대화, 신뢰, 협력을 강화하고 평화, 안정, 협력의 새로운 아시아를 공동 구축하자"라는 주제로 열린 아시아 교류 및 신뢰구축회의(CICA)에서 중국은 "공동, 종합, 협력, 지속가능한 아시아안보관"을 제시하였다. 이처럼 대외정책의 의도 또는 경향을 보더라도 중국의 안보이념은 배타적 또는 적대적인 것이 아니라 협력과 상생을 강조하고 있다.

　　하지만 일본은 중국의 능력과 동기에 대하여 강한 회의를 드러내고 있다.

---

[*] 중국인민대학 교수.

1990 년대에 "중국위협론"을 내놓았고 지금은 일정한 정도에서 중국을 "가상의 적"으로 보고있어 안보문제는 이미 중일관계에 있어서 하나의 중요한 딜레마가 되었다 . 탈냉전 초기에 일본은 중국을 불신하면서도 조심스럽게 살피면서 접근하였고 1990 년대 중 , 후반 부터는 주목하면서 경계하기 시작하였으며 21 세기에 접어들면서 일본은 구체적인 안보정책에 있어서 중국을 방비하는 경향을 공개적으로 드러내 보이고 있다 .

일본정부의 안보정책을 보면 백서든 방위계획대강이든 중국 관련 내용들을 갈수록 늘이고 있으며 그에 대한 표현이 심해지고 있는바 이는 일본이 안보영역에서 중국에 대한 주목도와 경계도가 높아지고 있음을 설명한다 . 2001 년 , 일본은 《방위백서》에서 처음으로 중국군사현대화목표의 본국방위범위의 초과여부에 대하여 객관적이고 신중하게 평가해야 하며 금후 그 동향에 주목할 필요가 있다고 제기하였다 . 2004 년 , 일본은 《방위계획대강》을 개정하면서 북한의 대규모살상무기와 탄도미사일 등의 위협외에 중국의 핵무기 , 미사일 , 해군과 공군의 현대화건설 및 해양활동의 확대 등에 주목해야 한다고 처음으로 특별히 지적하였다 . 2010 년의 《방위계획대강》은 "중국이 주변해역에서 주권 관련 권리에 대한 일방적인 추구를 강화하고 있다"고 불만을 나타냈으며 또한 "중국 해군의 일본주변해역에서의 빈번한 활동과 군사력의 지속적인 증강"에 대한 우려를 표했다 . 반중국의 방위세력에 대응하기 위하여 신방위대강에서는 자위대 무기배치를 새롭게 조정하였고 운송능력과 기동력을 강화하는 등 그야말로 수두룩한 방안을 제기하였다 .

새 세 기 의 일본정부의 외교행위를 검토해 보면 , 2009 년 민주당집권초기 (하토야마정부) 에 "긴밀하고 대등한 미일관계"를 적극 구축하고 "동아시아공동체"를 적극 창도하고 "우애외교"에 주력하다가 바로 실패한 것을 제외하고는 일본은 시종 미국과의 협력을 가장 중시하였고 미일동맹을 기축으로 하는 미일동맹의 강화 , 미국에 의지한 자신지위의 향상 , 미국과 연합한 중국 억제를 여전히 일본 안보의 최선의 선택으로 간주하고 대외정책을 펼쳐왔다 . 구체적인 실행에 있어서 일본은 조어도를 미일안보조약에 적용해줄 것을 미국에 거듭 요구하고 있으며 지금도 미일방위협력지침을 더 한층 수정하기를 원하고 있다 . 일본은 일미동맹을 강화함과 아울러 "지구의외교" , "가치관 외교" 등 정책을 주창하면서 이데올로기로 일부 국가들을 포섭하고 있는 한편 국제무대에서 중국을 "수정주의" 국가와 현황의 도전자라고 비난하고 있다 . 해양권익문제에 있어서는 중국과 날카롭게 대립하여 중국을 국제규칙의 파괴자로, 역사문제에 있어서 중일관계를 제1차 세계대전의 독일과 영국의 관계에 비교하면서 중국을 기존질서의 도전자라고 역설하고 있다. 이러한 행위는 모두 일본이 중국에 맞서려는 의도, 심지어 중국에 대항하려는 경향이 더욱 분명하며 강해지고 있음을 보여주고 있다.

냉전의 사고방식에서 비롯된 안보이념이 고착되어 있어 일본은 동북아지역내에서 한일간의 양자협력을 강화하기를 원하며 심지어 한미일 삼자 군사동맹의 구축에 적극성을 보이고 있다. 그러나 반면에 일본은 중국은 물론 한국과도 역사문제와 영토분쟁이 존재하기에 한일협력 강화, 한미일 군사동맹 구축을 실현하기 위한 기반이 튼튼하지 못하다. 또한 해상자위대의 활동범위 확대, 무기수출금지의 해제, 내각결의를 통한 집단적 자위권의 행사, 평화헌법의 개정 시도 등 일본의 일련의 행위와 주장에 중국과 한국 두 이웃나라는 불안을 느끼고 있다. 협력과 상생이 주류를 이루고 있는 오늘날, 중한 양국은 목적성과 배타성이 강한 동맹체계에 기반한 안보구조는 동북아에 평화안정을 가져다줄 수 없다는 것을 명확히 알고 있다.

다년간, 중국은 미국이 동북아지역에서 주도하여 건립한 양자동맹에 대하여 많은 우려가 있었다. 만약 한일 양국이 양자동맹을 안전보장의 핵심으로 간주하고 그 주요 내용이 중국을 견제하려는 것이라면 동북아지역의 안보협력은 시종 서로에 대한 전략차원의 불신속에서 제자리걸음만 할 것이다. 얼마전에 열렸던 반둥회의 60주년 기념 아시아·아프리카정상회의에서 시진핑은 냉전식의 사고방식과 제로섬게임의 낡은 관념을 버리고 공동, 종합, 협력, 지속가능한 안보의 새로운 이념을 창도하여 운명공동체를 구축하며 함께 가꾸고 함께 누리고 상생하는 새로운 안전보장 방식을 개척하여 지역과 세계의 평화안정을 공동으로 수호해야 한다고 지적하였다. 중일한 삼국은 삼사간의 안보 대화와 협상에 보다 적극적으로 참여해야 한다. 오로지 개방된 다자 협력과 협상 과정을 통해서만이 삼국간에 협력, 평등의 분위기가 조성될 수 있다.

(李娜 번역)